Die Lust auf weibliche Dominanz

Claudia Varrin

Die Lust auf *weibliche* Dominanz

EROTISCHE RITUALE UND SINNLICHE ERFAHRUNGEN – EINE ANLEITUNG FÜR FORTGESCHRITTENE

Aus dem Englischen von Nadine Bunske

EXPLIZIT

Für Meris, Josephine,
Nancy, Anna und Frank

VORBEMERKUNG: Dieses Buch handelt von der Erkundung kontroverser und risikoträchtiger sexueller Aktivitäten.

Die im Buch genannten Vorsichtsmaßnahmen machen deutlich, dass man ein ausgeprägtes Bewusstsein für die bestehenden Risiken benötigt und größtmögliche Vorsicht walten lassen muss, um diese zu minimieren, Probleme vorherzusehen, sie gegebenenfalls zu verstehen und – was am wichtigsten ist – sie zu vermeiden. Die Autorin gibt in den entsprechenden Kapiteln lediglich grundlegende Sicherheitshinweise, um die Leser und Leserinnen an mögliche Risiken zu erinnern.

Es besteht ein ganz realer und klarer Unterschied zwischen einvernehmlichen, für beide Seiten lustvollen Akten zwischen Erwachsenen und jeglicher Form von Gewalt, die gegen den Willen eines Partners ausgeübt wird. Es ist abstoßend und unmoralisch, wenn man einem zögernden Partner eine sexuelle Handlung aufzwingt. Zwingt man sie ihm gegen seinen Willen auf, ist es eine Straftat.

Vorwort

Die purpurne Mitternachtswelt, deren Erkundung Sie bereits begonnen haben, steckt voller Mysterien und Trugbilder, Fantasien und Freuden, voll unbändiger sexueller Ekstase. Sie haben bereits eine sexuelle Persönlichkeit (vielleicht sogar mehrere) entwickelt, Ihre Fertigkeiten verfeinert und Ihr Repertoire an Spielen enorm erweitert. Die sinnliche Dominanz ist zu Ihrem privaten Planeten geworden, auf dem alles so ist, wie Sie es sich wünschen, einschließlich der drei Monde am purpurnen Himmel und der liebevollen Folter.

Nachdem Sie mit den Grundlagen vertraut sind und sich selber schon so einiges ausgedacht haben, um ihn zu quälen, hätten Sie gern ein bisschen Unterstützung für die nächste Stufe des Spiels: die Erkundung der dunkleren Fantasien, die Sie hinter dem Schleier entdeckt haben. Sie haben die sinnliche weibliche Dom in sich entdeckt, entwickelt und nach Ihren und seinen Bedürfnissen gestaltet. Sie haben angefangen, eine großartige Befreiung des Geistes in sich zu spüren, und Sie haben erlebt, wie dieses Gefühl auch ihn durchdringt. Er hat seine Ängste und Hemmungen weitgehend abgelegt, und Sie beide haben Vertrauen zueinander aufgebaut. In seinem Vertrauen in Sie liegt eine große Macht, die er im Machttausch des BDSM an Sie abgetreten hat. Sie haben sie angenommen, um das Fundament Ihrer eigenen Macht zu stärken, wohlwollend mit seinen Ängsten zu spielen, seine Dämonen zu beschwören und sie in Engel zu verwandeln. Anne Rice hatte einen sehr schönen Begriff für ihre unsterblichen Vampire. Sie nannte sie »heidnische Engel«, und das bringt genau auf den Punkt, was wir für unsere Subs bedeuten. Sie sind inzwischen sehr gut geworden als heidnischer Engel: Sie verstehen seine Körpersprache und wissen genau, wann Zeit ist, aufzuhören, wann Zeit ist für Härte und wann für Zärtlichkeiten, und ob er heute Abend lieber das verwöhnte Schmusetier oder das Objekt einer Sadistin wäre.

Noch wichtiger aber ist, dass Ihnen mit der Zeit klar geworden ist, dass die Drehbücher aus Ihrer erotischen Vorstellungswelt für Sie genauso wichtig sind wie die seinen für ihn – wenn nicht noch wichtiger, denn es sind *Ihre* Skripte. Sie wissen, dass Sie sich nicht sklavisch an seine Drehbücher halten müssen, zumal Ihre eigenen Bedürfnisse dabei vielleicht nur zum Teil befriedigt werden. Auch Sie haben Wünsche und Bedürfnisse und dürfen mit Recht erwarten, dass er die mit dem gleichen Eifer erfüllt wie Sie die seinen. Kam es etwa nicht schon vor, dass er etwas wollte oder interessant fand, das Sie nicht sonderlich gereizt hat, und Sie aber trotzdem Ihr Bestes gaben, fürsorgliche Domina, die Sie nun mal sind, um ihm die Erfahrung zu ermöglichen? Warum sollten Sie im Gegenzug nicht dasselbe von ihm erwarten? Wie wir wissen, ist das hier keine Einbahnstraße. Aus unserer bisherigen Lektüre und Erfahrung wissen wir auch, dass die Macht des oder der Top nur eine Illusion ist, aber wenn Sie sich weigern, diese Macht zu nutzen (weil Ihre eigenen Bedürfnisse zu kurz kommen), hat *er* niemanden zum Spielen. Also sollte es ganz in seinem Interesse sein, dass auch Ihre Bedürfnisse befriedigt werden und Ihre Fantasien mit demselben Herzblut inszeniert werden wie die seinen, oder etwa nicht?

Die meisten Männer sind ausgesprochen selbstsüchtige Wesen, die nur selten mal an etwas anderes als an sich und ihre »Bedürfnisse« denken, und deren Hirn zwischen den Beinen hängt. Bewiesen wird das durch die wissenschaftliche Tatsache, dass Männer ungefähr alle acht Sekunden an Sex denken. Wenn aber einer Frau alle paar Minuten mal Sex in den Sinn kommt, findet man das extrem. Männer und Frauen sind unterschiedlich konstruiert, und da bei Männern die Rohrleitungen immer noch freiliegen, sind sie eindeutig das unterlegene Modell. Am Anfang schuf die Göttin eine Rohfassung, den Mann, dann folgte ihr Glanzstück, ihr Opus Magnum: die Frau. Als Mann ist er darauf aus, so viel von Ihnen zu kriegen wie nur möglich. Sorgen Sie also dafür, dass Sie von ihm bekommen, was Sie brauchen. Und lassen Sie ihn teure Geschenke kaufen.

Aber auch wir Frauen kommen zunehmend zu unserem Recht. Wir wissen, dass Männer Unterwerfungsfantasien haben, wir wissen, dass sie Sklaven ihrer Genitalien sind, und inzwischen haben wir gelernt, ihre sexuellen Schwächen gegen sie auszuspielen (auf nette und romantische Art, ein bisschen so, wie sie es all die Jahre mit uns gemacht haben – wenn auch weniger nett und romantisch). Klinge ich taff und abgebrüht? Bin ich auch, Schwester, und ich genieße es. Ich lasse mir von niemand in die Parade fahren, ganz gleich in welchem Lebensbereich. Weil ich es nicht muss, und Sie müssen das auch nicht. Ist das Leben nicht großartig?

Also gut, meine Damen, in den folgenden Kapiteln finden Sie neue Tricks und Techniken, mit denen Sie ihn peinigen und das Fundament Ihrer Macht erweitern können. Wenn Sie über diese Neuigkeiten lesen und sich mit den neuen Techniken vertraut machen, werden Ihnen eigene Ideen kommen, die gewürzt sind mit dem Wissen um die geheimen Wünsche Ihres Partners. Neue Möglichkeiten werden sich auftun, um den Nährboden für die Aussaat eigener Früchte zu erforschen und zu bestellen. Sie werden mehr Sicherheit in Ihrer Beziehung erlangen und auf diesem Weg ein größeres Gleichgewicht im Leben finden. Und irgendwann sind Sie beide dann auf einer normalen Party, einer formellen Feier vielleicht, und eine Freundin wird sich zu Ihnen setzen und eine Bemerkung über den geschäftlichen Erfolg Ihres Partners machen, und Sie werden einfach nur lächeln und »danke« sagen. Aber innerlich lachen Sie sich einen Ast, weil Sie wissen, dass er unter dem Smoking eine Strumpfhose trägt und seine Zehennägel rot lackiert sind! Sie beide werden ein Geheimnis haben … wie herrlich. Ich liebe Geheimnisse. Und jetzt wird es Zeit, dass ich Ihnen ein paar von meinen anvertraue.

AN DIE MÄNNLICHEN WESEN

Ich weiß, dass viele männliche Wesen mein erstes Buch, *Die Kunst der weiblichen Dominanz*, gelesen haben – beziehungsweise sie haben es gelesen, gut gefunden und ihrer Freundin geschenkt.

Diese glücklichen Menschen haben mir viele Briefe geschrieben, und ich danke ihnen von ganzem Herzen für die Unterstützung meiner Arbeit. Ohne Sie, meine Leserinnen und Leser, wäre ich keine Autorin. Auf der anderen Seite habe ich so viele Briefe von »unzufriedenen« Männern bekommen, dass mir ein paar Sätze zu ihren selbstzentrierten, manchmal auch dämlichen Bemerkungen angebracht scheinen. Also spitzt die Ohren, ihr männlichen Wesen!

Oder besser: macht die Augen auf! Der vollständige Titel lautet (im Original): *Die Kunst der weiblichen Dominanz: Eine Einleitung für Frauen.* Warum, denkt ihr wohl, steht da »eine Einleitung für Frauen«? Vielleicht weil es für das Publikum geschrieben ist, das ich am besten kenne: meine Dominanten Schwestern?

Es ist ja ganz richtig, dem Instinkt zu folgen und mit Hilfe meines Buches (oder anderer Bücher) die eigenen Wünsche in Worte zu fassen und schließlich auch auszusprechen, vor allem, wenn man noch nie die Bekanntschaft mit einer Domina gemacht hat. Aber Jungs, ich bitte euch! Es ist wohl ein bisschen selbstbezogen, wenn ihr eine Antwort darauf »verlangt«, warum darin ausgerechnet eure ganz spezielle Szene nicht vorkommt, die ihr haarklein beschreibt, vom Zeitpunkt, wann eine Zigarette abgeascht wird, bis hin zu einem ganz speziellen Hut, einem ganz speziellen Blick. Eines dieser männlichen Wesen beschwerte sich, er sei verheiratet und heimlich ein bisexueller Switcher, der mit Vorliebe Männer dominiert: Warum steht nichts dazu in meinem Buch? Na ja, zunächst mal bin ich kein Mann, sexuelle Orientierung hin oder her. Zweitens dachte ich mir, dass die meisten meiner Leserinnen wohl die Scheidung einreichen würden, wenn ihr Mann mit so einer Geschichte ankäme! In manchen Briefen erhielt ich aber auch berechtigte Beschwerden darüber, dass ich das eine oder andere Thema vergessen hatte. Ich habe die guten Vorschläge aus diesen Briefen in den entsprechenden Kapiteln beherzigt.

In meinen Büchern geht es um allgemeine Techniken und um selbst erlebte und genossene Spielszenen aus dem wahren Leben, mit denen ich meine liebsten Aspekte des BDSM illustrieren will.

Die Kunst der weiblichen Dominanz und das vorliegende Buch wollen das Feuer der Fantasie ihrer Leserinnen schüren und ihnen ein paar Anregungen als Ausgangsmaterial für einen eigenen Stil bieten.

Jetzt aber, göttliche Domina (und männliches Wesen), freue ich mich über Ihr anhaltendes Interesse an meiner Arbeit und hoffe, dass sie Sie beide auf dem Weg zu einer höheren Ebene inspiriert.

MEIN DANK GEHT AN ...

... Anna, meine allerliebste Großmutter, die von uns gegangen ist; Antoinette, die Elisabeth und mir die Kraft der Drei geschenkt hat; an Betsy, die die Beste ist; die wunderbare Goddess Christina von The Temple.cc, die so großzügig von ihrem Computerwissen gab; Madame Cole de Sade für die Verwendung des »Ausdauertests«; D'Drennan für den Eifer, mit dem er Bondage lernte, um die Zeichnungen anzufertigen; The Vampire Darius für seinen Beitrag zum Vampirismus; Mistress Elizabeth für die fantastische Umsetzung eines Alter Ego; Fizzy für ihre Erkenntnis und ihre liebenswürdige Verrücktheit, und dafür, dass sie sich selbst in der Kunst gefunden hat; Maîtresse Françoise für ihr offenes Herz, ihre warme Gastfreundschaft und ihr Verständnis, das keine Grenzen kennt; Frank, meinen allerliebsten Großvater, der von uns gegangen ist; Joseph Bonilla von Abusement Park für die tolle CD, zu der ich Teile dieses Buchs geschrieben habe; an John VC, weil er der sanfte Mann hinter The Creature ist, und an meine allerliebste Tante Josephine, die von uns gegangen ist.

An Master Keith, der der beste Dom ist, den ich kenne, und ein außergewöhnlicher Mann, den ich mit Freuden einen »Freund« nenne; Margaret Wolf, meine Lektorin, sowohl die gutmütige wie die böse Margaret, für ihre Unterstützung und Freundschaft, die weit über das beruflich Nötige hinausreichten; Nancy, meine liebe Großmutter, die von uns gegangen ist; Paul Dinas, weil er mein »Engel« ist; Goddess Rosemary für ihren Beitrag zum Kapitel über Vampirismus; Ted und Di, weil sie meinen Glauben an die wahre

Liebe erneuerten; an die schöne Miss Toni, weil sie eine so liebe, gute und verständnisvolle Südstaatenschönheit ist (und dazu noch richtig scharf); an Tim Woodward, Tony Mitchell und an die Mitarbeiter des *Skin Two Magazine* für ihre jahrelange Unterstützung.

Sein Zungenschlag
Ein Fauchen, ein Biss
Dem Eleganten Teufel
Der mich als erster geküsst

1. KAPITEL

Die Domina

MACHT ALS APHRODISIAKUM

BDSM wird von Fantasien befeuert, die hinter dem Schleier ein wildes, zügelloses Leben führen. Sein Ziel ist es, diese Fantasien in eine ungeheuer lustvolle erotische Realität zu übertragen. Wir wissen, dass hierfür ein Austausch von Macht nötig ist. BDSM ist ein delikates Spiel von erotischer Kontrolle und sinnlicher Unterwerfung. Macht, und die Aufgabe derselben, erzeugt beim Sub extrem lustvolle Gefühle, die sich stark von den Gefühlen der Domina unterscheiden. Während es für einen Sklaven sehr sexy ist, seine Macht abzutreten, fühlt es sich für mich nicht im herkömmlichen Sinn »sexy« an, wenn ich sie annehme. Kann sein, dass ich mich später irgendwann sexy fühle, aber zunächst mal werde ich berauscht, berauscht durch die Macht, die ich erhalte. Darauf fahre ich als Erstes ab. Der Sub ist berauscht, weil er die Kontrolle über seinen Körper und seinen Geist abtritt (natürlich nur bis zu einem zuvor vereinbarten Punkt, vielleicht auch ein bisschen weiter, wenn er bereit ist), und zwar an eine Frau, die die Kunst der sinnlichen weiblichen Dominanz beherrscht.

Die Befehlsgewalt und die Kontrolle, die an die Dom übertragen werden, tragen zu der Dynamik von BDSM bei. Ihr Gegenstück finden sie in der Hilflosigkeit und Verletzlichkeit des Sub. Die erregende Dosis Macht, die durch die Domina pulsiert, ist so berauschend für Sie, wie es für den Sub der Mangel an Macht ist. Es ist sexy, wenn man Macht abgibt, und es ist genauso sexy, wenn man sie an sich nimmt. Während dieser »Unterwerfung« können Dom und Sub Gefühle erforschen, deren Erleben in einem anderen Kontext zu riskant wäre. Er spürt aus freien Stücken, wie seine Macht ihn verlässt, und wie Sie von ihr erfüllt werden. Und wie er es genießt, die Kontrolle abzugeben!

Für Sie ist die Macht inzwischen vielleicht ein starkes emotionales Aphrodisiakum, und Sie spüren, wie es Ihnen durch die Adern rauscht. Sie fühlen sich drei Meter groß und stark wie eine Amazonenkönigin, und neue Möglichkeiten, ihn zu peinigen, zu foltern und zu triezen jagen Ihnen so schnell durch den Kopf, dass Sie gar nicht alle beachten können. Für ihn kann die sinnliche

Unterwerfung die einvernehmliche Existenz als Sklave bedeuten, in der er sich frei von Reue- oder Schuldgefühlen seinen sexuellen Freuden hingeben kann. In dieser purpurnen Mitternachtswelt ist jedes Spiel eine neue Gelegenheit zur Verfeinerung der eigenen Sexualität und Kommunikation und zur Stärkung des Vertrauens ineinander. Es ist romantisch und sexy, es macht Spaß und ist ein bisschen gefährlich. Das Element der Gefahr steigert den Reiz. Es lässt das Herz schlagen und die Endorphine strömen; die Fantasie wird wild, Finger schwirren schnell wie Elfenflügel, und der Liebesmotor schaltet auf Turbo. Es geht darum, lange verschwiegene Fantasien von sexueller Kontrolle zu teilen und ihnen Leben einzuhauchen. BDSM birgt das Versprechen intensiver Intimität und durchdringender Befriedigung in der sexuellen Spielart, die man am liebsten mag.

Eigenschaften der Domina

Die Eigenschaften einer verantwortungsvollen Domina sind das Gegenstück zu den Qualitäten eines sinnlichen, vernünftigen und begehrenswerten Sub (denen ich mich im nächsten Kapitel widme). Eine gute Domina hat ihre Ansprüche und Grenzen, und sie versteht es, sie zu zeigen. Sie kennt und respektiert die Grenzen ihres Sub und behandelt ihn mit der Würde, die er verdient, selbst wenn sie ihn an einer CBT-Leine über den Boden zerrt. Sie ist kreativ, steuert ihre Fantasien bei und spielt ihre Rolle mit Begeisterung. Die göttliche Domina hantiert meisterhaft mit ihrem Gerät und beachtet alle Sicherheitsmaßnahmen, und in einer Szene lauscht sie auf ihren Sub und behält ihn aufmerksam im Blick. Sie umhüllt ihn mit ihrer beschützenden Aura und gibt ihm das Gefühl, sicher und umsorgt zu sein. Sie hat ihn und die Szene im Griff, weil sie sich selbst im Griff hat. Die gute Domina drängt einen zögernden Sub nicht dazu, einer Sache zuzustimmen, und sie erpresst ihn auch nicht emotional. Sie ist in einem guten Sinn manipulativ, und das mit dem Einverständnis ihres Sub. Die göttinnengleiche Domina ist kommunikationsbegabt und offen und beherrscht nach einer guten Szene die hohe Kunst des Knuddelns, Schmusens und Kuschelns. Außerdem ist sie so klug, für später was zu naschen im Haus zu haben, damit der zwar noch aufstehen und es besorgen, aber nicht mehr raus auf die Straße muss.

Aber was macht eine Domina zu einer *guten* Domina? Manche sagen, es ist ein gewisses Funkeln in ihren Augen, andere meinen, sie strahlt eine rohe erotische Kraft aus, und manche glauben, dass eine gute Domina nur ihre zwei Hände braucht, um jemanden zu toppen, oder dass die wichtigsten Eigenschaften Sensibilität und Fürsorglichkeit sind. Ich denke, dass alles Genannte richtig ist, und noch viel mehr. Ich habe eine kurze Liste von nicht weniger als fünfzehn Punkten, die für mich das absolute Minimum an Eigenschaften enthält, die eine gute Domina ausmachen. Ich habe sie in zwei Kategorien aufgeteilt: Inneres Selbst und Äußeres Selbst. Manches steht in beiden Spalten, denn manches, was man im Innern hat, strahlt nach außen.

Die innere Domina

Das innere Selbst der Domina hat so ziemlich die gleichen Eigenschaften wie ihr Alltags-Ich. Sie ist ja nach wie vor derselbe Mensch, und wenn sie in ihrem Leben bei Tageslicht sensibel und fürsorglich ist, kommt das auch in ihrem dunklen Ich zum Vorschein. Ein gewisses Maß an innerem Frieden und Harmonie mit ihren dunklen Persönlichkeiten wäre fantastisch – ein Gleichgewicht zwischen der Kriegerin und der Dichterin, die in ihr wohnen. Außerdem sollte sie intelligent sein und über diese so schwer fassbare Eigenschaft verfügen, die man gesunder Menschenverstand nennt. Es versteht sich von selbst, dass die Devi-Domina eine verruchte Fantasie braucht, sehr kreativ ist und schnelle Entscheidungen treffen kann. Die göttliche Domina kann ihren Sub mit den bloßen Händen und mit ihrer Willenskraft kontrollieren, vielleicht auch noch mit einem Stückchen Seil, mit dem sie ihm in fünf Sekunden die Hände fesselt. Sie bringt ihrem Sub höchste Aufmerksamkeit entgegen und liest von seinem Körper eventuelle Zeichen ab, auch wenn es nicht danach aussehen mag.

Eine weitere gute Eigenschaft einer Domina ist Unabhängigkeit. Es ist ausgesprochen wichtig, dass sie unabhängig ist und ihr Alltagsleben im Griff hat. Nur dann hat sie die Kraft, das Wissen, die Kreativität und (mit Hilfe meiner Bücher, gestärkt durch bisherige Erfahrungen) auch die Fähigkeit, diese Eigenschaft in die BDSM-Szene zu übertragen. Sie weiß, dass sie einen anderen Menschen nur kontrollieren kann, wenn sie sich selbst unter Kontrolle hat. Daher festigt Unabhängigkeit ihre Persönlichkeit. Ein weiterer wichtiger Aspekt ist ihr Verständnis für die bevorstehende Inszenierung sowie für deren möglichen emotionalen Folgen. Die gute Domina weiß, dass eine Szene niemals mit Rache oder Bosheit im Sinn gespielt werden darf, und auch nicht, um dem Sub das Gefühl zu geben, dass sie ihn verachtet. Szenen dienen der Lust und dem Wohlbefinden beider Seiten, und wenn es einem dabei nicht gut geht, läuft was falsch.

Die Devi-Domina ist außerdem clever und subtil und nutzt all ihre weiblich-dominanten Tricks, damit ihr Sub nach mehr lechzt und sie auf jede nur denkbare Weise beglücken will, während sie ihm keine Sekunde lang das Gefühl gibt, ihm im Entferntesten verpflichtet zu sein.

Die äußere Domina

Dies ist das äußere Ich, das Sie dem Sub präsentieren. Auch wenn er Ihr Ehemann, Ihr fester Partner oder ein regelmäßiger Gespiele ist, ist es äußerst wichtig, welchen ersten Eindruck er hat, wenn Sie das Zimmer betreten oder ihn grüßen. Wenn Sie die Göttin sind, müssen Sie sich anziehen, frisieren, ausstatten, bewegen, verhalten und ausdrücken, als wären Sie tatsächlich *die* Göttin schlechthin. Und womit fängt das an? Mit Ihrem *Blick*. Ihre Augen geben zu verstehen, wer Sie sind – und damit auch, welche Behandlung Sie erwarten. Wie viel doch in einem einzigen Blick stecken kann! Heiße Fantasien, Intelligenz, Distanziertheit, Stärke, Kompetenz,

Unnahbarkeit, Wärme, Grausamkeit ... Wenn Sie ein paar *richtig tolle* Blicke sehen wollen, schauen Sie sich mal ein paar Filme mit Marlene Dietrich an, oder *Vom Winde verweht*, mit Vivien Leigh als Katie Scarlett O'Hara, der ersten großen Domina des Südens. Bette Davis konnte tolle Blicke verschießen, Lauren Bacall auch. Ein Blick kann ihn erstarren lassen, Befehle geben, sein Herz vor Verlangen schneller schlagen lassen oder ihm süßen Lohn versprechen.

Nun zu Ihrer Fortbewegung, genauer: Ihrer Haltung, vor allem in diesen Schuhen. Achten Sie darauf, dass Ihr Schwerpunkt immer auf den Hüften und der Taille liegt und dass die Schultern auf einer Linie mit den Hüften liegen. Sie dürfen nicht nach vorne hängen, was oft passiert, wenn man Plateauschuhe trägt. Ich lief so lange mit einem Buch herum, das ich auf dem Kopf balancierte, bis ich »den Gang« perfekt beherrschte. Falls Sie mal Ballettunterricht hatten, haben Sie damit keine Probleme. Mit der richtigen Haltung steht man um einige Zentimeter größer da, das stärkt die eigene Präsenz. Größe macht eine Domina besonders respektabel und sehr begehrenswert. Aber manche Dinge lassen sich nun mal nicht ändern, und was ist, wenn Sie einfach nicht groß sind? Ha! Da gibt es einen alten Hexendoktortrick: den so genannten »Glamour«, der im Rahmen Ihrer Einsätze ganz einfach zu erreichen und völlig harmlos ist. Das beste daran ist, dass jeder Mensch, also auch Sie, durch »Glamour« verzaubert werden kann, und man braucht nicht mal was Besonderes dazu. Glamour ist eine Mischung aus optischen Effekten (zum Beispiel Plateauschuhe unter einem bodenlangen Kleid), Frisur, Make-up und Garderobe. Vor allem aber geht es darum, wie man sich präsentiert. Gehen Sie aufrecht, machen Sie die Schwanennummer mit dem Hals, bewegen Sie sich elegant und strahlen Sie mit den Augen das Bild aus, das Sie erschaffen wollen. Wenn Sie das Zimmer betreten, als würde es Ihnen gehören, dann gehört es Ihnen. Wahrscheinlich haben Sie es schon oft gemacht, ohne es zu merken. Was ich »Glamour« nenne, nennen Sie wahrscheinlich »der Situation gewachsen sein«.

Eine weitere unentbehrliche Eigenschaft der guten Domina ist natürlich ihre rohe erotische Kraft. Sie ist so stark, dass sie ihr aus den Poren strömt und der Sub in ihrem Duft gebadet wird. Anders ausgedrückt: Ihre Pheromonproduktion läuft auf Hochtouren, und er kann ihre Macht riechen wie jedes Tier des Waldes wittert, wenn ihm jemand überlegen ist. Das bedeutet aber nicht, dass sie gleichgültig oder gedankenlos wäre. Wenn ihr Sub etwas erfleht, das sie nicht für sicher hält, ist sie klug und stark genug, es ihm zu verweigern. Als Domina ist sie verantwortlich für seine Sicherheit. Sie senkt die Stimme, wenn sie mit ihm redet, damit er aufmerksam zuhört und nicht noch mal nachfragen muss. Sie wiederholt sich nicht gern.

Zu guter Letzt wäre da noch das Erscheinungsbild der Domina. Eine gute Domina hat ihr Vorbereitungsritual (ein guter Sub ebenso), aber da wir das schon in einem anderen Buch behandelt haben, müssen wir es hier nicht weiter vertiefen. Sehen wir uns die Garderobe an. Ich rede für mein Leben gern über Kleider. Welche Reaktion soll Ihre Aufmachung provozieren? Vielleicht wollen Sie je nach Szenario einen anderen Effekt erzielen – welcher Effekt ist es heute? Da Sie schon eine Zeitlang BDSM spielen, haben Sie womöglich schon einen richtigen »Fetisch-Fundus«. Mir ist klar, dass Fetischklamotten mitunter ziemlich teuer sind, und die Ausgaben lassen sich manchmal nur schwer rechtfertigen. Aber es ist einfach unheimlich wichtig, was Sie anziehen! Oft finde ich in Katalogen schöne Sachen für »Heimspieler«, und seit uns das Internet die Welt nach Hause bringt, lassen sich Fetisch-Läden bequem in den eigenen vier Wänden nach Schnäppchen durchstöbern. Kaufen Sie etwas, das sich mit Accessoires variieren lässt: einen breiten Gürtel für den einen Look, Handschuhe für einen anderen, und dann tragen Sie beides zusammen. Als Verpackung für Ihre Dessous suchen Sie sich einen bodenlangen Mantel aus Samt oder PVC. Sie können sogar mit einem Business-Kostüm die gewünschte Präsenz erzielen, indem Sie sich in die Rolle der »Rechtsanwältin« versetzen. Worauf ich hinauswill, ist einfach, dass Ihr Erscheinungsbild unheimlich wichtig ist, um eine Rolle zu etablieren – also ziehen Sie sich scharf an. Wie meine liebe Freundin, die Baronin, zu sagen pflegt: »Bei jeder Gelegenheit, sich schick zu machen, kann man's auch übertreiben.«

Ihr äußeres Ich sollte auch die inneren Werte transportieren, die Sie als gute Domina auszeichnen. Damit meine ich Ihre Intelligenz und Ihre verruchte Fantasie; Ihren gesunden Menschenverstand, Ihre Sensibilität und Fürsorge sowie Ihre Fähigkeit, auch die subtilsten Zeichen seines Körper zu verstehen. Kommen Sie mit Ihrem dominanten Ich ins Reine, lassen Sie es auf ihn ausstrahlen, und er wird es spüren.

DOMINA-STILE

Die Eigenschaften einer guten Domina sind ein Aspekt, der Stil des Dominierens ein anderer. Ihre guten Eigenschaften schlagen sich in dem Stil nieder (es können auch mehrere sein), der am besten zu Ihnen passt. Aber während Sie und Ihr submissiver Partner hinter demselben Schleier spielen, können Sie doch sehr verschiedene Fantasien hegen. Wie bereits erläutert, findet in SM-Spielen immer ein Machtaustausch statt. Wie der jedoch genau aussieht, kommt ganz auf den Stil und den Typ der Domina an, und in gewisser Weise auch auf die Vorlieben des Sub. Es gibt viele verschiedene Stile der Dominanz, und die folgenden Erläuterungen helfen Ihnen bei der Entscheidung, welche Art zu toppen am besten zu Ihrem Bottom passt. Die beliebtesten Domina-Stile sind aktive Doms, passive Doms, Doms für häusliche Disziplinierung, Fetisch-Doms oder Divas, Kerkermeisterinnen und Dominas als grausame Frauen. Vielleicht gehören Sie zu einem dieser Typen, vielleicht haben Sie auch mehr als einen Stil.

Mit *aktiv dominant* ist ein Stil gemeint, der die Dominanz sehr handfest angeht. Er lässt sich am einfachsten an einem Beispiel erklären: Wenn eine aktive Dom feststellt, dass der Sub sich nicht schnell genug bewegt, springt sie einfach auf, marschiert mit langen Schritten durchs Zimmer, packt den aufsässigen Sub im Genick und schüttelt ihn kräftig durch oder gibt ihm einen Tritt in den Hintern, damit er schneller macht. Wenn sie groß und stark ist, beschließt sie vielleicht, ihren Sklaven woandershin zu tragen. Die *passive Dom* (einer meiner Domina-Stile) hat eine völlig andere Geisteshaltung. Sie weiß, dass sie die Dinge unter Kontrolle hat und sie diejenige mit der überlegenen Intelligenz ist, weil sie nicht mit den Eiern denkt, und aus diesem Grund erwartet sie schlicht und ergreifend, dass man ihr unhinterfragt und ohne Zögern gehorcht. Die Vorstellung, ein Sub könnte nicht denken oder tun, was sie von ihm verlangt oder unausgesprochen erwartet, lässt sie eher staunen als wütend werden. Auf so eine Idee kommt sie einfach nicht. Er muss doch *wissen*, dass sie in jeder Hinsicht überlegen ist!

Dann gibt es die *Dominas für häusliche Disziplinierung*: Dominas, die diese Spielart mögen, können besonders gut häusliche Szenen spielen, in denen der Sub ein ungezogener Junge ist, der diszipliniert wird – meistens wird ihm in einer häuslichen Umgebung der Hintern mit einer Haarbürste oder mit der Hand versohlt oder er wird übers Knie gelegt. Sie spielt dabei die Rolle seiner Tante, Mutter oder Ehefrau. Sie ist diejenige, die in der Familie die Hosen anhat, und daran lässt sie keinen Zweifel. Vielleicht hat sie sogar feste Zeiten für ein Prügel-Ritual festgelegt, damit er nicht vergisst, wer der Chef ist. Ein Beispiel: Jeden Sonntagnachmittag um drei kommt er angezogen ins Wohnzimmer und bleibt vor ihr stehen, während sie auf dem Sofa sitzt. Auf ein Zeichen oder Wort von ihr lässt er die Hosen runter und macht seinen Hintern frei. Dann legt er sich ihr auf den Schoß und präsentiert ihr sein Sitzfleisch für eine Tracht Prügel.

Die *Fetisch-Domina* oder *Fetisch-Diva* ist ein Dominanz-Stil für Frauen, die Fetische sehr gut verstehen und inszenieren können. Ich bin eine erfahrene Fetisch-Domina – eine weitere BDSM-Persönlichkeit von mir. Eine Fetisch-Domina bezieht zwar vielleicht noch andere BDSM-Aspekte in eine Fetisch-Szene ein, doch sie ist auf Fetische spezialisiert, weil sie versteht, dass ein Fetischist das ganze Drumherum der Unterwerfung oft gar nicht zur Befriedigung braucht. Da sich die Besessenheit des Fetischisten auf sein Fetischobjekt bezieht, braucht oder will er keine Peitsche, damit seine Träume erfüllt werden. Im Gegensatz zu anderen Arten von Dominas, die eine Fantasie nur in einem bestimmten Setting inszenieren können, kann die Fetisch-Domina in einer Reihe von

Kontexten Hof halten. Sie muss sich nicht auf den Kerker oder den Haushalt beschränken und kann auch auf einem Diwan im Wohnzimmer oder beim Sonnenbaden auf der Terrasse Bewunderung und Respekt einfordern.

Die *Fetisch-Diva* ist in den meisten Fällen selber Fetischistin. Doch Fetischismus ist für Männer was anderes als für Frauen und definiert sich manchmal durch das Fetischobjekt an sich. Im Fall von Latex finden männliche wie weibliche Latex-Fetischisten ihre Erfüllung beim Tragen von Latex und durch den guten alten Quietscheffekt. Dieser Fetisch kommt also ganz ohne weitere Person aus, der unbelebte Latex genügt. Ein männlicher Latexfetischist hat das Verlangen, selbst Latex zu tragen, und wenn sein Fetisch davon handelt, dass die Diva Latex trägt, wünscht er sich wahrscheinlich, diesen zu reinigen und zu pflegen und sie in ihrem Kostüm zu polieren und zu verehren. Ein anderes Beispiel ist der Schuhfetisch eines Mannes, der vollkommen anders ist als bei einer Frau. Eine Frau will vielleicht Imelda Marcos nacheifern, die unangefochtene Königin der Schuhsammlerinnen, aber es verlangt sie nicht danach, die eigenen Schuhe abzulecken. Ein Mann dagegen sammelt keine Schuhe, sondern kauft sie seiner Diva, und dann will er sie lecken, am Absatz saugen und so weiter.

Die Fetisch-Diva ist elegant und immer selbstbeherrscht und sie hat einen Killerinstinkt, wenn es darum geht, mysteriös und cool zu bleiben. Als ich einmal in Übersee als Herrin eingeladen war, gab es Samstagabend ein großes Bankett sowie eine Show und Wettbewerbe im Thronzimmer, das sich auf einer Bühne befand. Ich erklärte mich bereit, als Mitglied der Jury über den »Besten Sklaven« zu befinden und machte eine Spende beim Wohlfahrts-Strafverband, um ein paar Sklaven versohlen zu dürfen. Der Weg auf die Bühne führte über eine verschiebbare Treppe mit vielleicht vier Stufen, die mit rotem Teppich ausgeschlagen war. Es war eine Sache, ohne Hilfe und Geländer diese Treppe hochzukommen, aber ohne Hilfe auch wieder runterzukommen war etwas völlig anderes. Ich hatte meine höchsten Plateau-Stöckelschuhe an und war mir sicher: Wenn ich versuchen würde, ohne Unterstützung diese Stufen hinabzusteigen, würde ich das sehr unelegant und mit dem Arsch zuvorderst tun, und das vor den Augen von mehr als fünfzig elegant gekleideten Dominanten Schwestern aus aller Welt mitsamt ihren Sklaven. Kam nicht in Frage! Was tut man also als Fetisch-Diva? Ich stellte mich beide Male, als ich die Treppe hinabsteigen musste, aristokratisch an den Rand, streckte die rechte Hand aus, als stünde da jemand, der mir helfen wollte, und wartete. Jedes Mal schickte mir eine der Herrinnen, eine Stylistin aus Holland, ihren Sklaven im Laufschritt, damit der mich die Treppe hinabgeleitete. Die Fetisch-Diva nahm seine Hilfe zur Kenntnis und nickte ihm höflich zu, dann dankte sie seiner Besitzerin herzlich für die Benutzung ihres Sklaven. Mein wahrhaft divenhafter Auftritt machte bei allen Anwesenden mächtig Eindruck. Ich war entzückt.

In den Kapiteln über famose Fetische und die unteren Gliedmaßen kommen wir ausführlicher auf eine Vielzahl verbreiteter Fetische zu sprechen, zum Beispiel Fuß-, Stiefel-, Schuh-, Bein-, Kitzel-, Leder-, Haar-, Handschuh-, Uniform-, Strumpfhosen-, Korsett- und Rauch-Fetische.

Die *Kerkermeisterin* ist wieder ein anderer Domina-Typ und zufällig auch eine meiner Persönlichkeiten. Sie bevorzugt die Art von Spielen, die in ihrem »schwarzen Zimmer«, wie man das früher nannte, stattfinden. Sie legt so los, wie sie auch weitermachen will: als Herrin. Erfahrene Kerkermeisterinnen haben extrem gut ausgestattete Verliese und sind sehr versiert im Umgang mit ihren Spielzeugen. Eine Bitte um eine bestimmte Kleidung ist undenkbar. Die Herrin zieht an, was ihr gefällt. Die meisten halten nicht viel von Rollenspielen, es sei denn, sie führen direkt zum Kern der Szene, zum Beispiel wenn sie einen Mantel trägt, der sie zu derjenigen macht, die er begehrt. Kurz nachdem diese Rolle etabliert wäre, würde sie ihn aber ausziehen. (Ich musste das mal mit einer alten Jacke und Mütze vom Militär machen. Beides war mir viel zu groß. Ich hatte es an, als ich den Raum betrat, um meine Rolle zu etablieren. Ich schritt vor den Augen des nackten, auf dem Boden kauernden Sklaven auf und ab und zog sie dann aus.) Es versteht sich von selbst, dass es kein schöneres Spielzeug für die Kerkermeisterin gibt als einen Masochisten.

Ah ... die *Domina als Grausame Frau*! Da verschlägt es mir fast die Sprache. Ich liebe diese Figur. Ich liebe die Chuzpe, die Kleidung, den Schmuck, das Theatralische, die Eleganz, die Kontrolle und den kühlen, distanzierten Sadismus. Ich finde sie so interessant, dass ich im Kapitel über Masochismus ausführlicher auf die grausame Frau eingehen werde, und zwar aus der Sicht des Severin aus dem Buch *Venus im Pelz* von Leopold von Sacher-Masoch. Was die Figur der grausamen Frau unter anderem auszeichnet, sind aristokratisches Gebaren, elegante Gesten und eine Aura der Unberührbarkeit, die ich immer »distanzierte Schönheit« nenne. Kombiniert man diese Eigenschaften mit dem richtigen Kleidungsstil und den verschiedenen Settings, in denen diese Herrin gern spielt, macht diese Figur unheimlich Spaß, vor allem, wenn ein Teil in Ihnen mal so richtig fies sein will.

Für den masochistischen und submissiven Mann ist die *Sadistische Dame* eine der seltensten und meist gesuchten Frauen der Welt. Ob groß gewachsen oder klein, schlank oder rubenshaft, blond oder kohlrabenschwarz – der Sadistischen Dame wohnt stets große Schönheit inne. Die Sadistische Dame versteht, wie der Masochist gestrickt ist: dass er das Bedürfnis hat, für einen höheren Zweck zu leiden, und dieser Zweck ist sie. Sie weiß, dass er nicht kriechen und dienen muss, es sei denn, sie wünscht es sich von ihm. Sie versteht es, »guten Schmerz« auszuteilen, seine Toleranzschwelle ständig weiter anzuheben und ihm etwas »in den Kopf zu setzen«. Die Sadistische Dame kennt ihre Gerätschaften und weiß sie zu gebrauchen, sie schlägt mit tödlicher Zielgenauigkeit und geht sehr kreativ mit Masochismus um. Sie kann Dinge gut in Worte fassen und weiß immer genau, was sie wann zu sagen hat. Sie ist eine Meisterin im Lesen von Körpersprache und erkennt, wann der letzte Schlag wirklich der letzte war. Nicht zuletzt ist die Dame ausgesprochen sinnlich veranlagt und weiß, dass ihr Masochist in den langen Prüfungen, die vor ihm liegen, Beistand braucht.

Es gibt *Rollenspiel-Herrinnen, Geld-Herrinnen*, *Rauchende Sirenen* (bin ich), *Fuß-Göttinnen* (bin ich auch!), *Strumpfhosen-Königinnen*, *Amazonen*, *Superzicken-Dominas*, *Madames Inquisitioner* und noch so viele mehr, wie Sie sich nur erträumen können. Ich kombiniere diese Figuren gern miteinander, weil sie sich so wunderbar ergänzen. Ich genieße es, gleichzeitig Fußgöttin, Strumpfkönigin und Rauchende Sirene zu sein. Sie können sich ja vorstellen, wie schön diese drei Stile zusammenpassen, wodurch die Sache auf der visuellen Ebene noch spannender wird und sich Ihnen weitere Verwendungsmöglichkeiten für ihn bieten. Sie können sich auch einen selbst erfundenen Titel verleihen. Fremdsprachen sind eine gute Quelle für andersartige Titel, die sich passender anfühlen. Nicht jede wird gern »Herrin« oder »Domina« genannt, das klingt schon so abgenutzt. Ich persönlich mag »Die Devi«. Und da ich, genauso wie Devis, Perlen liebe, gibt es da offenbar eine Parallele.

Aber ganz gleich was für einen Stil sie pflegen, der Machtrausch einer Szene, die richtig gut funktioniert, gibt jedem Dom einen Kick. Dieser mentale und körperliche Rausch der Macht kann sich Ihrem Sub auf verschiedene Weise mitteilen: durch Schwingungen (genau: gute alte Schwingungen), durch ein körperliches Zeichen, zum Beispiel wenn Sie ihm mit den Fingerspitzen über Brust oder Rücken streichen, und natürlich verbal, falls Sie gesprächig sind. In einer richtig heißen Szene, die für die Domina richtig gut funktioniert, hat sie das Gefühl, von Macht und Kontrolle erfüllt zu sein. Manche Dominas behaupten, in diesen Momenten sei alles »klar wie Kristall« (sprich: sie spüren, dass der letzte Hieb wirklich der *letzte* war, der ihm Lust bereitet, und hören genau vor dem Punkt auf, an dem er sein Safewort gebraucht hätte.) Manche haben von öffentlichen Szenen berichtet, in denen sie spürten, wie ein Zuschauer »daran dachte«, den Spielbereich zu betreten, und sie ihn mit einem stechenden Blick und einem konzentrierten Gedanken fast telepathisch an diesem Fehltritt hinderten. Andere fühlen sich von Fähigkeiten und Kompetenz durchdrungen und im Besitz einer supersensiblen Wahrnehmung. Eine beachtliche Liste an positiven Gefühlen für eine sexuelle Praktik, die eigentlich als normal gelten sollte, was aber nicht der Fall ist.

Dominant zu sein gibt einem die Möglichkeit, Gefühle und Energien zu erkunden, die in der alltäglichen Welt meist völlig inakzeptabel sind. Grausamkeit, Arroganz, Hochnäsigkeit, Distanziertheit und die Fähigkeit, sich zu verstellen oder schroff zu reagieren – falls sie zu einer Fantasie passen, sind das alles akzeptable und sogar wünschenswerte Eigenschaften in der Welt des SM-Spiels. Es ist für jeden, ob Top oder Bottom, eine ungeheuer befreiende Erfahrung, einen sicheren Ort zu haben, an dem man seine dunkle Seite erforschen kann.

Oh nein, bitte nicht die!

Eine bestimmte Art von Domina wollen Sie garantiert nicht sein, es sei denn, Sie haben vor, allein zu spielen. Ich nenne sie die *Gehässige Domina*, und sie besitzt praktisch nichts von den Werten und Fähigkeiten einer guten Domina. Mag sein, dass sie technisch versiert ist, vielleicht in Grenzspielen, mit einsträngigen Peitschen, elektrischem Gerät oder ähnlichem, aber ihr geht es um Verweigerung, nicht um emotionale oder körperliche Erfüllung für den Sub, und offensichtlich auch nicht für sie selbst. Bei der gehässigen Domina kann der Sub darauf wetten, dass er eine bestimmte Praktik nie mehr erleben wird, nachdem sie herausgefunden hat, dass sie ihm gefällt. Anstatt ihr Repertoire an Dingen zu erweitern, die sie mit ihm und für ihn anstellen kann, arbeitet sie ständig an ihrer Liste, was sie alles *nicht* mit ihm machen wird. Diese Tabu-Liste besteht ausschließlich aus Sachen, die er mag. Ich finde diese Art zu dominieren zum Schießen komisch. Ganz recht, nicht seltsam-komisch, sondern haha-sehr-komisch.

Warum? Berechtigte Frage. Sehen wir uns mal an einem einfachen Beispiel an, was die gehässige Domina davon hat. Wer steckte den ganzen Tag in High Heels mit spitzem Ende und Pfennigabsätzen? Sie. Wessen Füße schmerzen jetzt wie die Hölle? Ihre. Die Füße tun ihr so weh, dass es ihr Sub schon an ihrem Gang und ihrem Gesichtsausdruck erkennt. Ganz der Ritter, der er ist, bietet er ihr ein Fußbad und eine Massage an, aber sie weiß ja, dass er gerne Füße massiert. In ihrer Logik kommt »Fußmassage« damit automatisch auf die Tabu-Liste, und zwar nur, weil er sie genießen würde. Also verweigert sie ihm die Massage, humpelt von dannen und gefällt sich in dem Wissen, dass sie ihrem Sub ein Vergnügen verwehrt hat.

Jetzt frage ich Sie: *Wer* genau kommt hier schlecht weg? Ganz offensichtlich der arme Sub, der so selbstlos seine Dienste angeboten hat, aber, jetzt mal ehrlich, die große Verliererin ist doch die Gehässige Domina. Ein gutes, wenn nicht gar fantastisches Fußbad mit anschließender Massage ist *Arbeit*. Und so bleibt dem Sub zwar das Vergnügen verwehrt, ihr diese Fußmassage zu geben, aber er muss auch nicht für sie arbeiten. Und schließlich sind es ja *ihre* Füße, die weh tun, nicht seine. Wie Sie sich denken können, hat dieser Typ von Domina nicht allzu viele Gespielen, und wenn, dann bleiben sie ihr auch nicht lange erhalten, weil ihre Bedürfnisse nicht erfüllt werden. Wie lange würden Sie denn bleiben, wenn die Rollen vertauscht wären?

SKLAVE, MICH VERLANGT NACH DIR

Um wieder etwas leichtere Töne anzuschlagen: Manche Dominas genießen die Dienste ihrer Subs wirklich. Wenn man gutes Sklaventraining mit sexuellen Begierden und dem Wunsch zu gefallen kombiniert, entwickeln (oder entdecken) manche Subs die wundervolle Fähigkeit, gewöhnliche Dienste wie Hausarbeit, Kochen, Einkäufe, Wäsche waschen und was man ihnen sonst noch aufträgt, zu erotisieren. Es gibt zwei Möglichkeiten, wie er Ihre Bedürfnisse erfüllen kann: durch seine sexuelle Unterwerfung und indem er sich in der physischen Welt engagiert. Über seine Unterwerfung wissen Sie schon etwas Bescheid, und in Kapitel 2, »Der Sub«, werden wir das weiter vertiefen. Widmen wir uns hier nun Ihren möglichen Bedürfnissen.

Ich denke, wir sind uns alle einig, dass Ihre Bedürfnisse sich nicht um sein Ding drehen. Es kann sich aber um sehr profane Dinge handeln: Das Auto muss gewaschen werden, die Wäsche muss aus der Reinigung geholt, ein Päckchen muss zur Post gebracht werden. Wenn er Ihr fester Partner ist, sollte er mit diesen Arbeiten die Zeit abbezahlen, die Sie mit ihm verbringen. Klar, Sie hatten auch Ihren Spaß, aber diese Aufgabenliste will trotzdem abgearbeitet sein, und das sind eben die Dinge, die Sie getan hätten, wenn Sie nicht mit ihm zusammen gewesen wären. Wer sagt denn, dass eine Frau den ganzen Tag in einem Vollzeitjob arbeiten, nach Hause kommen, kochen, waschen, Hausarbeiten erledigen, Einkäufe machen und die Kinder versorgen muss *und* dann noch bis zum Umfallen mit ihm spielen soll? Für meinen Geschmack sollte alles, zumindest fast alles, aufgetragen werden, was zwischen »Erwerbsarbeit« und »Spielen« liegt! Aber wenn eine rote Socke in der Weißwäsche landet, wird auch niemand glücklich, weshalb Sie manches vielleicht doch lieber selber erledigen. Lassen Sie ihn die Dinge übernehmen, bei denen er nichts kaputt machen kann, zum Beispiel die Bettwäsche und die Handtücher.

Der Sub kann seine Herrin noch auf persönlichere Weise verwöhnen als ihr Auto zu waschen (auch wenn das schon gut ist). Massagetherapie ist eine Möglichkeit, der Domina zu danken und sie zu umhegen, und ich habe noch keine getroffen, die eine Massage nicht gebraucht oder gerne angenommen hätte. Bevor er Ihnen einen solchen Dienst erweist, sollte er ein Buch über Massage oder – falls Sie besonders auf Fußmassagen stehen – Fußreflexzonen lesen. Ganzkörpermassagen soll der Sub sich lange und hart erarbeiten müssen, und er muss große Fortschritte zeigen, damit er diesen sehr intimen Dienst an seiner Herrin auch verdient hat. Außerdem gibt es Maniküren und Pediküren, Fußbäder, das Bürsten der Haare, und, was natürlich immer gut ist, ist die Badezeremonie.

Ich liebe es, wenn mein Sub mich badet und mein langes Haar wäscht. Ich liebe die Selbstlosigkeit und Demut, mit denen er mir diese Dienste erweist, fast so sehr wie die Schläge und die anderen Disziplinierungen, mit denen ich ihm diese Eigenschaften beibringe. Er empfindet Freude und Stolz, wenn er meine Glieder, meinen Rücken, meine Brust einseift. Das Privileg, die zarte und köstliche und so begehrte Stelle zwischen meinen Beinen zu baden, hat er sich noch nicht verdient. Dann wäscht er mein Haar und massiert mir kräftig die Kopfhaut, bevor er das Shampoo ausspült und den Conditioner aufträgt. Während der Conditioner einzieht, kämmt er mir sanft das Haar, damit nach dem Abtrocknen keine Knoten darin sind. Nachdem er den Conditioner gründlich ausgewaschen und Schaumbläschen abgespült hat, die sich auf meinem Körper verirrt haben, wickelt er mich in Handtücher ein und hilft mir mit einem starken, stützenden Arm aus der Wanne.

Ich stehe da, und er trocknet meinen Oberkörper, den Rücken, die Brust, die Arme und sogar die Achselhöhlen ab. Dann setze ich mich, nichts anderes gewohnt als diese versierte Behandlung, bequem auf den Toilettendeckel. Er trocknet mich ab, zwischen den Zehen und den Beinen und jedes Fleckchen Haut, das ich ihm nicht verwehre, indem ich es bedecke. Anschließend erlaube ich ihm, mich mit Feuchtigkeitscreme einzureiben. Dann bürstet er mein Haar. Wenn er fertig ist, erhebe ich mich, er dankt mir, und ich schreite zu meinem »Thron« (meiner Lieblingsecke auf dem Sofa) im Wohnzimmer. Es macht ihn überglücklich, dass er mir das Wasser einlassen und mich baden durfte – eine kleine Sache, die ich genauso gut selbst machen könnte. Er hat so lang und hart gearbeitet, um sich das Privileg dieses schönen und intimen Dienstes an mir zu verdienen. Und zum Abschluss ist ihm das köstliche Vergnügen vergönnt, sich selbst in meinem Badewasser zu waschen! Wir müssen schließlich Wasser sparen …

INTERVENTIONEN VON AUSSEN

Ich habe mit vielen Frauen geredet, die Interesse an einer dritten Person in ihrer Beziehung hatten. Ich hatte das Vergnügen, für einige von ihnen diese dritte Person zu sein. Viele von ihnen hatten durch mein erstes Buch, *Die Kunst der weiblichen Dominanz,* Lust auf diesen Liebesstil bekommen. Unabhängig davon, ob das Szenario mit einer dritten Person ihre oder seine Idee war, rede ich immer erst mit der Frau und dann mit ihrem Sklaven, und dadurch bin ich noch nie in eine Situation geraten, die nicht einvernehmlich war. Das bezieht sich aber auf Szenarien, in denen eine zweite Domina gewünscht wird. Es gibt noch andere Motive. Manchmal sieht das Szenario auch einen männlichen Dom als zweiten Top oder als Switch vor, oder eine Switch beziehungsweise zweite Sklavin. Ist die dritte Person hetero, homosexuell oder bi? Der Fantasie sind keine Grenzen gesetzt, aber man muss den passenden Menschen finden. Und hier wird es schwierig.

Wieso? Zunächst mal, weil die Möglichkeiten, jemand Drittes zu finden, sehr begrenzt sind. Wenn man nicht gerade in einer Stadt mit BDSM-Vereinen lebt oder wenigstens einem privaten Untergrund-Partyzirkel angehört, kann die Suche nach einer dritten Person herkulische Ausmaße annehmen. Was schon mal nicht geht, ist, jemanden aus dem Freundeskreis zu fragen, der nicht in der Szene ist. Noch schlimmer ist es, wenn man auf die »Jagd« geht, vor allem nach einer weiblichen Sub oder Switch. Ein Paar, das auf der »Jagd« ist, wird meistens als irgendwie räuberisch empfunden, was die Jagd erschwert, weil die potenzielle Beute bei seiner Ankunft davonprescht. Wie bei den Wildkatzen im Dschungel geht bei einem Paar fast immer die Frau auf die Jagd. Mit der Zustimmung des Mannes (die normalerweise kein Problem ist), übernimmt sie die erste Anbahnung, denn Frauen arrangieren solche Dinge einfach besser. Wenn die zweite Frau den Mann akzeptabel findet, kann das Spiel beginnen. Super! Jetzt wissen Sie, wie's im Club läuft, aber Sie wissen noch immer nicht, wo und wie man jemand Drittes findet.

Stundenweise oder seelenverwandt?

Wollen Sie gelegentliche Treffen oder eine einmalige Sache? Oder möchten Sie einen Vertrag mit einem Dritten abschließen? Höchstwahrscheinlich geht es Ihnen um Ersteres – eine gelegentliche oder einmalige Angelegenheit, was die Suche nach einem vertrauenswürdigen Dritten vereinfacht. Jemand, der mit niemandem darüber redet oder ganz woanders wohnt, jemand, der einen professionellen Ruf zu verlieren hat, sich auskennt und Erfahrung hat und die Ausrüstung und Atmosphäre bieten kann, die Sie sich wünschen. Einen Eskortservice wollen Sie nicht. Wer wäre also am besten dafür geeignet? Eine professionelle Dom natürlich. Der einfachste und unkomplizierteste Weg zu einem dritten Partner ist das Engagement einer Profi-Domina.

Jetzt wissen Sie, wen Sie suchen müssen. Und wenn Sie selber nicht in einer Großstadt leben, können Sie sicher mal in eine fahren, oder nicht? Suchen Sie sich professionelle Dominas in dieser Stadt heraus, bevor Sie sich auf den Weg machen. Wenn Sie keine Zeitschrift mit entsprechenden Anzeigen kaufen wollen, werden Sie auch übers Internet fündig. Suchen Sie nach »Dominaführer« oder »Dominas« und »Liste« in Kombination mit dem Namen der Stadt und sehen Sie sich die Websites an. Achten Sie bei diesen Seiten, die ihre Referenzen und aktuelle Fotos enthalten sollten, auf Merkmale, die Sie als Frau an dieser Domina mögen. Ist da etwas in ihren Augen, das Ihnen sagt, dass Sie eine Session zusammen machen könnten? Hat sie das richtige Alter? Entspricht ihr Aussehen den Vorstellungen? Wenn Sie sie gern warm und freundlich hätten – wirkt sie so auf ihren Fotos? Falls Sie eine Eiskönigin suchen und die Domina eine immer strahlende kleine, kurvenreiche Brünette ist, dann haut das irgendwie nicht hin, oder?

Nachdem Sie jemand herausgesucht haben, der Ihnen äußerlich für die gewünschte Rolle gefällt, lesen Sie sich ihre Kenntnisse und Spezialisierungen durch. Klicken Sie nicht einfach auf »Kontakt«, bevor Sie nicht wissen, was sie sonst noch zu sagen hat. Zunächst mal: Macht sie Sessions mit Paaren? Hat sie einen Mann zur Hand, falls das Szenario einen erfordert? Dann erkundigen Sie sich, wie lang sie schon im Geschäft ist, ob ihr Verlies bei ihr im Haus ist, wie es mit der Ausrüstung aussieht und so weiter, und verschaffen Sie sich anhand ihrer Stimme einen Eindruck. Haben Sie die gleiche Wellenlänge? Mit manchen Menschen wird man sofort warm, mit anderen nicht. Meistens kann man nach einem Gespräch am Telefon entscheiden, ob man zueinander passt. Fragen Sie, ob sie ein »Beratungsgespräch« anbietet, damit ist ein erstes Treffen vor der Session gemeint. Falls das der Fall ist, sollten Sie sie ein paar Tage vor dem Termin auf einen Kaffee treffen und einen losen Plan absprechen. Manche Profi-Doms bieten Beratungsgespräche nur direkt vor der Sitzung an. In dem Fall haben Sie aber keine Möglichkeit, sich im Voraus zu verbünden, Ihre bösen kleinen Pläne mit ihm zu erläutern oder über die Wahl von Kleidung und Musik zu sprechen. Außerdem werden Sie sich wahrscheinlich wohler fühlen, wenn man sich schon vor der Session kennengelernt hat.

Wer ist sie und wie lang wird sie bleiben?

Sie haben Ihre dritte Person kennengelernt, Ihre Verbündete in zärtlichen und weniger zärtlichen Qualen, Sie haben Ihre bösen Pläne erläutert, und sie ist voll dabei. Wahrscheinlich haben Sie abgesprochen, wer sie sein wird, was Sie beide mit welchen Geräten und Spielsachen mit ihm anstellen werden und wie lange die Session dauern soll. Ich rate Ihnen unbedingt, mindestens neunzig Minuten vorzusehen, denn es wird komplizierter, je mehr Leute dabei sind, und Sie und die andere Dame werden eine Weile brauchen, bis Sie aufeinander abgestimmt sind – da kann das Vorgespräch noch so lang gewesen sein.

Haben Sie bei Ihrem ersten Treffen darüber geredet, wie lange *sie* bleiben wird? Fangen Sie die Session gemeinsam an oder kommt sie später dazu? Unabhängig davon: Ist Sie Ihnen gleichgestellt, ist sie süßes Beiwerk oder ist sie die Harte? Wenn sie Ihnen gleichgestellt ist, würde ich vorschlagen, die Session zusammen zu beginnen, damit Sie sich verbinden können. Lassen Sie ihn auf Händen und Knien in Ihre vereinte, ehrfurchtgebietende Gegenwart »treten«, und Ihr Anblick wird ihm klar machen, dass Sie sich verbündet haben, um ihn als Spielzeug zu benutzen. Für ihn ergibt sich ein erfreulich depersonalisierender Effekt, wenn er merkt, dass sein Wunsch nun wahr wird, das Objekt zweier Dominas zu sein. Unter Umständen gilt das auch für die Domina, auf die er sich schon freut. Sie hat vielleicht mehr Erfahrung als Sie, vielleicht hat sie andere Fähigkeiten, die Sie in der Session mit Ihnen teilen will. Falls Sie Ihnen gleichgestellt oder ein süßes Extra ist und erst später dazukommt, kommen Sie eventuell aus dem Takt und er verliert die Konzentration. Falls es nicht nur ein paar Minuten sind und es zum Plan gehört, sie im Verlauf des Spiels einzuführen, könnte es peinlich werden, wenn Sie sich vor seinen Augen aufeinander abstimmen müssen. Und nun zur harten Nummer. Die Harte kann jederzeit dazustoßen und wieder gehen, wenn sie nicht mehr gebraucht wird. Sie kann auch gehen und wieder zurückkommen. Ich spiele gern die Harte. Ich kannte eine Herrin, die mich den »kleinen Teufel« nannte. In ihren Plateauschuhen war sie eins dreiundneunzig groß, wogegen ich in meinen Kampfstiefeln gerade mal auf eins siebzig kam. Sie drohte ihrem Sklaven damit, dass sie mich hereinrufen würde, damit ich meine Erziehungstechniken an ihm einsetzte. Manchmal mussten die Drohungen auch wahr gemacht werden. War mir nur recht. Dann kam ich hereinmarschiert, überhaupt nicht so aufgebrezelt wie die Herrin, sondern in Jeans und Pullover. Manchmal hatte ich auch meine Lesebrille auf. Die angedrohten, aber nicht weiter ausgeführten »Erziehungstechniken« basierten auf Kleinigkeiten, die ich beim Betreten des Raums an dem Sklaven erkannte und die ihr nicht mehr auffielen, weil sie ihm so nahe stand. Während sie mir von seiner Übertretung erzählte, musterte ich ihn von oben bis unten, um meinen ersten Eindruck zu bestätigen. Schützte er seine Nippel? Seine Achselhöhlen? Hatte er Knie oder Schenkel zusammengepresst? Strahlte er Widerstand, Stolz oder Anspruchsdenken aus? War er eine richtige Dumpfbacke? Oder ging er mir einfach auf die Nerven? Keiner von ihnen hat mich jemals von oben bis unten gemustert, was schwierig ist, weil ich deutlich kleiner bin. Da sie mich nicht ansahen, waren ihre Verrenkungen manchmal richtig lustig, während ihre Hände auf Schulterhöhe an die Spreizstange gefesselt waren.

Anhand meiner »optischen Musterung« des Übeltäters strafe ich ihn dann kurz aber wirkungsvoll ab, damit er weiß, wo er steht. Falls er die Beine zusammengepresst hatte, befehle ich ihm, sie einen halben Meter weit zu spreizen, dann folgt ein kurzer Tritt in die Eier, und damit hat er seine Erziehungsmaßnahme bekommen. Und zwar geschieht das mit diesen verratzten, alten Stiefeln. Falls er seine Achselhöhlen oder Nippel geschützt hat, wird er kurz aber fies attackiert. Einmal ordentlich in die Nippel gezwickt, ein ordentlicher Schlag oder Hieb auf die Brüste, ein fieses Kitzeln, wenn er kitzlig ist. Für die Hochmütigen und für die, die dringend erniedrigt werden wollten, gab es einen Schlag ins Gesicht, sie wurden angespuckt oder an den Haaren gezogen, und all das ließ sich wiederholen und kombinieren. Ich spürte ihre Tabu-Listen auf und griff mir was davon heraus – ohne Vorwarnung, ohne Diskussion, ohne Zögern. Ich schlug ein wie der Blitz, dann war ich wieder weg.

Sie hat also ihre Rolle, und Sie haben die Ihre. Soll sie das ganze Spiel über bleiben? Ganz wie Sie wollen. Aber beschließen wollen Sie die Session vielleicht doch lieber allein mit ihm, oder nicht? Sprechen Sie das bei Ihrem Treffen mit der Domina ab. Sie können ja ein paar Minuten vor dem Ende der Session einen »Abgang« für sie planen, damit Sie mit ihm allein sein können. Oder Sie fragen sie, ob sie Ihnen ihren Raum für danach vermietet, damit Sie noch länger als eine Viertelstunde bleiben und allein mit ihm spielen können. Das wäre für Sie beide ein ganz besonderes Vergnügen. Falls Sie keinen Kerker zu Hause haben (oder auch dann) oder wenn Sie in keinen BDSM-Club gehen können, liefert Ihnen so ein Spiel in den Räumen der Herrin während Ihrer heimlichen Sex-Ferien unerschöpfliches Material für zukünftige Fantasien.

Lieblingsfantasien

Auch wenn sich die Fantasie von einer dritten Person meistens um eine weibliche Dom dreht, gibt es noch andere Möglichkeiten. Eine professionelle Domina kann dabei helfen, die etwas ungewöhnlicheren zu realisieren, zum Beispiel wenn es um einen männlichen Dom, Switch oder Sub oder um eine weibliche Switch, Co-Top oder Co-Sub geht. Es kann sein, dass eine professionelle Dom ihre Sub nicht mit Ihnen allein im Zimmer lassen will – womöglich ist das auch eine der Grenzen der Sub –, weshalb sie immer anwesend sein will, solange die andere Person an der Session teilnimmt. Wenn ich Sie nicht richtig gut kennen würde, könnte und wollte ich Ihnen meinen Sklaven oder meine Sklavin niemals einfach so überlassen.

Die Sub! Was soll ich sagen? In der physischen Welt ist eine professionelle Sub unter der Führung einer erfahrenen Herrin normalerweise kein Problem, aber was wird da mental mit Ihnen passieren? Werden Sie sich auch hinterher gut damit fühlen? Wissen Sie noch, die »jagenden Paare«? Ich habe mich immer gefragt, wie sich die Frau auf ihrer endlosen Pirsch nach einem Sklavenmädchen für ihren Partner wohl fühlt. Kommt sie sich manchmal nicht minderwertig vor? Sie dagegen »jagen« zwar nicht, sondern »mieten«, aber trotzdem sollten Sie darüber nachdenken, dass Sie hinterher vielleicht einen schwelenden, fast unbewussten Groll gegen einen Menschen hegen, der nur für ein, zwei Stunden in Ihrem Leben war. Was wäre, wenn er gern weiterhin Sessions mit ihr machen wollte, und irgendwann wird daraus ein Dreigespann? Was Dritte angeht, kann eine private Sub für Sie am problematischsten werden. Es gibt jede Menge wahrer Geschichten über weibliche Subs, die sich in den Mann verliebten, ihre Spiele zum Teil filmten und sie später dann zur Polizei brachten und behaupteten, sie seien »gezwungen« worden. Verhaftungen, der Entzug des Sorgerechts für Kinder, lange Schlachten vor Gericht und andere mögliche Verheerungen im eigenen Leben machen eine weibliche Sub in einer persönlichen Beziehung sehr riskant. Glücklicherweise können Sie diese Fantasie von einer seelenverwandten zweiten Frau auf Ihre »Nein-Liste« setzen und für immer darauf stehen lassen.

Neben der Fantasie von zwei weiblichen Doms hegen viele Männer Fantasien von einem zweiten Mann, der als Dom an der Szene teilnimmt. Ja, wirklich, Männer fragen ihre Domina sehr oft danach, und die Dame ist gern bereit, mitzuspielen. Der männliche Dom könnte zum Beispiel eine Bedrohung darstellen, einen Bondage-Lehrer, einen, der bestraft oder erniedrigt, er könnte an einer Szene mit freiwilligem oder erzwungenem Crossdressing teilnehmen oder viele andere Rollen spielen. Am liebsten spielen männliche Subs jedoch die crossdressende Schlampe, die von einem männlichen Dom benutzt wird. Und das könnte für ihn die problematischste Rolle darstellen. Da diese Fantasie spezifischer ist als die beliebtesten Rollen, gehe ich in Kapitel 6, »Männer, Frauen, Kleider«, ausführlicher darauf ein.

Wenn er sich einen männlichen Switch wünscht, möchte er einen Mann, der sowohl den Dom als auch den Sub gut spielen kann, und seine Fantasie dreht sich wohl darum, dass dieser Mann beide Rollen übernimmt. Er könnte einen Co-Sklaven wollen, der mit ihm leidet, und der aber entweder vor oder nach dem gemeinsamen Leiden auch als Ihr »Leutnant« fungiert. Der Dritte könnte als Ihr Co-Top anfangen und wegen eines Patzers zum Sklaven degradiert werden. Er könnte auch als Co-Sklave anfangen und zum Co-Top »befördert« werden. Ein männlicher Co-Sklave könnte auf den Wunsch hindeuten, einen anderen Mann erniedrigt und genauso behandelt zu sehen wie sich selbst. Vielleicht will aber auch *er* es mal mit dem Toppen versuchen!

Chemie zu dritt

Wenn Sie nach einem Dritten als Ergänzung für Ihre Spiele suchen, ist die Chemie der Dreierverbindung fast noch wichtiger als die Chemie der Zweierbeziehung, die Sie mit Ihrem Partner führen. Am besten ruft immer die Frau bei der Domina an. Viele Dominas, ich eingeschlossen, treffen nie Verabredungen mit dem männlichen Partner. Wenn Sie dann eine Herrin gefunden haben, die Sie auch gern im Urlaub treffen würden, rufen Sie sie an und sprechen Sie mit ihr über Ihre Interessen und ihre Spezialgebiete. Wollen Sie eine bestimmte Technik lernen oder eine alte Lieblingstechnik ausbauen? Wollen Sie Rollenspiele, und wenn ja, mit wem in welcher Rolle? Außerdem hat auch Ihr Sklave ein Wörtchen mitzureden, mit wem er gern spielen würde: Wenn er üppige Frauen mag, wäre ein knochendürrer Model-Typ wohl schon auf den ersten Blick eine Enttäuschung für ihn, und wir wissen ja alle, wie wichtig der erste Eindruck ist.

Eine gute Domina kann seine Körpersprache deuten und für einen reibungsloseren Verlauf der Doppel-Session sorgen, sie kann Ihnen neue Techniken zeigen und Rollenspiele mit Ihnen spielen, und wenn Sie die Führung übernehmen wollen, ist sie auch in der Lage, Ihnen zu folgen und so weiter zu spielen. Außerdem wird es ihm heiße Schauer über den Rücken jagen, wenn Sie ihm eine zweite Domina zum Geburtstag oder zu einem anderen besonderen Anlass schenken.

2. KAPITEL

Der Sub:
Was hat er davon?

»Wenn er im Bett frühstücken will,
lass ihn in der Küche schlafen.«

Sie wollen Ihren Erfahrungsschatz als Domina erweitern und würden gern erfahren, wie Sie tiefer in seine (und Ihre) Psyche vordringen können, und Sie möchten neue Techniken lernen, auf die Sie allein vielleicht nicht kommen würden. Eine der ersten Lektionen als Domina, die wir aus ersten Büchern und Erfahrungen gelernt haben, lautet, dass wir einen gewissen Einblick in die Seele des Sub brauchen, damit eine Szene funktioniert. Umgekehrt kann auch ein Sub, der mehr über die Gedanken einer Domina wissen will, davon profitieren, wenn er das hier liest. (Vielleicht lesen hier auch unersättliche Switches mit, die einfach alles wollen.) Als sinnliche Dom kann ich Ihnen einen Einblick in die Gedankenwelt einer Domina bieten, und in ihre Erwartungen an ihren Sub.

GROSSE ERWARTUNGEN

Viele Subs hegen den Wunsch, der Privatsklave einer Domina zu sein, obwohl sie keine Ahnung haben, was das für die Domina bedeutet. Sie haben hohe Erwartungen an die Herrin, und diese Erwartungen haben nichts mit ihr zu tun (und manchmal auch nichts mit der Realität). Ich habe schon viel zu viele Briefe von »Subs« bekommen, die mein Privatsklave sein wollten und mir eine »Liste« der Dinge vorlegten, die sie für mich tun würden. Diese Listen waren ein Witz: Ohne Ausnahme enthielten sie nur Dinge, die ich *sowieso* mit einem Privatsklaven anstellen würde. »Du darfst mich fesseln, Domina«, »Du darfst mich schlagen, Domina«, »Du darfst mir befehlen, deine Füße zu verehren, Domina …« bis zum Abwinken. Ich frage Sie: Sind das etwa Listen, auf denen steht, was er für mich tun will? Scheiße, nein. (Verzeihen Sie meine lebhafte Ausdrucksweise.) Wo holen die sich solche Ideen her? Aus *meinen* Büchern jedenfalls nicht. Aber ich schweife ab. Jeder Eintrag auf den Listen dieser Männer drehte sich direkt um deren Befriedigung. Mit keinem Wort erwähnte auch nur einer von ihnen, was er im Gegenzug für mich machen würde, nachdem ich ihm meine Zeit, Energie und Kreativität geschenkt hätte. Zeit, Energie und Kreativität, die ich ansonsten in Einkäufe, Wäsche waschen, die Wartung des Autos, Hausarbeiten, kochen (ich koche sehr gern) und andere Alltagsarbeiten investiert hätte. *Zeit, Energie und Kreativität, die ich in meine Bücher investieren könnte!* Sie können sich ja vorstellen, was ich davon halte.

Was meine Erwartungen und Anforderungen an einen Privatsklaven angeht, bin ich sehr strikt. Davon abgesehen habe ich festgestellt, dass diese hirnlosen Nervtöter nur zwei Namen verdient haben: »Im Weg« und »am Boden«, womit ihre Fähigkeiten hinreichend beschrieben wären. Dabei ist es nicht so, dass sie es nicht gut meinen, aber sie denken halt mit ihren Eiern. Vor lauter Aufregung: »Oh, jetzt macht sie gleich dies, jetzt macht sie gleich das!«, kann er nicht mal ein Glas Eistee ordentlich servieren. Und wie oft muss ich ihm noch sagen – oder in ihn reinprügeln –, dass ich da drei Eiswürfel drin haben will? Zwei Mal? Zwölf Mal? Wie oft muss ich noch erklären, was »dünn und süß« für meinen Kaffee bedeutet? Wenn der Sub denkt, er müsste mir auf die Nerven gehen, damit er mehr von der Behandlung bekommt, die er seiner Meinung nach verdient (eine ordentliche Tracht Prügel oder Schläge ins Gesicht zum Beispiel), hat er sich geirrt. Ich lasse mich nicht gern manipulieren, und ich sehe schon rot, wenn es einer nur versucht. Statt zur Spanking-Bank wird er zur Tür geführt. Solche hirnlosen Typen werden schon beim ersten Treffen ausgemustert.

Ich bevorzuge gehorsame, ernsthafte und intelligente Sklaven. Ich nenne sie »denkende Sklaven«. Ich spreche mit glühender Begeisterung vom Reiz der sinnlichen Dominanz und Unterwerfung, von der schuldfreien und atemberaubenden Leidenschaft des SM-Sex, und von der Freude des Gebens und Nehmens in einer Szene. Es ist all dies und noch viel mehr. Aber sorgen Sie dafür, dass er versteht, dass »sinnlich submissiv« nicht gleichbedeutend ist mit »hirnlos«, und dass die Leidenschaft einem den Atem raubt, nicht die Intelligenz. Uns ist bewusst, dass er sich in einer intensiven

BDSM-Szene in einem Extremzustand von sexueller Vorfreude und höchster Erregung befindet. Und das ist *alles*, woran er denkt. Ich will, dass ein Teil von ihm, und sei er noch so klein, »normal« funktioniert, wie in der realen Zeit. Wir wissen, dass es irrationale Wünsche sind, die wir ausagieren, aber nur weil er sexuell submissiv wird, heißt das noch lange nicht, dass er seinen gesunden Menschenverstand und seine Intelligenz gleich mit den Klamotten auf den Boden schmeißen kann.

Ein gegenseitiges Beschenken

Niemand wird bestreiten, welche Schönheit in sinnlicher Unterwerfung liegt, ob die Sub nun weiblich oder männlich ist. Ich betrachte seine Unterwerfung unter mich als ein seltenes und kostbares Geschenk. Und das ist sie auch: Er erweckt seine Fantasien zum Leben, indem er sie mir gegenüber ausspricht, und er überlässt mir seinen Körper und seinen Geist als Spielplatz. Aber BDSM ist für mich auch ein Austausch von Geschenken. Es ist nicht so, dass nur er gibt. Auch Sie machen ihm ein Geschenk: das Geschenk der Dominanz. Es macht Arbeit, ihn zu dominieren, ganz egal, wie sehr Sie ihn auch lieben mögen. Aber versuchen Sie mal, ihm das klar zu machen! Ich habe viele Briefe von Leserinnen erhalten, die mir erzählten, dass ihre Partner so sehr in ihrem Spiel »aufgingen«, dass sie von ihrer Partnerin erwarteten, in ihrer Anwesenheit immer in der Rolle zu sein. Mir scheint, da braucht es ein stärkeres Wort als »aufgehen«. Wie wär's mit *besessen*? Das Geschenk der Dominanz ist so komplex und facettenreich wie das Geschenk der Unterwerfung, doch selten wird erkannt, worin dieses Geschenk der Dominanz besteht (vor allem von den Subs).

Diese Ansicht teilen viel zu wenige, da die meisten vor allem das Geschenk des oder der Sub im Auge haben und es wertvoller schätzen, weil Unterwerfung bedeutet, den eigenen Körper einem anderen zu überlassen. Doch das Geschenk der Dominanz bedeutet, Verantwortung zu übernehmen, und auch wenn sie nur vorübergehend ist, macht diese Verantwortung das Geschenk der

Dominanz so selten und besonders wie jenes der Unterwerfung. Man darf weder das eine noch das andere unterschätzen.

Zum Geschenk einer Domina an ihren Sub gehört zum Beispiel ihre Fähigkeit, sich seine sexuellen Wünsche anzuhören und auf sie einzugehen. Dann wäre da Ihre Bereitschaft, hinter den Schleier zu treten und seine Fantasien mit ihm auszuleben – und er mit Ihnen. Ganz recht. Er mit Ihnen. Wenn Sie eine Fantasie haben, die Sie sich wünschen, trägt er die Verantwortung, sie Ihnen so wundervoll wie nur möglich zu gestalten. Es geht nicht mehr nur allein um ihn, und er darf nicht mehr über den gesamten Ablauf bestimmen. Diesen Punkt haben Sie inzwischen hinter sich. Sie haben das Heft voll in der Hand und ein Recht darauf (ich hasse es, wenn Männer dieses Wort benutzen), dass auch Ihre Fantasien erfüllt werden.

Andere Facetten des Geschenks der Domina sind ihre Kreativität und ihre Vorstellungskraft sowie die Zeit und Energie, die sie in die Inszenierung von Fantasien steckt. Toppen ist ein Stück weit immer Arbeit, wogegen das Spiel für den Sub ein reines Vergnügen ist und er nur darauf warten muss, dass man ihm sagt, was er zu tun hat. Sie muss ihren Sub permanent in einem Zustand wachsender Erregung halten, und dafür muss man ganz schön clever sein! Ein weiterer Aspekt des Geschenks der Dominanz ist die Fähigkeit der Domina, die Bedürfnisse und Grenzen ihres Sub zu verstehen, seine Bedürfnisse zu befriedigen und seine Grenzen auf die Probe zu stellen. Mit ihrem Einfühlungsvermögen einher geht die Fähigkeit, Zuneigung zu geben: durch schmusen, knuddeln und liebkosen; durch kuscheln, hätscheln und anschmiegen; und indem sie ihn vor, während und nach der Szene emotional stützt. Eine liebende Domina genießt zwar die Zeit, die sie oben ist, doch sie vergisst nie, wer sie in diese Position gebracht hat.

Im Austausch dieser wunderbaren und sinnlichen Geschenke streben Sie beide danach, die sexuelle Art des anderen sinnvoll und erhellend kennenzulernen. Womöglich befreien Sie sich mit jedem neuen Gabentausch von einem weiteren gesellschaftlichen oder selbstauferlegten sexuellen Tabu, so dass Sie ein weiteres Stückchen ihrer erotischen Vorstellungskraft erforschen können, wenn Sie das nächste Mal hinter den Schleier des SM-Sex treten.

WÜNSCHENSWERTE EIGENSCHAFTEN VON SUBS

Worauf Sie auf der Suche nach einem Privatsklaven am meisten achten sollten, ist, wie gut Sie beide eine emotionale Verbindung herstellen können. Als Ausschlusskriterium zählt das mehr als alle anderen Fragen. Aber da es sich bei Ihrem »Privatsklaven« wahrscheinlich um Ihren festen Partner handelt, besteht diese Verbindung bereits, und jetzt sind Sie dabei, sie zu vertiefen. Ich habe eine gute Verbindung zu meinem Privatsklaven, und er besitzt auch all die anderen Eigenschaften, die ich von einem Sub erwarte, der einer Frau von meinem Format zu Diensten ist. (Sie dürfen jetzt lachen, so wie ich, als ich das schrieb.)

Wenn Sie meine Anforderungen an einen guten Sub lesen, fällt Ihnen wahrscheinlich auf, dass manche davon auch auf der Liste der Eigenschaften einer guten Domina auftauchen. Intelligenz, gesunder Menschenverstand und ein kreativer Kopf finden sich auf beiden Listen. Ich will, dass er intelligent ist, manchmal sogar vorausahnend (und er zum Beispiel das Glas auffängt, bevor es auf dem Boden aufschlägt), und er muss unbedingt seinen gesunden Menschenverstand gebrauchen. Wir wissen alle, dass er ihn hat. Er darf ihn nicht auf Urlaub schicken, weil er »submissiv« ist. *Submissiv* und *dumm* sind *keine* Synonyme, sie schließen sich aber auch nicht gegenseitig aus. Sein kreativer Kopf spielt ebenfalls eine große Rolle: Er muss seine Rolle gut spielen und seinen Teil zum Pool der Fantasien beitragen. Die Bereitschaft und Verfügbarkeit für körperliche Dienste, die Bereitschaft, zu nehmen, was kommt, vor allem aber die Fähigkeit, sein Inneres zu enthüllen, sind für mich ausgesprochen wünschenswerte Eigenschaften. Das ist schon recht viel, aber ich bin noch nicht fertig.

Ich will, dass er sensibel ist und mich wirklich und wahrhaftig glücklich machen will. Er muss wissen, dass »wirklich und wahrhaftig glücklich machen« auch bedeuten kann, mir Milch und Kekse zu bringen. Flexibilität ist eine gute Eigenschaft. Da ich mich selbst mit dem Karibischen Ozean in der Hurrikansaison vergleichen würde, suche ich jemand, der tief und still ist wie der Pazifik. Zwei Menschen in der Hurrikansaison, das haut einfach nicht hin. Wenn er sieht, dass ich das Feuerzeug in der Hand und den Aschenbecher neben mir stehen habe und mich nach meinen Zigaretten umsehe, steht er auf und holt sie mir, anstatt darauf zu warten, dass ich es ihm sage. Was sollte ich denn *sonst* suchen, bitte schön? Das heißt, ich will kein »Püppchen«. Ich will, dass er seine Intelligenz, seinen gesunden Menschenverstand und seinen Wunsch, mich glücklich zu machen, in die Szene einbringt. In einer perfekten Welt würde er die Zigarette für mich aus der Schachtel nehmen, sie anzünden und mir charmant überreichen. Sie würden staunen, wie lange manche Sklaven brauchen, um so eine schlichte Handreichung zu lernen, selbst wenn jeder Patzer mit einer Strafe geahndet wird. Früher gehörte dieser bescheidene Akt zu den guten Manieren eines Gentleman. Heute bringen wir ihm mit Müh und Not die Manieren bei, die er in seiner Erziehung nebenbei hätte mitnehmen sollen.

In emotionaler Hinsicht muss er mir so weit vertrauen, dass er mir offenbart, wo er verletzbar ist. Zunächst nur langsam und in seinem Tempo. Ich lasse ihn eine Geschichte erzählen, irgendeine, und wie sich herausstellt, ist es eine seiner Fantasien. Diese Geschichte liefert mir die erotischen Hauptmotive, die ich brauche (siehe Kapitel 3, »Grundausstattung«), und von dort aus mache ich dann weiter. »Dort« ist das, was Sie früher schon durch eigenes Erkunden und Lesen, vielleicht auch in direkten Kontakten zu Hause, in Clubs oder bei Privatpartys herausgefunden haben. Es erfordert einiges an Mut, wenn er Ihnen seine verletzbaren Seiten offenbart, und ich halte Mut bei einem Sub für eine wünschenswerte Eigenschaft. Des weiteren möchte ich festhalten, dass er ein reaktionsfreudiger Partner sein muss, kein emotionsloser Klotz, der nur daliegt und der Domina keinerlei Anhaltspunkte, keine Körpersprache bietet, um ihn zu verstehen. Das ist nämlich, als würde man mit einem kaputten Spielzeug spielen!

Körperlich erwarte ich, dass er möglichst fit ist (dazu muss er kein Arnold Schwarzenegger sein), und ich erwarte, dass er ehrlich mit mir ist, was aktuelle oder frühere Gesundheitsprobleme angeht. Bei Ihrem festen Partner werden Sie die körperlichen Grenzen kennen und wissen, was im Notfall zu tun ist. Rufen Sie den Notarzt, wenn nötig, und räumen Sie die Spielsachen weg, solange Sie auf den Krankenwagen warten! Schließlich und endlich erwarte ich, dass er sauber ist.

Wie er sich vorbereiten soll

Wie machen *Sie* sich normalerweise attraktiver und begehrenswerter, wenn Sie sich auf ein Rendezvous vorbereiten? Nun, vergessen Sie's – der Durchschnittsmann hat nicht die gleiche Vorstellung von »Vorbereitung« wie wir Damen. Eigentlich sollte er auch ohne Sie über die »Fünf Sauberkeitsregeln« Bescheid wissen: Duschen, Haarewaschen, Rasieren, schick machen und noch eine mit »S«, die mit einer Körperfunktion zu tun hat – aber falls ihm das doch noch jemand sagen muss, sollten Sie diejenige sein. Wenn er auf Erniedrigung steht, überwachen Sie persönlich, wie er sich duscht, und sorgen Sie dafür, dass er sich ordentlich und mit viel Seife schrubbt. Diese Art von Körperpflege spielt eine wichtige Rolle bei der Vorbereitung auf eine romantische Begegnung, aber Frauen haben dafür ein feineres Gespür als Männer. Männern ist nicht klar, dass die Vorbereitungsphase die Vorfreude steigern kann. Dabei ist die wachsende Vorfreude ein wichtiges Element für jedes Fantasieszenario. Womit kann er die Vorfreude bewusst noch größer machen? Er soll während der Vorbereitungen an die bevorstehenden erotischen Stunden denken. In der Dusche sollte er sich entspannen und in Gedanken in der Intimität verweilen, die er bald mit Ihnen teilen wird. Und schließlich sollte er sich öffnen für das, was vor ihm liegt.

Gehen Sie beide Ihren Emotionen auf den Grund, während Sie sich vorbereiten. Falls Sie besorgt sind, suchen Sie nach der Ursache der Sorge und versuchen Sie, sie in ein Gefühl der Sicherheit zu verwandeln. Sie dürfen sich sicher fühlen, weil Sie schon so weit gekommen sind und einen Partner haben, der Sie begleiten will.

Wir alle brauchen die Bestätigung unserer sexuellen Wünsche und die Anerkennung unserer anderen erotischen Persönlichkeiten. Die beiderseitige Bereitschaft zu SM-Spielen ist eine definitive Bestätigung. Denken Sie immer daran, dass das, was er früher vielleicht als Schwäche empfand, nämlich sein Wunsch, sich sexuell zu unterwerfen, durch Ihre Bestätigung und Anerkennung zu einer neuen Stärke wurde. Falls noch eine Wut auf etwas in Ihrem Umfeld Sie umtreibt, lassen Sie sie raus in die Luft und wandeln Sie sie in Dankbarkeit um: Dankbarkeit für das Glück, einen Spielgefährten zu haben, einen Lebensgefährten, der Ihre Fantasien akzeptiert und sich zu eigen macht. Verwandeln Sie die Wut auf die Welt da draußen in Dankbarkeit dafür, dass er Ihre Bedürfnisse versteht. Lernen Sie den reinigenden Effekt zu schätzen, den SM-Spiele auf Ihren Geist haben.

Doch während er sein äußeres Ich so schön macht wie sein inneres, sollte er vor allem anderen versuchen, jedes latente Schuldgefühl in Bezug auf seine sexuelle Unterwerfung in eine neue Art von Freiheit zu verwandeln – eine Freiheit, die ihm erlaubt, einen reichhaltigen und noch unentdeckten Garten der Lust zu erkunden und zu erleben, ohne Angst zu haben, dass er deshalb unter Druck gesetzt, verlacht oder zurückgewiesen würde. Sexuelle Abenteurer werden feststellen, dass die Erkundung erotischer Faszinationen ihre Lust am Sex beträchtlich steigern kann und als direkte Folge davon ihr gesamtes Leben an Qualität gewinnt. Während Sie beide sich vorbereiten, lassen Sie sich also mental auf das Potenzial für die Entfaltung Ihrer Persönlichkeit ein, das in einer SM-Beziehung steckt. Stellen Sie sich vor, Sie sind eine exotische Blume, eine seltene Schönheit, die nur so sprüht vor erotischer Kraft, und lassen Sie dann Ihre Weiblichkeit aufleben und erstrahlen. Lehren Sie ihn bei jeder Begegnung ein bisschen mehr darüber, wie es im Herzen und in der Seele einer Frau aussieht.

Was er dabei gewinnt

Durch seine sexuelle Unterwerfung kann er sein Alltags-Ich abstreifen und zum stummen und willigen Diener werden. Voller

Freude (aber auch zur Entspannung) kann er seine Energien darauf richten, die Wünsche und Sehnsüchte eines anderen Menschen zu erfüllen. Wenn er sich selbst und seine Gedanken mir widmet, wird sein Ego befreit. Er kann mir ergeben dienen und seine Unterwerfung voller Stolz zelebrieren. Wir wissen, dass die Unterwerfung kein Zustand der Erniedrigung, sondern der Erhöhung ist. Er unterwirft sich, weil *er* es will, weil *er* es gern tut und er genießt, was das mit *ihm* anstellt. Als mein Sklave fühlt er sich von mir umhegt, versorgt und gepflegt. Ich sorge dafür, dass das Zimmer warm genug ist und es ihm körperlich gut geht. Er muss nicht der stärkste Mann der Welt sein und da draußen gegen Windmühlen kämpfen – ich werde stark genug sein und uns beide beschützen. Was für eine Erleichterung das für ihn sein muss!

Seine Unterwerfung bietet ihm auch einen sicheren Raum, in dem er angestauten Frust herauslassen und Wut und Ängste abbauen kann, anstatt sie mit sich herumzuschleppen. Wenn die Welt mal wieder richtig fies ist und es auch nichts mehr bringt, wegen irgendwelchem Kram Dampf abzulassen, bittet er mich manchmal um eine ganz spezielle Abreibung. Eine Abreibung, bei der er diese Gefühle rauslassen kann, bis sie verpuffen, anstatt sie weiterhin zu schlucken. Die Art von Abreibung, bei der man extremen Frust wunderbar abbauen kann. Man kann sie aber auch einsetzen, wenn die Welt ihm zu sehr zusetzt und er seine Gefühle wieder in den Griff bekommen will. Die Motivation hinter solchen Abreibungen erinnert mich an den Grund, weshalb manche Menschen rituelle Selbstverstümmelung praktizieren: Sie wollen die Welt wieder in den Griff bekommen. Wenn sie den Schmerz, den die Welt ihnen zufügt, kontrollieren können, indem sie sich selbst Schmerzen zufügen, so die vereinfachende Überlegung, haben sie die Welt bezwungen und wieder alles unter Kontrolle. Bei dieser Abreibung geht es nicht um Züchtigung oder Disziplinierung, nicht um mein Vergnügen, wenngleich ich sie ihm gern verpasse. Sie hat auch nicht viel mit Schmerz zu tun, auch wenn er weiß, dass es weh tun wird, und er den Schmerz will. Es ist eine kathartische Abreibung, die ihn von angestauten Ärgernissen und Zorn befreit. Sie wirkt Wunder, und das hält tagelang an.

Der ritterliche Sub

Die emotionale Befriedigung und die einzelnen Akte der Dienstbarkeit sind enorm wichtig für den Sub. Ein guter Sub, ein Sub, der seinen Platz in dieser neuen Welt kennt, *will* sich auf die gerade anstehende Aufgabe konzentrieren, sie perfekt ausführen und seine Herrin glücklich machen. Seine Freude liegt im Akt des Gebens, in den Diensten, die er seiner Dom erfüllt, und darin, dass er seinen Willen und sein Wohlbefinden den ihren unterordnet. Dabei entdeckt er eine Quelle der Kraft, die sich daraus speist, dass er seine Macht abgibt und die Luft aus seinem Ego lässt (was dringend nötig war). Während er Ihnen dient, entdeckt er sich selbst und taucht weit hinab in die Tiefen seiner Psyche, um sich und seine Fantasie neu zu erfinden. Er weiß, dass er *vielleicht* die romantische Belohnung erhält, die er sich durch Loyalität, Großzügigkeit und Selbstlosigkeit verdient hat, aber die Aussicht auf eine Belohnung ist nicht sein Antrieb. Das heißt aber nicht, dass man ihm nicht auch mal etwas Gutes tun sollte. Erinnern Sie sich noch an die Gehässige Domina? Zwar sollte er nicht von der Aussicht auf eine Belohnung getrieben sein, doch jeder brave Junge hat Streicheleinheiten verdient, sonst sieht er sich irgendwann anderweitig um. Falls er nicht ausdrücklich sagt, dass er wie der letzte Dreck behandelt werden will, will er es wohl auch nicht.

Hier kommt meine Definition von Ritterlichkeit ins Spiel. Unterwerfung und Ritterlichkeit sind für mich in diesem Zusammenhang fast schon austauschbare Begriffe. Selbstloses Dienen ist die Grundlage von Ritterlichkeit, und Ritterlichkeit bedeutet, dass man sein Bestes gibt, um einem Menschen, den man respektiert und liebt, Vergnügen zu bereiten und ihn zu ehren. Denken Sie an die Geschichten von Rittern und Damen bei den »Spielen« im England des Mittelalters: Die Ritter stürzten sich im Galopp in spielerische Kämpfe und trugen ein Band oder einen Blumenstrauß zur Ehre der Dame, die sie als Favorit erwählt hatte. Dabei wurde nicht mal ein Versprechen auf eine Belohnung für diesen Dienst angedeutet. Das Dienen an sich, die Ehre und das Vergnügen, das man der Dame, der Domina, der höher Gestellten bereitet, sind Belohnung genug. Weil viele Menschen nicht verstehen, was es bedeutet, sich ritterlich zu unterwerfen, fühlen sich Subs oft sexuell entwurzelt in einer Welt, in der die alten ritterlichen Tugenden nicht mehr gepflegt und geschätzt werden. Die Welt hat vergessen (falls sie es je wusste), dass Ritterlichkeit der Dienst an einer höheren Sache oder höher stehenden Menschen ist, und kultivierte Dienstfertigkeit, Höflichkeit und Ehrlichkeit gelten nichts mehr. Diese Leute würden wahrscheinlich auch die feinfühlige und fast schon telepathische Spiritualität nicht wahrnehmen, die der erotischen Unterwerfung und der Rolle eines oder einer Sub innewohnen.

Sexuelle Abenteurer, die wir sind, wissen wir, dass die sinnliche Unterwerfung gewaltige, der Vernunft nicht zugängliche Emotionen freisetzt. Diese Freisetzung kann sehr glücklich machen und erfüllend sein und uns neue Aspekte unseres Selbst aufzeigen. Eine SM-Beziehung bietet ein hohes Maß an Vertrauen und Verständigung, die sich zunehmend auch auf unser alltägliches Leben auswirken und unser Denken und Fühlen verändern, so dass wir toleranter mit anderen Menschen umgehen, weil wir mit uns selbst zufriedener sind.

Unterwerfung als Geisteszustand

Für manche Bottoms ist der Geisteszustand namens Unterwerfung die ultimative Entblößung, die erstrebenswerteste Form der Nacktheit. Anderen bietet er Wärme und Sicherheit, denn durch ihre Fürsorge und Erfahrung schützt die Top ihren Sklaven vor den Einflüssen der Außenwelt. In der Welt des BDSM werden die Schüchternen unverschämt extrovertiert, und die Zaghaften zu sexuellen Abenteurern. Ich nenne Unterwerfung einen »Geisteszustand«, weil sie für mich nichts Geschlechtsspezifisches ist, solange es nicht darum geht, wie der oder die Top mit der Anatomie der oder des Bottom spielt. Wie auch die Dominanz fängt die Unterwerfung im erotischen Vorstellungsvermögen an, auch wenn der körperliche Ausdruck des Dominanz- oder Unterwerfungsstils bei jedem Menschen wieder anders ist. Wenn der submissive Partner sich gerne durch öffentliche Entblößungen erniedrigen lässt, spielt es keine Rolle, welche Körperteile entblößt werden oder wem sie gehören. Ein Geisteszustand ist Unterwerfung auch wegen der großartigen, mystischen, beinahe telepathischen Verbindung, die ein Sklave zwischen sich und seiner Herrin herstellen kann. Sie befreit die Schüchternen von ihren Hemmungen und gibt den Sprachlosen eine Sprache.

Ein Sub, der für seine Liebe keine Worte findet, kann seine Gefühle über tausend Gesten kundtun. Vielleicht wird er irgendwann einmal in der Lage sein, in Gestalt des Sklaven seiner Partnerin gegenüber in Worte zu fassen, was er anders nicht sagen könnte. Hat er diesen Schritt erst einmal getan, gibt ihm das auf der dunklen Seite gewonnene Selbstvertrauen vielleicht sogar den Mut und die Kraft, um diese Worte auch am helllichten Tag auszusprechen. In der Unterwerfung kann der Sub tiefes Glück und eine Befreiung des Geistes erleben. Seine Seele kann sich aufschwingen und unseren kleinen Planeten umkreisen, der noch in weiter Ferne blau erstrahlt, die Szene, in der er sich auf der Erde befindet, eingeprägt in seinem Kopf. Eingefroren in der Zeit wie ein in Bernstein erstarrtes Glühwürmchen, kann er das köstliche Vertrauen, die emotionale Befriedigung und die Schönheit der sinnlichen Unterwerfung ein ums andere Mal hervorzaubern und sich einen Quell der Ruhe und Gelassenheit erschaffen.

(Und erzählen Sie mir nichts von wegen ich sei ja gar keine *echte* Dom, weil ich mich ein Mal in meinem Leben unterworfen habe. Ich habe dadurch nicht nur die Verbindung zu ihm, sondern auch zu mir selbst erhalten. Eine Domina sollte nie so sehr von sich eingenommen sein, dass sie selbst an jedem Tag des Jahres rund um die Uhr an ihr Image glaubt. Außerdem ist *niemand*, ich wiederhole: *niemand* immer und ausschließlich dominant.)

Wenn er unabhängig ist und stark und es gewohnt ist, für sich selbst zu sorgen und auf sich aufzupassen, wird der Sirenenruf aus der Welt der sinnlichen Unterwerfung Musik in seinen Ohren sein. Ich habe schon ausführlich von der verborgenen Schönheit der sinnlichen Unterwerfung erzählt: dass er stolz auf seine Unterwerfung sein kann, dass er eine Machtposition innehat, und dass BDSM nicht nur die sexuellen Freuden vertieft und verbessert, sondern auch das Vertrauen und die Kommunikation im Alltag einer Beziehung. Was ich Ihnen auf diesen Seiten erzählt habe, stammt weder von anderen Leuten, die diesen Liebesstil leben, noch von Sexualwissenschaftlern. Ich kann Ihnen so überzeugend von BDSM erzählen, weil ich diesen Lebensstil lebe. Ich glaube an die Magie der BDSM-Beziehung, denn ich habe sie selbst erlebt. Deshalb habe ich den Liebesstil des SM zu einem wesentlichen und ganz wunderbaren Bestandteil meiner sexuellen Ausrichtung gemacht.

Was Sie beide davon haben

Wenn Sie dann die diversen kleinen Rituale und Dienste ausgeführt und gelernt haben, der Domina auf die eine oder andere Weise zu gefallen, hat diese möglicherweise Lust, mit Ihnen zusammen »die Erde beben zu lassen« – sei's als Belohnung für Ihre guten Dienste, oder weil es ihr einfach Spaß macht, Sie zu nehmen. Sie Glückspilz! Sex, Orgasmen, Höhepunkte und »Erdbeben« sind wunderbare Ergänzungen des SM-Spiels – vielleicht nur für einen von Ihnen, vielleicht auch für beide, alleine oder gemeinsam. Möglicherweise haben Sie ihn schon während des Spiels mehrmals an den Rand des Orgasmus gebracht und ihn sogar kommen lassen. Sie haben die ganze Nacht hart gearbeitet, um seine Erregung, sein Verlangen immer weiter zu steigern, haben ihn mit Lust und Schmerz konditioniert, bis beides miteinander verschmolz. Sie sind genauso erregt wie er und erfüllt von der Macht, die er Ihnen gegeben hat. Sie sind wild aufeinander und halten es keine Minute länger aus.

Wenn ich meinen Sklaven während einer Szene kommen lasse, weiß er, dass es Teil der *Szene* ist. Oder dass ich ihn an diesem Abend wahrscheinlich viele Male triezen werde, ohne ihn kommen zu lassen. Wenn wir aber *nach* einer heißen Szene ficken, weiß ich, dass er kommen will und dass ich genauso kommen will, weshalb ich ihn ermahne und ihm befehle zu kommen, damit wir die umwerfende, ekstatische Erlösung gemeinsam erleben.

Für schönen und weniger riskanten BDSM-Sex muss ein Sub sowohl mit dem Kopf als auch mit den Eiern denken. Ich will keine Regeln aufstellen, denn die funktionieren nicht in jeder Situation. Außerdem sind die Wünsche, die im SM am Werk sind, nicht rational, weshalb ein festes Regelwerk nicht funktionieren würde. Was ist daran rational, wenn man ein Fußschemel werden, der Herrin nackt und stumm dienen oder von einem anderen Menschen besessen und benutzt werden will? So machtvoll und sexy diese Wünsche und Bilder auch sein mögen: *Rational* sind sie jedenfalls nicht.

Ich will Sie nicht mit einem Regelwerk belasten, das vielleicht gar nicht zu Ihnen passt, oder mit einer langen Liste von Ausnahmen für irgendwelche Regeln. Trotzdem gibt es drei Prinzipien, die so nah an Regeln rankommen, wie ich mich nur traue: Gehen Sie so respektvoll mit den Wünschen und Bedürfnissen Ihres Partners um, wie er umgekehrt mit den Ihren umgehen soll. (Respekt aus der »realen Welt« hat auch im SM einen sehr realen Stellenwert.) Erkennen Sie Ihre dunkle Seite an, anstatt sie zu verdrängen – sie ist ein schöner und integraler Bestandteil Ihres Seelenlebens. Nehmen Sie die Verantwortung sexueller Freiheit an und genießen Sie sie.

Was zeichnet einen sinnlichen Sub sonst noch aus? Ehrlichkeit, Wärme und Fürsorge: dasselbe, was wir uns auch von einem »vanille« Liebhaber wünschen und erwarten würden. Weiß er, wann Sie arbeiten müssen und nicht spielen können? Hilft er bei der Vor- und Nachbereitung der Spiele? Hat er den Unterschied zwischen der Zeit der SM-Fantasien und der »realen Welt« im Griff? Geht er auf Sie ein, wenn Sie etwas Neues in eine Szene einbeziehen möchten? Ist er so flexibel, dass er die Szene an Ihre Bedürfnisse anpassen kann und sie immer noch funktioniert? Unterbricht er die Szene, wenn es sein muss? Wäre er bereit, sofort und auf der Stelle über ein körperliches oder emotionales Problem zu reden, wenn es das wäre, was Sie bräuchten? Wäre er verständnisvoll oder ablehnend?

Eine weitere Verpflichtung des Bottom besteht darin, seine Top zu unterstützen und darauf zu achten, dass die Bedürfnisse seiner Domina befriedigt werden.

Als Top erwarte ich reibungslose und kompetente Dienste, kein Wehklagen, Gekrieche oder Gejammer darüber, was er sich später wünscht. Das ist keine wirklich submissive Geisteshaltung. Wenn ich auf diesen schrecklichen Dreier stoße, bin ich keine glückliche Top mehr. Meine Bedürfnisse werden nicht befriedigt. Was ich brauche, sind Dienste, die dem Stolz auf die eigene Unterwerfung entspringen. Nehmen wir ein praktisches Beispiel. Angenommen ich leide unter schwerem prämenstruellem Syndrom, habe mich aber trotzdem bereiterklärt, mit ihm zu spielen. Unter diesen Umständen erwarte ich, dass mein Sub meinem Zustand Rechnung trägt und sich entsprechend verhält. Schließlich bin ich angeschlagen und bewaffnet! Der Sub sollte seinen Kopf gebrauchen und einsehen, dass Hühnersuppe für mich jetzt besser ist als die Elchlederpeitsche für ihn. Er muss sich um mein körperliches und geistiges Wohl kümmern, denn nur wenn beides gegeben ist, geht es uns gut. Er muss unbedingt ein gehorsamer und fröhlicher Sub sein, der in der neu entdeckten Macht seines sexuellen Daseins schwelgt, doch wenn er die neuen Wege hinter dem Schleier erforscht, muss er auch gleichzeitig vernünftig und sinnlich sein.

Die Romantik nicht vergessen

Männer lieben Romantik genauso sehr wie Frauen, aber es ist weniger wahrscheinlich, dass sie sie als Kunstform praktizieren, und wenn, dann aus anderen Gründen. Verheiratete Männer kommen nur mit Geschenken nach Hause, wenn sie das Gefühl haben, sie hätten etwas ausgefressen und ihre Frau verärgert oder wütend gemacht, und in der Regel denken sie nur an Romantik, wenn sie ihnen den ollen Hintern retten kann. Vielleicht denken sie ja, sie müssten sich keine Mühe mehr geben, weil sie ihre Frau ja nun »haben«. Ha! Single-Männer denken noch eher an Romantik. Sie sind noch in der Werbungsphase, und ohne Romantik geht da kaum was. Im Gegensatz zum friedensstiftenden Ansatz des verheirateten Mannes hat ein Single-Mann allerdings eher im Sinn, die Domina herumzukriegen oder zu verführen. So oder so, als

Ihr Sklave ist es seine Aufgabe, die Romantik am Leben zu erhalten. Blumen, Schokolade, Parfüm, Bücher, Handschuhe, DVDs, CDs – alles wunderbare kleine Geschenke, um die Domina zu umschwärmen, ganz gleich, ob es sich um ein erstes Treffen oder um eine Langzeitbeziehung handelt. Vielleicht mag er es auch lieber persönlicher, dann könnte er anstelle eines Geschenks etwas Besonderes für Sie tun und Ihnen zum Beispiel zum Aufwachen Tee und Toast mit Marmelade auf einem Tablett am Bett servieren. Oder die Zeitung holen: etwas für Sie tun, das er Sie jeden Tag tun sieht, und zwar mit einer beiläufigen, schenkenden Geste. Es gibt viel mehr Möglichkeiten für Geschenke als nur die Dinge, die man in Geschäften kaufen kann.

(Also hergehört, männliche Wesen, das ist ein ernst gemeinter Rat von einer Frau: Die Definitionen mögen sich je nach Geschlecht vielleicht ein bisschen unterscheiden, aber der aufrichtige Wunsch, sich geliebt zu fühlen und geliebt zu werden, ist universell und durch nichts zu ersetzen. Wenn ihr die Romantik am Leben haltet, muss keiner von beiden jemals unter den Folgen ihres Verkümmerns leiden. Und bringt eurer Domina kein »Spielzeug« als Geschenk, es sei denn, sie hat es sich ausdrücklich gewünscht. Damit schenkt ihr nicht ihr etwas, sondern euch. Wenn ihr sie ungefragt mit einem Spielzeug beschenkt, wird sie nur befangen sein, weil sie sich verpflichtet fühlt, es zu benutzen. Selbst wenn das nicht euer Beweggrund war, wird sie sich nicht freuen können. Tolle Geschenke? Schaut auf den mit Eselsohren markierten Seiten in ihren Lieblingskatalogen nach und sucht euch dort was aus.)

3. KAPITEL

Grundausstattung und irrationale Logik

DIE GRUNDAUSSTATTUNG

Zur Inszenierung der Fantasien, die hinter dem Schleier gedeihen, brauchen wir ein paar unentbehrliche Zutaten. Auf der emotionalen Ebene sind Kommunikation, Vertrauen und Anteilnahme sowie der Wunsch, das eigene sexuelle Wesen zu erkunden und zu akzeptieren, unabdingbar. Was die körperliche Ebene angeht, wissen wir, dass die aktive Teilnahme am gemeinsamen Verfassen eines Drehbuchs für die Fantasie ein guter Anfang ist. Wir wissen, dass Sie das Auseinanderdriften Ihrer Fantasien schon im Keim ersticken können, wenn Sie die Szene gemeinsam im Voraus planen. Das Zusammenstellen der Requisiten, die Vorbereitung des inneren und äußeren Ich sowie des Spielplatzes sind weitere wichtige Zutaten für ein romantisches und befriedigendes BDSM-Erlebnis. Danach sind schmusen und kuscheln, der Austausch von Gefühlen und Empfindungen, gegenseitige Ermutigung und Unterstützung und die Nähe zwischen Ihnen und Ihrem Sklaven unentbehrlich.

Emotionale Aphrodisiaka

Die Fantasien, die Sie erschaffen, enthalten bestimmte Schlüsselelemente, die als emotionale Aphrodisiaka fungieren. Geheimnisse, Gefühle und Erotik sind drei dieser Schlüsselelemente. Sie lenken Ihre BDSM-Fantasien, und das macht sie zu unentbehrlichen und magischen Elementen des Spielerlebnisses. Diese mentale Magie ist stärker als Rationalität, Logik und Vernunft, weil unsere Wünsche, die in unserem erotischen Vorstellungsvermögen erschaffenen Fantasien, sich der Vernunft schlichtweg entziehen. Emotionale Aphrodisiaka folgen keinen Regeln, halten sich nicht an die Grenzen der Logik und gehorchen keiner Vernunft. Mit unserer normalen, rationalen Art zu denken können wir diese Fantasien nicht ergründen. Wir können nur anfangen, sie zu verstehen, indem wir uns ihnen ergeben und sie erleben. Bevor man sich seinen Wünschen hingeben kann, muss man ja zu ihnen sagen, das gilt für Tops und Bottoms gleichermaßen. Die erotischen Gefühle, die sie auslösen, wollen von sexuellen Abenteurern gespürt und erforscht werden. Wenn man die Schlüsselelemente einer Fantasie einmal entdeckt hat, kann man anfangen, sie zu dirigieren und zu orchestrieren. Diese Schlüsselelemente werden in unserem Unbewussten erschaffen und sind in unseren Fantasien immer vorhanden. Doch wenn wir sie finden wollen, müssen wir uns auf die Suche begeben, denn normalerweise sind sie uns nicht bewusst.

Auf der anderen Seite gibt es drei weitere emotionale Aphrodisiaka, die im Gegensatz zu Geheimnissen, Gefühlen und Erotik nicht positiv konnotiert sind: Wut, Angst und Schuld. Diese Gefühle haben einen Platz hinter dem Schleier wegen des Stresses und der Konflikte des täglichen Lebens – Stress, der gelöst, Konflikte, die geklärt werden müssen. Außerdem wissen wir, dass BDSM-Spiele uns vom Alltag erlösen, ihn aber auch widerspiegeln. Na toll! Was soll das denn heißen? Ich gebe Ihnen zwei Beispiele aus einfachen Situationen, in denen Angst als Aphrodisiakum fungiert.

Die erste Art von Angst nenne ich »situationsbedingte Angst«, weil sie kein tief verwurzeltes Aphrodisiakum ist, sondern nur in bestimmten Stresssituationen auftritt. Obwohl Sie wissen, dass es irgendwann einen wichtigen Anruf geben wird, den er beantworten muss, fangen Sie beide an zu spielen. Sie haben ihm die Erlaubnis erteilt, sich zu erleichtern, und gerade als er zum Abspritzstoß ansetzt, klingelt das Telefon. Ihm bleiben fünf Klingeltöne, bevor der Anrufbeantworter anspringt. Sie sehen, wie ihn die Angst, rechtzeitig ans Telefon zu kommen, noch mehr erregt. Sein Kopf ist knallrot, und *diese* Geräusche haben Sie noch nie von ihm gehört. Beim vierten Klingeln kommt er in einer gewaltigen Explosion zum Höhepunkt, und völlig außer Atem vor Erleichterung hebt er einen Sekundenbruchteil vor dem Anrufbeantworter den Hörer ab. Da haben wir's: Aus der Angst wurde ein emotionales Aphrodisiakum. Andere Situationen in dieser Sparte, ob BDSM oder »vanilla«, wären zum Beispiel Sex oder ungewöhnliche Akte an Orten, wo man ihn sehen oder erwischen könnte.

Wenn sich die erotische Vorstellungskraft eines Menschen in einer Atmosphäre der Angst *entwickelt*, haben wir ein tiefsitzendes angstbasiertes Aphrodisiakum, das vielleicht sogar unentbehrlich ist für die Erregung. Angenommen, seine Freunde unterhielten sich immer über ihre zweifelhaften Eroberungen in der Teenagerzeit. Unabhängig davon, ob sie nun wirklich zweifelhaft waren oder nicht, träumte er aber davon, dass ihn eine starke Frau erobert. Vielleicht war sie eine Amazonenkönigin, ein Alien, die Schuldirektorin, *ganz egal*, Hauptsache, er wurde reduziert auf ein Häufchen Wackelpudding, das ihr zu Füßen zitterte. Wenn er dann mit den Jungs im Wald oder im Keller eines Freundes mit sturmfreier Bude ein bisschen Rudelwichsen spielte (und glauben sie mir, das haben sie!), hatte er ständig Angst, sie könnten rausfinden, dass er sich den Mädchen lieber ergeben würde als sie zu erobern. Und obwohl er sich grundlos Sorgen machte, weil er nie von seinen Sehnsüchten sprach und keiner seiner Freunde Gedanken lesen konnte, fing er an, zwischen seinen Sorgen und seiner Erregung eine Verbindung herzustellen. Sorgen und Angst sind in etwa das gleiche, stimmt's? Daher müsste er sich in unserem Fall bei jedem sexuellen Kontakt ein bisschen ängstlich fühlen, um erregt zu werden.

Die Suche nach dem Motiv

Im Verlauf Ihrer bisherigen Erlebnisse haben Sie mit Ihrem Partner bereits eine sehr angenehme Akzeptanz Ihrer BDSM-Fantasien entwickelt und wissen, dass Sie eine große Bandbreite an Emotionen empfinden und zum Ausdruck bringen können. Die Sicherheit der Fantasie gibt ihm die Möglichkeit, mehr Facetten seines erotischen Ich auszudrücken und Ihnen die Geheimnisse seines Herzens zu offenbaren. Ist es nicht vorstellbar, dass Sie zusammen auch bei Tage mutiger auftreten, nachdem er Ihnen so weit vertraut hat und mit Ihnen hinter den Schleier getreten ist?

Nehmen Sie sich eine Lieblingsfantasie aus Ihrem derzeitigen Repertoire. Gehen Sie sie mental im Schnelldurchlauf durch und suchen Sie das zentrale Element. Dann nehmen Sie eine andere Lieblingsfantasie und machen mit ihr das gleiche. Im ersten Moment wirken die beiden vielleicht sehr verschieden, aber sehen Sie genauer hin. Angenommen, in der ersten entführen sie ihn aus der Telefonzelle an der Ecke. Sie täuschen mit dem Zeigefinger in der Tasche eine Waffe vor, packen ihn am Arm, schleppen ihn in Ihr Verlies und vergehen sich an ihm (was auch immer Sie darunter verstehen). Bei dieser Fantasie entdecken Sie ein übergeordnetes Thema: die Entführung. Außerdem hat die Entführerin eine Waffe. Und schließlich wird er in ein Verlies gebracht und die ganze Nacht hindurch benutzt. In der zweiten Fantasie besteht das übergeordnete Thema darin, dass er der willige Sklave seiner Herrin ist und Ihnen auf jede nur erdenkliche Weise dient und sie beglückt. Er trägt ein Halsband, und von seinen Fesseln an Händen und Füßen baumeln Karabinerhaken, die ihn daran erinnern, dass Sie ihn jederzeit anketten und nach Herzenslaune disziplinieren und benutzen können. Was ist hier das erotische Hauptmotiv, was ist nur Ausschmückung?

Im ersten Szenario bringt die Entführung eine gewisse Behandlung des Körpers mit sich, zum Beispiel das Verbinden der Augen, ein Knebel, grobes Anfassen und höchstwahrscheinlich die eine oder andere Art von Fesselung. Aber zum Teil passen diese Elemente auch in die zweite Fantasie, die ja im beiderseitigen Einvernehmen stattfindet. Er redet zuviel und wird geknebelt; er ist zu zappelig und wird festgezurrt. Das sind kleine aber unentbehrliche, mitunter ganz handfeste Elemente, mit denen die Inszenierung der Fantasie erst richtig gut wird. Solche Details – die Augenbinde, den Knebel, das Seil – nenne ich Ausschmückungen. Was bleibt übrig, wenn man sie weglässt? Das Drehbuch: in der ersten Fantasie eine Entführung, in der zweiten der Sklave als Sexspielzeug. Man könnte meinen, dass diese Fantasien wenig gemein haben: Das Motiv der ersten handelt davon, dass ihm Ihre Macht aufgezwungen wird. In der zweiten ist er Ihr bereitwilliger Sklave.

Doch bei eingehender Betrachtung stellen Sie vielleicht fest, dass auch Ihre Drehbücher nur Ausschmückung sind. Die beiden scheinbar so verschiedenen Fantasien könnten beide ein Ausdruck für den Wunsch sein, sich ohne Angst vor Schuldgefühlen oder Repressalien sexuellen Urtrieben hinzugeben. In der einen ist er der Gefangene einer bewaffneten Fremden, in der anderen Gefangener einer unersättlichen Herrin, deren Eigentum er ist. In beiden

Fantasien ist er hilflos, während sein Leben von den Launen eines anderen Menschen abhängt. Vielleicht ist also die *Hilflosigkeit* das erotische Hauptmotiv. Eine Entführung bietet die Möglichkeit, jegliche Kontrolle abzugeben und die Erfahrung von Hilflosigkeit und großer sexueller Erregung zu machen, ohne sich schuldig fühlen zu müssen, und dasselbe gilt, wenn man das Eigentum eines anderen ist. Viele Subs haben nicht nur ein erotisches Hauptmotiv, sondern verschiedene Fantasien, die zu ihrer jeweiligen Stimmungslage und zu ihrer Erkundungslust passen.

Erotische Hauptmotive

In dem Buch »Erotische Intelligenz« schreibt Dr. Jack Morin von einem so genannten »zentralen erotischen Thema«, womit, kurz gesagt, das Destillat einer Fantasie gemeint ist. Das zentrale erotische Thema ist das, was von einer Fantasie übrig bleibt, wenn man alle Ausschmückungen weglässt und die sexy Drehbücher durchleuchtet. Er kürzte das mit dem Akronym CET (»core erotic theme«) ab. Ich bin mit seiner Theorie auf einer Linie, aber als Romantikerin fand ich »CET« nicht sexy genug. Deshalb nenne ich es »erotisches Hauptmotiv«. Aber ganz gleich, wie man es nennt, es nimmt einen besonderen Platz im Zentrum der erotischen Vorstellungskraft ein. Wer auch nur eine einzige Fantasie in seinem Leben hatte, hat auch ein erotisches Hauptmotiv, auch wenn er oder sie sich dessen nicht bewusst ist oder noch nie darüber nachgedacht hat. Meistens sind die Motive simpel und lassen sich auf ein, zwei Sätze reduzieren, vielleicht sogar auf einen Begriff. Die Inspiration für ein erotisches Hauptmotiv kann von einer einzigen, aber ungeheuer bedeutungsvollen Fantasie stammen.

In den Fantasien von der Entführung und dem freiwilligen Sklaven in Privatbesitz könnte das erotische Hauptmotiv die Hilflosigkeit oder die Gefangenschaft sein, ob sie nun freiwillig waren oder nicht, sowie das Wissen, dass man trotzdem geliebt und begehrt wird. Es könnte aber auch der Wunsch sein, sich vollkommen und ohne Schuldgefühle seinen sexuellen Wünschen hinzugeben. Jedenfalls bildet das Motiv den Kern der Fantasie, die ich ausleben will. Die Szenen sind die einzelnen kleinen Stücke, die im Rahmen des Hauptmotivs inszeniert werden, und Requisiten und Garderobe dienen zur Ausschmückung. Wenn Sie mir ähnlich sind, haben Sie bei der Erkundung Ihres anderen sexuellen Ich wiederkehrende Elemente in Ihren Fantasien entdeckt.

Unabhängig davon, ob sie mit BDSM zu tun haben oder nicht, erwachen bestimmte Fantasien erst unter bestimmten Umständen zum Leben. Wenn Sie und Ihr Partner eine langfristige und ernsthafte Beziehung führen, könnten Sie irgendwann feststellen, dass Sie bereit sind, Ihre Ja-Liste hinter sich zu lassen und Fantasien von der Vielleicht-Liste auszuprobieren. Mit der Zeit wird Ihre Bereitschaft zur Inszenierung weiterer Fantasien wachsen, so wie seine Bereitschaft, Schmerzen einzustecken, mit der Erregung wächst.

Denken Sie auch daran, dass es Fantasien auf verschiedenen Ebenen gibt: Bei manchen Dingen wünschen wir uns wirklich, dass sie uns passieren, bei anderen glauben wir es, und manche stellen wir uns gern vor, wollen sie aber auf keinen Fall wirklich erleben. In allen drei Kategorien gedeihen ganz prächtige erotische Hauptmotive, auch und vor allem in der letzten. Die Inszenierung verschiedener Szenarien gibt Ihnen die Möglichkeit, Probleme und Herausforderungen sexueller und emotionaler Art zu erforschen und Wunden der Vergangenheit zu heilen. Wenn Sie sich wirklich an die Erkundung Ihres erotischen Hauptmotivs machen, werden Sie feststellen, dass es eine Art verschlüsselter Botschaft ist, die Ihnen verrät, welche Menschen (oder Typen), Situationen und Bilder Ihr erotisches Feuer entfachen. Ihr erotisches Hauptmotiv bildet das Grundgerüst, in dessen Rahmen Sie Ihre sexy Drehbücher erschaffen. Es besitzt eine enorme Macht, weil es Verbindungen zwischen den Antörnern von heute und den Problemen von gestern knüpft. Ihre Vorstellungen von Erotik können ein Versuch sein, mit Schwierigkeiten aus der Kindheit klarzukommen. In Ihrem erotischen Hauptmotiv steckt eine Blaupause, mit deren Hilfe aus unerledigten emotionalen Angelegenheiten in der Kindheit und Jugend die Lust und Leidenschaft eines verantwortungsvollen Erwachsenen werden.

Auf einer ganz grundlegenden Ebene sind erotische Hauptmotive die Dinge, die uns körperlich und geistig am stärksten erregen. Sie sind viel mehr als eine Liste dessen, was Sie an- oder abtörnt. Sie sind der Ausdruck Ihrer ganz persönlichen Erotik, und dieses neue Wissen um sich selbst gibt Ihnen Kraft. Wie ich bereits sagte, kommt es nicht selten vor, dass sexuelle Abenteurer mehr als ein erotisches Hauptmotiv haben, und in dem Fall dürfen Sie sich glücklich preisen. Erotische Hauptmotive sind der fruchtbare Boden, auf dem Ihre ganz besonderen Antörner gedeihen.

Die Erkundung des erotischen Hauptmotivs

Wann und wie ist Ihr erotisches Hauptmotiv in die Welt gekommen? Die Entwicklung eines erotischen Hauptmotivs beginnt in der Kindheit, und wahrscheinlich entsprang ein Teil Ihrer Fantasien dem Schleier der Geheimhaltung, der über all den Impulsen und Interessen lag, die man als nicht kindgerecht erachtet. Andere Fantasien haben Ihren Ursprung in gesellschaftlichen Moralvorstellungen und dem Bruch von Tabus.

Im Laufe der Zeit nehmen auch die Erfahrungen des Lebens Einfluss auf die Wahl unserer erotischen Hauptmotive. Manche Motive behalten wir auch als Erwachsene für uns, wenn wir eine Fantasie für zu heilig oder persönlich empfinden, um sie anderen anzuvertrauen. Wahrscheinlich will jeder von uns den einen oder anderen Aspekt seiner erotischen Hauptmotive für sich behalten. Ich halte das für eine ganz natürliche Reaktion, die nichts mit einem Vertrauensbruch zu tun hat. Man muss sich nicht alles erzählen. Im Land der Fantasie können beide auch von verschiedenen Ausgangspunkten losgehen und dennoch an einem Ort zusammenkommen. Sind Sie bereit, zu erfahren, dass er mit dieser einen Fantasie ein Kindheitstrauma auflöst? Können Sie es verstehen? Und umgekehrt?

Das ist eine sehr persönliche und schwierige Entscheidung. Bei der Inszenierung einer Szene, die ein früheres Trauma widerspiegelt, können starke Emotionen in der Sub freigesetzt werden. Auch wenn BDSM-Spiele gar nicht ohne aufgeklärtes Einverständnis vorstellbar sind, kann es sehr schwierig für ihn sein, Ihnen darzulegen, was passiert, wenn Sie ihm beispielsweise ins Gesicht spucken. Vielleicht kennt er die Konsequenzen selbst nicht – wie sollte er da Ihnen etwas erklären können? Außerdem besteht immer die Möglichkeit, dass einer von beiden die entsprechende Szene aus Angst vor den emotionalen Auswirkungen nicht spielen will. Vielleicht zieht er es vor, nichts zu sagen, aber sein Safewort ständig auf der Zunge zu haben, vielleicht ist es ihm aber auch lieber, Ihnen alles zu erzählen und sich Ihrer Unterstützung während dieser Erfahrung zu vergewissern.

Stärker noch als beim Vanille-Sex befinden wir uns in BDSM-Spielen in einem Zustand geschärfter Aufmerksamkeit, in dem wir uns und die Verbindung zu unserem Partner sehr bewusst erleben. Man steht in einem intensiven Wechselspiel mit den beim Partner wahrgenommenen Gedanken und Gefühlen. Diskussionen und Unterhaltungen über erotische Hauptmotive sind selten so befriedigend wie die Inszenierungen, die wir uns im Kopf ausmalen, und dieses unbeabsichtigte Wechselspiel bringt Sie unter Umständen nur von der unverfälschten Version Ihres Hauptmotivs ab. Selbst wortgewandteste Herrinnen und Sklaven können manchmal nur schwer ein klares Bild von ihren Wünschen zeichnen. Außerdem haben wir ja bereits festgestellt, dass man auch nicht alle Gedanken und Fantasien mit dem anderen teilen muss. Ein erotisches Hauptmotiv lässt sich manchmal am ungezwungensten erkunden, wenn es nicht ausdiskutiert und mit den Bedürfnissen des anderen abgeglichen werden muss.

Wenn Sie etwas schön finden, das er nicht mag, finde ich es nicht schlimm, wenn Sie während einer anderen Sache daran denken, ohne ihm was davon zu sagen. Nehmen wir an, Sie beide stehen auf anale Penetration mit dem Finger. Außerdem stehen Sie auf Einläufe, er aber nicht. Das wissen Sie, weil er es Ihnen gesagt hat, aber das ändert ja nichts an Ihrem Begehren. Wenn Sie ihm also den Finger in den Anus stecken, stellen Sie sich vor, der Finger sei eine Düse und Sie verpassten ihm gerade einen Einlauf. Da Sie ohnehin nicht dabei sein wollen, wenn er sich im Badezimmer

»entleert«, tut das winzige Detail, dass es gar nichts zum Entleeren gibt, überhaupt nichts zur Sache. Er genießt auf seiner Ebene, was Sie mit ihm machen, und Sie genießen es auf der Ihren. Was ist schon dabei, wenn Sie dabei insgeheim eine Fantasie hegen, von der er nichts weiß? Woher wollen Sie wissen, dass er nicht selber eine hegt? Eine, die er nicht mit Ihnen teilt? Aha!

Es ist allein Ihre Entscheidung, ob und wann Sie mit ihm darüber reden wollen. Lassen Sie ihn auf jeden Fall wissen, was Sie antörnt. Dazu müssen Sie ihm nicht die persönlichsten Details erzählen, sondern nur das, was Sie angemessen finden und womit Sie sich gut fühlen.

Ob und wann Sie mit ihm über Ihr erotisches Hauptmotiv reden, ist allein Ihre Entscheidung. Lassen Sie ihn auf jeden Fall wissen, was Sie antörnt. Dazu müssen Sie ihm nicht die persönlichsten Details erzählen, sondern nur das, was Sie angemessen finden und womit Sie sich gut fühlen.

Die Pflege des erotischen Hauptmotivs

Schauen Sie einmal hinter die herrlich lasterhaften Details und prickelnden Gefühle, wenn Sie an ein außergewöhnlich gutes Sexerlebnis denken, und fragen Sie sich, warum dieses Erlebnis so aufregend war. Lag es vielleicht daran, dass es mit einem ungelösten Konflikt in Ihrem Leben zu tun hatte? Bitten Sie ihn dann, ebenfalls auf die Suche zu gehen. Es mag sehr irrational erscheinen, aber mitunter speist sich eine große sexuelle Erregung gerade aus der Spannung zwischen emotionalen Problemen und ihrer lustvollen Lösung. Inmitten unserer wachsenden Erregung ist uns nicht bewusst, dass wir an eines unserer Probleme denken, weil uns die Lust des Augenblicks zu sehr in ihren Bann schlägt. Das ist gut so, denn unsere Erregung zeigt, dass unser erotisches Hauptmotiv funktioniert. Sein Sinn und Zweck besteht ja auch darin, alte Wunden und Sorgen in Aphrodisiaka zu verwandeln und weit zurückliegende Konflikte zu lösen. Doch BDSM löst schmerzbehaftete Probleme in diesem Fall nicht subtil, sondern strahlt den Schmerz mit Flutlichtern an, und bietet mit den Rollen von Top und Bottom, Herrin und Sklave, Sadist und Masochist Strategien zu seiner Bezwingung. Wie bereits erläutert, fühlen sich der Top und die Bottom nach einer Szene stark und bestätigt, weil beide ihre Bedürfnisse ausleben konnten.

Sie müssen Ihr erotisches Hauptmotiv nicht unbedingt entdecken und verstehen, und Sie können auch absolut fantastischen Sex haben, ohne Ihres (oder seines) zu kennen, aber ich kann Ihnen nur ans Herz legen, diesen Bereich Ihrer Psyche zu erkunden. Erforschen Sie es, soweit es Ihnen eben angenehm ist, denn sogar die kleinste Entdeckung kann überaus aufschlussreich sein. Wenn Sie Ihr erotisches Hauptmotiv und seinen Ursprung erst einmal kennen und wissen, welche Schwierigkeiten oder Konflikte es zum Ausdruck bringt, können Sie anfangen, »damit zu arbeiten«. Wenn Sie wissen, was Ihr Hauptmotiv ist, wo es herkommt, auf welche Schwierigkeiten es eine Antwort ist und welche Konflikte damit bewältigt werden, können Sie es ganz bewusst in eine bestimmte Richtung lenken. Die Erforschung Ihres Hauptmotivs kann in gewissem Sinn auch befreiend wirken, weil ein neues Bewusstsein zu größeren Freiheiten und Wahlmöglichkeiten führt. Viele Menschen, ich eingeschlossen, neigen zur Wahl eines Partners, der Aspekte ihrer Persönlichkeit ergänzt, die sie an sich vermissen oder als mangelhaft empfinden. Da ich ein emotionaler, spannungsgeladener, aber introspektiver Mensch bin, mag ich am liebsten einen Sklaven, der ausgeglichen ist wie das Meer der Ruhe und offen wie ein Buch.

Dennoch haben Milliarden von Menschen absolut wunderbaren Sex, ohne auch nur eine Sekunde über ihre erotischen Hauptmotive nachzudenken. Wenn Ihnen die Vorstellung nicht behagt, so weit hinter den Schleier zu blicken, dann tun Sie es nicht. Sie allein wissen, wie weit Sie sich hinter den Schleier wagen wollen, und manche Menschen belassen den Ursprung ihrer erotischen Hauptmotive lieber im Ungewissen. Andere beschäftigen sich wiederum sehr eingehend damit, weil sie glauben, dass ihnen diese Erkundung größeren Respekt vor ihrer Sexualität und ein tieferes Verständnis ihrer Vorlieben vermittelt.

Sexy Drehbücher

Sexy Drehbücher bestehen aus zwei Teilen: der Handlung (die maskierte Einbrecherin nimmt ihn gefangen) und den ausschmückenden Details, der Dekoration für die erotischen Hauptmotive. Die Soziologen William Simon und John Gagnon haben sich wissenschaftlich mit sexy Drehbüchern befasst. Sie haben die zentralen Motive erotischer Fantasien in drei Grundtypen unterteilt, und zwar in kulturelle, interpersonale und intrapsychische (im Kopf stattfindende) Drehbücher. Und so wie viele von uns mehr als ein erotisches Hauptmotiv haben und eines Abends statt dem einen Motiv lieber ein anderes inszenieren, können sich auch unsere Fantasien nach jedem dieser drei Drehbuchtypen abspielen.

In der ersten Kategorie, den *kulturellen* Drehbüchern, geht es um gesellschaftliche Moralvorstellungen, die wir so sehr verinnerlicht haben, dass wir sie nicht mehr hinterfragen und nicht einmal mehr wahrnehmen. Ein Drehbuch, das sich gegen Moralvorstellungen wendet, muss nicht automatisch von einem »Fetisch« handeln, etwa dem Verlangen, einen Fuß anzubeten. In der Regel handelt es vom Bruch eines Tabus oder eines ethischen Prinzips der Gesellschaft, in der eine Person lebt. Kulturelle Drehbücher sind herrlich ignorant gegenüber den Vorlieben derer, die sie träumen, und sind von Kultur zu Kultur und von Epoche zu Epoche verschieden. Ein gutes Beispiel für ein kulturelles Drehbuch ist der Inzest, denn in einigen vergangenen Kulturen galt es als erstrebenswert, Bruder und Schwester zu verheiraten, um den Stammbaum des Herrschaftshauses rein zu halten. Aber ich bleibe lieber bei einem weniger kontroversen Beispiel.

Nehmen wir an, es gäbe einen alten Volksstamm, in dem die einen kurze, die anderen lange Ohren haben. Seit undenklichen Zeiten ist es den langohrigen Männern dieses Stammes verboten, Frauen mit kurzen Ohren zu heiraten. Keiner weiß mehr den Grund dafür, aber man nimmt es einfach hin, weil es ein Teil der Kultur ist. Zweifellos haben einige der Frauen Fantasien mit Langohrmännern, und zwar einfach deshalb, weil ihre Kultur ihnen diese Männer verbietet. Was sie erregt, ist die Verletzung dieses uralten Tabus. Sie fragen sich, was an den Männern mit langen Ohren wohl sonst noch anders ist, und entwickeln ein paar ziemlich wilde Fantasien. Sind lange Ohren vielleicht ein Zeichen für andere lange Dinger? Haben sie Dreißig-Zentimeter-Penisse? Drei Eier? Ein Wahnsinns-Stehvermögen? *Was?*

Im Nachbarstamm dagegen gibt es keinerlei Verbote bezüglich der Ohrgröße. Kurze Ohren sind nicht mehr und nicht weniger begehrenswert als lange Ohren, weshalb es gleich hinterm Berg kein kulturelles Tabu gibt. Kurz gesagt, wird uns ein kulturelles Drehbuch also nur von der Gesellschaft auferlegt, in der wir leben. Man könnte durchaus schlussfolgern, dass, wenn man diese Gesellschaft verlassen und einfach nur auf die andere Seite des Hügels ziehen würde, allmählich die kulturellen Drehbücher der dortigen Menschen greifen und die alten verdrängen würden.

Interpersonale Drehbücher, die zweite Kategorie, sind sehr stark geprägt von der Persönlichkeit und den Einflüssen aus der Kindheit eines Menschen. Interpersonale Drehbücher sind glücklicherweise sogar in erotisch höchst restriktiven Kulturen möglich. Sie nehmen ihren Anfang in der Kindheit und entwickeln sich allmählich weiter, während wir die Regeln unserer nächsten Umgebung kennen lernen – zunächst in der Familie, später dann mit anderen Bezugspersonen in der Welt. Ein interpersonales Skript wird einem, prägnant gesagt, von den Leuten auferlegt, mit denen man von Geburt an in direktem Kontakt steht – Familie, Freunde, Lehrer usw. Zum Beispiel kam es in meiner Familie nie vor, dass wir einander nackt gesehen hätten. Wir waren immer bekleidet (und zwar wirklich bekleidet). Es kam nicht oft vor, dass man mal im Pyjama gesehen wurde.

Also träumte ich von dem Tag, an dem ich meine eigene Wohnung haben und nackt herumlaufen würde. Meine Freundin hatte dieselbe Fantasie, denn unsere Familien hatten die gleiche Kleiderordnung. Als wir uns dann tatsächlich eine Wohnung teilten, liefen wir als allererstes nackt durch die Gegend. Wir strichen sogar das Esszimmer nackt und waren schließlich so fasziniert von unserer Nacktheit und den Tabus, die wir gebrochen hatten, dass wir anfingen, uns die Brüste und Pobacken anzupinseln. Am Ende wurden wir richtig »wild« und tanzten nackt am Fenster, Brüste und

Hintern im selben Türkis wie das Esszimmer, und hofften, dass uns jemand sah. Da wir im siebten Stock eines Hauses waren, das auf einem Hügel stand, passierte nichts – aber wir hatten trotzdem unseren Spaß, und es war aufregend, eine Freundin zu haben, mit der man ein Tabu brechen konnte, selbst wenn es nur spielerisch geschah.

Intrapsychische Drehbücher sind der interessanteste der drei Typen. Es sind mentale Drehbücher, die noch stärker als die ersten beiden zum Ausdruck bringen, wie man als Individuum auf die im Leben gemachten Erfahrungen reagiert. Sie werden sicherlich auch durch kulturelle und interpersonale Drehbücher beeinflusst und enthalten Elemente derselben, aber sie sind dennoch so wunderbar und absolut einzigartig wie die Menschen, die diese Fantasien entwickeln. Wir stricken uns diese Fantasien um unsere geheimsten Wünsche herum. Sie müssen keinen Sinn ergeben und folgen keiner Logik. Bedeutung haben sie nur für den, der sie träumt. Sie sind Ausdruck unserer Reaktionen auf *eigene* Erfahrungen im Leben – im Gegensatz zu den ersten beiden Drehbüchern, die implizit übernommen oder unbewusst fabriziert werden. Weil die intrapsychischen Drehbücher so sind wie sie sind, wegen der enormen Vielfalt an Erotika, die darin vorkommen, und wegen der unzählbar vielen Menschen, die sie sich ausdenken (wenn von den zwölf Millionen New Yorkern jeder auch nur drei Fantasien hat, macht das allein in New York City schon sechsunddreißig Millionen), lassen sich nur schwer Verbindungen zwischen ihnen finden.

Wie auch bei den kulturellen und interpersonellen Drehbüchern entstehen die erotischen Hauptmotive intrapsychischer Drehbücher oft in der Kindheit. Andere entwickeln sich im Erwachsenenalter als Folge eines bestimmten Erlebnisses. Intrapsychische Drehbücher sind deshalb am spannendsten, weil sie keine vorgefertigten kulturellen oder gesellschaftlichen Schemata repräsentieren, sondern die erotischen Vorstellungswelten eines Menschen widerspiegeln – das Schattenreich der Vorstellungswelt, das wir hinter dem Schleier erforschen. Und weil die erotischen Vorstellungswelten und die Fantasien, die in ihnen entstehen, so umfangreich sind, ist es sehr schwer, Gemeinsamkeiten zu entdecken.

Motive: Kurz und knackig

Drehbücher sind in der Regel recht detailreich ausformuliert, wogegen sich Motive in einem einzigen Gedanken oder Begriff zusammenfassen lassen. Die Höhenflüge unserer Fantasie liefern einem Drehbuch den Stoff und bringen die vielen Facetten der erotischen Vorstellungskraft zum Ausdruck. Wie man sich für eine Szene anzieht, wie man sein Haar trägt und sich schminkt, der Klang der Stimme, der Ort, an dem man spielt, und die Requisiten, die man benutzt, sind die Details, die einer Fantasie, unserem erotischen Hauptmotiv, Leben einhauchen. Wenn es bei einem erotischen Hauptmotiv zum Beispiel darum geht, gefesselt und hilflos zu sein, macht es mehr Spaß und ist romantischer, wenn er am einen Abend den widerwilligen Gefangenen spielt, der zum Verhör an einen Stuhl gefesselt ist, und das nächste Mal das heiße, ans Bett gebundene Sexspielzeug, das seine Herrin anfleht, ihn doch bitte, bitte zu benutzen. So wird ein erotisches Hauptmotiv (gefesselte Hilflosigkeit) in ein sexy Drehbuch (wie er in diese Lage kam) integriert. Im zweiten Fall könnte es sein, dass er sich gleichzeitig hilflos und frei von sexuellen Schuldgefühlen fühlen will.

Angenommen, er spielt einen jungen Mann, der zum Arzt geht – und es stellt sich heraus, dass der Arzt eine Ärztin ist, nämlich Sie. Es ist ihm zwar peinlich, dass eine Frau ihn untersucht, aber er macht keinen Rückzieher. Der Ärztin fallen die Striemen auf, die er von einem Rohrstock hat, und spricht ihn darauf an, wie schlimm sie aussehen. Er bricht zusammen und erzählt von seiner Beziehung zu einer Herrin, die sehr grausam sei und sich an ihm vergnügt. Vor ein paar Tagen stand ihr die Lust nach einem Caning. Die Ärztin sagt, wenn er sich ihren Anweisungen füge, würde sie ihm beibringen, wie er seiner Herrin besser dienen könne. Als er sich einverstanden erklärt, bindet sie ihn auf dem Untersuchungstisch fest und zieht sich mit einem Schnalzen die Gummihandschuhe über. Nach einer eingehenden und demütigenden Untersuchung ergibt er sich ihr schließlich völlig und fängt an, es zu genießen. Sie ist jetzt seine Lehrerin in einer Spielart der lustvollen Unterwerfung, und er ist unter ihren geschickten Händen zum Leben erwacht.

Fantasien, beschmutzt und genommen zu werden, sind wahrscheinlich so alt wie die Menschheit. Männer hegen sie genauso wie Frauen, wenn auch mit kleinen Unterschieden. Doch in einer Fantasie schreit Unschuld regelrecht danach, zertrampelt zu werden, und ihre Schreie werden von Männern genauso gehört wie von Frauen. (Hatten Sie etwa noch nie den Wunsch, dieser blöden Person mal so richtig eine zu klatschen?) Es besteht eine Wechselbeziehung zwischen dem, der beschmutzt und dem, der beschmutzt wird, denn aus einem Zögern wird zunächst Einverständnis, das schließlich in einen Austausch erotischer Energie und Macht mündet. Das Ärztinnen-Szenario ist ein perfektes Beispiel dafür, wie er von einem Schuldgefühl dafür befreit wird, dass er den Verlust dessen genießt, was ihm einst so wertvoll war: seine männliche Jungfräulichkeit. Angefangen bei der Reinheit, die uns fasziniert und gleichzeitig abstößt, erlaubt uns die Fantasie, Unschuld zu beflecken, ohne sie ins Mark zu treffen (die männliche Jungfrau findet Gefallen an analer Penetration), und in beiden Partnern Leidenschaft freizusetzen. Die Ärztin und die Untersuchung sind Ausschmückungen, sie sind Teil des sexy Drehbuchs für das erotische Hauptmotiv.

Wenn man die eigenen emotionalen Aphrodisiaka im richtigen Verhältnis mit den seinen mischt und sich von seinen erotischen Hauptmotiven und sexy Drehbüchern den Weg zur sexuellen Erfüllung und Erkenntnis weisen lässt, kann BDSM transzendente Erfahrungen bieten.

IRRATINALE LOGIK: DER URSPRUNG VON SM-FANTASIEN

Haben Sie sich schon mal gefragt, wo SM-Fantasien eigentlich herkommen? Sie werden weder vom Storch gebracht noch wachsen sie auf Bäumen. Richard von Krafft-Ebing, ein Wegbereiter der Psychoanalyse, behauptete, dieser beruhe auf der pathologischen, also krankhaften, Ausprägung bestimmter Charakteristika der weiblichen Psyche. Hat er mit dieser Pathologisierung die allgemeine Wahrnehmung von SM und Masochismus verändert? Hat diese Behauptung den Sadomasochismus ins Schattenreich der Fantasie verbannt, wo unser dunkler erotischer Garten liegt? Viel zu oft schon wurde versucht, das Undefinierbare zu erklären, doch Masochismus und SM sträuben sich, in ihrer romantischen, spirituellen Bedeutung, gegen jede Definition. Sadomasochismus wird für jeden von uns anders definiert.

Ich rede hier von Fantasien, nicht von Fetischen, die in ihrem Kern oft eine gewisse Logik haben. Deshalb müssen wir die beiden mal eine Weile getrennt betrachten. (Die Frage, wo Fetische herkommen, behandeln wir ausführlich in späteren Kapiteln.) Hier soll es nun um BDSM-Fantasien gehen. Man kann wohl mit Fug und Recht behaupten, dass niemand wirklich weiß, weshalb manche Menschen BDSM-Fantasien hegen und andere nicht. Es gibt Erwachsene, die in ihrer Kindheit missbraucht wurden und jetzt von erotischen Schlägen und einvernehmlicher »Vergewaltigung« träumen. Andere Erwachsene können sich höchstens daran erinnern, dass sie auf ihr Zimmer geschickt wurden, hegen aber die gleichen Träume. Sobald sich jemand anschickt, eine Verallgemeinerung zu formulieren, taucht eine Ausnahme von der Regel auf und vermasselt die Theorie. Fakt ist: Solange es einvernehmlich geschieht und jeder seinen Spaß hat, gibt es keine Regeln außer den Grenzen des jeweiligen Paares. Bisher hat noch niemand ein Gehirn seziert und eine große, kleine oder sonst wie beschaffene Hirnwindung entdeckt, die sadomasochistische Fantasien produzieren würde, und deshalb ist Ihre Vermutung über ihre Herkunft genauso gut wie meine (oder die von Krafft-Ebing).

In Fantasien schwelgen

Wenn sie in ihren Fantasien schwelgen, erhalten der dominante und der submissive Partner die Erlaubnis, etwas auszuleben, was in der »normalen« Gesellschaft nicht akzeptiert wird. Im Rahmen einer Szene kann die sittsame Sekretärin ihr Kostüm ablegen und sich in eine Amazonenkönigin verwandeln, die stille Bibliothekarin wird zum göttlichen Biest und das Mädchen von nebenan entpuppt sich als Inquisitorin. Das alles und noch viel mehr ist möglich in der purpurnen Mitternachtswelt hinter dem Schleier. Versuchen Sie immer daran zu denken, dass diese Eigenschaften aus der Zeit des Spiels genau das sind: Charakterzüge, die Sie in einer selbst geschaffenen Zeit an einem selbst geschaffenen Ort annehmen. Ich persönlich nenne diesen Ort »meinen Planeten«. Und so wie ein Kinderspiel zur Schlafenszeit müssen auch diese Eigenschaften aufgegeben werden, wenn die Pflichten des Erwachsenenlebens einen zurück auf die Erde rufen. Freuen Sie sich an dem Planeten, den Sie beide sich erschaffen. Besuchen Sie ihn oft und genießen Sie den Lohn des Erwachsenseins. Aber ... die Versuchung ist groß, die Grenze zwischen Fantasie und Wirklichkeit zu verwischen. Sie müssen immer in der Lage sein, beides zu unterscheiden.

Romantischer BDSM macht emotionale Höhenflüge möglich, bei denen Sie ohne Schuld oder Schaden in sexuellen Fantasien schwelgen dürfen. BDSM-Sex kann transzendental und mystisch sein – eine körperlich-geistige Begegnung zweier Menschen, verbunden in einer erhabenen sexuellen Erfahrung. Und wenn Sie wollen, können Sie dabei gleichzeitig ultrafeminin und dominant sein und trotzdem Feministin bleiben. Eine Feministin ist für mich eine Frau, die emotional und körperlich unabhängig ist und beim Sex tut, was ihr gefällt. Klingt ganz nach Ihnen, oder? Wenn Sie in eine Ihrer dominanten Figuren schlüpfen, kann das für Sie ein Weg sein, Ihre Bedürfnisse zu befriedigen und Spaß zu haben. Wenn er alle Kontrolle abgibt, damit Sie ihn auf dieser erotischen Reise führen, erfolgt diese Übergabe freiwillig – und Sie nehmen ihm eben nur die Kontrolle, nicht die Selbstachtung.

Falsche Vorstellungen über BDSM-Sexfantasien wuchern wie Unkraut in einem schlecht gepflegten Garten. Wegen der Intensität eines einvernehmlichen SM-Spiels bleibt Nichteingeweihten verborgen, dass sie es mit arrangierten Szenen zu tun haben. Bei manchen wurde der Ablauf bereits Wochen im Voraus minutiös geplant. Andere sind Neuinszenierungen alter Klassiker, bei denen nur die Staffage variiert wird. Allen gemeinsam ist aber, dass beide Spieler mit ihnen einverstanden sind. Manche Szenen sind vielleicht jahrelang hinter dem Schleier gereift. Man kann sie mit einem Passionsspiel vergleichen, das die Spieler, von den eigenen Leidenschaften inspiriert, für sich selbst geschrieben haben. Sie selbst haben immer darauf geachtet, dass er mit einer vorab besprochenen Szene einverstanden ist – vor allem, als Sie mit unseren Spielchen angefangen haben, aber auch jetzt, da Sie etwas Neues ausprobieren wollen. Aus eigener Erfahrung und nach dem, was Sie gelesen haben, wissen Sie, dass die besten Pläne Raum lassen für geistige Höhenflüge und für das Erforschen, das Erweitern, und am Ende vielleicht sogar das Verschieben von Grenzen. Das Vertrauen und die Kommunikation, die diesen Szenen zu Grunde liegen, bleiben Außenstehenden weitgehend verborgen. Das Einzige, was sichtbar ist, sind die Gerätschaften und das ganze Drumherum, und die lassen das Ganze in der Tat recht eigenartig wirken.

Engel und Dämonen

Wollen Sie wirklich wissen, warum Sie Ihren Lieblingsnachtisch am liebsten mögen? Nein, Sie mögen ihn einfach und haben nie groß darüber nachgedacht. Aus dem gleichen Grund ist der Ursprung Ihrer Fantasie nur so wichtig, wie Sie ihn machen. Es hängt nur von Ihnen selbst ab beziehungsweise davon, welche Dämonen sich damit beschwichtigen und welche Engel sich beschwören lassen. Als Überlebende von Kindesmissbrauch spielt für mich der Ursprung mancher Fantasien eine sehr große Rolle. Ich will Ihnen ein Beispiel geben: Ich wurde von meinem Vater auf verschiedene Weise körperlich missbraucht. Am meisten hasste ich aber, wenn er mich ins Gesicht schlug. Dabei schnellte seine Hand hervor und knallte mir so heftig ins Gesicht, dass ich manchmal zu Boden ging oder vom Stuhl fiel. Ich wusste nicht, warum er mich schlug. Oft geschah es ohne Grund. Manchmal hatte meine Mutter mit ihm gestritten und er ließ es an mir aus. Ich verabscheute es zutiefst. Ich weiß, dass ich nicht die Einzige mit solchen traumatischen Erlebnissen bin, aber es ist trotzdem nicht gerade ein Thema, über das man beim Essen plaudert. Als ich mit BDSM anfing (und noch sanfter war), schlug ich nie jemand ins Gesicht, das war ein Tabu für mich.

Das änderte sich, als mein Sklave mich eines Abends bat, ihn ins Gesicht zu schlagen. Ich wusste, dass ich es gut machen würde, weil ich ein Händchen für so was habe, aber es war mein Kindheitstrauma. Mir fehlten die Worte – er wusste damals nur wenig über meine Kindheit und den Missbrauch, und diese Geschichte kannte er gar nicht. Deshalb sah ich nur mit erhobenem Kinn auf ihn herab und schwieg, doch mein Blick ermutigte ihn, mir seine Gründe zu erklären. Leise erzählte er mir davon, wie er als Kind ins Gesicht geschlagen wurde, und zwar vor allem von seiner Mutter. Er liebte die Schläge und hasste sie gleichzeitig, so wie er sie selbst liebte und hasste. Er fand sie wunderschön und empfand selbst ihre Art, eine Zigarette zu halten, als anmutig, doch ihr Temperament war unberechenbar. Sie schrie ihn zwar nie an, aber dafür beugte sie sich zu ihm auf Augenhöhe hinab, blies ihm Rauch in die Augen und redete ganz ruhig darüber, wie egoistisch und fordernd er sei und wie wenig Rücksicht er auf ihre Bedürfnisse nehme. Wie konnte er nur so egoistisch sein? Es war absolut erniedrigend für ihn.

Darüber hinaus hielt sie ihn mit Ohrfeigen unter Kontrolle. Ohrfeigen waren eindeutig ihre liebste Disziplinarmaßnahme: Sie waren schnell und unmissverständlich, kamen ohne Hilfsmittel aus und ließen sich auch verabreichen, wenn man nicht allein war. Sagte oder tat er etwas, das ihr missfiel, schnellte ihre Hand wie der Blitz hervor und landete auf seiner Backe, um dann wieder an ihren Ausgangspunkt zurückzukehren, als wäre nichts geschehen, von dem Schmerz und der roten Backe einmal abgesehen. Die Ohrfeigen waren allerdings »besonderen Anlässen« vorbehalten. Normalerweise reichten ihre verbalen Schmähungen in einem sachlichen, ernsten Ton, um ihn zu gängeln. Nach einer Ohrfeige empfand er ein emotionales Durcheinander. Bei den negativen Gefühlen überwogen Scham, Zorn, Groll und vielleicht auch ein bisschen »Warte nur, bis ich groß bin«, doch wo waren die positiven? Wie die Leute vom alten Schlag betrachtet auch unsereins eine Disziplinierung als ein Zeichen, dass man sich um jemanden sorgt (wer auch immer das im jeweiligen Fall dann ist), denn man nimmt sich die Zeit, um seine Fehler zu korrigieren und ihm einzubläuen, wie gut es ist, wenn man sich an die Regeln hält. Das bedeutet also Liebe und Fürsorge, zwei starke positive Gefühle. Außerdem kann die Disziplinierung etwas Kathartisches haben, eine Reinigung der Seele, was ausgesprochen positiv ist.

Als mein Sklave schließlich alles erzählt hatte, war etwas Wundervolles passiert. Wie gesagt, wusste er nichts von meinen Erlebnissen in der Kindheit, doch während er sprach, fühlte ich mich plötzlich erleichtert – als hätte er mir eine Last von den Schultern genommen, die ich nun nicht mehr mit mir herumtragen musste. In diesem Moment wurde es mir möglich, ihn tatsächlich zu schlagen. Ich bettete seine rechte Wange in meine linke Hand und gab ihm eine Ohrfeige. Kein Schlag für einen Kieferbruch, aber eine solide mittelharte Backpfeife, die satt auf seiner Backe landete. Ich fühlte mich so großartig, dass ich ihn noch mal schlug und noch mal …

Es ist klar, was hier passiert ist: Dadurch, dass er mich bat, seine Grenzen zu sprengen und diese Szene aus seiner Kindheit mit ihm erneut durchzuspielen, sprengte ich meine eigenen Grenzen. Was ich dabei empfand, war eine glühend heiße Mischung aus Macht, Freiheit und Sinnlichkeit, die durch meine Hände und Finger strömte und von seinem Gesicht aufgesogen wurde. Ich fühlte mich wie ein heidnischer Engel, der auf Erden spielte. Auf einer metaphysischen Ebene fühlte sich jede Ohrfeige beinahe an wie ein Orgasmus. Wenn ich sein Gesicht traf, und dieses sich dann für den nächsten Schlag in Position brachte, spürte ich das glühende Gemisch durch mich hindurchschießen. Von wegen in die Hand betten … probieren wir mal Vorhand und Rückhand, Rückhand und Vorhand.

4. KAPITEL

Was auch mal gesagt werden muss

Ich würde gern ein paar Fragen und Themen ansprechen, die in den bisherigen Kapiteln, in denen es für mich um das »Mentale« geht, keinen Platz hatten. Manche der Probleme, die ich hier aus eigener Erfahrung schildere, kennen Sie vielleicht selbst, da Sie nicht zum ersten Mal hinter den Schleier treten. Andere Punkte sind Grundlegendem gewidmet. Auch wenn die Spiele, die wir spielen, ein aufregendes Element der Gefahr besitzen, was unbestreitbar zu ihrem Reiz beiträgt, kann man nicht oft genug darauf hinweisen, dass wir für so viel Sicherheit wie nur möglich sorgen sollten. Manche Maßnahmen hierzu werden in den entsprechenden Kapiteln besprochen, andere, wie die Folgenden, sind eher allgemeiner Natur.

DAS REDEN ÜBER SCHATTEN

Die erotische Vorstellungskraft ist so wunderbar wild und vielfältig, dass niemand ernsthaft von sich behaupten könnte, jeden Aspekt von unserem Voodoo hinter dem Schleier bearbeitet, erforscht, thematisiert oder entdeckt zu haben. Außerdem – wer würde uns schon unser Geheimnis rauben wollen? Jede unserer befreiten Schwestern hat etwas, das für immer im Dunkeln bleiben wird, als Fantasie, die wir nur im Kopf erkunden wollen. Das ist in Ordnung. Ich finde, manche Dinge sind nicht dazu gemacht, dass man sie anderen mitteilt. Und Sie haben schon eine Menge mitgeteilt, wenn Sie bis hierher gekommen sind! Geheimnisse können sehr süß sein und verstärken Ihre mysteriöse Aura. Außerdem wissen wir Mädels doch, dass »geheim« nicht gleich »geheim« bedeutet. Es gibt Geheimnisse, die man nur seinem Tagebuch anvertraut, Geheimnisse, die man der besten Freundin erzählt, und Geheimnisse, die man mit seinen Dominanten Schwestern teilt, aber nicht mit den männlichen Wesen. Und, ja, es gibt auch Geheimnisse, die man ihm und nur ihm erzählt. Die sind etwas für Paare.

Zurück zu den Schatten. Ihre Forschung hat Sie noch weiter hinter den Schleier geführt, und Sie haben entdeckt, dass Ihre erotische Fantasie (und seine hoffentlich auch) neue Szenarios hervorgebracht hat, die auf früheren Begegnungen und lange Zeit verschwiegenen oder unentdeckten Fantasien beruhen. Einige von diesen Ergänzungen haben Ihnen transzendente Spiele beschert. Mehr davon, mehr! Aber Sie sehen noch dunklere Schatten in dieser ohnehin schon spärlich beleuchteten Welt. Als hätte sich der Mond verfinstert, der dieser Welt das Licht spendet. Schatten in Schatten in Schatten …

Es mag sehr eigenartig klingen, aber ich kenne Leute, die es nicht gut finden, wenn man »Geheimnisse« hat, weshalb ich die Idee dahinter noch einmal anders erklären will. Stellen Sie sich vor, die verlockenden Schatten, die Sie weit hinter dem Schleier sehen, sind Ihre Geheimnisse, die Fantasien Ihres erotischen Geistes, die Sie für sich behalten möchten. Bedenken Sie, dass er auch Geheimnisse hat. Dann …

… begrüßen Sie die Schatten! Lernen Sie Schatten lieben! Doch egal was passiert, liefern Sie die Schatten nie dem Licht aus. Selbst im Land der Schatten müssen manche Dinge im Dunkeln bleiben. Und die Dunkelheit ist Ihre Freundin.

Warum ich das anspreche? Weil BDSM ein Spiegelbild des »normalen« Lebens ist – es ist, als würden wir durch dunkles Glas blicken. Wenn Sie sich weiter in die Tiefen und in das dunkle Land der erotischen Fantasie hineinwagen, werden Sie nicht nur unentdeckte Facetten Ihrer sexuellen Psyche finden, sondern feststellen, dass diese Entdeckungen in den Alltag einsickern. Möglicherweise müssen Sie am Ende dieser Verwandlungen vielleicht die Dichterin mit der neu entdeckten Kriegerin in Ihrer Seele vereinen.

Ich wünschte, es gäbe ein Rezept, eine Formel, einen Zauberspruch oder Perlen der Weisheit, die ich mit Ihnen teilen könnte – aber die gibt es nicht.

Ich war immerhin schon dort und kann mir vorstellen, wie es Ihnen geht, auch wenn kein Mensch genau gleich empfindet wie ein anderer. Jede von uns geht völlig anders mit der Vereinigung von Dichterin und Kriegerin um, und alles, was über einen sehr allgemeinen Rat hinausginge, würde Sie in die Irre führen. Ein allgemeiner Rat? Wenn man reifer wird, entwickelt man sich immer deutlicher zu dem, wozu man als Mensch gemacht wurde. Betrachten Sie Ihre neuen Persönlichkeiten als einen Teil der natürlichen Entwicklung einer sexuell gereiften Frau. Solange Sie Spaß haben und niemandem wehtun, machen Sie's richtig! Versuchen Sie, diesen positiven Wandel in Ihrem Leben genauso zu verarbeiten, wie Sie es mit jeder Veränderung zum Guten machen würden.

BDSM-EXPERIMENTE

Je mehr Erfahrung Sie sammeln, desto mehr werden Sie experimentieren wollen, damit Ihre Beziehung interessant bleibt und sich gut entwickelt. Beim Spielen hat sich gezeigt, dass jede Situation Möglichkeiten bietet, das eigene Repertoire zu erweitern. Sie sind ständig auf der Suche nach neuen interessanten Dingen, die sich jedoch aufgrund Ihres Wohnorts oder anderen Faktoren nicht ohne Weiteres umsetzen lassen. Wenn man mehr über die Finessen unseres Zeitvertreibs erfahren und einen Einblick in die Geisteshaltung bekommen will, sind Menschen, die sich auskennen, oder Bücher und Videos über unsere Spiele sicher sehr hilfreich, aber BDSM ist auch *Learning-by-Doing*. Wenn Sie ausschließlich privat spielen, müssen Sie voneinander lernen, voneinander profitieren – und tief in Ihre erotischen Vorstellungswelten vordringen, damit das Spiel erfüllend bleibt. Wenn Sie Ihre eigenen Erfahrungen weiterhin durch Bücher ergänzen, werden Sie immer wieder auf Dinge stoßen, die Sie direkt verwenden oder an Ihre Bedürfnisse anpassen können. Selbst langjährige Spieler räumen ein, dass sie ein neues BDSM-Buch schon lohnenswert finden, wenn sie nur eine neue Technik lernen oder das eine oder andere hinterher mit anderen Augen sehen.

Wenn Sie in der Nähe einer Großstadt leben, in der es Fetisch-Parties oder BDSM-Clubs gibt, können Sie andere beim Spielen erleben, ohne dass Sie selber spielen müssen. Das ist eine Fundgrube für neue Ideen, die über Wochen oder sogar Monate hinweg inspirieren kann. Falls Sie keine Gelegenheit zu solchen Partys haben, können Sie auch übers Internet sehr gezielt nach

BDSM-Gruppen in Ihrer Gegend suchen. Wenn Sie dann eine Gruppe gefunden haben, die Ihnen zusagt, kann sich die Bandbreite der Privatpartys vom Herumsitzen und nur darüber reden bis hin zur vollen Action erstrecken. Und dann können Sie selber eine Gruppe gründen.

SAFEWÖRTER: IHRE UND SEINE

Wir sind freie Geister und würden bei unseren Spielchen am liebsten bis zum Horizont gehen, doch wie wir alle wissen, hängt der Blick bis zum Horizont stark davon ab, wo man gerade steht. Sie wissen ja bereits, welche Bedeutung persönliche Grenzen haben, und wie wichtig und notwendig ein Safewort oder Safesignal für den Sub ist. Indem Sie ihm so ein Wort geben oder ihm eine bestimmte Geste nennen, erhält er die Sicherheit, dass seine Grenzen nicht verletzt werden. Es ist in Ordnung, wenn sie auf die Probe gestellt oder ausgeweitet werden, aber es ist sehr beruhigend für ihn, wenn er weiß, dass es ein Wort gibt, das er herausschreien kann, wenn ihm diese Ausweitung zu weit geht.

Aber, was meinen Sie, ist ihm klar, dass womöglich auch Sie ein Safewort haben?

Wetten, dass nicht? Und das trotz der vielen Unterhaltungen damals, als Sie mit dem Spielen anfingen. Männliche Wesen sind einmalig gut darin, sich weiszumachen, dass sich alles vor allem um sie dreht. »Er« hat ein Safewort und weiß also, dass jemand, der ein Safewort besitzt, auch Grenzen hat – und mit »jemand« ist er gemeint. Aber darf man deshalb annehmen, dem männlichen Wesen wäre deshalb klar, dass für Sie dasselbe gilt? Natürlich nicht. Auch als Domina gibt es wahrscheinlich Dinge im BDSM, die Ihnen nicht liegen und von denen Sie lieber die Finger lassen. Als Domina braucht man nicht unbedingt ein »Wort«, denn Sie haben das Sagen und können eine Szene jederzeit abbrechen. Ganz gleich, ob Sie es tun, weil Sie pinkeln müssen oder weil Sie eine Pause brauchen – vielleicht haben Sie auch Durst oder schmachten nach Nikotin. Als Autoritätsperson können Sie unterbrechen und weitermachen, wie Sie wollen. Das waren nur ein paar Beispiele für Situationen, in denen Sie eine Szene unterbrechen können, obwohl Ihre Grenzen nicht verletzt wurden.

Wozu sollten Sie also ein Safewort brauchen, wo doch unbestreitbar Sie diejenige sind, die die Kontrolle hat? Also zunächst einmal besitzen Sie nur die Illusion von Kontrolle. Ihr submissiver Partner hat Ihnen durch den Machtaustausch seine Macht übertragen und seine Kontrolle abgegeben, doch er kann sie Ihnen jederzeit wieder entziehen. Schön für ihn. Und wie steht's mit Ihnen? Können Sie die Macht, die er Ihnen übertragen hat, auch ganz oder teilweise ablehnen? Natürlich. Die Sache funktioniert in beide Richtungen: Er hat seine Grenzen, Sie haben die Ihren. Sie sind mit Ihren Spielen inzwischen an einem Punkt, an dem beide die Grenzen des anderen ziemlich gut kennen sollten, auch wenn Ihnen die seinen klarer sein mögen als umgekehrt. Wie kann es zur Verletzung Ihrer Grenzen kommen? Aus Versehen, oder wenn er versucht, Sie zu manipulieren, oder wenn er als Bottom den Top spielen will.

Die Grenzüberschreitung

Wenn eine Grenze aus Versehen überschritten wird, könnte das daran liegen, dass es eine emotionale Grenze war oder ist, die Ihnen bis dahin gar nicht bewusst war. Emotionale Grenzen lassen sich schwerer vorhersagen, weil sie bis zu dem Moment, an dem man sie entdeckt, verborgen bleiben können. Manchmal passiert es zu einem denkbar schlechten Zeitpunkt und auf sehr unangenehme Art. Die Grenzüberschreitung kann von einem ungelösten Trauma in der Kindheit oder im späteren Leben herrühren, vielleicht auch von einer tief verwurzelten Angst. Wenn Sie es für möglich halten, an eine emotionale Grenze zu stoßen, sollten Sie sich vielleicht ein Wort zulegen, mit dem Sie jede Handlung unterbrechen können, ohne ihm das Gefühl zu geben, er hätte etwas falsch gemacht. Sanft ausgesprochen und gefolgt von etwas Liebevollem wie »mein geschätzter Sklave« lässt sich mit diesem Wort zum Ausdruck bringen, dass Sie an eine unerwartete persönliche Grenze gestoßen sind.

Dann gibt es aber auch den Fall des manipulativen Sklaven, eines »submissiven« Partners, der versucht, Sie zur Überschreitung Ihrer Grenzen zu zwingen. Sie dürfen sich natürlich gerne manipulieren lassen, wenn es Ihnen Spaß macht. Doch wenn nicht …! Nachdem Sie schon einige Erfahrung mit BDSM-Spielen haben, fragen Sie sich vielleicht, wie so eine mutwillige Grenzüberschreitung passieren soll. Sie haben geredet, Absprachen getroffen und Ihre Szenen erweitert, und außerdem haben Sie geklärt, was alles nicht passieren darf. Aber hier haben wir das Einfallstor für Manipulationsversuche: Fantasie-Divergenz – das Auseinanderdriften von Fantasien. Nehmen wir an, dass anale Penetration bei Ihnen bislang auf der »Vielleicht-Liste« stand, bei ihm aber auf der »Ja-Liste«. Auf Ihrer »Vielleicht-Liste« war es nicht wegen der eigentlichen Penetration, die kein Problem wäre (bei sauberer Umgebung), sondern nur, weil Sie nichts mit brauner Materie zu tun haben wollten. Für ihn war es auf der »Ja-Liste«, weil er das köstliche Gefühl genießt; an Ihre Empfindlichkeiten dachte er dabei nicht. Nun sind Sie aber nicht nur eine Frau mit sexueller Abenteuerlust, sondern verstehen sich außerdem auch auf Kompromisse, weshalb Sie in sein Spiel einwilligen, falls er sich so viele Einläufe bereiten lässt, bis nur noch klares Wasser herausläuft. In unserer »Frauen-Logik« klingt das nur fair, schließlich müssen Sie sich nicht mit brauner Materie abgeben, während er das Erlebnis bekommt, auf das er so scharf ist. Er aber lehnt es tatsächlich ab, sich selber einen fertigen Einlauf aus der Apotheke zu geben. Ein eindeutiger Fall von gewaltiger Fantasie-Divergenz.

Ein Sklave ohne Moral würde das Problem jetzt damit lösen, dass er »Topping from the Bottom« betreibt und versucht, Sie zu einer gewünschten Praktik zu drängen. Solange es auf Ihrer »Nein-« oder »Vielleicht-Liste« steht und an Bedingungen geknüpft ist, die er nicht gelten lassen mag, spielt es keine Rolle, ob es bei dieser Praktik um die erwähnten Analspiele geht, um Blutsport, Piercings, Katheter oder auch nur darum, dass er Ihren Arsch beschnüffelt.

Nei-hein, Schwester! Wie versucht er es? Zwar ist ihm sein Gehirn in diesem Moment praktisch vollständig in die Eier verrutscht, aber ein kleiner Teil im Oberstübchen funktioniert noch, und dieses Fragment lauert nur darauf, Sie »damit« zu überrumpeln. Bleiben wir bei unserem Analspiel-Szenario. Obwohl er weiß, unter welchen Bedingungen ein Kompromiss zustande kommt, denkt er aus irgendeinem Grund, sie gelten nicht für ihn. Aber für wen, zum Geier, sollten sie denn sonst gelten? Er will sich vor dem Einlauf-Kompromiss drücken, und versucht Sie deshalb im Verlauf eines heißen Gefechts, das sich meistens um den Hintern herum abspielt, auszutricksen, damit Sie ihn penetrieren. Vielleicht triezen und bearbeiten Sie seine Genitalien mit den Händen oder einer Riemenpeitsche, oder Sie »bumsen ihn trocken«, mit oder ohne (umgeschnallten) Dildo. Sie könnten auch nur »darüber« reden, um ihn zu reizen! Er kennt ja den Kompromiss und die Bedingungen.

Und dann fängt er mit seiner schönsten Sklavenstimme an, wortgewandt darum zu betteln, dass Sie ihn penetrieren.

Unzählige Male wird er »bitte« sagen. Auf Platz Zwei folgt der Satz: »Ich flehe dich an, Herrin.« Ebenfalls beliebt sind Kombinationen wie: »Bitte, Herrin, bitte, ich flehe dich an.« Schon nach kurzer Zeit wird er auf die Knie sinken, zu Ihren Füßen kriechen, sich Ihnen schamlos darbieten und dabei ständig »eindringlich« und mit seiner sanftesten Sklavenstimme weiterbetteln. Er wird immer weiter machen, ohne mal innezuhalten, um Ihre Körpersprache zu lesen oder auf einen Hinweis zu achten, was Sie von seinen »Vorschlägen« wohl halten.

Ich weiß, was so ein Verhalten mit mir anstellt. Es lässt mich emotional und körperlich erstarren. Es belastet mich mit Dingen, die, wie ich dachte, schon am Anfang geklärt wurden. Ich fühle mich irgendwie betrogen. Es versaut mir meine Position als Top, wenn er mittendrin damit anfängt. Und es macht mich ein bisschen wütend auf ihn, weil ich weiß, dass er mich manipulieren will, und weil er weiß, dass ich es weiß, und weil er weiß, dass es mich wütend macht und das Spiel danach praktisch sofort vorbei ist. Warum tut er das also? Ich habe nicht die leiseste Ahnung, aber so ist es nun mal.

Was kann man tun?

Sicher haben auch wir schon das eine oder andere Mal genau den passenden Moment abgewartet, um ihn zu überrumpeln, aber bei uns hat das in der Regel nichts mit Sex zu tun, stimmt's? Wir sind eher auf hübsche Anziehsachen aus oder auf etwas fürs Haus. Außerdem liegt der »passende Moment« für uns nicht mitten in einer Szene. Für einen unmoralischen, manipulativen Sklaven ist »Unterwerfung« nur ein Lippenbekenntnis. Was kann man also gegen so ein Verhalten tun?

Gegen den Ego-Sklaven-Blues gibt es kein Heilmittel ...

Aus einem Egoisten kann man keinen selbstlosen Menschen machen. Er kann sich zwar verändern, aber nur durch eine innere Erschütterung, nicht durch äußere Einflüsse. Jeder Wandel, der von außen herbeigeführt wird, bleibt zwangsläufig oberflächlich, als würde man einem Maultier ein Pferdegeschirr anlegen. Trotzdem lohnt sich ein Versuch, denn vielleicht dringt eines Tages ja doch etwas zu ihm durch und er ändert sich aus freien Stücken. Für einen solchen Versuch bietet sich zum Beispiel ein Szenario mit Techniken zur Verhaltensänderung in einem Verlies an. Eine dieser Techniken sollte dabei unbedingt eine Art von zuvor abgesprochener körperlicher Bestrafung sein. Bondage, Isolation, jede Art von Sinnesentzug und eine strenge Form von Sklaventraining können ebenfalls hilfreich sein. Mit Techniken zur Verhaltensänderung kann man ihm wenigstens beibringen, seine Lüste im Zaum zu halten. Hoffentlich so lange, bis er sich mit den Bedingungen des Kompromisses anfreunden kann.

Außerdem kann ich wärmstens dazu raten, das Problem aus dem Verlies herauszuholen und noch einmal darüber zu reden. Warum hatte er ein Problem mit dem anfänglichen Kompromiss? Versuchen Sie, ihn festzunageln, auch wenn er sich windet. Die meisten Männer reden einfach nicht gern über solche Dinge, und manchen fällt es schwer, ihre Gefühle in Worte zu fassen. Machen Sie es ihm einfacher und stellen Sie ihm Fragen. Schlagen Sie Erklärungen für sein Unbehagen vor. Selbst wenn Ihre Fragen oder Erklärungen danebenliegen, kann zweierlei passieren: Erstens werden Sie wissen, was nicht der Grund war, und zweitens helfen ihm die etwas danebenliegenden Gründe vielleicht dabei, die richtigen Gründe auszusprechen, wenn er die etwas danebenliegenden Erklärungen hört.

DIE PRAKTISCHE SEITE DES ROMANTISCHEN BDSM

Die Erfahrungen und Erlebnisse im BDSM sind etwas Befreiendes, und es fühlt sich wunderbar an, die eigenen Hemmungen abzustreifen und sich den Konventionen der Sexualmoral zu widersetzen. Allerdings bin ich der Meinung, dass wir mit unseren Kleidern nicht gleich auch noch die Höflichkeit über Bord werfen sollten. Sie werden feststellen, dass sich manche Dinge auch dann nicht verändern, wenn die Kriegerin in die Welt der Dichterin aufgenommen wurde. Da wären zum Beispiel die Grundrechte einer jeden Beziehung, das Fundament, auf dem sie erbaut wurde. Ich betone das hier, weil die Rechte des einen allzu oft durch die vermeintlichen Rechte eines anderen mit Füßen getreten oder in den Schmutz gezogen werden. Manchmal werden diese Rechte nur übersehen. Manchmal denkt der andere, die Grundrechte würden nur für ihn, aber nicht für den anderen gelten. Manche glauben, ihre Rechte seien wichtiger als die der anderen. Manche Menschen können sich schlichtweg gar nicht vorstellen, dass andere ebenfalls Rechte haben könnten. Manchmal haben beide Seiten starke, aber sehr verschiedene Vorstellungen von Rechten. Nachdem ich ausgiebig nachgeforscht habe, was meine Mitmenschen als Grundrechte in einer Beziehung betrachten, kann ich es folgendermaßen zusammenfassen:

Die Grundrechte in einer Beziehung

Jeder Mensch hat ein Recht auf Frieden und Harmonie und darauf, danach zu streben. Wir alle haben ein Recht darauf, uns gefestigt und sicher zu fühlen und ohne Schuldgefühle und falsche Anschuldigungen zu leben. Jeder hat ein Recht auf eigene Gefühle und Sichtweisen, insbesondere dann, wenn sie anders sind als die der anderen. Wir haben das Recht auf ein Leben ohne emotionalen und körperlichen Missbrauch oder der Androhung desselben, auf ein Leben ohne Wutattacken und Feindseligkeiten und ohne Fahrten in der emotionalen Achterbahn des Anderen. Sie haben ein Recht auf Privatsphäre sowie das Recht, Ihre Zustimmung zu erteilen und sie zurückzuziehen, wenn die Umstände sich ändern. Jeder von uns hat ein Recht darauf, frei von Angst oder Erniedrigung zu leben, und darauf, nicht mit erniedrigenden Namen bedacht zu werden.

Wäre es nicht schön, wenn der Respekt vor den Rechten anderer angeboren wäre, statt dass man ihn lehren oder lernen müsste oder ihn an- und ausziehen könnte wie einen Mantel? Und wie wundervoll wäre es, wenn da auch das »Recht auf eine höfliche Antwort« dabei wäre? Oder das »Recht auf eine aufrichtige Entschuldigung, wenn man beleidigt wurde«? Hier ist noch eins, das ich mag: das »Recht auf den Platz von diesem Kerl da in der U-Bahn«. Ich stehe immer auf für ältere Mitbürger und schwangere Frauen! Einmal, ein einziges Mal, stand ich zu früh auf, und da schob sich ein Mann auf den Platz, bevor eine Schwangere sich setzen konnte. Aber lange hat der sich nicht gefreut! Ich fragte ihn, ob er stolz darauf sei, dass er schneller als die schwangere Frau gewesen war. Er stand schleunigst wieder auf, und, stellen Sie sich vor, dem Typ neben ihm war es so unangenehm, dass er mir seinen Platz anbot. Wenn wenigstens die Hälfte der Männer, die mir begegnen, halb so viel Mann wäre wie ich …

Big-Brother-Alarm!

Was kann man tun, wenn eines weniger schönen Tages das Spiel ein bisschen zu laut wird und die Nachbarn die Polizei holen? Was tun, wenn man von der Polizei angehalten wird und der Kofferraum ist voller Spielzeug? Das sind zwei der übelsten Szenarien, die jemandem aus der Szene passieren können, und bei beiden muss man mit bösen Konsequenzen rechnen. Hier sind ein paar Tipps für den Umgang mit der Polizei, falls Sie jemals mit ihr zu tun haben sollten.

Bewahren Sie auf jeden Fall die Ruhe, ob zu Hause oder im Auto. Das ist leichter gesagt als getan. Wenn es sein muss, sagen Sie vor sich hin: »Angst tötet den Verstand. Ich sehe meiner Angst ins Auge und lasse sie durch mich hindurchgehen«, oder etwas in der Art, aber bleiben Sie bloß ruhig. Seien Sie höflich und zuvorkommend und zeigen Sie Respekt. Respekt, nicht Unterwürfigkeit. Benutzen Sie Ihren gesunden Menschenverstand: Zurückhaltender Humor ist in Ordnung, aber reißen Sie keine Witze und murmeln Sie keine Bemerkungen vor sich hin. Demonstrieren Sie auf keinen Fall schlechte Laune. Was Aussagen und Feststellungen angeht: Sie haben das Recht zu schweigen. Das ist ein Grundrecht, und wer schweigt, belastet sich nicht unwissentlich selbst. Falls Sie sich entscheiden, doch etwas zu sagen, seien Sie ehrlich, aber vorsichtig. Sprechen Sie schnörkellos und einfach und achten Sie darauf, dass Ihre Aussage leicht verständlich bleibt.

Versuchen Sie unbedingt, »die Sache« vor der Tür zu klären, wenn irgendeine Art von Big Brother bei Ihnen vorbeischaut. Sie müssen Polizeibeamte nicht reinlassen, wenn sie keinen Durchsuchungsbefehl haben und fragen, ob sie sich »mal umsehen dürfen«. Bei einer Freundin fragte einer der Polizisten, die einer Beschwerde wegen Lärmbelästigung nachgingen, ob er mal kurz telefonieren könne. Sie bat ihn, kurz zu warten, ging wieder ins Haus, machte die Tür zu und schloss ab, und kam schließlich mit einem schnurlosen Telefon zurück. Er lehnte ab. Also war es nur ein Bullentrick, mit dem er in ihr Haus kommen wollte. Falls der Beamte Sie auffordert, ihn reinzulassen, erheben Sie laut und deutlich Einwand (in einem Mietshaus hört Sie vielleicht jemand). Treten Sie dann zur Seite. Versuchen Sie nicht, dem Beamten den Weg zu versperren.

Wenn Sie Angst haben, Sie könnten zu hitzig oder aufgedreht sein, um mit der Polizei zu reden, bitten Sie Ihren Partner darum. Falls die Polizisten einem Hinweis auf häusliche Gewalt nachgehen, wollen sie beide Partner zusammen sehen. Wenn Sie glücklich und erhitzt vom Sex an der Tür stehen, stehen die Chancen schon sehr gut, dass die Polizei nicht genauer nachsehen will. Denken Sie an alles, was BDSM von Missbrauch unterscheidet. Wenn Sie zu einer Spieleparty gehen und Ihre Spielsachen mitnehmen wollen, packen Sie alles in eine Tasche, die sich fest verschließen lässt (keine Einkaufstüten, aus denen alles rausfallen kann), und achten Sie darauf, dass nichts herausguckt. Legen Sie die Tasche in den Kofferraum. Stimmen Sie keiner Untersuchung zu, wenn Sie angehalten werden. Machen Sie keinerlei Aussage, falls man Sie verhaftet, und verlangen Sie sofort einen Anwalt.

Ihr »Startset«

Weiter unten werden Sie von »Startsets« für verschiedene Szenen lesen, doch das erste Startset ist das hier: ein Erste-Hilfe-Kasten. Da die Komponenten einzeln zu kaufen sind, sollten Sie sich etwas zur Aufbewahrung besorgen, damit Sie nicht die Hälfte erst zusammensuchen müssen, sollte Ihr Partner in Not sein.

- Latexhandschuhe (erklärt sich von selbst)
- Gleitmittel, das sich mit Latex verträgt (dito)
- Kondome und/oder Lecktücher (dito)
- Antibiotische Salbe, Arnikasalbe und/oder Aloe-Vera-Lotion (bei Hautverletzungen)
- Verbandmull und Binden/Pflaster (erklärt sich von selbst)
- Chirurgenschere (für das schnelle und sichere Zerschneiden einer Bondage)
- Schmerzmittel (bei Blutungen kein Aspirin) und Aspirin (bei Zerrungen, Muskel- und Kopfschmerzen)
- Wasserstoffsuperoxid (zur Desinfektion von Wunden)
- Eispackung (zum Eindämmen mancher Schwellungen)
- Riechsalz (falls er ohnmächtig wird)
- Saft/Wasser/Sportgetränk (damit beide genug trinken)

Denken Sie daran, dass wahrscheinlich auch die Polizei kommt, wenn Sie einen Krankenwagen rufen. Bringen Sie die »verletzte Person« in eine möglichst sichere und bequeme Lage und räumen Sie dann alles weg, was die Polizei nicht sehen soll.

Unsere Spiele sind heftig, nicht zuletzt deshalb lieben wir sie ja. Sie dürfen aber keine »Schäden« hinterlassen, die mehr als vorübergehend sind oder einen emotional oder körperlich in einen Zustand bringen, den keiner von euch beiden will beziehungsweise der euch nicht gefällt. Viele Menschen denken immer noch, dass BDSM etwas Krankes und Falsches ist, das man verbieten sollte. Als Antwort auf derartige Klischees habe ich angefangen, Bücher für meine Dominanten Schwestern zu schreiben, damit sie genießen, was sie tun, und um ihnen beim Kampf gegen Vorurteile von Außenstehenden zu helfen. Ich bin stolz auf das, was ich bin, auf mein Können als Domina und auf meine Arbeit als Autorin. Und außerdem bin ich ein fieses, Männer verschlingendes, Zigaretten rauchendes, Pelz tragendes, Sonne liebendes Miststück! Und mir erzählt keiner was. Keiner. Denn: »Dies über alles: Sei dir selber treu.«

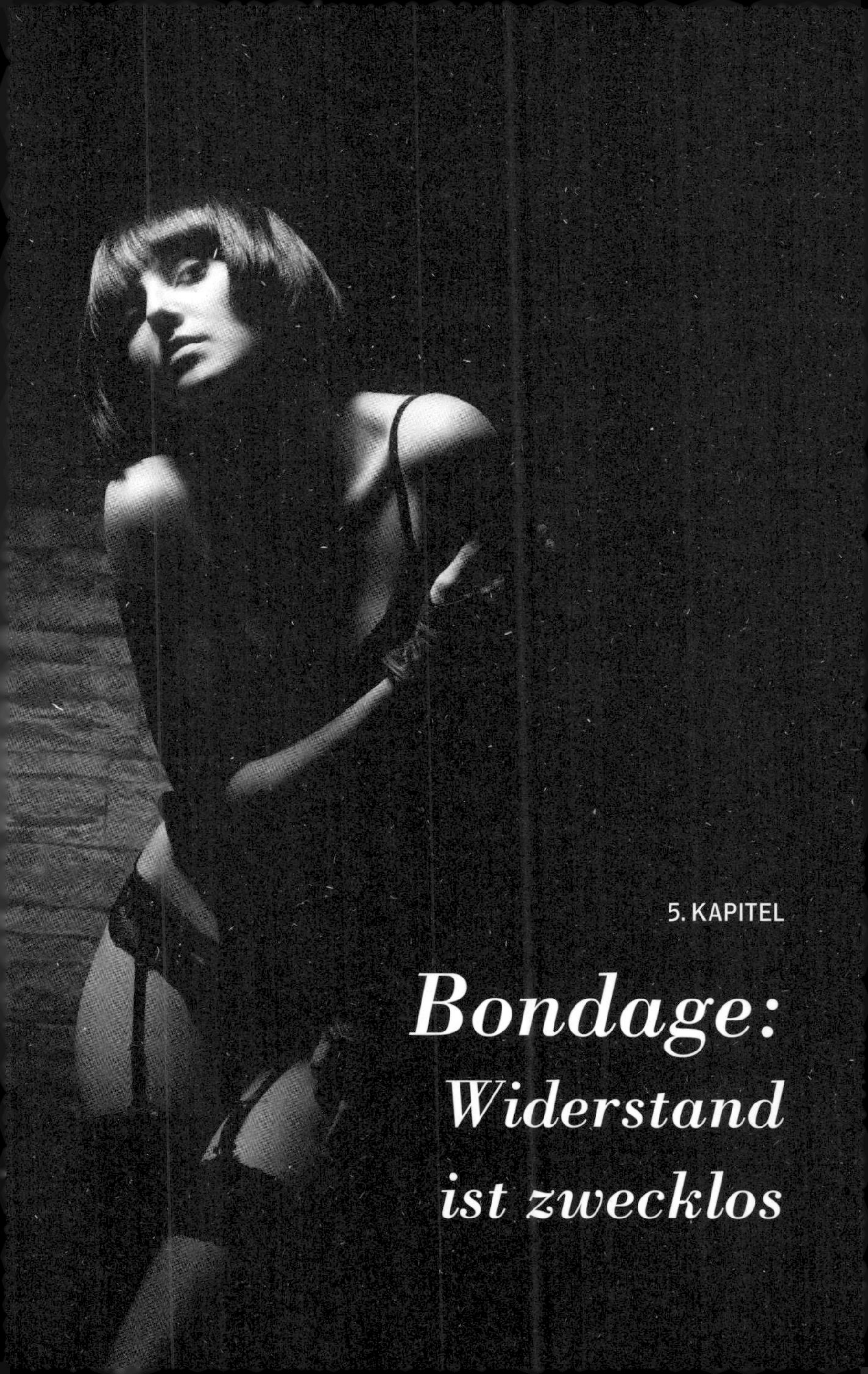

5. KAPITEL

Bondage: Widerstand ist zwecklos

Für Freunde der Bondage ist Widerstand nicht nur zwecklos, sondern womöglich sogar kontraproduktiv. Bondage löst sehr ursprüngliche Gefühle wie Hilflosigkeit, Verletzlichkeit und Schuldlosigkeit aus, und da der Zustand, in dem man sie erlebt, erwünscht und heiß ersehnt ist, wäre jeder auch nur halbwegs ernst gemeinte Widerstand tatsächlich zwecklos. Selbst wenn er zu einer Szene dazugehört, ist Widerstand nur ein Mittel zum ultimativen Zweck: dem Gefühl des Schwebens, das Körper und Geist in einer Bondage erfüllt, aus der es kein Entrinnen gibt. Ein Sub, der schon Erfahrung in Fesseln gesammelt hat, weiß, wie man sich in den Seilen entspannt und ihre einschränkende Kraft in etwas Angenehmes verwandelt wie eine wohltuende, herzliche Umarmung oder die blaue Decke, die man als Kind immer mit sich herumschleppte.

Bondage ist ein facettenreicher Aspekt des Lebens hinter dem Schleier und besetzt in der erotischen Vorstellungskraft viele dunkle und spannende Ecken. Millionen von Menschen, die sich ansonsten kein Stück für BDSM interessieren und kaum noch andere BDSM-Techniken anwenden, sind fasziniert von der einer Bondage innewohnenden Schönheit und der Romantik von Fesseln. Bei vielen nahm die Faszination in der Kindheit ihren Anfang. Es gibt endlos viele Geschichten von Leuten, die als Kinder versuchten, sich selbst oder (mit größerem Erfolg) ihre willigen und unwilligen Freunde zu fesseln, weil die Seile so unwiderstehlich waren. Ein Kollege beichtete mir einmal, dass er in seinen Fantasien am liebsten das »Fräulein« vor dem Bösewicht rettete, um dann selber mit ihr abzuhauen und ihr seine Fesseln anzulegen. (Auf so was kann auch nur ein Mann kommen: Er rettet die arme Jungfer vor der Pfanne, nur um sie selber in den Ofen zu werfen.) Seine Geschichte war allerdings ein bisschen komplexer. Da er diese Fantasie schon als Kind erfunden hatte, konnte er kaum wissen, dass er sich hier eine so genannte »Übertragung« zunutze machte: Der bzw. die Entführte verbündet sich mit den Entführern oder empfindet Mitleid mit ihnen. Da er sie gerettet hatte, fasste das Fräulein sofort Vertrauen zu ihm, das er dann missbrauchte.

Sie waren noch Kinder, als diese frühen Fantasien Gestalt annahmen, zu jung, um zu verstehen, was es bedeutet, wenn man jemanden fesselt, ihn seiner Freiheit beraubt. Sie waren zu jung, um sich zu fragen oder zu erfassen, welcher emotionale Wandel sich dabei in ihnen und »ihren« Gefesselten vollzog. Aber dass sich etwas veränderte, das spürten sie auch als Kinder.

Als Erwachsene, die mit romantischer Bondage spielt, ist eine gute Domina sich der emotionalen Auswirkungen bewusst, die Fesseln auf einen Menschen haben, und sie wird sie dazu gebrauchen, die Erfahrung intensiver zu machen und die Kontrolle über ihn noch zu verstärken. Er dagegen kann sich, so lange er gefesselt ist, ganz auf seine Hilflosigkeit einlassen und nur im Moment leben, und dabei den Stress und die Sorgen des Alltags loslassen. Und Bondage lässt sich mit vielen anderen Facetten von BDSM kombinieren. Ist das nicht wunderbar?

ARTEN DER HILFLOSIGKEIT

Da wir hinter dem Schleier leben und nicht müde werden, die purpurfarbene Mitternachtswelt unserer Sexualität zu erkunden, wollen Sie vielleicht mit der einen oder anderen Art von Bondage experimentieren. Ein paar davon möchte ich mir mit Ihnen anschauen. Weiter hinten in diesem Kapitel finden Sie bebilderte Anleitungen für etwas kompliziertere Techniken, mit denen Sie vielleicht experimentieren wollen. Diese Techniken sollten Sie auf keinen Fall ausprobieren, wenn Sie noch nicht mit den Grundtechniken und Sicherheitsvorkehrungen für Bondage vertraut sind. Da dies ein Handbuch für Fortgeschrittene ist, werden die Grundlagen hier nicht ausführlich erläutert. Eine Einleitung in Bondage finden Sie in *Die Kunst der weiblichen Dominanz*.

Bei der Liebesbondage wird eine Szene erschaffen, in der das Körperbewusstsein und die Verletzlichkeit des Sub gesteigert werden. Manche sagen auch »fesseln und triezen« dazu, und das trifft es ganz gut. In der Regel wird der Sub dabei mit weichen, seidenen Seilen gefesselt und auf die eine oder andere Art getriezt: mit den Fingerspitzen, mit einer Feder, mit einer weichen Riemenpeitsche, einer Zahnbürste, oder sogar mit Haken oder Krallen aus Metall oder mit einem Wartenberg-Rad. Sie kann ihm auch mit dem Haar über die nackte Haut streichen oder sein Brusthaar mit einer Haarbürste bürsten. Ist er einmal gefesselt, triezt die Domina ihn bis zur Erregung, und zögert diesen Zustand dann hinaus, ohne ihn kommen zu lassen. Eine erfahrene Domina kann ihn auf diese Weise stundenlang necken und immer wieder neu fesseln und so seine Sinne schärfen und sein Verlangen nach Erlösung weiter steigern. Wenn man es richtig macht, treibt er dabei auf einem Meer der seligen, lechzenden Lust, dürstend nach den Zuwendungen seiner Herrin. Schon mit der leisesten Berührung jagt sie ihm einen Schauer über den Rücken, der ihm im Gehirn und in den Genitalien explodiert.

Bei einer anderen Art von Bondage-Szene, die sich hinter dem Schleier des Lebens freut, werden Bondage und Unterwerfung kombiniert. Bei einer solchen Szene geht es darum, den Sub in einen Zustand der Unterwerfung zu bringen, in dem er sich der Macht der Herrin ausliefert. Als Ausschmückung kommen hier oft auch Bondage-Accessoires zum Einsatz, die den Status des Sub symbolisieren: ein Halsband, eine Leine, mit der man ihn lenkt, Hand- und Fußfesseln, die ihn permanent an seine Verletzlichkeit erinnern. Meistens erhält jedes Element eine bestimmte Bedeutung: Solange er das Halsband trägt, unterliegt er Ihrem Befehl. Ein Symbol kann auch mit einer rituellen Übergabe verknüpft sein, zum Beispiel wenn er das Halsband als Symbol dafür küsst, dass er Ihre Macht über ihn akzeptiert.

Dann gibt es eine weniger sinnliche Bondage-Variante, die ich Harte Bondage nenne. Wie in diesem Namen schon anklingt, ist die Harte Bondage, im Gegensatz zur Liebesbondage, etwas für fortgeschrittene Spiele – vielleicht mit einem Violet Wand oder TENS-Gerät. Oder Sie fesseln ihn damit, um ihn richtig hart zu disziplinieren oder zu bestrafen. Es liegt auf der Hand, dass es sinnlich sein kann, wenn man gefesselt wird, um sich einer köstlichen, schwebenden Hilflosigkeit hinzugeben, aber bei der Bondage in dieser Szene geht es darum, ihn für eine Bestrafung zu fixieren. BDSM-Fantasien entstehen auf verschlungenen Wegen, und in dieser Szene gibt die Bondage dem Sub die Freiheit, sich anderen Empfindungen (dem emotionalen Element der Strafe, dem körperlichen Gefühl des Schmerzes) ohne Furcht vor Schuldgefühlen oder Anschuldigungen hinzugeben. Die Fesselung mit Ketten oder Seilen gibt ihm die Freiheit, seiner Herrin für jeden Schlag mit dem Rohrstock zu danken. Er kann sich weder wehren noch befreien und so fügt er sich genussvoll in seine Lage und unterwirft seinen Willen dem Willen der Herrin.

Bondage ohne Fesseln

Manche Menschen mögen Bondage wegen des Aspekts der Unterwerfung, für andere sind Bloßstellung oder Erniedrigung das provokanteste Moment. Eine erniedrigende Bondage ist jede Fesselung, die den Sub dazu »zwingt«, seiner Herrin die Genitalien zu zeigen. Eine verbal orientierte Domina würde ihren Sklaven dann mit seiner verwundbaren Haltung aufziehen – weil er zu ihrem Vergnügen bloßgestellt ist. Für so eine erniedrigende »Bondage« braucht man keinerlei Fesseln. Sie ist genauso befriedigend, wenn man auf physische Mittel verzichtet. Physische Fesseln entheben einen Menschen der Verantwortung, weil sie jeden Widerstand sinnlos machen. Mit mentaler Bondage oder »unsichtbaren Seilen« dagegen muss sich der Sub durch Gedanken und Willenskraft in einer Stellung halten, und dadurch wird er zum Mittäter bei allem, was da kommen mag.

Eines Abends spielten mein Sklave und ich eben dieses Spiel. Die Regeln waren einfach: Ich brachte ihm zwei Haltungen bei. In Haltung eins beugte er sich über die Spanking-Bank, wobei er die Hände über den Kopf streckte und sich an das Vorderteil klammerte. In Haltung zwei hockte er mir zu Füßen. Er musste in Haltung eins verharren und sich mir hingeben: meiner Riemenpeitsche, den Rohrstöcken, meinen Händen, Dildos und so weiter. So lange, bis er nicht mehr konnte. An diesem Punkt musste er Haltung zwei einnehmen, woraufhin ich innehielt. Dann wurde es richtig interessant. Ich hatte ihn angewiesen, sobald er ausgeruht sei, erneut Haltung eins einzunehmen, um mir zu signalisieren, dass er noch weiter bestraft und penetriert werden könne.

Wie schön, dass er selbst entscheiden durfte, wann er bereit war, noch mehr harte Schläge mit dem Stock und noch mehr Folter und Benutzung hinzunehmen! Er sagte mir, wie herrlich demütigend es sei, sich freiwillig zu erheben, sich auf der Lehne auszustrecken und vor meinen Augen die Beine breitzumachen, wohl wissend, was als Nächstes kommt. Er sagte, er zwang sich auf das Sofa, getrieben von Lust und dem Wunsch, sich mir und dem Schmerz auszuliefern – den Schmerz und die Erniedrigung zu spüren und aufzunehmen, sich davon überspülen und verwandeln zu lassen. Sein Geist strotzte vor Kraft und vor Verlangen und gab seinen Gliedern Energie, und als er sich wieder über die Spanking-Bank legte, entzündeten der Mut und die Schönheit seines Tuns ein Feuerwerk in seinem Hirn. Es kreiste nur ein Gedanke in seinem Kopf: Es gibt keine Fesseln, nur mein freier Wille hält mich hier fest.

Sicherheitstipps

Bevor Sie zu Ihrer Reise in die gefesselte Glückseligkeit aufbrechen, sollten Sie wissen, welche Sicherheitsfragen bei der romantischen Bondage zu berücksichtigen sind. Sie haben in Ihren Spielen schon Erfahrung gesammelt und einiges gelesen und sollten hierüber Bescheid wissen, weshalb ich mich kurz fasse. Falls Sie bislang noch nichts zum Thema gelesen haben, tun Sie es bitte jetzt. Bitte wenden Sie die im Folgenden dargestellten Techniken nur an, wenn Sie die Grundlagen richtig gut beherrschen.

Bei einer Bondage werden naturgemäß Dinge abgeschnürt, aber wir wollen ja nichts Lebenswichtiges abschnüren! Ganz allgemein gilt für jede Form der Bondage, dass zwischen Gliedmaßen und Fesseln mühelos zwei Finger passen müssen. Zwischen den Handgelenken sollten immer einige Zentimeter Kette oder Seil Platz bleiben (im Fall von Handschellen ein paar doppelte Karabinerhaken). Bei zu eng angezogenen Fesseln besteht die Gefahr, dass Blutgefäße abgeschnürt oder Nerven geschädigt werden, während zu lockere Fesseln verrutschen können, wenn er in einer Aufwallung von Lust und Schmerz und Leidenschaft daran zerrt. Außerdem dürfen die Handschellen oder Fesseln auch nicht auf die Handgelenke oder den Nerv unterhalb des Daumens drücken. Dieser Nerv wird unter Umständen schon abgeklemmt, bevor die Hand einschläft. Hier ist die Kontrolle mit zwei Fingern ausgesprochen ratsam. Achten Sie darauf, dass keine Haut eingeklemmt wird, wenn Sie mit Seilen arbeiten.

Hängen Sie ihn auf keinen Fall an den Handgelenken auf. Sie bestehen aus feinen Knochen, werden von zahlreichen Nerven und Adern durchzogen und sind nicht dafür gemacht, das Gewicht eines Menschen auszuhalten. Auch die Fußknöchel können den Körper nicht halten, wenn man ihn daran aufhängt. Wenn man jemanden kopfüber aufhängen will, rate ich dringend zu so genannten »Gravity Boots« (Hängeschuhen), die das Gewicht verteilen und die Knöchel schützen. Falls Sie ihm lediglich die Füße fesseln wollen, während er auf dem Rücken liegt, ist das kein Thema, aber wenn Sie ihn dennoch die Boots anbehalten lassen, ist es für ihn bequemer und für seine Füße sicherer. Unabhängig davon, ob er liegt oder steht, müssen Sie darauf achten, dass Sie mehrere Zentimeter Seil oder Kette zwischen den Fesseln und der jeweiligen Befestigung übrig lassen, damit er sich daran festhalten kann. Das hat eine beruhigende Wirkung, und außerdem hat er damit etwas, woran er in Augenblicken qualvoller Lust zerren kann.

Eine weitere sehr sensible Körperpartie ist der Hals. Gehen Sie beim Hals nie irgendwelche Risiken ein, indem Sie Seile darum wickeln (erst recht nicht mit Rutschknoten), von hinten an einem Halsband ziehen oder zerren oder das Halsband irgendwo festbinden.

Bondage im Stehen, eine Vorstellung von unbestreitbarer Erotik, ist recht anstrengend, und manche können diese Position nicht lang halten. Aber wie lang ist »lang«? Bei Menschen mit niedrigem Blutdruck oder schwachem Kreislauf können zehn oder zwanzig Minuten schon mehr als genug sein. Jedenfalls gibt es bei dieser Frage nichts zu verhandeln. Am sichersten ist eine stehende Haltung, bei der er die Arme fast gerade über die Schultern hebt und die Ellbogen bequem anwinkelt. Auf diese Weise befinden sich seine Hände nie über dem Herz und es besteht weniger Gefahr für einen Schwindelanfall oder Schlimmeres. Dennoch: Was ist zu tun, wenn es Probleme gibt? Nehmen wir zum Beispiel einen Vorfall, den ich selbst erlebt habe. Da haben wir diesen hundert Kilo schweren Mann, der ohnmächtig wurde und mit gefesselten Armen vornüber gebeugt in einem Andreaskreuz hängt. Und wir haben mich, eine Frau mit fünfundfünfzig Kilo, die ihm zu Hilfe kommt. Was für eine Hilfe? Ich bin nicht stark genug, um ihn loszuschneiden und aufzufangen, ohne von ihm zerquetscht zu werden. Ich kann ihn nur mit meinem ganzen Körper stützen. Also kann ich die Seile losschneiden, bei denen nichts passieren kann, und ihm das Gesicht tätscheln, ihn mit kaltem Wasser bespritzen, Eis an die Eier oder Riechsalz unter die Nase halten. Wenn er dann wieder zu sich kommt, kann ich ihn vollends losschneiden.

Wenn es Ihnen mit der Bondage im Stehen aber wirklich ernst ist, können Sie sich ein automatisches Hängesystem zulegen, das fest an die Decke montiert ist. Da es automatisch funktioniert, kann man ihn damit langsam und kontrolliert auf den Boden herablassen und dafür sorgen, dass er auf einer weichen Unterlage aufkommt. Sie können auch ein paar Ösenhaken fest in der Decke über oder neben dem Bett verankern. Falls er dann mal ohnmächtig werden sollte, hat er eine schöne weiche Unterlage, und Sie können ihn kontrolliert fallen lassen. Mit Abstand am bequemsten ist Bondage im Liegen, wobei Sie ihn aber nie allein lassen dürfen, wenn er mit dem Gesicht nach unten auf einer weichen Unterlage liegt. Wenn in der Fantasie auch eine Knebelung vorkommen sollte, dürfen Sie ihn nicht knebeln, wenn er Probleme mit den Nebenhöhlen, eine verstopfte Nase, eine Erkältung, Grippe oder Husten hat.

Stellen, an denen Nerven nahe unter der Haut verlaufen, müssen unbedingt geschützt werden. Die Unterseite des Daumens, die Innenseite der Handgelenke, die Ellbogenbeuge, die Kniegelenke, der Schritt und natürlich auch der Hals müssen vor lang anhaltendem oder starkem Druck geschützt werden.

Die Seiltricks, die ich im Folgenden zeige, eignen sich nicht zum Aufhängen.

Sie sollten seine Fesseln alle zehn bis fünfzehn Minuten überprüfen, bis Sie sicher sein können, dass er ohne Risiko auch länger gefesselt bleiben kann. Wenn Sie ihn wieder losmachen, »befehlen« Sie ihm, die Hände auszuschütteln, mit den Zehen zu wackeln und kreisende Bewegungen in den Hand- und Fußgelenken zu machen, um den Blutfluss anzuregen.

Bei vielen Bondageszenen arbeitet man zusammen, weil man ihn nur sicher fesseln kann, wenn er mitspielt. Wenn er dann mal schön verschnürt ist, können Sie andere Szenen mit ihm spielen, in denen er sich wehrt und windet und wortreich darum fleht, dass Sie ihn wieder freilassen. Weitere Genüsse aus dem Reich hinter dem Vorhang sind – falls seine Haltung es erlaubt – Fußanbetung und Neckereien, Trampling, Stomping und CBT. Doch von ihrem Wesen her ist die Bondage stärker als andere BDSM-Spiele eine Frage der Teamarbeit. Als Sub in Fesseln ist es seine Aufgabe, Sie auf dem Laufenden zu halten und Ihnen mitzuteilen, was Sie nicht selbst erkennen können, zum Beispiel ob ihm schwindelig oder schwummerig ist, ob sich etwas taub anfühlt, ob ihm übel ist oder sonst etwas Ungewöhnliches passiert. Für den Fall, dass er sein im letzten Kapitel angesprochenes Safewort nicht aussprechen kann, sollten Sie ihm ein Safesignal geben, zum Beispiel ein rotes Halstuch, das ihm Ihre Aufmerksamkeit verschafft.

Wenn man aus der Bondage befreit wird, ist einem oft schwindelig und man ist ein wenig wackelig auf den Beinen, als würde man nach zwei Wochen auf einem Segelschiff wieder festen Boden unter den Füßen spüren. Das ist nichts Ungewöhnliches. Manche Subs fallen sogar um! Und zwar wie ein Sack Kartoffeln. Stellen Sie sich darauf ein, dass Sie ihn halten oder stützen müssen, bis er die Orientierung wiedergefunden hat und seine Knie nicht mehr so schwabbelig sind.

Vielleicht werden Sie irgendwann ja auch so neugierig und wollen Bondage von der anderen Seite kennen lernen. Das heißt ja nicht, dass Sie weniger dominant sind, Sie sind nur neugieriger. Neugier ist eine gute Sache. Immerhin hat die Neugierde Sie bis hierher gebracht. Aber was ist, wenn er irgendwann ebenfalls neugierig wird? Sagte ich bereits, dass Bondage das Einzige ist, was zwei Doms miteinander praktizieren? Dass Millionen von Menschen diesen Liebesstil lieben, ohne auf die Idee zu kommen, sie könnten auf BDSM stehen? Erhalten Sie sich Ihre Neugier.

Die einfache Fessel

Nicht nur Subs lassen sich von Bondage abschrecken, das kann auch Dominas passieren. Manche Leute können einfach keine guten Knoten machen, wenn es nicht gerade ihr eigener Schal ist. Dabei kann wirklich jeder einen anderen Menschen wirkungsvoll und unentrinnbar festbinden, ohne irgendwelche Spezialknoten zu kennen. Und für die einfachen Hand- und Fußbondage-Techniken, mit denen man ihm die Füße oder Hände an die Schenkel fesseln kann, reicht der Knoten, den Sie in Ihren Schal machen, völlig aus. (Siehe Abbildung 1.)

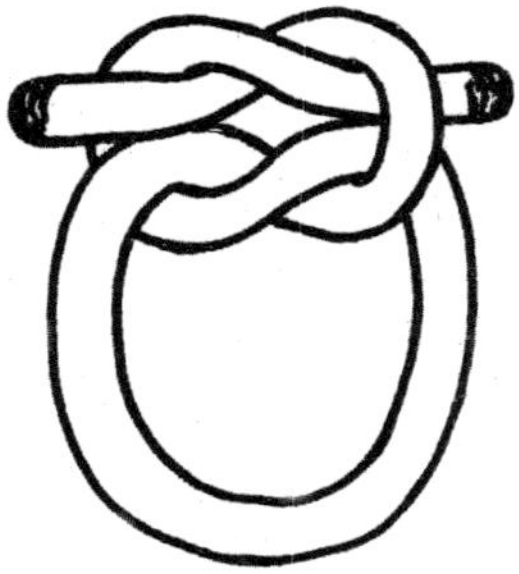

Abb. 1

SCHRITT EINS

Nehmen Sie ein Stück Seil, etwa 40 bis 50 cm lang und 1 bis 1,5 cm im Durchmesser. (Nichts Dünneres wie Schnur, Kabel oder Draht.) Legen Sie es in der Mitte zusammen. Ziehen Sie die beiden Enden durch die Schlaufe, legen Sie ihm diese um die Handgelenke oder Knöchel und ziehen Sie sie zu. Achten Sie aber darauf, dass zwischen den Knöcheln bzw. Handgelenken ein Spielraum mit 10 cm Seil ist. Diesen Freiraum zwischen den Gliedmaßen brauchen Sie später für den Seiltrick. (Siehe Abb. 2 und 3.)

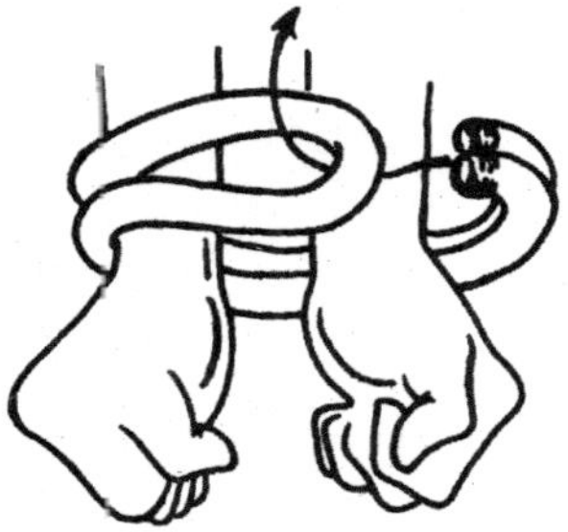

Abb. 2

Abb. 3

SCHRITT ZWEI

Führen Sie die beiden Enden wieder über die Handgelenke bzw. Knöchel, dann unter die Schlaufe und wieder zurück in die Richtung, aus der Sie gerade kamen. (Abb. 4)

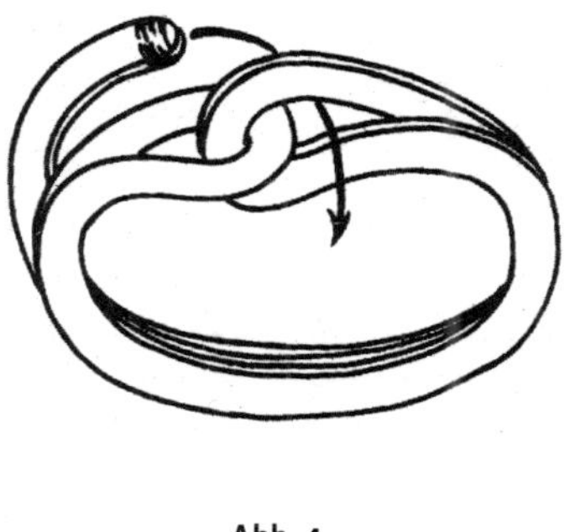

Abb. 4

SCHRITT DREI

Führen Sie die Enden erneut durch die Schlaufe, wobei Sie diesmal in jede Hand ein Seilende nehmen. Die Enden wickeln Sie in entgegengesetzter Richtung um die 10 cm Seil zwischen den Handgelenken bzw. Knöcheln. (Abb. 5 und 6.) In Abbildung 5 sehen Sie den Seiltrick mit Händen, in Abbildung 6 ohne Hände.

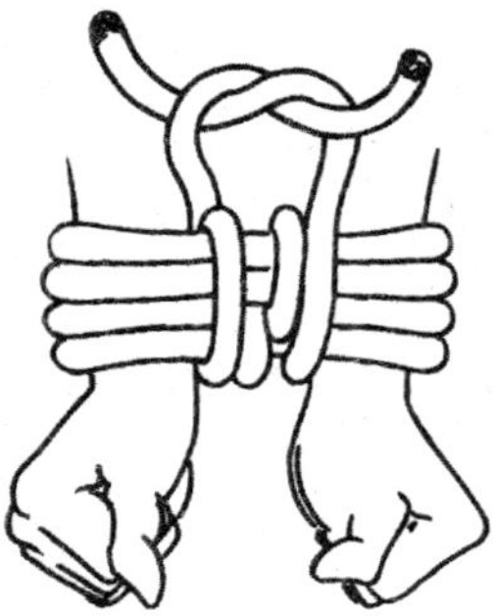

Abb. 5

Abb. 6

SCHRITT VIER

Wiederholen Sie das und machen Sie dann einen doppelten Knoten. (Abb. 7 und 8.) Bei einer Handfessel sollten Sie den Knoten zwischen seinen Armen, nicht zwischen den Händen machen,

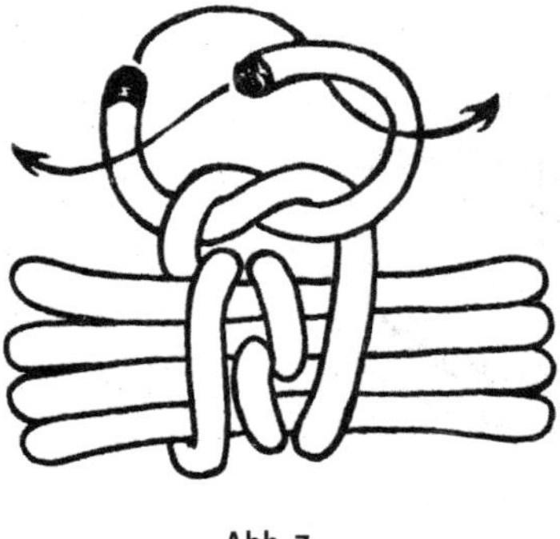

Abb. 7

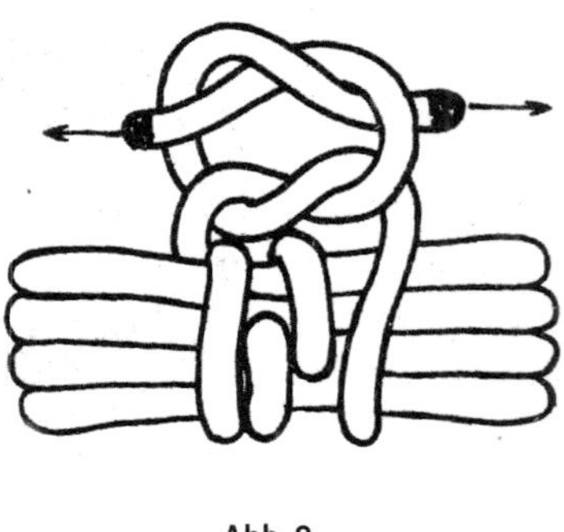

Abb. 8

sonst könnte er in Versuchung kommen, daran herumzufummeln. Abbildung 9 zeigt den Seiltrick, wenn er fertig ist.

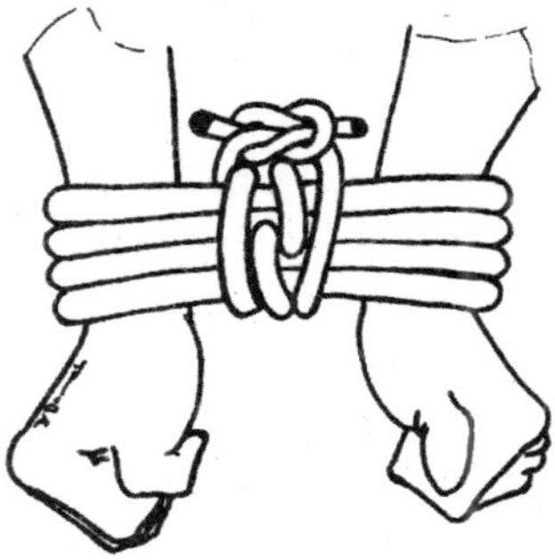

Abb. 9

WIE MAN SEIN BESTES STÜCK VERPACKT

Eine Fessel für seine Genitalien! Und dann Sachen dran hängen, mit dem Gummiseil spielen, Klapse austeilen … so was macht mir Spaß. Die beliebtesten Knoten haben Sie schon in *Die Kunst der weiblichen Dominanz* gelernt. Inzwischen sind Sie durch praktische Erfahrung und weiterführende Literatur noch geschickter darin geworden. Vielleicht hatten Sie mit ihm sogar mal eine Session bei einer professionellen Domina, die Ihnen ein paar Tricks verraten hat. Wie dem auch sei: Sie wollen noch mehr. Deshalb hier zwei neue Cock-and-Ball-Bondage-Techniken, mit denen Sie ihn foltern können.

Der Schweifriemen

Einfach, aber effektiv! Und er sieht aus wie ein Kleidungsstück. Manchen Leuten ist es lieber, wenn der Sub nicht völlig nackt ist, weil das sexier wirkt. Wenn es Ihnen auch so geht, ist der »Schweifriemen« vielleicht genau das Richtige für Sie. Falls nicht, gibt es auch noch andere Gründe, weshalb er Ihnen gefallen könnte. Allen voran der Umstand, dass ein schön sauber geschnürter Schweifriemen dazu dienen kann, dass Dinge, die Sie in ihn eingeführt haben, auch wirklich drin bleiben, und zwar so lange Sie wollen. Wenn Sie die Beschreibung aufmerksam lesen und sich die Abbildungen genau ansehen, werden Sie feststellen, dass der Schweifriemen fast genauso funktioniert wie die einfache Fessel, mit dem Unterschied, dass er um Taille und Genitalien geschlungen wird, statt um die Handgelenke oder Knöchel.

SCHRITT EINS

Legen Sie das Seil in der Mitte zusammen. Legen Sie ihm das zusammengelegte Seil um die Taille und ziehen Sie die beiden losen Enden durch die Schlaufe. Führen Sie die beiden losen Enden über die Schlaufe zurück und um seine Taille herum, so dass er mit vier Lagen Seil umwickelt ist. (Abb. 10 und 11.)

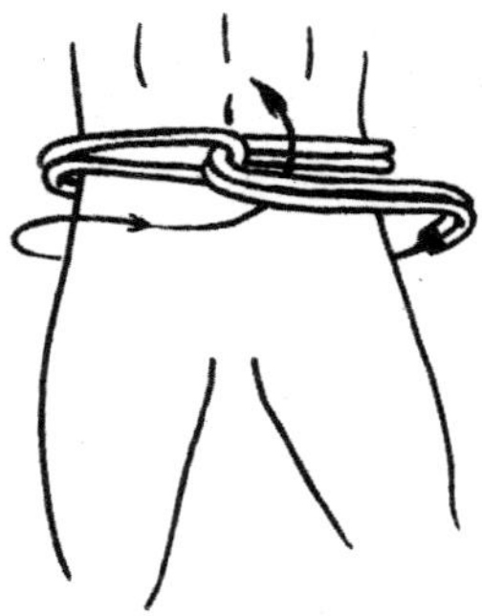

Abb. 10

Abb. 11

SCHRITT ZWEI

Wenn das Seil wieder vorn ist, führen Sie die beiden losen Enden über die hintere Schlaufe. Ziehen Sie es fest. Die beiden Enden hängen jetzt lose herab. (Abb. 12.)

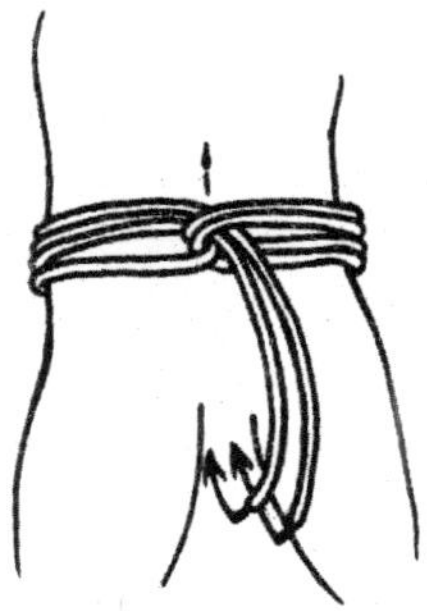

Abb. 12

SCHRITT DREI

Führen Sie die losen Enden zwischen seinen Beinen hindurch nach hinten und in seiner Pospalte wieder nach oben. Ziehen Sie sie unter dem vierfachen Seil hindurch und dann wieder in die andere Richtung: in der Pospalte nach unten und in Richtung seines Bauches. Während Sie das Seil zwischen seinen Beinen vor- und zurückführen, können Sie ihm Schwanz und Eier so zwischen den Seilen arrangieren, dass diese beim Straffziehen möglichst stramm darauf drücken. Aber das sehen Sie dann noch. (Abb. 13 und 14.)

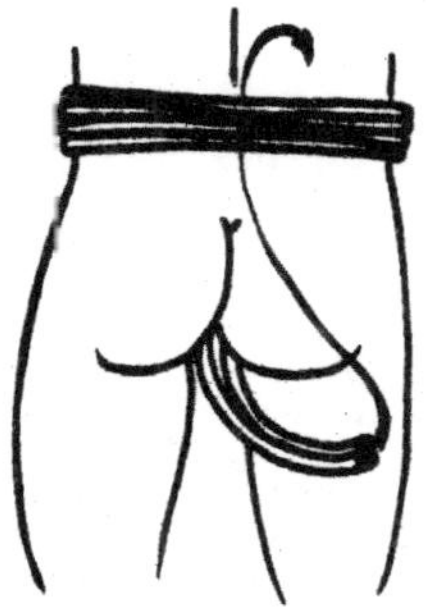

Abb. 13

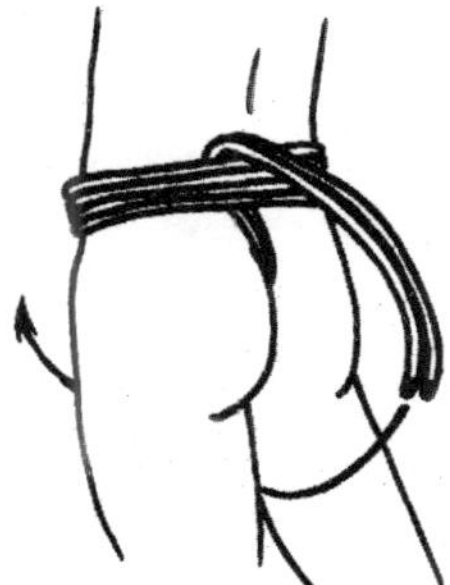

Abb. 14

SCHRITT VIER

Jetzt können die losen Enden festgezurrt werden. Führen Sie sie hoch zu seinem Bauch und ziehen Sie sie auseinander. Schieben Sie die beiden Enden ganz links und rechts unter den gewickelten Seilen hindurch. Wickeln Sie sie zweimal um die Wicklung, in Richtung seines Bauchnabels, und lassen Sie dabei genügend Platz für Ihren Zeigefinger. Anschließend ziehen Sie das Seilende durch die eben erzeugte Doppelschlaufe und dann wieder durch die letzte Schlaufe. Ziehen Sie fest zu. Überstehendes Seil stecken Sie unter die Wicklung. (Abb. 15 und 16)

Abb. 15

Abb. 16

Die Abbildungen 17, 18, 19 und 20 zeigen den eben beschriebenen Knoten in der Detailansicht.

Wenn Sie mit dem Schweifriemen einen Stöpsel in seinem Hintern fixieren wollen, stecken Sie den Stöpsel als Erstes rein.

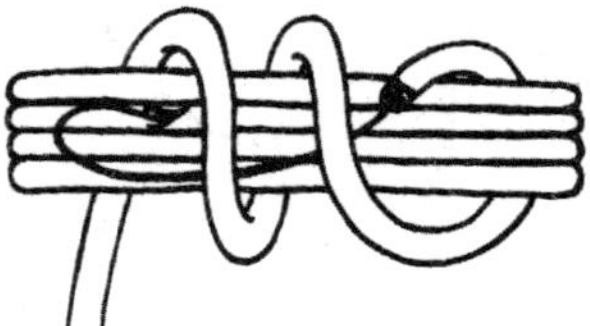

Abb. 17

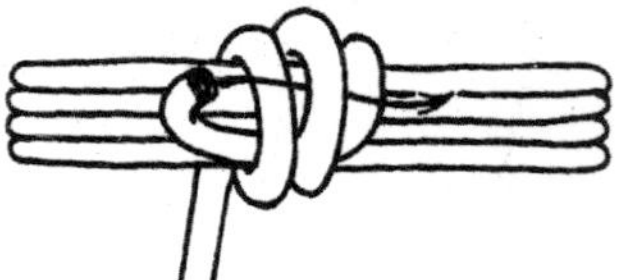

Abb. 18

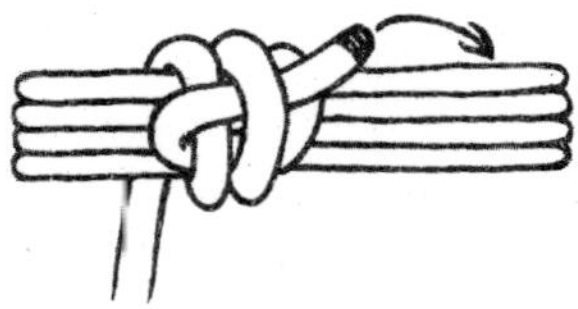

Abb. 19

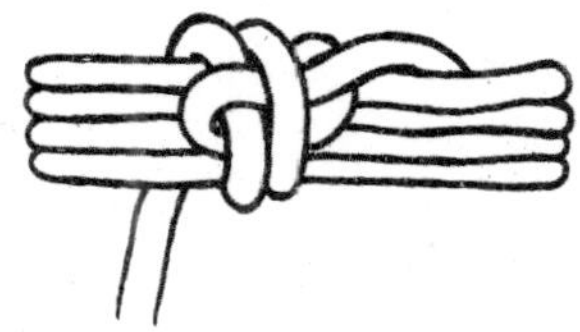

Abb. 20

Der Trick mit dem Gummiseil

Den liebe ich. Damit muss er sich selber foltern, um das Objekt seiner Begierde, seine Belohnung, sein Schmankerl zu bekommen: einen Kuss auf meinen Hintern. Was Sie brauchen, ist ein Seil, das dick genug ist für die Cock-and-Ball-Torture sowie ein Gummiseil. In Schritt eins bis drei erläutere ich, wie man bei dieser Technik seine Eier fesselt. Das ist wirklich leicht und macht richtig Spaß. In Schritt vier bis sechs erkläre ich Ihnen, wozu das Gummiseil dient und wie man damit umgeht. Wenn Sie wollen, können Sie das Gummiseil auch mit den CBT-Techniken aus *Die Kunst der weiblichen Dominanz* kombinieren.

SCHRITT EINS

Legen Sie das Seil in der Mitte zusammen. Machen Sie, wie in Abbildung 21 dargestellt, an dem Ende mit der Schlaufe einen ein-

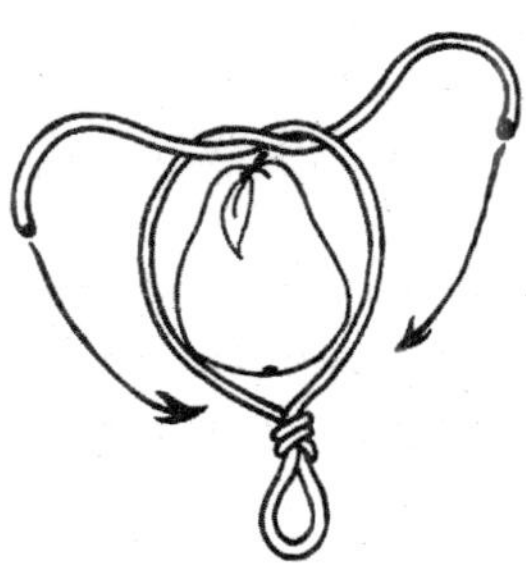

Abb. 21

fachen Knoten, so dass an diesem Ende eine 2,5 bis 5 cm große Schlaufe entsteht. Und jetzt wird's lustig.

SCHRITT ZWEI

Das Ende mit der Schlaufe kommt unter seinen Sack, wo Sie mit der Bondage angefangen haben. Wenn Sie fertig sind, sollte es immer noch frei herunterbaumeln und nicht mit dem restlichen Seil verwickelt sein. Nehmen Sie die beiden Seilenden, führen Sie sie um die Eier herum und an der Schwanzwurzel, wo der Schaft aus dem Körper kommt (auf der Innenseite zwischen seinem Bauch und dem Glied), nach oben. Machen Sie einen festen einfachen Knoten, führen Sie die Enden wieder um seinen Sack herum und machen Sie einen doppelten Knoten. (Vergleiche Abbildung 22.)

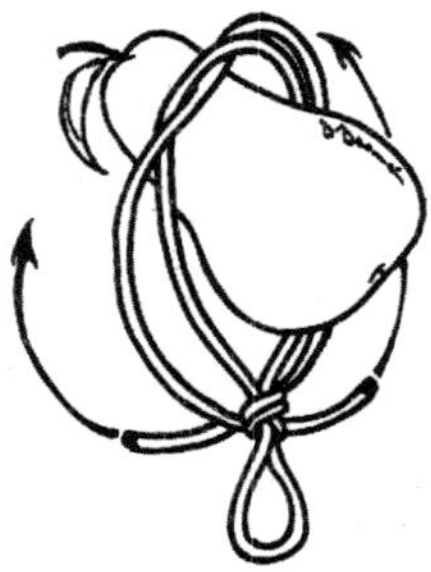

Abb. 22

SCHRITT DREI

Wiederholen Sie den zweiten Schritt je nach Länge und Dicke des Seils bzw. seiner Eier zwei bis drei Mal. Das Ergebnis sehen Sie in Abbildung 23.

Wenn Sie wollen, dass er sich dämlich vorkommt, können sie auch eine große Schleife machen. In dem Fall sagen Sie ihm, dass er eines »echten« Knotens nicht würdig ist.

Abb. 23

SCHRITT VIER

Nehmen Sie das Gummiseil und suchen Sie sich einen richtig fest montierten Gegenstand, zum Beispiel einen Heizkörper, an dem Sie einen der Haken befestigen. Erinnern Sie sich an die kleine Schlaufe, die wir in Schritt zwei sorgfältig ausgespart haben? Hehe, natürlich erinnern Sie sich. Nehmen Sie jetzt das andere Ende des Gummiseils und haken Sie es in unser kleines Schläufchen ein.

SCHRITT FÜNF

Treten Sie so weit wie möglich von ihm weg, ohne das Gummiseil zu spannen. Im Moment sollte es nicht durchhängen, aber auch noch nicht gespannt sein. Ein schönes Wörtchen, dieses »noch« – so unheilvoll. Aber ich schweife ab. Zurück zum Gummiseil, das gespannt ist, aber nicht gedehnt.

SCHRITT SECHS

Jetzt gehen Sie in kleinen Schrittchen, jeweils vielleicht zwanzig oder dreißig Zentimeter, von ihm weg, wobei Sie den Hintern in seine Richtung rausstrecken und verführerisch damit wackeln. Sie werden feststellen, dass er in einem ersten Impuls die faule Tour versucht und sich nach vorne zu Ihrem Hintern beugt, statt einen Schritt zu tun. Nach vorne beugen ist verboten. Wenn er an den Honigtopf, sprich Ihre Pfirsichbacken, will, muss er sich schrittweise nähern, auch wenn es noch so kleine Schritte sind. Also machen Sie ihm das klar und fangen noch mal von vorn an. Wenn Sie sich dann wieder entfernen, rückt er langsam vor und probiert mit jedem Schritt, wie viel Zug sein Sack ertragen kann. Sobald er Sie fast eingeholt hat, machen Sie natürlich noch einen Schritt. Wenn ich gute Laune habe, tänzele ich manchmal von ihm weg, wirble dann zu ihm herum, gebe ihm einen Klaps und tanze davon. Während Sie entschwinden, will er nur noch dringender Ihrem Hintern huldigen, weshalb er wieder ein Stück vorrückt. Er seufzt und stöhnt, wenn ich ihm davontanze, und mir gefällt die Vorstellung, dass ich zu seinem Schmerz tanze. Mit jedem Schritt nach vorn spannt sein Sack noch mehr. Ich gebe erst nach, wenn ich echte Anstrengung in seinem Gesicht erkenne und weiß, dass er nicht mehr weiter kann. Dann gestatte ich ihm einen huldigenden Kuss. Es ist schön, eine Diva zu sein.

Variante

Wenn er einen Schritt nach vorn gemacht hat, befehlen Sie ihm, so zu verharren. Dann gehen Sie um ihn herum und zupfen an dem Gummiseil wie an einer Gitarrensaite. Seine Reaktion wird – wie soll ich sagen? – energisch sein. Und sehen Sie sich mal an, wo sich unser hübsches Schläufchen befindet. Da kann man offensichtlich nicht nur Gummiseile dran befestigen. Wäre es nach der Folter mit dem Gummiseil nicht ganz nett, ein paar leichte Angelgewichte zu besorgen, durch die sich eine Schnur ziehen lässt, die man mit zweifachen Karabinern in die Schlaufe einhängen kann? Und wenn er das aushält, können Sie ihm befehlen, hin und her zu rennen, bis die Gewichte aneinander klackern? Amüsieren Sie sich gut?

KÖRPER-BONDAGE

Der Wildschweinknoten

Wenn Sie so was mal im Fernsehen gesehen haben, fanden Sie es wahrscheinlich, ähnlich wie ich, irgendwie ganz amüsant. Der Wildschweinknoten ist aber eine weit verbreitete Fantasie, sehr gut geeignet, um den Sub an einem Platz zu halten, noch besser geeignet, um ihm seinen Platz zu weisen und, ja, wenn Sie damit fertig sind, dürfen Sie ihm auch in dieser klassischen Haltung den Fuß auf die Brust setzen und die Arme in die Höhe reißen, wenn Ihnen danach ist.

SCHRITT EINS UND ZWEI

Als ersten und zweiten Schritt legt man die einfachen Hand- und Fußgelenkfesseln an. Die können Sie bereits, ich habe Sie in *Die Kunst der weiblichen Dominanz* ausführlich in Bild und Text erklärt, und weiter oben noch einmal zur Auffrischung. Also fesseln Sie ihm Hände und Füße, dann geht's weiter mit …

SCHRITT DREI

Jetzt ist der Zeitpunkt, an dem Sie entscheiden müssen, ob Sie ihn mit dem Gesicht nach oben oder nach unten mit dem Wildschweinknoten fesseln wollen. Das Fesseln mit dem Gesicht nach unten ist nur was für ausgesprochen schlanke und trainierte Leute, weshalb Sie ihn wahrscheinlich mit dem Gesicht nach oben fesseln wollen. Ein Vorteil dabei ist, dass er Ihnen die Genitalien zeigen muss und Sie damit spielen können. Vielleicht wollen Sie die ja auch noch fesseln! Oder mit der Riemenpeitsche bearbeiten, oder mit dem Fuß quetschen, oder seinen Schwanz wie ein Gaspedal benutzen. Bringen Sie ihn in Stellung, dann geht's weiter mit …

SCHRITT VIER

Jetzt brauchen Sie ein drittes Seil. (Natürlich können Sie das alles auch mit einem einzigen Seil machen, aber das ist so umständlich.) Dieses Seil schlingen Sie um die Fesseln an seinen Händen und Füßen, und zwar mit der gleichen Grundtechnik, und wieder nach dem Prinzip »Seil in der Mitte zusammenlegen, so dass eine Schlaufe entsteht«. Dann setzen Sie ihm einen Fuß auf den Hintern und ziehen so fest Sie können. FEST! Bis seine Hand- und Fußgelenke nah genug beieinander liegen. (Das können nur Sie entscheiden. Ein schlanker Mensch ist beweglicher, und seine Hand- und Fußgelenke berühren sich eher als bei schwereren Menschen.) Abbildung 24 zeigt den fertigen Seiltrick.

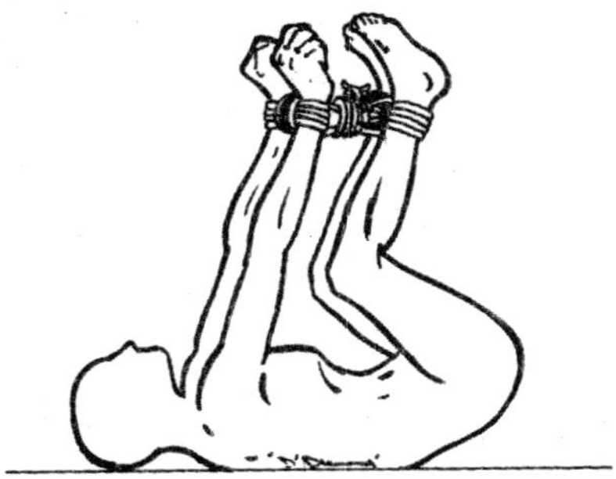

Abb. 24

SCHRITT FÜNF

Setzten Sie ihm den Fuß auf die Brust (oder auf die Genitalien!) und recken Sie in Siegerpose die Arme in die Höhe.

Origami-Bondage

Dieser Seiltrick zählt zu denen, die fürchterlich kompliziert aussehen, aber wenn man die einzelnen Schritte kennt, fragt man sich, warum man nicht selber darauf gekommen ist. (In Abbildung 25 sehen Sie das Endergebnis.) Das Schwierigste an diesem Trick ist die Frage, wie viel Seil man brauchen wird. Ich würde Ihnen liebend gern eine Formel geben, aber ich habe keine. Dabei wissen wir ja alle, dass es sich mit einem langen Seil schlechter arbeiten lässt, vor

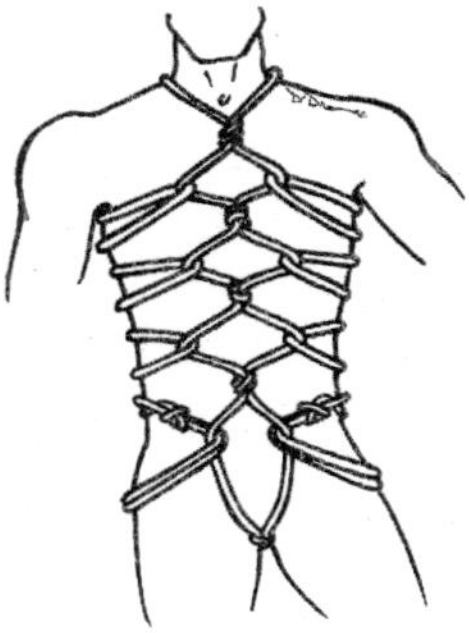

Abb. 25

allem, wenn die Enden gleich lang sein sollen. Dafür weiß ich, wie man Origami mit zwei Seilen macht, und in Schritt drei erkläre ich diese Alternative mit Abbildungen. Man kann diese Technik auch als Kleidungsstück betrachten, als eine Art »Seil-Kostüm«, oder ihn unentrinnbar darin fixieren, wenn man die Arme auch noch darin fesselt. Wenn die Bondage als Kleidung dienen soll, lassen Sie die Arme draußen. Falls Sie ihn aber tatsächlich damit fixieren wollen, nehmen Sie die Arme ab dem Schritt »Diamant-Effekt« mit dazu.

SCHRITT EINS

Legen Sie das Seil wie üblich in der Mitte zusammen. Dann nehmen Sie das Ende mit der Schlaufe, nehmen Maß an seinem Kopf und machen schließlich einen einfachen Knoten in die Schlaufe, und zwar so, dass sein Kopf locker hindurchpasst (Sie wollen ihn ja nicht erhängen) plus noch mal 15 bis 20 cm. Das Ende der Schlaufe liegt ihm jetzt im Nacken. Da machen Sie nun einen einfachen Knoten rein, so dass eine kleine Schlaufe von 5 bis 8 cm entsteht. (Abbildung 26.) Bei der Methode mit zwei Seilen lassen Sie genügend Spielraum, um eine zweite, ähnlich große Schlaufe zu bilden. (Abbildung 35.)

Abb. 26

SCHRITT ZWEI

Machen Sie über die ganze Länge seines Körpers weitere einfache Knoten in das Seil, die Sie strategisch so platzieren, dass die Seile durch den »Diamant-Effekt« möglichst stark auf seine empfindlichen Stellen wirken. Wenn Sie mit einem rechten einfachen Knoten anfangen, machen Sie auch so weiter. (Womit ich sagen will, dass Sie die Knoten nicht mal im Uhrzeigersinn und mal gegen den Uhrzeigersinn machen sollen.) Führen Sie das Seil durch seine Arschspalte (wenn Sie wollen, können Sie auf der Höhe des Anus auch einen Knoten machen), und machen Sie dann weiter mit den einfachen Knoten, bis Sie bei der Schlaufe in seinem Nacken angekommen sind. Führen Sie das Seil durch die Schlaufe und wieder

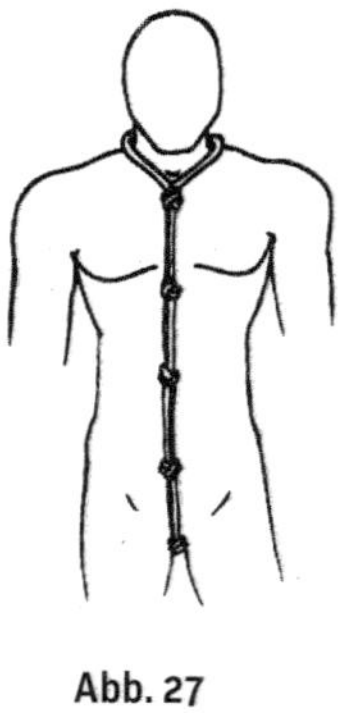

Abb. 27

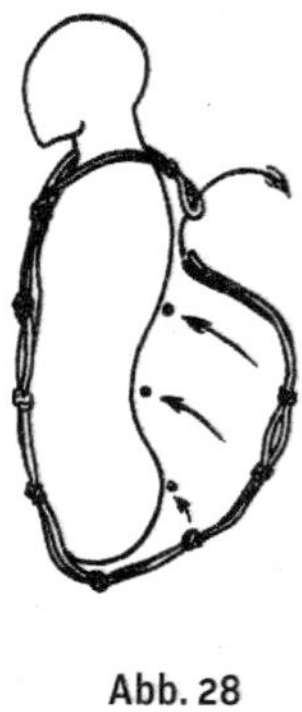

Abb. 28

nach unten, dann geht es los mit dem »Abwärts-Diamanten«. (Abbildungen 27 und 28.)

SCHRITT DREI: DER DIAMANT-EFFEKT (MIT EINEM SEIL)

Wenn Sie zu den Seilen zwischen den Knoten kommen, ziehen sie beide Enden des Arbeitsseils mittendurch, führen sie dann nach vorn und wiederholen dort den Vorgang. Ziehen Sie fest an. Falls er nicht gerade so schlank ist, dass Sie die Arme um ihn schlingen können, werden Sie feststellen, dass man dafür ziemlich viel hin und her gehen muss. Versuchen Sie, die Diamanten auf der Höhe des Brustkorbs so zu platzieren, dass sie auf seine Brüste drücken. Das Gleiche machen Sie mit seinen Genitalien, und den unteren Bereich seiner Arschbacken »fangen« Sie auch so ein. (Abbildung 29 zeigt den Anfang des Diamant-Effekts, Abbildung 30 die Seitenansicht, Abbildung 31 die Rückansicht.)

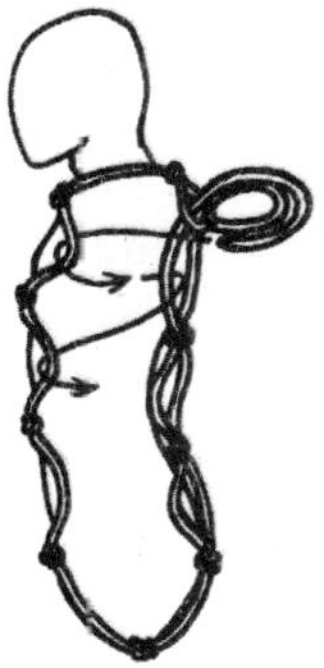

Abb. 29

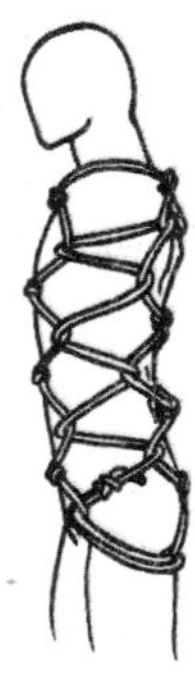

Abb. 30

Abb. 31

SCHRITT DREI: DER DIAMANT-EFFEKT (MIT ZWEI SEILEN)

Machen Sie weiter mit Schritt zwei, bis Sie zu der oberen Schlaufe an seinem Nacken kommen. Verknoten Sie die Enden des ersten Seils, indem Sie sie durch die obere Schlaufe führen, dann auseinander nehmen und um die Seiten der oberen Schlaufe wickeln. (Abbildung 32.) Da Sie zwei Enden haben, die verknotet werden müssen, fixieren Sie sie mit einem guten alten Doppelknoten. (Abbildung 33.)

Abb. 32

Abb. 33

Jetzt nehmen Sie das zweite Seil, legen es in der Mitte zusammen, ziehen es durch die untere Schlaufe und machen die Enden gleich lang. (Abbildung 34 und 35.) Dann machen Sie mit dem Diamant-Effekt weiter wie in Schritt drei (Mit einem Seil) beschrieben.

DAS VERKNOTEN DER ENDEN

Jetzt haben Sie also die Vorderseite seines Körpers mit dem Diamant-Effekt verziert. Es ist ein hübsches Muster, und weil Sie die Seile so geschickt platziert haben, treten seine Nippel und seine Männerbrüste schön hervor. Sie haben auch die Seilenden unter seinen Arschbacken strammgezogen, so dass diese überaus appetitlich aussehen. Jetzt sind Sie fertig und müssen einen Knoten

Abb. 34

Abb. 35

reinmachen. Mit einem einfachen Knoten können Sie die beiden Enden aber nicht zusammenbinden oder an ein anderes Stück Seil knoten. Deshalb wickeln Sie jedes Ende um die Seile auf seiner jeweiligen Seite, und zwar von innen nach außen, lassen Sie so viel Spiel, dass Ihr Zeigefinger durchpasst. Nach der zweiten Umwicklung schieben Sie das Seilende durch die soeben erzeugte Doppelschlaufe, ziehen in die Gegenrichtung und stecken das Seilende durch die letzte Schlaufe, um den Knoten zu fixieren. Falls noch Seil übrig ist, stopfen Sie es schön unter die anderen Seile. Auf den Abbildungen 17 bis 20 zur »Schweifriemen-Technik« sehen Sie Detailansichten dieses Knotens.

Mini-Fesseln

Bondage mit Seilen muss nicht kompliziert sein. Manchmal erfüllt schon der simpelste Seiltrick den gewünschten Zweck. Mit den Mini-Fesseln können Sie ihm wunderbar demonstrieren, wie gut Sie sind und wie hilflos er ist. Darüber hinaus finde ich sie super, wenn ich nicht viel Zeit habe, mich mit Seilen abzugeben, und ihn nur aus dem Weg, aus den Augen, aus dem Sinn haben will. Sie funktionieren alle mit einem schlichten Doppelknoten, und eignen sich wunderbar, um ihm die Hände an die Schenkel, die Handgelenke an die Knöchel, die Knöchel an die Schenkel, ein Handgelenk an den Schenkel, diesen an den Schenkel und diesen ans Handgelenk oder sein Handgelenk an einen Knöchel, diesen an den anderen Knöchel und den wiederum an das Handgelenk zu fesseln. Wenn ich diesen Trick zwei Mal und anhand von Abbildungen erkläre, können Sie das alles auch.

DIE ZWEI-SEIL-TECHNIK

Wenn ich will, dass er noch gehen kann, und ihm die Hand an den Schenkel fessle, nehme ich zwei Seile, für jeden Schenkel eins. Um eine Hand an einen Schenkel zu binden, legen Sie das Seil in der Mitte zusammen, stecken sein Handgelenk durch die Schlaufe und machen einen Doppelknoten. Dann schlingen Sie die beiden Enden um den Schenkel und machen einen weiteren Doppelknoten. (Abbildung 36.) Mit dem zweiten Seil machen Sie das Gleiche auf der anderen Seite. Fertig! Wenn Sie ihm ein Handgelenk an den Knöchel binden wollen, gehen Sie genau gleich vor.

DIE EIN-SEIL-TECHNIK

Diese Technik wende ich an, wenn ich ihn ruhig stellen oder ihm einfach nur das Leben schwer machen will. Um ihm ein Handgelenk an den Schenkel, diesen an den anderen Schenkel und diesen ans Handgelenk zu fesseln, nehmen Sie ein längeres Stück Seil, legen es in der Mitte zusammen, stecken sein Handgelenk durch die Schlaufe, machen einen Doppelknoten, führen die Enden um seinen Schenkel herum und machen auf der Innenseite seines Schenkels wieder einen Doppelknoten. Dann führen Sie die Seilenden um den anderen Schenkel herum, machen erneut einen Doppelknoten und binden dann mit dem restlichen Seil sein Handgelenk an den Schenkel, wobei Sie das Ganze mit einem letzten Doppelknoten vollenden. Wenn noch Seil übrig ist, stecken Sie es unter die anderen Seile, damit der Sub nicht daran herumzupfen und sich befreien kann. (Abbildung 37.) Mit dieser Fessel kann er gehen und mir immer noch zu Diensten sein, aber sie macht das Gehen ein bisschen beschwerlicher, weil er nicht mehr mit den Armen schwingen kann, wie man es normalerweise macht. Wenn Sie sein Handgelenk an einen Knöchel, diesen an den anderen Knöchel

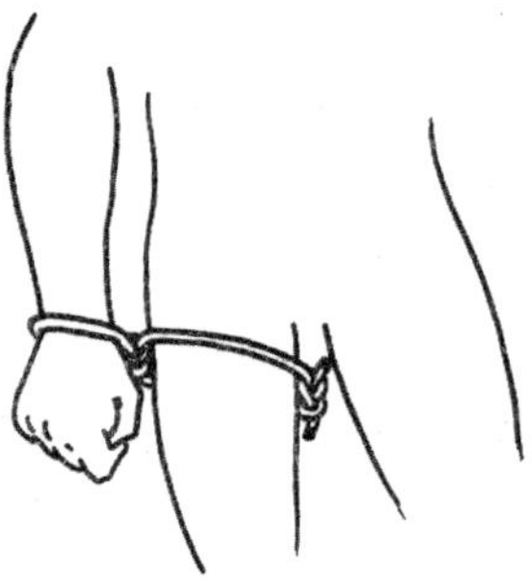

Abb. 36

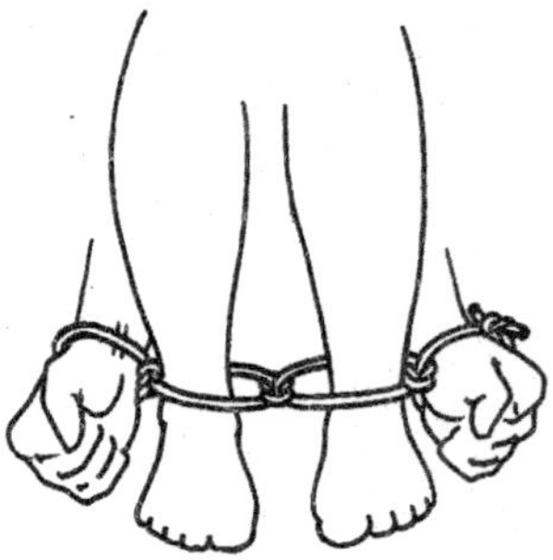

Abb. 37

und den wiederum an das Handgelenk fesseln, kann er natürlich nirgendwohin gehen, es sei denn er rollt durch die Gegend wie ein Wasserball im Sommerwind.

MUMIFIZIERUNG

Eine meiner Lieblingstechniken, vor allem, wenn man nur mit Plastikfolie arbeitet oder – wie die richtigen Enthusiasten – zusätzlich mit Klebeband. Auch wenn die Mumifizierung eine Art Fetisch ist, geht es dem wahren Liebhaber doch mehr um den Aspekt der Bondage, des Sinnesentzugs und des Eingeschränktseins als um den (ebenfalls wichtigen) Fetischaspekt. Eine Mumie ist von der Welt abgeschottet. Wenn er eine Haube trägt oder der Kopf mit eingewickelt wurde, ist diese Abschottung absolut. Wenn ich mit einer Haube arbeite oder seinen Kopf mit einwickle, verdecke ich ihm nur ungern die Augen: Er soll sehen, wie viel harte, wenn auch angenehme, Arbeit ich mir für ihn mache. Ich will, dass er jeden Schritt seiner Verwandlung mitansieht: wie eine Gliedmaße nach der anderen, jeder einzelne Finger unter der engen Wicklung verschwindet, wie sein Körper eingepackt wird, wie er langsam von der Folie verdeckt wird und sich allmählich in eine grüne Statue verwandelt. Wer Depersonalisierung und Erniedrigung mag, steht oft auch auf Mumifizierung, weil die Mumie auf einen vormenschlichen Status reduziert wird, wenn sie sich im Subspace befindet. Wenn man ihn aus der Umwicklung schneidet, sieht er aus wie eine Raupe, die sich als Schmetterling aus ihrem Kokon befreit. Außerdem wird er klatschnass sein, und es ist gut möglich, dass sich unten auf der Folie Wasser gesammelt hat, weshalb Sie ausreichend Handtücher parat halten sollten.

Bislang haben die meisten Leute bei der Mumifizierung Küchenfolie verwendet, aber die ist inzwischen Geschichte. Küchenfolie ist nur zirka dreißig Zentimeter breit und liegt nicht eng genug an, selbst wenn man sie mit dem Fön bearbeitet. Die neue Nummer eins der Folien zur Mumifizierung bekommt man bei jedem Umzugsunternehmen, das Verpackungsmaterial verkauft. Sie hat einen hübschen Grünton, ist etwa achtzehn Zentimeter breit und wird auf einer Rolle mit einem Griff verkauft. Sie ist viel besser als Küchenfolie, weil der Griff die Handhabung erleichtert, und dank der geringeren Breite kann man sie enger und gleichmäßiger wickeln. Und wenn Sie fertig sind, haben Sie eine schöne grüne Statue im Spielbereich stehen. Wenn er dann noch kann, können Sie ihn auch noch mit Klebeband umwickeln, was die Mumifizierung noch enger macht und sein Gefühl noch verstärkt, schwebend umschlossen zu sein. Mit so genanntem Panzerband wird Ihre grüne Statue silbergrau; mit weichem, acht Zentimeter breitem Isolierband wird sie schwarz.

Beim Einwickeln fangen Sie oben an und arbeiten sich nach unten vor. So sind Sie auf der sicheren Seite. Wenn man am Kopf oder am Hals anfängt, hat er bis kurz vor Schluss die Beine frei und kann das Gleichgewicht halten. Beim Umwickeln ziehen und zerren Sie an der Folie und stoßen ihn immer wieder an. Dabei kann er leicht aus dem Gleichgewicht kommen und umfallen, weshalb er die Beine braucht, um sich Ihnen entgegenzustemmen. Hinterher müssen Sie ihn herausschneiden, egal ob Sie mit Klebeband oder Folie arbeiten. Legen Sie sich also die Schere bereit. Beim Aufschneiden arbeiten Sie sich verständlicherweise von unten nach oben vor. Mit dem Gleichgewicht gewinnt er auch seine Sicherheit zurück.

Meine Lieblingsmumie

Seinem fetischistischen Wunsch nach dem Bondage- und Abschottungs-Aspekt der Mumifizierung entsprechend, hatte meine Lieblingsmumie kein Interesse am Dienen, Kriechen, Putzen, Kochen oder all den anderen Dingen, die man einem Sklaven normalerweise aufträgt. Er zog es vor, mich in feine Restaurants und auf Vergnügungsfahrten auf die Bahamas einzuladen oder mir schöne Geschenke zu machen, die auch wirklich für mich waren: eine wunderschöne Handtasche, Flugtickets, Schuhe. Wir trafen uns zwei-, dreimal die Woche, spielten aber nicht unbedingt jedes Mal. Er war ein Schatz. Er war ein bisschen jünger als ich, sah gut aus, war sehr sympathisch, hatte einen tollen Körper und einen äußerst gut bezahlten Job mit einem Doktortitel in Luftfahrttechnik oder so was in der Art. Im Scherz nannte ich ihn immer meinen »Raketenbauer«. Wenn wir bei unserem Lieblings-Thai zum Essen waren, sprachen wir Thai mit den Kellnern. Während unserer Unterhaltung beim Essen konnten wir sicher sein, dass jeder in der Nähe uns belauschte: Ich erzählte von meinen Sessions, er von seinen Abenteuern auf Inseln im Pazifik. Wir amüsierten uns köstlich, und je länger wir so redeten, desto ungeheuerlicher wurden unsere Geschichten.

Christian war für mich ein Glücksfall. Da ich eine Perfektionistin bin, finde ich nur selten Leute, die dieses Spiel mit mir spielen wollen, denn wenn ich nur mit Folie arbeite, brauche ich für eine gute, ordentliche Wickelung, bei der Arme, Beine, Finger und Zehen – sowohl jeder für sich als auch noch gemeinsam – umwickelt werden, zwei bis zweieinhalb Stunden. Christian konnte ohne große Mühe still stehen und das Gleichgewicht halten, wodurch mir das Einwickeln eine wahre Freude war. Ich mochte die Vorstellung, dass Christian da drunter steckte. Christian seinerseits wusste meinen Perfektionismus hoch zu schätzen, und gleich beim ersten Mal sagte er mir, dass ich die beste Folien-Wicklung machte, die er kenne – gleichmäßiger Druck, kein Zwicken, und sogar Schichten und kreative Wickeltechniken, wenn es darum ging, etwas auf seinen Schultern, unter seinen Armen und zwischen seinen Beinen zu befestigen. Er war hin und weg, als ich jeden Körperteil einzeln umwickelte, so dass nicht mal die Finger und Zehen einander berührten. Manchmal umwickelte ich auch sein Teil oder seine Genitalien, manchmal nicht. Sie waren hübsch, und es gefiel mir, wie sie aus dem Grün herausguckten, als wäre er ein Mann, der sich in einen Baum verwandelt, und sein gutes Stück wäre als letztes noch unverwandelt.

Gelegentlich wollte Christian im Stehen mumifiziert und dann für den weiteren Spielverlauf auf eine ebene Oberfläche, etwa ein Bett oder einen Bondagetisch, gelegt werden. Hinlegen konnte man es nicht direkt nennen, weil das ein etwas organisierteres Vorgehen impliziert, und wir hatten auch keine Gerätschaften, die es uns einfacher gemacht hätten. Gar nichts. Da wir allein waren und er eingewickelt und ich nicht stark genug war, ihn zu halten und zu tragen, taten wir Folgendes: Er stellte sich so nah wie möglich ans Bett und ließ nur so viel Platz, dass ich um ihn herumgehen konnte (wir wählten das Bett, weil man weicher darauf landete). Wenn ich fertig war, schob ich ihm das Bett in die Kniekehlen, packte jedes Kissen darauf, das ich finden konnte, und stieg dann selber drauf. Dann – und jetzt kommt's – sprang Christian in die Luft und warf sich nach hinten, woraufhin er auf dem Kissenberg landete und ich ihn, so gut es ging, auffing. So unglaublich es klingen mag, es hat bei uns beiden immer funktioniert: Kein einziges Mal fiel oder rutschte er vom Bett. Wenn er dann richtig lag, benutzte ich ihn als Sofa, legte mich auf ihn drauf, rollte auf ihm herum, setzte mich auf ihn und schaukelte auf ihm herum.

Als wir das mit dem Hinlegen zum ersten Mal machten, war Christian zusätzlich zur Folie auch noch mit Klebeband umwickelt. Er lag auf dem Bett, ich neben ihm, und durch alle Wickelschichten hindurch konnte ich spüren, wie er sich tief im Subspace befand. Ich gönnte mir eine Auszeit, blieb aber an seiner Seite. Als ich ein bisschen herumgelümmelt und ein, zwei Zigaretten geraucht hatte, spürte ich, wie er auf die Erde zurückkehrte, und wenig später wollte er herausgeschnitten werden. Er hielt während des »Einschnitts« absolut still, und zwar wirklich still, bis ich seinen Hals und seinen Kopf freigelegt hatte. Dann spaltete er die Umwicklung mit den Armen und brach aus der grünen Folie und der silbergrauen Umwicklung hervor wie ein geklonter Mensch, der, getränkt von lebenserhaltenden Säften, seiner Kapsel entsteigt. Es war ein unglaublicher Anblick, und mir war, als hätte ich, die Stellvertreterin der Göttin-auf-Erden, diesen Mann geschaffen.

Falls auch Sie Perfektionistin sind, sollte Ihre Mumie in spe in der Lage sein, in den Subspace zu gelangen und dort zu bleiben, so dass nur noch der Teil seines Gehirns präsent ist, der ihm ermöglicht zu stehen und gegebenenfalls ein Problem zu kommunizieren. Er sollte in der Lage sein, eine Zeitlang in einer Stellung zu verharren. Jeder Mensch hat ein anderes Empfinden davon, wie lange er stehen oder (falls das seine Lust weckt) etwas ertragen kann. Halten Sie also Ihre chirurgische Schere griffbereit, falls Sie ihn plötzlich freischneiden müssen.

Mumien-Wippe

Diese Geschichte ist nicht sehr lang, denn Sie wissen ja, wie die Mumifizierung funktioniert, aber sie ist nett, und spricht bestimmt das Kind in Ihnen an. Erinnern Sie sich noch an die Wippen auf dem Spielplatz der Grundschule? Nun, aus einem glücklichen, wenn auch mir unbekannten Grund hatte eine meiner Dominanten Schwestern so eine Schaukel hinterm Haus. Sie war robust, und das Scharnier brauchte nur ein paar Tropfen Öl. Für den Nachmittag erwarteten wir einen leidenschaftlichen Bondage-Liebhaber, der mehrere Stunden bleiben wollte. Also ölten wir das Ding, trugen zwei Stühle nach draußen, die genauso hoch waren wie die Wippe in waagrechter Stellung, und besorgten uns zwei neue Rollen Wickelfolie. Wir begrüßten ihn in einem hammermäßigen Outfit aus schwarzen Latex-Catsuits und Plateau-Stiefeln. Wir zogen ihn aus und wickelten ihn ein, wobei wir jedes Bein einzeln umwickelten, damit er nach draußen gehen konnte. Von der Sache hinterm Haus wusste er nichts. Als er sauber verpackt war, verbanden wir ihm die Augen. Dann schlüpften meine Domina-Freundin und ich möglichst schnell (weil Leute, die nichts sehen, schneller mal das Gleichgewicht verlieren) in Jeans und süße, knappe Tops und zogen praktischere Schuhe an, mit denen man besser im Garten herumtollen konnte. Dann ließen wir ihn wieder sehen und führten ihn nach draußen.

Als er die Wippe sah, fingen seine Augen an zu leuchten. Er sah unsere legeren Klamotten, die Wippe, die Stühle, die sie waagrecht hielten, und wusste, dass ihm einer dieser ganz besonderen Abende bevorstand, an dem die Herrinnen ausgelassen und verspielt sind und etwas Neues passiert. Er legte sich auf die Wippe, ohne sich um den kleinen Spielraum über den Stühlen zu sorgen. Dann machten sie und ich uns an die Arbeit. Ich fing an seinem Kopf an, sie an seinen Füßen, und dann wickelten und wickelten und wickelten wir die Folie ganz eng um ihn und die Wippe. Wir brauchten fast eine ganze Rolle auf, bis er sicher befestigt war. Er fand es herrlich. Wir trafen uns in der Mitte und verknoteten unsere beiden Enden. Sie ging auf ihre Seite der Wippe, ich auf meine, und dann zogen wir gleichzeitig mit einer Hand die Stühle darunter weg, während wir sie mit der anderen Hand festhielten. Dann kletterten wir darauf.

Was dann folgte, war einfach umwerfend komisch. Wir wippten auf und ab, mit ihm in der Mitte: Kopf hoch, Füße runter, Füße hoch, Kopf runter, langsam, schneller, aberwitzig schnell. Sie kreischte vor Vergnügen, genauso wie ich, und er johlte, ja: johlte vor Freude. Ich weiß, dass die Nachbarn uns hörten, und ich muss heute noch lachen und frage mich, was sie wohl dachten, was wir da taten.

6. KAPITEL

Männer, Frauen, Kleider

Crossdresser zählen auf der ganzen Welt zu den bekanntesten Gruppen mit alternativem Lebensstil, und irgendwie sind sie auch die Gruppe mit der größten Akzeptanz. Da Menschen in Kleidern des anderen Geschlechts schon in Zeiten des Schwarzweiß-Fernsehens immer gut für einen Lacher waren und auch heute noch Schenkelklopfer garantieren, sieht uns die Öffentlichkeit diesen Zeitvertreib eher nach als so manch anderen. Wer erinnert sich nicht an den super-maskulinen Wesley Snipes als Drag Queen »Noxeema Jackson« in dem Film To Wong Foo? Oder an seine Partner, den »göttlichen« Patrick Swayze, aufgetakelt als elegante »Vida Boheme« und die wunderbar trashige »Chi-Chi Rodriguez«, gespielt von John Leguizamo? Und wer könnte je den wunderbar schrulligen Johnny Depp in seinen Angora-Pullis aus Ed Wood vergessen? Junge, muss ihm die Nase gejuckt haben!

Da die Reihen der Crossdresser noch enorm gestärkt werden von denen, die sich nur heimlich umziehen, von Drag Queens, Travestie-Künstlern und anderen Geschlechterspielern, die sich ansonsten nicht für die BDSM-Szene interessieren, könnte Crossdressing mit Abstand der am weitesten verbreitete Zeitvertreib von sexuell alternativ eingestellten Menschen sein. Ich staune auch heute noch über die nicht enden wollende Vielfalt an Crossdressern.

Crossdresser sind großartig, wenn man die Welt hinter dem Vorhang erforschen will. Scharen von ihnen sind Exhibitionisten und lieben es, sich zu treffen und gesehen zu werden. In vielen Städten, die ansonsten nichts an Fetisch- und BDSM-Partys zu bieten haben, gibt es eine »Crossdresser-Gruppe«. Auf der Suche nach einem sicheren Ort für ein Outing in der näheren Umgebung ist das Internet eine großartige Hilfe. So sehr man sich auch vor einem öffentlichen Outing fürchten mag, fördert es doch das Selbstvertrauen, weil der/die Crossdresser(in) erlebt, wie andere ihre Sehnsüchte ausleben. Jeder von uns braucht eine Bestätigung seiner selbst, und ein Raum (oder Club) voller glücklicher Crossdresser wirkt da Wunder. Höchstwahrscheinlich werden weder Sie noch er dort irgendjemand kennen (und wie sollte man überhaupt wen erkennen, wenn alle Männer wie Frauen herumlaufen?), und in dieser Anonymität fühlen Sie sich gleich viel wohler. Wenn Sie dann drin sind, können Sie eine vorher geplante Szene spielen, improvisieren oder einfach nur dasitzen und mit den Leuten in der Umgebung reden. Geben Sie sich und ihm einen anderen Namen! Verwandeln Sie sich in eine andere Person aus Ihrer erotischen Vorstellungswelt!

Im Privaten bezieht ein Crossdresser (sehr zur Freude der Domina), der ihr Spielzeug oder Sklave, ihre Schlampe oder Freundin sein will, meistens auch viele andere BDSM-Elemente in ein Fantasie-Szenario mit ein. Häufig sind das Demütigung, Bondage, Fußverehrung, öffentliches Outing, Rollenspiele, körperliche Züchtigung und Zofenschulung, um nur einige zu nennen. Mit so einer Liste hat man eine Menge Möglichkeiten, wenn man mit seinem Crossdresser spielt, und sie lässt sich ja immer erweitern! Die Bandbreite beim »Crossdressing« erstreckt sich von den schlichten halterlosen Strümpfen und einem Höschen bis hin zur vollen Packung mit frisiertem Haar, Make-up und der passenden Kleidung, vielleicht ein Korsett oder ein Dienstmädchenkostüm. Und in jedem seiner Verkleidungswünsche kommt seine Psychologie zum Ausdruck.

Eine Er-Sie kann man lediglich mit Strumpfhalter, Strümpfen und High Heels bekleidet herumlaufen lassen – vielleicht als Ausdruck seines Wunsches, dass man ihn in seine Schranken verweist. Bei einem Rundum-Beauty-Programm können Sie ihn/sie von oben bis unten als Ihre Freundin herrichten und ihm/ihr beibringen, wie man »damenhaft« geht, sitzt, die Beine verschränkt und steht. Sie können ihn/sie als Ihr Dienstmädchen anziehen – mit einem schwarzen oder pinkfarbenen Dienstmädchenkostüm, vielleicht sogar einem PVC oder Latex – und ausbilden. Dann kann er/sie auf Ihren Partys arbeiten, und die Gäste können das arme Ding bestrafen, wenn es patzt oder schusselig ist. Sie können sie auch als Ihre Schlampe herausputzen, die auf Ihr Geheiß hingebungsvoll die schmutzigsten Dinge tut. Wenn er einmal Ihr »Mädchen« ist, kann die Kombination der Spielelemente nicht nur in Hinblick auf die Inszenierung sehr interessant werden, sondern auch auf der psychologischen Ebene. Einige dieser Kombinationen möchte ich etwas eingehender beleuchten.

ENDLOS VIELE SPIELARTEN

Es gibt so viele Spielarten des Crossdressing, dass eine Domina allein sie niemals alle erleben wird. Und je nach dem, mit wem man sich unterhält, werden die verschiedenen Crossdresser auch noch anders bezeichnet. In dem Film To Wong Foo lässt Noxeema (Wesley Snipes) sich darüber aus. Noxeema zufolge ist ein Hetero-Mann in Frauenkleidern ein Transvestit, eine Frau im Körper eines Mannes ist transsexuell, und ein schwuler Mann mit zu viel Sinn für Mode ist eine Drag Queen.

Okay, das glaube ich gern, wenn man es mit Noxeemas Augen sieht. Aber wir Dominas definieren die Dinge ein bisschen anders, weil wir in der Regel keine Sessions mit schwulen Männern machen, und außerdem kenne ich ein paar »Drag Queens«, die hetero sind und nicht schwul. So ist es mit den Definitionen wie mit den Regeln – sie ändern sich von Mensch zu Mensch und von Gruppe zu Gruppe. Einen Hetero-Mann, der gern Frauenkleider trägt, nenne ich Crossdresser. Ein Schwuler, der Frauenkleider trägt, ist bei mir ein Transvestit, und unter »transsexuell« verstehe ich (und Sie wahrscheinlich auch) das Gleiche wie Noxeema. Für einen Hetero-Mann mag eine Drag Queen tatsächlich zu viel Sinn für Mode haben, aber nach meiner persönlichen Erfahrung bezweifle ich, dass alle Drag Queens schwul sind. Und nicht zuletzt gibt es viele Crossdresser, die in keine dieser »Kategorien« passen.

Der ungezogene Höschenjunge

Einer meiner Sklaven stand zwar nicht auf Crossdressing, aber ab und zu machte ich ihn für einen Abend zur Strafe zu meinem ungezogenen Höschenjungen. Wenn er sich schon anfangs eine Verfehlung erlaubte, holte ich feierlich ein hübsches türkises oder dunkelrotes Höschen und halterlose Strümpfe mit Spitzenbesatz in Größe L hervor, die ich nur zu diesem Zweck gekauft hatte. Der ungezogene Höschenjunge ist ja kein Crossdresser im eigentlichen

Sinn. Was er an diesem Spiel so aufregend findet, ist die Demütigung, nicht das Vergnügen, dass man eine Frau aus ihm macht. Der Höschenjunge wünscht sich, dass man ihn »zwingt«, sein Höschen und seine Strümpfe anzuziehen, weil er insgeheim den Wunsch verspürt, sich wie eine Frau zu kleiden, und der Zwang nimmt ihm die Schuldgefühle, die er bekäme, wenn er alleine damit experimentieren würde.

Wenn er dann in seinen Kleidern steckt, währt seine Bestrafung den ganzen Abend lang, selbst wenn er sich nichts mehr zuschulden kommen lässt, denn das Höschen und die Strümpfe muss er weiter tragen.

Sobald er an sich herabsieht, zu Ihren Füßen kniet, wenn er kriecht oder Ihnen aufrecht dient, wird er an seine »Schande« erinnert. Gut. Und was jetzt? Ihr Höschenjunge wird es genießen, Ihnen in knappen Dessous zu dienen. Falls er nicht oder nicht ausreichend ausgebildet ist, wäre jetzt ein günstiger Zeitpunkt für die Ausbildung. Fußmassage, Hausarbeit, Teezubereitung, Händewaschen und andere Gesten und Arbeiten, die der Domina helfen oder guttun, sind alles Dinge, die der ungezogene Höschenjunge mit Vergnügen tun wird.

Manche wollen natürlich auch härtere Elemente in der Session, aber darauf sind Sie vorbereitet!

Die unterdrückte Schlampe

Viele Crossdresser wünschen sich nichts sehnlicher, als Ihre Schlampe zu sein, und zwar in jeder denkbaren Abstufung. Wenn er die passenden Schlampenklamotten angezogen hat, können Sie ihm in der mildesten Ausprägung damit drohen, dass er an der Straßenecke für Sie arbeiten und das ganze Geld verdienen muss. Manche Er/Sies mit einer solchen Fantasie wollen dazu gezwungen werden »Schwanz zu lutschen«, was dann Ihr Lieblings-Umschnalldildo wäre. Wenn er gern Ihren Schwanz lutschen möchte, hat er vielleicht ein emotionales Problem mit Homosexualität und arbeitet sich auf diese Weise daran ab. (Umschnalldildos behandeln wir in den Kapiteln 11, »Demütigung«, und 15, »Sklaven der Sinne«.) Als Bonbon können Sie ihm manchmal auch was »Damenhafteres« anziehen und sagen, dass er heute Abend in einem extra noblen Club arbeiten wird, anstatt als Schnäppchen des Tages an der Ecke herumzustehen. Lassen Sie es so aussehen, als würden Sie ihn damit belohnen, dass er »drinnen« arbeiten darf. Oder demütigen Sie ihn, indem Sie ihn wie die Karikatur einer Frau herumlaufen lassen. Es ist auch erniedrigend, wenn Sie ihn nicht frisieren und schminken oder beides schludrig machen und ihn in Strümpfe mit Laufmaschen, rüschige Kleider oder Dessous stecken.

Was kann man mit einer unterdrückten Schlampe noch anfangen? Man kann ihm die Körperhaare abrasieren, man kann ihn in Höschen, Strumpfhosen oder Strümpfen, einen BH oder einen Teddy unter der Alltagskleidung, zur Arbeit schicken. Sie könnten ihm befehlen, immer lackierte Fußnägel zu haben (und die Farbe bestimmen). Oder befehlen Sie ihm, auf der Toilette von nun an statt des Urinals immer eine Kabine zu benutzen und sich hinzusetzen und sich abzuwischen wie ein Mädchen. Und wenn Ihr Er-Sie darauf steht, gehen Sie mit ihm zu öffentlichen Outings. Falls er vor der Haustür nicht in seinem Outfit gesehen werden darf, haben viele »Crossdresser-freundliche« Läden auch Bereiche, in denen man sich umziehen kann. Ich finde, durch das Erniedrigungselement, das dem Crossdressing innewohnt, kann man viel Spaß mit diesen Leuten haben. Wie sollte er auch Ihre Schlampe sein, wenn keine Erniedrigung mit im Spiel ist?

Ein ganz privates Dienstmädchen

Ein Kleidchen mit eckigem oder rundem Ausschnitt, Rüschen an Saum, Ärmeln und Ausschnitt, ein Unterrock, Strümpfe mit Strumpfhalter, ein gepolsterter BH, flache Pumps, eine Perücke, Schminke – das sind die Utensilien für die klassische Zofen-Uniform. Zofenkleider gibt es aus schwarzem oder pinkfarbenem Satin, aus PVC oder Latex, der meistens schwarz ist. Aber ganz unabhängig von der Art des Kleides finden manche Crossdresser beim

Crossdressing nur eine einzige Sache interessant, und zwar die Zofe der Domina zu sein. Viele Zofen sind auch Exhibitionisten, die für ihr Leben gern herausgeputzt auf Partys gehen und der Domina in aller Öffentlichkeit dienen.

Die Aufgaben der Zofe sind klar definiert. Sie liebt es, zu dienen und Hausarbeiten zu verrichten, entweder für die Domina allein oder für sie und ihre Freundinnen, am besten noch bei einer Party. Wenn sie im Haus arbeiten und dienen kann, ist eine Zofe im Himmel. Im privaten Rahmen bekocht und bedient sie die Domina gern und macht hinterher den Abwasch. Handwäsche machen Zofen besser als sonst wer, weil sie auch ihre eigenen Sachen mitwaschen. Wenn sie mit der Strumpfhose am Stöpselkettchen hängen bleibt und eine Laufmasche reinmacht, legt man sie am besten gleich über einen Stuhl, zieht ihr den Rock hoch und lässt die Strafe auf dem Fuße folgen. Am liebsten lassen sich Zofen mit der flachen Hand oder mit dem Paddel versohlen. Und natürlich muss sie ersetzen, was sie so schusselig kaputt gemacht hat.

Dass Zofen sich danach sehnen, geschult zu werden, ist unbestreitbar, die Frage ist nur, wiet geschickt sie im Einzelfall sind. Manche haben einfach kein Talent dafür, gekonnt zu dienen. Wenn er also regelmäßig das Tablett mit dem Teeservice fallen lässt, obwohl er sich offenbar richtig Mühe gibt, sind Teeservices und ähnlich raffinierte Dinge vielleicht einfach eine Nummer zu groß für ihn. Man kann ihm aber immer noch beibringen, Aschenbecher zu leeren, die Möbel abzustauben, Staub zu saugen, den Abwasch zu machen, das Katzenklo zu leeren oder die Betten zu beziehen – all die Dinge eben, die ein richtiges Hausmädchen tun würde. Zofen beziehen ihr Glück vor allem daraus, dass sie ihr Outfit in Gegenwart von anderen zeigen dürfen, während sie tun, was man ihnen befohlen hat.

Die Jungfrau

Bei der Jungfrauenfantasie eines Crossdressers geht es naheliegenderweise um die Bedrohung der Jungfräulichkeit, andernfalls wäre es mit der Fantasie nicht weit her. Es gibt vielerlei Ausschmückungen für eine Jungfrauenfantasie, aber im Kern eines jeden Skripts geht es immer darum, dass Unbeflecktheit danach schreit, bezwungen, besudelt und erobert zu werden. Manche Männer siedeln ihre Jungfrauenfantasie in der »guten alten Zeit« an, so dass sie ein Kostüm aus dieser Zeit tragen können, das Reinheit und Enthaltsamkeit ausstrahlt – etwa ein weites, weißes Kleid, darunter weiße Wäsche und Strümpfe und weiße Schuhe dazu. Tempeljungfrauen aus dem Altertum, Jungfrauen von heute, die tun, als hätten sie Angst vor Männern und/oder Angst, vergewaltigt zu werden, sind beliebte Szenarien. Ich finde sie alle sehr unterhaltsam. Für mich ist das wie im Märchenland, als wäre ich der große böse Wolf aus Rotkäppchen, die Hexe aus Dornröschen, ein Barbar mit seiner Horde (vielleicht ein Westgote) oder der Schatten, der seine dunklen Seiten zum Vorschein bringt.

Je nach dem, in welcher Gestalt Sie seine Jungfrau schänden, untermauern Sie Ihre Autorität mit einer Kostümierung, die Stärke suggeriert, etwa jede Menge Leder, ein Amazonen-Outfit, die Aufmachung einer Göttin oder ein Vampir-Look mit Zähnen. Ist das Szenario in der heutigen Zeit angesiedelt, findet er vielleicht ein Outfit mit gerade geschnittenem Hosenanzug, Stöckelschuhen und einem schönen BH anstelle einer Bluse aufregend. Überhaupt sind Hosen hier sehr praktisch, denn wenn Sie ihn schänden wollen, brauchen Sie etwas, womit Sie ihn schänden können. Ein Umschnalldildo lässt sich viel besser unter oder über einer Hose tragen als unter oder über einem Kleid. Ich habe einen bodenlangen Latexrock, der nur an der korsettierbaren Taille Druckknöpfe hat. Da sich die Vorderseite komplett öffnet, wenn ich mich setze, und die beiden Seiten beim Gehen aufgeweht werden, kann ich einen Umschnalldildo bequem dazu tragen. Wenn Sie in einer Vergewaltigungsszene bedrohlicher aussehen möchten, probieren Sie es mit einer Hose und einem darunter umgeschnallten Dildo, einer Motorradjacke und Biker-Stiefeln. Oder mit einem bodenlangen Ledermantel und Pfennigabsätzen. Wenn Sie ihn dann vergewaltigen, ziehen Sie die Hose erst gar nicht aus. Einfach Reißverschluss auf, Dildo raus, Gleitmittel drauf und rein damit.

Die lesbische Geliebte

Diese Sorte von Crossdresser tut gern so, als wären Sie beide zwei Lesben mit einer heißen Sexaffäre, in der Sie die Dominantere sind. Die lesbische Geliebte will in eine Frau verwandelt werden, die von einer anderen Frau körperlich begehrt wird. Möglicherweise lehnen Sie hier dankbar ab, falls Ihr Sexpartner nicht auch Ihr Beziehungspartner ist. Bei diesem Szenario küsst und streichelt man sich, was bis hin zu Oralsex führen kann und dazu, dass er Sie befingert. Für ihn sind vielleicht auch Analspiele dabei. Er will Ihre Freundin sein; will all das mit Ihnen tun, was Frauen tun, die eine sexuelle Beziehung führen. Sie werden dasitzen und Kaffee trinken, den er Ihnen serviert hat, und er wird in seinen Mädchensachen herumtänzeln und wie ein Mädchen die Beine übereinander schlagen, wenn er sich setzt. Sie werden über Frauenthemen wie Schminktipps, Perücken und Schuhe reden.

Wenn Sie zusammen schlafen, wird er ein ähnliches Nachthemd tragen wie Sie, oder eins von diesen albernen Negligés, von denen die Männer denken, dass biologische Frauen sie tragen. Um ihn so richtig spüren zu lassen, was Frausein bedeutet, können Sie so tun, als hätte »sie« ihre Tage und ihm einen gut geschmierten Tampon in den Hintern schieben. Um die Sache spannend und realistisch zu gestalten, können Sie ihm sagen, er soll ständig einen Tampon in der Brieftasche bei sich haben, oder ihm einen Schwangerschaftstest geben.

Der Narzisst

Wenn der Narzisst angezogen ist, müssen Sie nicht unbedingt dabei sein, aber es sollte eine Menge Spiegel geben, in denen »sie« sich bewundern kann. Der Narzisst will viele Male die Garderobe wechseln – und zwar bis hin zum letzten Accessoire –, um anschließend vor dem Spiegel herumzustolzieren und sich in Pose zu werfen. Gern werden vor dem Spiegel dann auch Filmstars nachgeahmt, zum Beispiel der Marilyn-Monroe-Flunsch, bekannte

Foto-Posen von Schauspielerinnen, stolzieren, gehauchte Küsschen für unsichtbare Bewunderer und ein Queen-mäßiges Winken im Vorbeigehen. Sie dagegen werden nur als Garderobendame und Visagistin gebraucht, und natürlich als fasziniertes Publikum. Narzissten wollen weder dienen noch Freude machen, und sie schleichen sich am ehesten mal in Ihr Zimmer, um eins von Ihren Höschen zu klauen, sich in dieses eine Kleid zu zwängen, das sie so lieben, oder in Ihrem Pelzmantel auf und ab zu stolzieren.

Die Freundin

Der Freundinnen-Typ will Ihre beste Freundin sein und nachmittags oder abends mit Ihnen zusammensitzen und Frauensachen tun. Er wird sich immer vollständig verwandeln wollen, aber je nach Tageszeit und Stimmung hat er vielleicht auch Lust, mit verschiedenen Szenen und Kostümen zu experimentieren. Nachmittags mag der Freundinnen-Typ vielleicht am liebsten legere Kleidung, die gleichzeitig sexy und bequem ist, sowie Schuhe mit flachen Absätzen und ein leichtes Tages-Make-up. Das lässt sich natürlich machen, aber Sie müssen mit ihm zusammen shoppen gehen. Ohne Sie schafft er das nie. Sie können auch Kleider per Katalog bestellen. Am frühen Abend könnte er dann einen langen, legeren Rock und eine Bluse oder einen Pullover tragen; später am Abend machen ein Abend- oder Cocktailkleid oder ähnliche Abendgarderobe, hochhackige Schuhe, dunkleres Augen-Makeup, Opernhandschuhe, halterlose Strümpfe und glänzend roter Lippenstift die Illusion perfekt.

Nach seiner Rundum-Verwandlung können Sie sich auch hier je nach Tageszeit, Stimmung und Aufmachung gegenseitig frisieren, die Nägel lackieren und dabei einen Frauenfilm angucken, Tee oder Gehaltvolleres trinken (wobei Sie sich beim Bedienen und Abräumen abwechseln) und rauchen bis zum Umfallen (falls Sie Lust darauf haben). Zigaretten sind ein tolles Accessoire für die Szenarios mit der unterdrückten Schlampe, der Freundin, dem Narzisst und dem Rundum-Beauty-Programm. Sie können sich dreckige Witze erzählen, wie nur Mädchen das tun, und lustige oder peinlich-lustige Mädchengeschichten austauschen. Da nur Sie eine echte, biologische und überlegene Frau sind, werden Sie die meiste Redearbeit leisten müssen und Ihre neue Freundin ermuntern, dass sie ihre Ideen und Eindrücke mit einbringt.

Militär-Crossdresser

Ich liebe diesen Look, auch wenn er leider nur wenigen steht. Absolut essenziell sind hier zwei Dinge: die richtige Kleidung und ein perfekter Körper. Die Kleidung ist einfach. Bei den Füßen angefangen: eine Hose aus spiegelglatt poliertem schwarzem Latex (oder PVC), Fetisch-Plateaustiefel für Damen mit Schnürung bis zum Knie oder höher, ein atemberaubendes Korsett, das sehr eng geschnürt ist und eine schmale Taille zur Geltung bringt, ein weißes Hemd aus Stoff oder Latex, schwarze Latexhandschuhe und eine Schirmmütze im Offiziersstil. Je nach Art des Hemdes kann man auch noch eine Krawatte dazu tragen. Nicht ganz billig, aber leicht zu besorgen. Und jetzt zum perfekten Körper: mindestens eins achtzig groß (ohne Plateaustiefel), schlanke Figur (für diesen Look sollte ein Mann von eins achtzig etwa 75 bis 80 Kilo wiegen oder aber durchtrainiert sein wie ein Schwimmer oder Tänzer), kräftige Gesichtszüge und am besten noch ein kahlrasierter Schädel. Dieser Stil kann aber auch Männern mit langen Haaren stehen, wenn sie diese zu einem Pferdeschwanz zurückbinden. Wenn ich einen Mann sehe, der so was trägt – und es mit Stil trägt –, tue ich fast alles, um ihn kennen zu lernen, denn solche Männer sind rar gesät.

Diese Männer besitzen oft eine starke Verbindung zu ihrer weiblichen Seite und haben erstaunlich viel Geschmack, was Fetischkleidung angeht. Bis auf die Offiziersmütze könnten die ganzen Latexsachen auch Frauenkleider sein, und die Stiefel sind auf jeden Fall die gleichen Stöckel-Plateaustiefel, die ich auch habe. Das weiße Hemd steht in einem faszinierenden Kontrast zum Schwarz des Korsetts und der Hose. Seine geschnürte Taille erregt Ihre Aufmerksamkeit, genauso wie es eine Frau im Korsett bei einem

Mann tut; durch die Mütze und die Stiefel mit ihren 5-cm-Sohlen und den zwanzig Zentimeter hohen Absätzen ist er gut und gern zwei Meter groß, wenn nicht noch größer. Seine ausdrucksstarken Gesichtszüge – die Augen sind mit schwarzem Eyeliner oder einer anderen dunklen Farbe betont – zeichnen sich unter dem Schirm seiner Mütze ab. Jetzt werden Sie verstehen, warum man diesen Look so schwer hinbekommt.

CROSSDRESSER, DOMINA UND ROLLENSPIELE

Während Sie während des ganzen Crossdressing-Spiels die Domina sind, befindet sich der Crossdresser immer in einer Rolle: in der Rolle einer Frau. Für ihn sind Crossdressing und Rollenspiel in der Welt des BDSM untrennbar miteinander verbunden, wogegen Sie das ganze Szenario hindurch einfach die Herrin bleiben können. Unabhängig davon, ob Sie nun in einer Ihrer dominanten Gestalten bleiben oder in eine völlig neue Persönlichkeit schlüpfen, ergänzen sich beide Aspekte wunderbar. Neben den verschiedenen Persönlichkeiten, die Sie annehmen können, kann die Bandbreite seiner Wünsche vom Rundum-Beauty-Programm und der Freundin bis hin zu Szenen mit »Zwangsfeminisierung« reichen, bei denen auch härtere Elemente in das Szenario aufgenommen werden. Meiner Erfahrung zufolge bin ich für diejenigen mit dem Rundum-Beauty-Programm die »Domina und Diva«, während die, die sich eine Zwangsfeminisierung wünschen, ausgefeiltere Rollen für mich als »Herrin« vorsehen. Hier sind ein paar Vorschläge für Rollen, bei denen der Schwerpunkt auf dem Crossdressing liegt: Zuhälterin/Schlampe, ältere Nachbarin/junger Nachbar, Königin/Untertan (stellen Sie sich vor, Sie seien die antike Königin Dido, die Herkules jahrelang wie eines ihrer Dienstmädchen kleidete), Herrin/Dienstmädchen sowie alle möglichen »Freundinnen«-Szenarios.

Natürlich gibt es noch eine Menge anderer Rollen, aber bei vielen steht das Crossdressing nicht im Mittelpunkt und ist eher ein Mittel zum Zweck, oder es wird spontan in ein Rollenspiel mit einbezogen. In vielen Rollen-Konstellationen wird ein Sub mit

Hilfe von Zwangsfeminisierung unterworfen. In diesem Fall geht es nicht in erster Linie um die Verwandlung in eine Frau, sondern um Nacktheit und Demütigung, vielleicht auch darum, ihn lächerlich zu machen. Das ist nur eines von unendlich vielen möglichen Rollenspiel-Szenarios, in die Crossdressing – zur Disziplinierung, Demütigung und ähnlichem – als Nebenelement eingewoben wird. Im Kapitel über Rollenspiele (Kapitel 14) gehen wir näher darauf ein.

CROSSDRESSING ZUR DEMÜTIGUNG

Crossdressing und Demütigung ist eine sehr interessante Kombination, und falls Demütigung auf Ihrer beider Lieblings-Liste steht, werden Sie viel Freude damit haben. Außerdem ist es das genaue Gegenteil des Rundum-Beauty-Programms. Bei der Kombination dieser beiden Elemente können Sie – wie ich in der folgenden Geschichte – Domina bleiben, Sie können aber auch eine Rolle spielen, worauf ich weiter unten eingehe. Wie bereits erwähnt, kann »Crossdressing« bei verschiedenen Männern verschiedene Ausprägungen des Verkleidens meinen, und natürlich sind die psychologischen Beweggründe dieser Männer weit vielfältiger als ihre Ausdrucksmöglichkeiten in der Kleidung. Dem Mann in der Geschichte geht es beim Crossdressing um die Demütigung.

Der Drill-Sergeant

Am Telefon sagte er mir, er sei ein ehemaliger Offizier der Army, der sich langsam hochgearbeitet hatte und schließlich eine Art Sprengmeister wurde, doch früher sei er unter anderem auch Drill-Sergeant gewesen. Er hatte diese Fantasie, in der er ungeschminkt, aber mit Perücke, Strumpfhose und hochhackigen Schuhen in ein Rüschenkleid gesteckt und dann verbal gedemütigt wurde. Bis auf einen Polizisten könnte man sich keinen besseren Kandidaten für so einen Auftrag wünschen.

Bei seiner Ankunft war ich positiv überrascht, einen Mann Mitte fünfzig vor mir zu sehen, der noch immer durchtrainiert und kräftig war, etwa eins fünfundsiebzig groß, mit einer guten Haltung, kurz geschorenem dunklem Haar und einem dieser Gesichter, das auch bei strahlendstem Sonnenschein einen Bartschatten hat. Ich unterzog ihn der üblichen Auszieh- und Inspektions-Routine (die er sehr genoss und die ich in *Die Kunst der weiblichen Dominanz* ausführlich beschreibe), willigte ein, mit ihm zu spielen und legte sofort los. Ich holte die Schlampen-Dessous raus: einen roten Strumpfhalter, schwarze Fischnetz-Strümpfe, einen schwarzen BH mit passendem Slip, vorne offene Riemchenschuhe aus schwarzem Leder und, zu guter Letzt, den Unterrock – ein besonders rüschiges rotes Exemplar, das direkt von der Taille abstand, so dass sein Strumpfhalter und der Saum der Strümpfe zu sehen waren. Als er angezogen war, überredete ich ihn dazu, dass ich ihm knallroten Lippenstift auftragen durfte. Ich malte ihn so an, dass es aussah wie eine klaffende rote Wunde in seinem dunklen Gesicht. Er war so dermaßen männlich, dass er in dieser Aufmachung absolut lächerlich wirkte. Schon beim ersten Blick in den Spiegel war er völlig gedemütigt – und dabei hatten wir gerade erst angefangen.

Dann wurde es richtig lustig. Ich rief mir jeden Marsch über den Kasernenhof in Erinnerung, den ich je in einem Film gesehen hatte, und legte los. Zuerst sagte ich ihm, seine gesamte Mannschaft würde zusehen, wie er in diesem lachhaften Aufzug von einer Frau in Latex herumkommandiert wurde. Sollte er mich ärgern, würde ich ihn vor seinen Soldaten bestrafen. Was könnte demütigender sein für einen Ausbilder? Ich rief: »Ach-tung!!« – mit regelrecht pawlowscher Wirkung: Sobald er das Wort »Achtung« hörte, schlug er die Hacken zusammen, den Kopf erhoben, die Augen geradeaus. Die vielen Jahre beim Militär hatten ihre Spuren hinterlassen. Sehr gut! Ich mag disziplinierte Subs, die ihren Befehlen gehorchen. Also gab ich ihm einen dieser demütigenden Namen, mit denen Ausbilder ihre unglückseligen Untergebenen traktieren (ich nannte ihn »Säbelbein«) und kommandierte ihn im Zimmer herum. »Links zwo drei vier!« Er hatte seine liebe Not in seinen

Riemchenpumps, weshalb ich mich wie ein richtiger Drill-Sergeant direkt vor seinem Gesicht aufbaute und mit bester Ausbilderstimme loslegte: »Das nennst du marschieren!?! Für mich sieht das aus wie stolpern!!! Das kann ja mein Opa mit seinen neunzig Jahren noch besser!!! Runter mit dir und gib mir zwanzig!«

Was er prompt auch machte. Er sah verdammt dämlich aus, wie er da in seinem roten Unterrock die Liegestütze machte. Ich musste laut lachen. Und für den Fall, dass er es vergessen hatte, bemerkte ich beiläufig, dass ja seine Soldaten zuschauten. Er erbleichte, ich lachte. Dann hieß ich ihn aufstehen und legte wieder los. »Kehrt euch! Vorwärts marsch!« »Die Augen rechts!« »Rühren!« Wenn mir nicht gefiel, was ich sah, demütigte ich ihn verbal. Klingt nicht sehr aufregend, oder? Bei ihm hat es jedenfalls gewirkt. Natürlich führte er nicht jedes Kommando perfekt aus, und er bekam die Strafe für seine Patzer. Mit meiner Ausbilderstimme befahl ich ihm, sich auf den Sessel zu knien und über die Lehne zu beugen. Als er soweit war, zog ich ihm sein rotes Rüschenröckchen über den Hintern und wandte mich an die imaginär versammelte Mannschaft. »Jetzt seht ihr, wie euer Ausbilder sein Fett abkriegt bla bla bla ...« Mein Drill-Sergeant wimmerte in die Polster, und seine Backen bebten furchtsam und erwartungsvoll.

Nach jedem Schlag mit dem Paddel dankte er mir und bat mich um einen weiteren Hieb. Bei jedem Treffer johlten seine Männer »im Hintergrund« ihren Beifall. (Als Spezialeffekt machte ich das Geräusch der jubelnden Menge selber.)

Vielleicht hatte die erotische Vorstellungskraft unseres Ausbilders mit dem roten Rüschenröckchen eine Fantasie geschaffen, die ihn von der Belastung und der Anspannung des Lebens beim Militär erlöste und ihn von der Last befreite, ständig stark sein zu müssen – eine Fantasie, die ihn vielleicht ein paar Gänge zurückschalten ließ und ihm ein Stück weit das Gefühl gab, eins mit sich zu sein. Für einen Mann mit seinem Charakter und seiner Herkunft kann der direkteste Weg zu diesem Ziel tatsächlich darin liegen, diese Fantasie auszuleben. Bei seinen Untergebenen hätte so etwas eine gewaltige Wirkung. Er würde für immer jede Macht über sie verlieren, und in der Folge wäre vielleicht seine gesamte Karriere beim Militär gefährdet. Wie aufregend es für ihn sein musste, dass er diese Fantasie völlig unbeschadet ausleben konnte! Und ich lachte mir einen Ast.

Zwangsfeminisierung

Zwangsfeminisierung gehört zu meinen Lieblingsspielen. Dabei tut er so, als wolle er nicht als Frau verkleidet werden, und dann muss man ihn physisch oder emotional dazu zwingen. Manche Männer wollen bei der Zwangsfeminisierung von der Domina grob behandelt und ausgezogen werden, andere wollen gedemütigt werden, bis sie sich selber ausziehen. Meistens ist diese Zwangsbehandlung eine Art der Bestrafung. Was ich schon alles war: eine verärgerte Kundin, die den Pizzaboten in Frauenkleider zwang; eine Raserin, die nach Hause begleitet wurde, um ihren Führerschein zu holen, und dann den Bullen zwangsfeminisierte; eine Schuldirektorin, die keine Lust mehr hatte, den gleichen Jungen ständig mit dem Rohrstock zu versohlen, weil er die Mädchen auf dem Schulhof küssen wollte, und deshalb den Spieß umdrehte und ihn zum Mädchen machte, und und und …
Meiner Erfahrung nach stehen viele Japaner auf die eine oder andere Form der Zwangsfeminisierung, und das passt absolut zu ihnen – in körperlicher wie psychologischer Hinsicht. Mit ihrem feineren Knochenbau und ihrem »winterlichen« Teint lassen sich japanische Männer viel einfacher in eine passable Frau verwandeln als ihre europäischen oder amerikanischen Geschlechtsgenossen. Die unterdrückte Schlampe in der folgenden Tragikomödie hatte Schuhgröße 39, ich habe Größe 41. Und weil sie aus einer Kultur stammen, in der Frauen in mancher Hinsicht noch immer unterdrückt oder zumindest geringer geschätzt werden, finden sie es oft sehr aufregend, wenn man sie zwingt, sich wie eine Schlampe anzuziehen und sie wie eine Frau von geringem Ansehen behandelt.

Asiatische Schlampe

Herrin Kristianna und ich arbeiteten zusammen in einer ausgedehnten Session mit einem japanischen Crossdresser, dessen Fantasie es war, dass man ihn als Sexsklave bei einem Sklavenhändler kaufte. Wir waren seine neuen Besitzerinnen. Kristianna kommt aus Norwegen, hat aber hüftlanges dunkelbraunes Haar, und ihre Haselnussaugen können einen genauso gut durchbohren wie necken. Sie ist groß gewachsen, von relativ kräftiger Statur und sieht sehr stark aus. Und dann ich, Größe 34, mit meinen großen Möpsen, die überall hervorquellen, dem kürzeren, wallend roten Haar, und der taffen Ausstrahlung. Ein guter Kontrast für so eine Session. Jedenfalls sollte ich unserem Plan zufolge eine Frau aus ihm machen, und wenn er uns nicht das bot, was wir wollten, würden wir ihn auf der Straße arbeiten lassen. Kristianna, die größer war als ich, machte die Tür auf und schob ihn ins Boudoir, wo ich wartete. Als sie ihn weiter vor sich her schubste, fragte ich: »Das ist alles, was wir für unser Geld bekommen? Glaubst du, wir können was mit ihm anfangen?« Ich sagte das beiläufig und verächtlich, als ob er gar nicht anwesend sei. Sie zuckte mit den Schultern, ließ sich in den Ledersessel fallen und sagte nur: »Yah …« in ihrem typischen Akzent. »Na ja«, sagte ich gleichgültig, »jetzt wo wir schon dafür bezahlt haben, sollten wir ihn wenigstens mal ausprobieren.«

Ich befahl ihm, sich auszuziehen, während Kristianna mit einem süßen Lächeln um den Mund und Unheil im Blick zusah. Mit zitternden Fingern fummelte er an seinen Knöpfen herum. Vor lauter Nervosität brauchte er so lang, dass ich ungeduldig wurde und seinen Gürtel aufmachte, ihm die Hose aufknöpfte und sie ihm bis zu den Knöcheln herabzog, um ihn zu demütigen und es ihm noch schwerer zu machen. Dann fingen Kristianna und ich an, ihn auszulachen. Ich hatte ihm nur aus Spaß die Hose runtergezogen und ihn gedemütigt, aber wie er dann dreinblickte und uns ansah, als wir ihn auslachten, war schon erstaunlich. Wir hatten mit unserem Lachen ins Schwarze getroffen. Wir speicherten dieses Schmankerl in unseren bösen Köpfchen ab, dann fing ich an, ihn einzukleiden.

Obwohl wir über ihn gelacht hatten, würde dieser Kerl eine großartige Schlampe abgeben. Schlanker Körper, winzige Füße, keine Gesichts- und Körperbehaarung, und die Art von blasser Haut, auf der selbst das extremste Schlampen-Make-up noch gut aussieht. Da er, wie mir aufgefallen war, ständig versuchte, seine Genitalien zu verdecken, schminkte ich ihn, während er nackt war. Während ich ihn verwandelte, sah Kristianna zu oder schritt zwischen dem Boudoir und dem Kerker hin und her, und zeigte mir diverse Spielsachen, die sie an ihm ausprobieren wollte. Als er schließlich fertig geschminkt war, setzte ich ihm die Perücke auf. Zwar hatte er selbst schöneres Haar, aber es war weder lang genug noch passend für ein Mädchen geschnitten, weshalb ich voller Bedauern eine schwarze Perücke darüberzog. Dann band ich ihm den Schwanz zwischen den Eiern nach hinten, so dass er eine weiche Vorderseite erhielt, die aussah wie eine Vulva. BH, Brustpolster, Strumpfhalter, Strümpfe, Tanga, und schließlich das Kleid: ein kurzes, enges schwarzes Teil mit geflochtenen Spaghettiträgern bis zur Schulter hoch und Riemchen auf der Rückseite. Ich hatte ihn mit blauem Lidschatten, schwarzem Eyeliner und tonnenweise Mascara geschminkt, und in dieser Kombination ließ das Kleid ihn richtig schlampig aussehen. Dann waren die Schuhe dran, die ich mit meinen eigenen Sachen von zu Hause mitgebracht hatte. Kristianna kam angeschlendert, und nach einer abschließenden Inspektion nannten wir ihn »Yuki«.

Nachdem wir ihm offenbart hatten, dass er von nun an Yuki hieß, schleppte Kristianna ihn förmlich an einem Arm in den Kerker. Dort passierte was Urkomisches. Leute, die voll in ihrer Rolle aufgehen, verhalten sich manchmal wieder wie Teenager oder genau nach den Mustern, die zu ihrer Rolle gehören. Als Yuki den Kerker und die Spielsachen sah, die Kristianna hergerichtet hatte, fing sie an zu betteln, dass wir sie nicht derart benutzen sollten. Dabei schraubte sie ihre Stimme höher, vermutlich, um mehr nach Frau zu klingen. Als sie anfing, uns in dieser Tonlage anzuflehen, prusteten wir beide gleichzeitig und unvermittelt los und lachten uns kaputt.

Wissen Sie noch, wie Yuki vorhin auf unser Lachen reagiert hatte?

In ihrer geliebten Pein, weil sie ausgelacht wurde, sah sie sich wimmernd und die Hände ringend in dem schwarzen Raum um. Als sie die an der Aufhängevorrichtung baumelnde Spreizstange sah, riss sie furchtsam die Augen auf. Aber als ihr Blick auf die beiden von Kristianna mit Sorgfalt ausgewählten ledernen Umschnallgeschirre und die beachtlichen realistischen Dildos fiel, sank Yuki angsterfüllt auf die Knie, kroch auf allen vieren auf uns zu und flehte uns in ihrer schrillen Stimme an: »Oh nein, bitte nicht, bitte, bitte nicht!« Zwischen den Lachanfällen sprachen wir darüber, was wir mit ihr anfangen würden, wenn wir mit ihr fertig waren. An die Straßenecke mit ihr, wo sie jeden nehmen musste? Oder würde sie einen guten Barhocker in der Elm Bar abgeben? So oder so würden wir zusehen, dass sie uns ihr Geld wieder einbrachte. Das jagte ihr noch mehr Angst ein, und sie kroch, noch lauter wimmernd, vor uns auf dem Boden, wobei sie der Dramatik wegen ab und an einen Schluchzer einstreute. Yuki war eine fantastische Rollenspielerin.

Wir taten so, als würden wir ihr Verhalten nicht schätzen, und brachten unser Missfallen zum Ausdruck, indem wir Yuki in den Hintern und die Seite traten, während wir uns weiter über ihr Schicksal unterhielten. Als hätten wir es nicht die ganze Zeit gewusst, beschlossen wir schließlich, sie erst mal selber auszuprobieren und zu sehen, ob vielleicht besondere Talente in ihr schlummerten.

Während wir Yuki wimmernd und zusammengekauert auf dem Boden liegen ließen, zogen wir uns die Umschnallgurte an, setzten die Dildos ein und trugen zehn Lagen fiesen roten Lippenstift auf, und durch den Glamour, in den wir uns hüllten, machten wir uns größer und bedrohlicher. Dann hoben wir die verängstigte, jammernde Yuki auf die Füße, führten sie zur Aufhängevorrichtung und machten ihre Handgelenke an der Spreizstange fest. Dabei achteten wir die ganze Zeit darauf, dass unsere Dildos immer wieder Yukis Körper berührten, und zwar so oft und so hart wie möglich. Als Yuki sicher an der Spreizstange festgemacht war, riss Kristianna ihr die Arme in die Höhe, und ich machte schnell eine zweite Stange an ihren Knöcheln fest. Yuki war dem Heulen nahe.

Sie sabberte in köstlicher Angst und furchtsamer Erwartung, was wir als Nächstes vorhatten, und genoss jede Sekunde.

In einem ersten Impuls wollte sie die Augen schließen, aber als Kristianna und ich das sahen, zwangen wir sie, sie offen zu halten. Sie sollte ihre Erniedrigung mitansehen. Zum Auftakt strichen wir um sie herum und stießen sie dabei, mal in konzertierten Attacken, mal jede für sich, mit unseren »Schwänzen«. Nachdem wir ihr noch mehr Angst eingejagt hatten, rückten wir ihr auf den Leib. Ich stand hinter ihr, Kristianna vor ihr. Ich packte Yuki an den Hüften und fing an, sie durch ihr Kleid hindurch gehörig zu stoßen. Kristianna rieb ihren Schwanz an Yuki, die um sich schlug und in ihrer hohen Stimme darum flehte, dass wir aufhörten. Kristianna und ich ließen gleichzeitig von ihr ab und ließen sie, noch immer wimmernd, in ihren Lederfesseln hängen. Wir verschnauften und holten uns etwas zu trinken. Aus reiner Großherzigkeit ging ich zu der schlaffen Yuki und gab ihr ein paar Schraubverschlüsse voll zu trinken, damit sie wieder zu Kräften kam und Kristianna und ich schön mit ihr weiterspielen und sie demütigen konnten.

Da wir nicht wussten, wie wackelig Yuki auf den Beinen war, hielt Kristianna sie fest, während ich die Aufhängung löste. Wir wollten Yuki zwar auf allen vieren auf dem Boden sehen, aber nicht als zusammengesacktes Häufchen. Es ging ihr aber gut – sie spielte ihre Rolle nur mit viel Herzblut. Wir rangen sie zu Boden, was zwei Frauen bei so einem kleinen Mann, der etwas wackelig auf den Beinen war, auch nicht besonders schwerfiel. Yuki spielte perfekt mit und machte uns die Arbeit leicht. Als sie auf allen vieren war, nahmen wir unsere drohende Parade um sie herum wieder auf, doch dieses Mal konnte sie nur unsere Stiefel sehen und unsere Waden, die in Latex steckten. Wir trugen beide Latex-Catsuits. Zur Demonstration unserer Überlegenheit traten wir ihr immer wieder in den Hintern, wenn das Gejammer zu laut wurde. Dann taten wir so, als hätten wir gerade beschlossen, was wir eigentlich schon wussten: Yukis letzte Prüfung, die über ihr weiteres Schicksal entscheiden sollte.

Wir bugsierten sie, noch immer auf allen vieren, mit Tritten in die Mitte des Raums. Dann knieten wir uns hin, ich vor ihr,

Kristianna hinter ihr. Ich klatschte Yuki mehrmals meinen Dildo ins Gesicht und sagte ihr, wie viel von meinem Schwanz sie gefälligst zu schlucken habe. Kristiana schob ihr das Kleid hoch und zog ihr Höschen runter. Yuki war außer sich vor »Entsetzen« und flehte uns mit ihrer schrillen Stimme panisch an, sie nicht so schändlich zu benutzen. Sie sagte tatsächlich »schändlich«, und das fanden wir beide so lustig, dass wir wieder losprusteten vor Lachen. Yuki kauerte sich zusammen und fing an zu stöhnen und zu jammern. Es war zu lustig. »Natürlich wird es schändlich, wenn wir dich benutzen, Süße«, sagte ich in einem Tonfall, der deutlich machte, dass uns ihr Arsch gehörte, ihr Mund und jedes andere Körperteil. Aber meine Stimme hatte nichts Bedrohliches. Es war eine Feststellung, und das jagte ihr noch mehr Angst ein.

Aber das alles war nur ein Zeitvertreib, während wir Yuki für ihre letzte Prüfung fertig machten. Ihr Kleid war hochgeschoben, das Höschen unten, ihre Beine gespreizt, ihr Mund war offen. Die Zeit war reif. Wir drangen fast gleichzeitig in sie ein, ich in ihren Mund, Kristianna in ihre feuchte Muschi. An beiden Enden aufgespießt auf unsere Schwänze, wurde Yuki wild. Die Ellbogen rutschten ihr weg, aber ich hielt sie weiter in der Höhe, zum Teil mit meinem Dildo, der ihr im Hals steckte. Kristianna stieß sehr männlich auf sie ein und hielt sie an den Hüften fest, während sie in sie reinbumste. Kristianna und ich verfielen in einen Rhythmus: Wenn ich mich rauszog, stieß sie zu, und während ich zustieß, zog sie sich zurück. Dann wechselten wir den Rhythmus. Wir fingen an, gleichzeitig zu stoßen, und gaben Yuki keine Verschnaufpause. Und obwohl sie von beiden Seiten berammelt wurde, gelang es ihr, diese urkomische Quiekstimme beizubehalten, als sie protestierend brabbelte.

Als wir genug davon hatten, wollten wir ausprobieren, welches Loch mehr Schwanz schlucken konnte. Kristianna machte den Anfang. Während sie das Gleitmittel auftrug, stand ich auf, nahm Yukis Kopf zwischen die Knie und hielt ihn fest. Dann drang Kristianna in Yuki ein, schön langsam, doch in einem Schub. Yuki war außer sich. Sie riss den Kopf hin und her, klammerte sich an meine Beine, als hinge ihr Leben davon ab, und flehte quiekend: »Nein,

nein, bitte, nein!« bla, bla, bla – was eigentlich bedeutete: »Ja, ja, mehr, mehr!« Als nichts mehr in Yuki reinpasste, markierte Kristianna die Länge mit einem Heftpflaster aus dem Erste-Hilfe-Koffer. Dann war ich dran, aber mir war klar, dass ich nicht gewinnen würde.

Ich setzte mich auf den Thron und machte die Beine breit. Dann hieß ich Yuki mit einer Geste zu mir kriechen, damit sie mir nach allen Regeln der Kunst einen blies. Sie kam herangekrabbelt und brachte sich zwischen meinen Beinen in Stellung, ihr Mund war offen und feucht und stand mir zur Verfügung. Ich ließ sie anfangen, wie sie es wollte; für später hatte ich meine Pläne. Sie legte mit dem Üblichen los, leckte die Spitze und ließ Zunge und Lippen um die Eichel kreisen, dann wanderte sie den Schaft hinab und machte ihn feucht, damit sie ihn später leichter schlucken konnte. Ich ließ sie gewähren und auf Knien meinem Schwanz huldigen. Der Speichel rann ihr aus dem Mund, ihr Make-up war zum Teil verschmiert, und das Kleid hing ihr noch immer über der Taille. Es war herrlich, sie so derangiert zu sehen und zu wissen, dass sie ihre Zerzaustheit und die Demütigung genoss. Schließlich arbeitete sie sich wieder hinauf zur Eichel. Da nahm ich ihren Kopf in die Hände und presste ihren Mund fest auf meinen Schwanz. Anfangs gab ich ihr gerade so viel, wie sie schlucken konnte, vielleicht auch mal ein bisschen mehr, damit sie sich an den Schwanz im Mund gewöhnen konnte.

Yuki genoss es. Sie stöhnte und schmatzte und ließ ihren Mund und ihre Zunge kreisen, als ich ihr unvermittelt meinen Schwanz in die Gurgel rammte, dass sie würgen musste. Mehr Speichel lief ihr aus dem Mund, ihre Augen tränten, ihre Nase lief, und sie versuchte verzweifelt, den Kopf zu heben. Teilnahmslos sah ich dabei zu und hielt ihn unten. Ich wartete, bis sie noch etwas hektischer zappelte, dann ließ ich sie so plötzlich los, wie ich sie gestoßen hatte. Aber ich hatte einen Finger als Markierung am Schwanz. Kristianna gab mir das Pflaster.

Natürlich hatte Kristianna den Wettbewerb gewonnen, aber das hatte ich erwartet. Also durfte sie über Yukis Schicksal bestimmen. Wir würden alles arrangieren. Yuki würde an unsere männlichen Kunden verliehen werden, die sie als Frau benutzen durften. Sie würde rund um die Uhr »in Bereitschaft« sein, um willig und mit Begeisterung jede Perversion mitmachen, die die Männer verlangten. Sie kauerte uns zu Füßen, klammerte sich an unsere Stiefel und küsste sie, dann bettelte sie um eine zweite Chance, doch das lehnten wir ab. Wir sagten ihr, sie solle sich wieder ihre »Männerkleider« anziehen und warten, bis wir zurückkämen. Nach ein paar Minuten (wir mussten die ganze Schminke loswerden, die ziemlich verschmiert war) betraten wir wieder das Zimmer. Er war vollständig angezogen und stand respektvoll mitten im Raum, fast an derselben Stelle, an der wir »Yuki« von vorne und hinten geschändet hatten. Er hielt die Hände hinter dem Rücken gefaltet, den Kopf gesenkt. Als wir auf ihn zutraten, entfuhr ihm ein leises Keuchen. Ich sagte ihm, dass er die Nacht bei den Sklavenmädchen verbringen müsse. Dort würde er bleiben, bis jemand nach »Yuki« verlangte. Dann führte ihn Kristianna durch den Hausflur denselben Weg zurück, den er wenige Stunden zuvor als anderer Mensch gekommen war, und tat, als würde sie ihn in den Raum mit den Sklaven schicken (der in Wirklichkeit die Eingangshalle war), damit er dort warte, bis wir ihn brauchten. Sobald er seine Männerkleidung trug, war er wieder in seine männliche Rolle verfallen und dankte uns zum Abschied mit seiner Männerstimme.

Als er weg war, jauchzten Kristianna und ich vor Lachen und wussten, dass wir ihn wiedersehen würden. Schließlich war ich die »Wächterin der Schuhe«!

7. KAPITEL

Disziplin: Für jedes Verbrechen die gerechte Strafe

VIEL MEHR ALS EINE SCHNÖDE STRAFE

Beim Wort »Disziplinierung« denkt man normalerweise zuerst an körperliche Züchtigung. Aber wie wir wissen, geht es bei der Disziplinierung um mehr als nur darum, den Körper zu bestrafen, denn manchmal zeigt selbst die beste – oder schlimmste – Tracht Prügel keine Wirkung. Wieso? Keine Ahnung. Vielleicht weil er ein bisschen dumpf ist, vielleicht hat er ein dickes Fell, vielleicht jucken ihn die Schläge nicht oder vielleicht will er Sie mit seiner Unartigkeit auch dazu verleiten, dass Sie ihn verhauen. Wir müssen also noch ein bisschen tiefer in das Reich hinter dem Schleier vordringen und die Disziplinierung um Handlungen erweitern, die nicht auf den Körper abzielen, wenn wir ihn bestrafen wollen, um unseren Standpunkt klarzumachen. Wir müssen kreativ sein und uns Dinge überlegen, deren Wirkung einer Tracht Prügel gleichkommt. Auf den ersten Blick mag dieses Kapitel ein bisschen kurz scheinen für ein so umfangreiches Thema wie die Disziplinierung, aber da es hier nur um Bestrafungen geht, die nicht auf den Körper zielen, werden Sie feststellen, dass es ausreicht, um auf eigene Ideen zu kommen. Außerdem finden Sie hier genügend Ideen, die Sie genau so umsetzen können, wie ich sie aufgeschrieben habe. Ich hatte viel Freude daran, als ich sie mir ausdachte und ebenso, als ich mich wieder daran erinnerte, um sie für Sie aufzuschreiben.

Und selbst wenn Schläge zur Disziplinierung immer noch gut funktionieren, können Sie Ihr Bestrafungs-Repertoire mit diesen Ideen erweitern, für den Fall, dass es Ihnen langweilig wird, ihn immer nur zu verhauen. Wenn Sie die hier beschriebenen kleinen Tricks mit der klassischen körperlichen Bestrafung variieren, ist das ein wunderbares Mittel, um den Peitschenarm mal zu entspannen, und ihn rätseln zu lassen, welche wunderbar exotische Folter Sie sich in Ihrer erotischen Vorstellung als Nächstes ausdenken.

Toilettenerziehung

Unsere männlichen Wesen haben die lästige Angewohnheit, den Klositz nicht wieder runterzuklappen und ihren Urin auf der ganzen Kloschüssel und sonst wo zu verspritzen. Wir Frauen finden das einfach nur – igitt! Abstoßend! Klappt der Ihre nie den Sitz runter? Zielt er so schlecht, dass es vorn an der Schüssel runterläuft? Sind da stinkende Urintropfen auf dem Boden? Hat er eine Nase? Eine Zunge? Eine Zahnbürste? Fruchtet alles nichts, obwohl Sie ihn herumkommandieren, ihn schlagen, ihm Ihre Aufmerksamkeit und Zuneigung entziehen, damit er endlich mal den Klositz runterklappt und ordentlich in die Schüssel zielt? Ja zu allen sieben Fragen? Gut! Dann wird sofort bestraft.

So verschaffen Sie sich Gehör: Inspizieren Sie das Badezimmer, während er noch drin ist. Falls der Sitz noch hochgeklappt ist, befehlen Sie ihm, auf alle viere zu gehen und ihn mit der Nase runterzuklappen. Wenn er solche Demütigungen mag und er vorn an der Schüssel, auf dem Boden oder auf dem Sitz Urinspritzer hinterlassen hat, soll er auf alle viere gehen und sie auflecken. Oder er soll seine Zahnbürste holen und diesen skandalösen Urin damit entfernen. Dann soll er sich mit derselben Bürste die Zähne putzen. Wenn Sie ihn mit einer sanfteren Demütigung disziplinieren wollen, befehlen Sie ihm, sich immer, wenn er sich erleichtert, wie ein »Mädchen« hinzusetzen. Dann stellen Sie sich in die Tür und sehen ihm zu.

Die Nonnen lassen grüßen

Diese Strafe war bei mir in der Grundschule sehr beliebt. Körperliche Züchtigung war den katholischen Nonnen nicht erlaubt, aber, Himmel! waren die einfallsreich, wenn es um andere Strafen für uns ungezogene Schüler ging. Besonders gern warfen die Nonnen mit der Kreide oder dem Tafelschwamm, aber für unsere Zwecke haut das nicht hin. Das Folgende allerdings war eine ihrer Lieblingsstrafen, und wir können jede Art von Vergehen damit ahnden. Eine Allzweck-Strafe gewissermaßen, und Demütigung ist auch dabei.

Erinnern Sie sich an die beigen oder grauen Metallpapierkörbe, die es in jedem Klassenzimmer gab? So einen brauchen Sie. Wahlweise etwas Ähnliches, was groß genug ist, dass er darin stehen kann. Dann brauchen Sie einen großen kegelförmigen Hut (zum Beispiel einen Zauberer- oder Hexenhut aus dem Kostümbedarf), und mit dem Computer drucken Sie »das Wort« aus. Das kann »Dummkopf« lauten oder »Schussel«, »böser Junge« oder »Idiot« – was eben zu seiner Missetat passt. Das kleben Sie auf den Hut. Stellen Sie den Papierkorb in die Ecke, setzen Sie ihm den Hut auf und lassen Sie ihn mit dem Gesicht zur Wand in den Papierkorb steigen, bis Sie das Gefühl haben, dass er seine Lektion gelernt hat.

Verschwinde von meinem Planeten!

Oder geh mir zumindest aus dem Weg. Jeder Mensch will mal allein sein. Oder wenigstens seine Ruhe haben. Wir sind da garantiert keine Ausnahme. Wir haben alle Hände voll damit zu tun, unseren Ruf als glamouröse, mysteriöse Femmes fatales zu wahren. In Die Kunst der weiblichen Dominanz habe ich eine Technik erläutert, die ich »ihn parken« nenne. Diese Strafe funktioniert so ähnlich, nur dass er hier mit unsichtbaren Seilen oder »mentaler Bondage« ruhig gestellt und fixiert wird. Dazu kommt noch die Angst vor einer Bestrafung. Also: Sie schicken ihn in eine Ecke, wo Sie ihn im Auge behalten können, damit er auch brav bleibt. Befehlen Sie ihm, sich mit dem Gesicht zur Wand so eng wie möglich zusammenzukugeln. Drücken Sie ihn selbst noch enger zusammen, und befehlen Sie ihm, so zu verharren. Dann gehen Sie ihren Beschäftigungen nach, als wäre er nur irgendein Möbel oder als würde es ihn überhaupt nicht geben.

Apportieren

Im Sinne von: »Bring mir den Dildo, mein Kleiner!« Das ist eine meiner absoluten Lieblingsstrafen. Er wird gedemütigt, und man bekommt noch mehr Kontrolle über ihn. Ich sitze in meinem Sessel und werfe den Dildo durchs Zimmer. Es ist ein sehr großer, realistischer schwarzer Dildo mit einem Sockel, der ziemlich einschüchternd wirkt. Er muss ihn mir mit den Zähnen apportieren und darf dabei die Hände nicht benutzen. Natürlich ist es absolut inakzeptabel, falls er nicht spurt. In kontrollierter »Wut« schreite ich durchs Zimmer, hebe das Ding auf und schlage ihn damit. Dann werfe ich es wieder auf den Boden, gehe zurück zu meinem Sessel und gebe wieder das Kommando. In aller Regel gehorcht mir der Sklave nach solchen demütigenden Schlägen mit dem Dildo. Falls er auf Analspiele steht, lasse ich ihn als Strafe für seinen Ungehorsam eine Haltung einnehmen, in der ich gut an seinen Arsch komme, und schiebe ihm das Ding einfach rein. Anschließend befehle ich ihm, es festzuhalten und auf den Knien zu mir zu kriechen, wo ich ihn dann darauf sitzen lasse, während ich gemütlich eine rauche und was trinke. Vielleicht rufe ich auch eine Freundin an und erzähle ihr höchst amüsiert, was ich gerade gemacht habe.

Ruhe!

Seit wann ist er eigentlich so ein Plappermaul? Sie haben ihn doch darauf gedrillt, dass ein Sklave nur den Mund aufmacht, wenn er etwas gefragt wird oder Not am Mann ist, weil zum Beispiel das Haus in Flammen steht oder er aufs Klo muss. Aber jetzt quasselt er aus unerfindlichen Gründen ohne Punkt und Komma und treibt Sie in den Wahnsinn. Dafür gibt es Knebel. Für diese Knebelei brauchen Sie keine Bondage-Nummer mit einem »richtigen« Knebel durchzuziehen, etwa mit einem Ballknebel oder einer Beißstange oder ähnlichem Fetischspielzeug. Es reicht, wenn Sie einfach nehmen, was gerade greifbar ist. Da findet sich so manches, was nicht nur demütigend ist, sondern auch noch sinnlich. Herrlich! Eine entsprechende Liste fängt an mit Ihrem G-String, Tanga oder Schlüpfer. Alles wunderbar geeignet, um ihm den Mund zu stopfen.

Weiter geht die Liste mit Ihren Strumpfhosen oder (falls Sie eher der Sockentyp sind) Socken. Die sind vor allem was für Fußfetischisten, genauso wie der nächste Tipp: Falls Sie Turnschuhe mit langen Schnürsenkeln haben, setzen Sie ihm einen Schuh mit dem Absatz nach oben auf die Nase, lassen Sie ihn die Zunge in den Mund nehmen und mit den Zähnen festhalten. Mit den Schnürsenkeln binden Sie ihm den Schuh am Kopf fest. Das ist nebenbei auch noch ein lustiger Anblick. Was noch? Praktisch alles, was ihm den Mund ein bisschen dehnt und ihn am Reden hindert. Ihre Schachtel Camel Menthol zum Beispiel. Oder ein Hundeball, ein Waschlappen, eine leere Klopapierrolle. Sogar die Fernbedienung. Die finde ich besonders gut, weil ich »zappen« hasse, und wenn ich ihn damit kneble, stelle ich ihn still und bläue ihm das nebenbei auch noch ein. Auch hübsch: wenn man ihm befiehlt, sich die Hand in den Mund zu stecken, vier Finger, mindestens bis zum zweiten Knöchel. Am tollsten finde ich aber ein Ei, das natürlich roh sein muss, denn wenn er es vermasselt, hat er den Mund voll mit rohem Ei und Eierschalen.

Essstäbchen-Schwanzfolter

Was für eine wunderbare Folter – und man braucht noch nicht mal ein Seil dafür! Stattdessen brauchen Sie ein Paar Essstäbchen, aber nicht die billigen vom China-Imbiss, von denen man sich unangenehme Splitter zuziehen kann, sondern schön glatte aus einem Asia-Kaufhaus. Als Nächstes brauchen Sie nur noch zwei dicke Gummibänder. Falls er nahe an Ihnen dran ist und einen Ständer hat, ist das schön, aber es geht auch ohne. Ein Ständer ist sogar ziemlich schmerzhaft. Für ihn jedenfalls. An seiner Schwanzwurzel halten Sie eines der Essstäbchen oben an den Schwanz, das andere darunter. Dann nehmen Sie die Gummibänder und wickeln auf jeder Seite eines um die Enden der Essstäbchen. So wird sein Schwanz zwischen den Stäbchen eingezwängt und Sie können die Bänder nach Belieben enger spannen.

Da die Essstäbchen wie andere Techniken der Genitalfolter den Blutabfluss aus seinem Schwanz hemmen, kann es gut sein, dass er anschwillt, weshalb Sie darauf achten müssen, dass Sie die

Gummibänder jederzeit leicht abbekommen – entweder mit der chirurgischen Schere mit den stumpfen Enden oder einfach durch Abziehen. Prüfen Sie wie bei jeder anderen Bondage regelmäßig, ob die Blutzirkulation unterbrochen ist. Erste Anzeichen hierfür sind eine Blaufärbung oder wenn sich die Haut kalt anfühlt.

Spermainjektion

Wie ich die liebe! Sie ist so einfach wie effektiv, und man braucht nichts weiter als ein Glas mit Deckel und eine von diesen riesigen Bratenspritzen! Kurz bevor er kommt, gebe ich ihm das Glas. Natürlich ist das Glas sauber, wenn er es zum ersten Mal benutzt. Wenn er kommt, muss er ins Glas spritzen. Dann schraube ich den Deckel fest zu. Während wir wieder auf die Erde zurückkehren, steht das Glas gut sichtbar da. Wenn er angekommen ist, sage ich ihm, er soll es ins Gefrierfach stellen. Und da bleibt es dann auch, bis ich wieder mal Lust auf dieses Spielchen habe. Aber er sieht dieses Gläschen mit seiner ganzen gefrorenen Grütze drin jedes Mal, wenn er ans Gefrierfach geht. Wie eine private Samenbank in den eigenen vier Wänden.

Na und? werden Sie sich fragen. Na, das Spiel ist ja noch nicht zu Ende. Mir macht es so viel Spaß, dass ich das Gläschen ziemlich oft raushole und ihn darin kommen lasse. Wenn ich der Meinung bin, dass ich genug von seiner Perlensoße gesammelt habe, bereite ich ein besonderes Spielchen vor. (Es dauert eine Weile, bis man genug zusammenhat.) Ich hole das Glas rechtzeitig aus dem Gefrierfach, damit der Inhalt wieder flüssig ist, wenn ich ihn brauche. Ein bisschen warmes Wasser ist auch ziemlich gut, um die Sache flüssiger zu machen. Und hier kommt die Bratenspitze ins Spiel. Wenn er mich gegen Ende unserer Spielzeit wieder mal ach, so eloquent bittet und bettelt, dass ich ihn kommen lasse, sage ich sofort ja, aber nur unter meinen Bedingungen. Und die sehen so aus, dass ich ihm die Bratenspritze ins Hinterteil stecke, während er an sich herumspielt. Während ihm dann der Saft aus dem Schwanz spritzt, schieße ich ihm die volle Ladung des eigenen Spermas in den Hintern, als würde jemand in ihm kommen. Sehr demütigend …

Auflecken!

Falls sie nicht gerade Erfahrung als Kellner haben, stellen sich männliche Wesen, die es immer so eilig haben, ihre eigenen Bedürfnisse zu befriedigen, beim Bedienen meist recht ungeschickt an, und zwar gerade auch beim Servieren von Tee, Kaffee oder Getränken und von Häppchen oder einer Mahlzeit für die Domina. Wer schon mal als Bedienung gearbeitet hat, weiß, dass man nicht auf das Tablett, die Tasse oder die Schüssel in den Händen guckt, sondern auf den Weg. So hält man das Tablett (oder was man eben in der Hand hat) gerade. Wenn er aber darauf schaut, verschüttet er es garantiert. Er fängt an, unnatürlich zu gehen, fast so wie in Monty Python's »Ministerium für Dumm Gelaufen«, und zwar schlicht und einfach, weil er Angst hat, etwas zu verschütten. Aber werden Sie ihm den Trick verraten?

Natürlich nicht. Jedenfalls nicht gleich, dann wäre ja der ganze Spaß verloren.

Befehlen Sie ihm, Ihnen Ihr Lieblingsgetränk zu servieren (oder, noch besser, eine Schüssel voller Suppe!), entweder auf dem Tablett oder per Hand. Wenn er etwas verschüttet, lassen Sie ihn es auflecken. Wenn er die Sauerei dann so weit wie möglich aufgeschleckt hat, inklusive Staub und Teppichfasern und Katzenhaaren, befehlen Sie ihm, den Rest mit dem entsprechenden Putzmittel sauber zu machen. Oder lassen Sie ihn ein Gerät zur Teppichreinigung mieten und den ganzen Teppich reinigen. Falls Sie einen Holzfußboden haben, drängt sich eine ordentliche Bohnerbehandlung auf Händen und Knien förmlich auf.

Und jetzt stillhalten!

Er nervt, stimmt's? Versucht er wieder mal, Sie zu manipulieren? »Stillhalten« ist so ähnlich wie »ihn parken« ohne Seil und fällt in die Kategorie »mentale Bondage«, was wir ganz einfach zur Disziplinierung nutzen können. Ich packe ihn grob an (mehr dazu in Kapitel 11, »Demütigung«) und bringe ihn in eine unbequeme oder schwierige Haltung – auf, über oder unter einem Möbel oder Ähnlichem, oder aber freistehend – und weise ihn an, so zu verharren. Am liebsten lasse ich ihn auf dem Rücken auf meine lederne Spanking-Bank liegen, die kürzer ist als ein ausgewachsener Mann. Ich will aber nicht, dass seine Arme und Beine herunterhängen, weshalb ich ihm befehle, die Knie an die Brust zu ziehen und die Knöchel oder Knie mit den Händen zu umschließen. So muss er dann so lange balancieren, wie es mir gefällt oder bis er seine Lektion gelernt hat. Und woher weiß man, wann er soweit ist? Sehen Sie ihn sich an. Kann er sich nur noch mit Mühe halten? Schwitzt er? Ist es offensichtlich unbequem für ihn? Gut. Warten Sie noch ein paar Minuten, bevor Sie ihm sagen, dass er sich wieder frei bewegen darf.

Falls Sie keine Spanking-Bank oder ähnliches Gerät haben, soll er auf einem stabilen Tisch oder Stuhl in Pose gehen, aber nicht auf dem Bett, das ist zu weich und bequem. Und wenn sich keines Ihrer Möbel zweckentfremden lässt, probieren Sie es mit einer freistehenden Haltung – aber mit einer richtig guten. Versuchen Sie's damit: Stellen Sie ihn hin, lassen Sie ihn das rechte Knie weit beugen und das linke Bein zur Seite ausstrecken. Achten Sie darauf, dass er die Zehen des linken Beins schön ausstreckt und sie auch so hält. Dann soll er den rechten Arm waagrecht nach vorn ausstrecken. Die linke Hand muss er in den Nacken legen, wobei der Ellbogen im rechten Winkel zum Boden weisen muss und nicht bequem in Richtung Gesicht. Das haut Sie nicht um? Stehen Sie mal auf und probieren Sie's für, sagen wir, zwei Minuten. Dann will ich wissen, was Sie davon halten.

Hauen und Kloppen

Das sind zwei Möglichkeiten, ihn mit den Händen zu disziplinieren, die etwas ganz anderes sind, als ihm den Hintern zu versohlen. Ich mag beide sehr. Man verbindet dabei körperliche Strafe mit Demütigung, was sehr hilfreich ist, wenn man ihn zurechtweisen und auf seinen Platz verweisen will. Es tut ihm schon weh, wenn man ihm die Möpse verdrischt, aber Klapse auf die weiter herausragenden Merkmale können die Hölle sein. Fangen Sie vorsichtig an, und wenn die Erregung steigt, können Sie auch die Klapse heftiger werden lassen.

Busenhauen

Wenn er gern unerlaubt an sich herumspielt und man keine Lust hat, ihn zur Strafe zu fesseln (mehr dazu später unter »Finger weg!«), finde ich es recht wirkungsvoll, die bösen, bösen Spielsachen zu hauen. Jeder Körperteil, das auch nur leicht hervorsteht, ist ein wunderbares Ziel für einen ordentlichen Klaps (oder auch mehrere). Da wären zum Beispiel seine Brüste (auch bekannt als »Männerbusen«) sowie sein Schwanz und seine Eier. Busenhauen ist ganz einfach, man macht es wie bei einer Ohrfeige: Hier ist sein Busen, und jetzt geben Sie ihm einen ordentlichen Klaps mit der (flachen) Vorhand, gefolgt von einer schönen Rückhand. Und dann noch mal von vorn. Sie können auch in einer flüssigen Bewegung von links nach rechts oder von rechts nach links zwischen dem rechten und dem linken Busen abwechseln: beim einen die Vorhand, beim anderen die Rückhand. Widmen Sie sich jeweils nur einem Busen oder wechseln Sie zwischen beiden ab. Sie können auch mit beiden Händen gleichzeitig schlagen. Oder Sie hauen die Möpse so ähnlich wie beim Klatschen, nur dass Ihre Hände nicht zusammenklatschen, sondern gegen seine Brüste. Sie können die Brüste gleichzeitig mit Vorhand und Rückhand bearbeiten. Wenn sie recht markant sind, werden Sie sich darüber freuen, wie sie bei jedem Schlag hüpfen. Ich amüsiere mich jedenfalls köstlich dabei.

Schwanz- und Eier-Kloppe

Die anderen beiden hervorstechenden Merkmale sind sein Schwanz und seine Eier. Falls die nicht gerade aus Stahl sind, werden Sie beides nicht annähernd so hart schlagen können wie seine Brüste. Männer haben einen ausgeprägten Schutzinstinkt für ihre Kronjuwelen, und das aus gutem Grund. Außerdem ist die Schmerzgrenze bei jedem Mann anders beschaffen, und jeder hat wieder andere Bereiche, die extrem empfindlich sind. Ein Zentimeter hin oder her kann schon den Unterschied machen zwischen angenehmem Schmerz und Höllenqual. Wenn er sein Wort gebraucht, sind Sie in die Tabuzone geraten. Merken Sie sich, wo sie liegt, und schlagen Sie dort nicht mehr zu.

Ein Klaps auf den Schwanz ist etwas anderes als ein Schlag mit der flachen Hand ins Gesicht, denn das Zielgebiet ist nicht nur kleiner, sondern auch noch röhrenförmig und schlackert gern mal herum. Sie werden feststellen, dass es effektiver ist, den Schwanz nur mit bestimmten Teilen der Hand zu schlagen. Genauer gesagt, sind das die geschlossenen Finger und die Stelle, an der die Finger auf die Handfläche treffen. Wenn Sie seinen Schwanz schlagen, wird er wild herumwackeln, und wir wissen ja, wie schwierig es ist, ein bewegliches Ziel zu treffen. Sie können entweder warten, bis er wieder zur Ruhe kommt, oder ihn mit einer Hand halten und mit der anderen schlagen. Sie werden feststellen, dass er je nachdem, wo der Schlag landet, unterschiedlich reagiert. Die Eichel ist sehr, sehr empfindlich, vor allem an der Spitze (wo der Schlitz ist) und am Rand (wo die Eichel in den Schaft übergeht). Wenn man ihn dort trifft, reagiert er, sagen wir mal, energetisch.

Schläge auf den Schaft sind für ihn weniger schmerzhaft, und die Vorderseite ist empfindlicher als die dem Körper zugewandte Seite. Klapse auf die Außenseite muss ich nicht erläutern. Wenn Sie die Innenseite schlagen wollen, halten Sie seinen Schwanz (oder er soll ihn halten) im rechten Winkel zum Körper. Ebenfalls sehr schön für Klapse, auch wenn dort nichts hervorsteht, ist der fleischige Bereich an seiner Vorderseite, dort, wo der Schwanz ansetzt. Und wenn Sie schon dabei sind, können Sie ihm auch ein paar Schamhaare ausreißen.

Seine Eier sind wieder was ganz anderes. Viele Männer ertragen hier überhaupt keinen Schmerz, aber die Empfindlichkeit ist extrem unterschiedlich. Falls er etwas übrig hat für solche Spielchen, fangen Sie langsam und sehr sachte an. Wenn er anfängt zu reagieren, drücken Sie einen Tick fester, und dann immer fester, je erregter er wird. Sie kennen diese Technik bereits, man nennt sie »Konditionierung«.

Nippelspiele

Steht er auf Nippelfolter? Fantastisch! Man kann so viel anstellen mit hervortretenden Merkmalen. Man kann sie kneifen, Sachen daran festklammern, sie mit Gewichten behängen und Dinge daran baumeln lassen, man kann sie hauen, durchstechen, anzünden ... ups, da ging jetzt wohl mein Temperament mit mir durch! Wieder einmal. (Aber man kann seine Nippel tatsächlich anzünden, wenn man ihm davor die Haare abrasiert hat. Mehr dazu in Kapitel 8, »Grenzspiele«. Mehr übers Busenhauen in Kapitel 11, »Demütigung«.)

Wenn Sie dieses Spiel mit Klemmen oder Klammern spielen, achten Sie darauf, dass sie eine glatte Oberfläche haben, damit die Haut nicht verletzt wird. Arterienklemmen schreien zwar förmlich danach, dass man sie an einen Nippel hängt, aber trotzdem eignen sie sich nicht als Spielzeug, weil sie das Gewebe quetschen können. Falls Sie allerdings handwerklich begabt sind, können Sie die beiden Enden unterhalb des Klammerteils mit einer Zange geradebiegen, dann kann man schon eher damit spielen. Wie bei allen Spielsachen, die den Blutfluss unterbinden können, müssen Sie regelmäßig nach dem Nippel sehen. Und wenn Sie die Klammer dann wieder abnehmen, spielen Sie unbedingt mit seinen extrem empfindlichen Nippeln, in die das Blut zurückkehrt.

Das Schwanz-und-Eier-Sternchen

Oh, noch so eine wunderbare, hübsche, Furcht einflößende Technik! Sie funktioniert nach dem gleichen Prinzip wie das Nippelpiercing in Kapitel 15, »Sklaven der Sinne«, mit dem Unterschied, dass man hier den Hodensack nimmt. Man braucht dazu die gleiche Art chirurgischer Nadeln, die in Kapitel 15 beschrieben sind, oder ein anderes »offizielles« Piercing-Werkzeug wie zum Beispiel Einwegkanülen. Die Spitze muss sehr scharf sein und schnell und sauber durch die Haut gehen. Außerdem brauchen Sie ein dickes Stück weißes Styropor, denn darauf werden Sie seinen Sack aufnadeln. »Oh Gott!«, werden Sie jetzt schreien, aber immer mit der Ruhe. Zunächst mal ist der Hodensack, wenn man ihn vom Eingemachten (seinen Eiern) wegzieht, recht unempfindlich. Der empfindsame und wichtige Teil sind seine Eier, und um die machen Sie einen großen Bogen. Einen wirklich großen Bogen. Wenn Sie's vermasseln, müssen Sie's alleine ausbaden.

Wenn Sie sich wieder eingekriegt haben, sagen Sie ihm, er soll sich mit weit gespreizten Beinen setzen. Am besten finde ich einen Stuhl mit Lehne, bei dem die Sitzfläche und der Boden darunter mit einem Latextuch oder einem Duschvorhang aus Plastik abgedeckt sind, falls Blut spritzt. (Sein Hodensack ist von vielen feinen Äderchen durchzogen, und so sehr man auch aufpasst, eines davon erwischt man immer. Aber keine Panik, es sieht viel schlimmer aus, als es ist.) Suchen Sie seine Eier und schieben Sie sie aus dem Weg. Das ist ganz einfach. Man fühlt sie sogar noch durch drei Paar Latexhandschuhe hindurch. (Allerdings dürfte ein Paar ausreichen, um safe zu spielen.) Legen Sie das Styropor unter seinen Sack und lassen Sie ihn auf die Kanten sitzen, um es zu fixieren. Auf diese Weise wirkt er an seiner eigenen Folter mit. Achten Sie darauf, dass sein Schwanz aus dem Weg ist und nicht irgendwo herumbaumelt. Wenn's sein muss, binden sie ihn an seinem Oberkörper fest, sorgen Sie einfach dafür, dass er Ihnen wirklich nicht im Weg ist.

Was jetzt kommt, machen Sie besser schnell und ohne lange Fummelei. Ihre Nadeln liegen alle auf einer sterilen Unterlage bereit; für den Fall der Fälle haben Sie Alkohol oder Desinfektionsmittel parat. Mit einer Hand, die im Handschuh steckt, ziehen Sie ihm den Sack so weit weg von den Eiern, wie er sich nur dehnen lässt. Nehmen Sie eine Nadel, stechen Sie sie ihm beherzt durch den Sack und direkt ins Styropor, so dass der Sack daran befestigt ist. Das wiederholen Sie nach Belieben. Wenn Sie eine künstlerische Ader haben und die Nadeln geschickt platzieren, können Sie einen Stern, ein Windrädchen oder andere Dinge formen.

Ich heiz' dir ein, Baby

Falls Sie nicht rauchen, können Sie das hier getrost überlesen, weil man eine Zigarette nur anzünden kann, wenn man sie auch raucht. Und wenn er keine Haare auf der Brust oder im Schritt hat, können Sie das hier ebenfalls überspringen. Aber falls Sie rauchen und er Körperhaare hat, kommt jetzt eine schöne und nicht ganz ungefährliche Strafe. Machen Sie das nur mit einer Zigarette, einem Zigarillo oder einer Zigarre. Nie mit offenem Feuer oder einer Flamme, die sich nicht hundertprozentig kontrollieren lässt. (Ich weiß, das klingt komisch, weil Feuer eine unkontrollierbare Naturgewalt ist. Aber eine Zigarette ist was anderes, und man kann sie kontrollieren.)

Was ist der Trick an der Sache? Ganz einfach. Und das Gefahrenmoment ist gleich mit eingebaut. Wenn die Zigarette angezündet ist, hell glüht und die Asche abgestreift ist, fahren Sie ihm damit vorsichtig über die Brust und um die Nippel und sengen ihm dabei die Haare ab. Brennen Sie ihm die Haare auf den Nippeln, auf der Brust und vor allem auch im Schritt ab. Verbinden Sie ihm nicht die Augen. Er soll dabei zusehen. Gehen Sie langsam und bedächtig vor, mit einem fiesen Funkeln im Blick. Die Nähe der heißen Glut, die Hitze, die er auf dem Körper spürt, der schreckliche Gestank verbrannter Haare und die Angst, Sie könnten aus Ihren Plateauschuhen kippen und ihn tatsächlich verbrennen, machen diese Strafe für beide Seiten ungemein aufregend.

Falls Sie ihm das Schamhaar abbrennen wollen, müssen Sie aufpassen, dass sein bestes Stück (das gern herumschlackert) wirklich nicht im Weg ist. Denken Sie außerdem daran, die Asche regelmäßig abzuschnipsen oder, was noch besser ist, die Zigarette am Rand eines Aschenbechers zu drehen. Sorgen Sie jedenfalls dafür, dass keine Asche an der Zigarette ist. Die stört nur.

Zupf, zupf, zupf

Und damit meine ich nicht die Federn eines Hühnchens! Ich meine Schamhaare, Schamhaare, die ausgezupft werden, eins nach dem andern oder auch in kleinen Büscheln. Was für eine hübsche kleine Strafe! Ein Heidenspaß für Sie, eine schrecklich schöne Folter für ihn. Und ganz einfach. Man muss nur das Haar gut zu fassen kriegen und es dann schnell und beherzt ausreißen. Wenn es lang genug ist (und das sind sie meistens), versuchen Sie das Haar mal um einen Finger zu wickeln – da reicht schon der kleine – und dann kräftig zu rucken. Ich garantiere Ihnen, es kommt raus. Machen Sie das, so lang es Ihnen Spaß macht. Besorgen Sie sich ein silbernes Metallkästchen, legen Sie jedes ausgerissene Härchen feierlich hinein. Bewahren Sie das Kästchen auf und drohen Sie ihm damit, wenn er ungezogen ist.

Finger weg!

Hat er die lästige Angewohnheit, dass er ohne Ihre Erlaubnis sein Teil berühren will? Sklaven können sehr einfallsreich und hinterlistig sein, wenn es darum geht, mit diesem allmächtigen Organ zu spielen, das ihnen da zwischen den Beinen baumelt. Manche legen sich mit dem Gesicht nach unten auf den Boden und wackeln mit den Hüften; manche versuchen, die Beine zusammenzupressen und die Schenkel aneinander zu reiben; und manche glauben, Sie sind blind und kriegen nicht mit, dass sie die Hand zwischen den Beinen haben. Was kann man da tun?

Eine Menge! Lederne Fäustlinge hindern ihn daran, das Ding in den Griff zu kriegen. Das gleiche gilt, wenn man ihm die Hände an die Schenkel fesselt, wie Sie es im Kapitel über Bondage gelernt haben. An den Fäustlingen sind auch Ringe dran, so dass man ihm die Hände mit Karabinerhaken auf den Rücken binden, an seinem Halsband, an Knöchelfesseln oder einem Brustgeschirr einhängen oder an Haken in der Wand befestigen kann. Eine Armfessel, mit der man die Arme auf dem Rücken fixiert, erfüllt den gleichen Zweck und hat noch einen stärkeren Effekt, weil man die Arme darin nicht mehr bewegen kann. Sie stehen nicht auf Leder? Zu teuer? Kein Problem. Sie brauchen nur ein doppeltes Stück Seil, mit dem Sie ihm die Eichel festbinden, dann teilen Sie seinen

Hodensack, ziehen ihm den Schwanz zwischen den Eiern durch und in Richtung Arschspalte. Wenn Sie ihn so weit oben haben wie es nur geht, wird das Ganze mit einer Schweifriemen-Bondage an seiner Taille festgemacht. Dazu führen Sie die beiden Seilenden bis zur Taille hoch, machen einen doppelten Knoten, nehmen die Enden und führen sie von beiden Seiten um die Taille herum nach vorn. Machen Sie einen doppelten Knoten. Wenn noch genügend Seil übrig ist, können sie das Seil noch mal zwischen seinen Beinen hindurch und in der Arschspalte nach oben führen, um seine Kronjuwelen noch besser zu sichern.

Wenn das Seil nicht lang genug ist, nehmen Sie ein längeres. (Tut mir leid, dem konnte ich nicht widerstehen!) Im Ernst: wenn das Seil nicht reicht, führen Sie die Enden hinter seinem Rücken zusammen und machen dort einen Knoten. Sie können es auch vorn verknoten. (In diesem Fall könnte es aber sein, dass er an dem Knoten herumfingert, sobald Sie auch nur blinzeln.) Diese Technik hat außerdem noch den demütigenden Effekt, dass seine Vorderseite flach wird, zur »Vulva«, und eher weiblich als männlich aussieht.

Seinen Willen brechen: Der Ausdauertest

Vielleicht ist Ihr Sklave auch einer von denen, die Sie ab und an zu einem Willenswettkampf herausfordern (oder es zumindest versuchen). Und das nach all Ihren Mühen! Wir wissen zwar, dass es jede Menge Möglichkeiten gibt, einen Sklaven zu »dressieren«: Bondage, mentale Kontrolle (indem man ihm mit seinen größten Ängsten droht), Disziplinierung und Verhaltensveränderung. Aber manchmal funktioniert das alles einfach nicht. Machen Sie sich keine Sorgen, selbst wenn er extrem widerspenstig sein sollte. Mit dieser Technik gewinnen Sie garantiert. Und zwar für immer. Sie bricht seinen Willen, indem sie ihn körperlich auslaugt. Und wenn der Körper ausgelaugt ist, geht sie ihm an den Geist, bis das gewünschte Ergebnis erreicht ist. Der »Ausdauertest«, den ich gleich erläutern werde, wurde von Madame Cole de Sade erfunden, und mir wurde einmal das Vergnügen zuteil, seine Ausführung aus erster Hand mitzuerleben. Was für eine fantastische Technik! Ich fing daraufhin an, Varianten davon auf »Subs« anzuwenden, die mir nicht genügend Respekt erwiesen oder generell in ihre Schranken verwiesen werden mussten. Das hier ist eine der Nummern, mit denen ich arbeite, Madame Cole sei Dank, und die Ihnen ein ganz gutes Bild vermitteln wird, worum es geht.

Mit Ihrer Bene-Gesserit-Stimme befehlen Sie ihm, sich direkt vor Sie zu stellen, die Füße zusammen, Hände an den Seiten. Einen Arm soll er ausstrecken, die Handfläche nach oben. Stellen Sie ihm eine Flasche oder einen Becher voll Wasser auf die Handfläche. Lehnen Sie sich in Ihrem Sessel zurück und warten Sie. Falls er versuchen sollte, die Finger um den Becher zu schließen, halten Sie ihn davon ab: Finger schließen ist nicht. Er muss den Becher balancieren, nicht festhalten. Wenn er anfängt, sich die Füße zu vertreten oder den Ellenbogen sinken lässt, weisen Sie ihn kühl (soll heißen: gleichgültig und distanziert) zurecht.

Als Strafe für sein Vergehen bekommt er noch eine weitere Übung aufgebrummt. Er soll mit dem Becher auf der Handfläche herumlaufen und dabei bis 300 zählen. Natürlich wird er anfangen, laut zu zählen. Als ob Sie das hören wollten! Also weisen Sie ihn zurecht, sagen ihm, er soll seine Zahlen für sich behalten, und lassen ihn noch mal bei 1 anfangen.

Fläzen Sie sich in den Sessel und beobachten Sie ihn. Fragen Sie ihn, ob sein Arm schon wehtut, ob es in den Muskeln brennt, ob ihm der Schmerz durch die Glieder schießt wegen der unnatürlichen Haltung und weil es so anstrengend ist, diesen Becher zu halten. Fragen Sie ihn, bei welcher Zahl er gerade ist. Fragen Sie ihn, ob er sich da sicher ist; Sie haben was anderes gezählt. Viel weniger. Sie verstehen schon: Quälen Sie ihn verbal mit seinen Qualen.

Da Sie bezweifeln, dass ihm das alles eine Lehre war, gibt es noch eine letzte Steigerung. Er soll weitergehen und den freien Arm im Rhythmus dazu schwingen. Und natürlich hat er sich davor zu hüten, den Becher fallen zu lassen oder auch nur ein Tröpfchen

Wasser zu verschütten. Sie reden derweil weiter, fragen ihn, ob die Beine müde werden, und wie geht's denn den Schultermuskeln? Brennen sie? Bei welcher Zahl bist du jetzt? Und so weiter. Setzen Sie die Zahl immer weiter runter, damit er ständig weiterzählen muss, bis er Sie irgendwann anfleht, dass er aufhören darf. Aber Sie lassen ihn nicht!

Machen Sie weiter, solange Sie lustig sind, je länger, desto besser. Brechen Sie seinen Körper, und der Kopf wird ihm folgen.

Beschäftigungstherapie

Haben Sie alles ausprobiert, was ich hier beschrieben habe, auch in Kombination mit der körperlichen Züchtigung, aber er kapiert's trotzdem nicht? Vielleicht liegt es daran, dass er fälschlicherweise denkt, Sie müssten rund um die Uhr die Domina sein. Ob man es nun Manipulation nennt oder »Topping from the bottom« oder sonst wie: Die Vorstellung, dass jemand rund um die Uhr, jeden Tag, jahrein, jahraus die Domina gibt, hat nichts mit Ihrer Realität zu tun. Und mit meiner auch nicht. Manchmal wollen Sie nur im Pyjama herumsitzen und durchs Fernsehprogramm zappen, während er gern hätte, dass Sie im Latex-Catsuit auf Stiletto-Plateauschuhen herumstolzieren. Er muss lernen, Sie mehr zu würdigen: dominieren ist harte Arbeit, und viele Sklaven finden diesen Umstand immer noch staunenswert. Wie bringt man ihm bei, wo sein Platz in Ihrem Leben ist, und dass Sie tatsächlich ein Leben haben?

Geben Sie ihm so viele Hausarbeiten wie nur möglich – je schmutziger, je länger, je härter desto besser: abwaschen, Staub saugen, Staub wischen, den Müll rausbringen, das Bad putzen, den Boden schrubben (auf allen vieren), die Wände streichen, den Teppich reinigen, einkaufen, das Auto waschen und wachsen, Fenster putzen, den Boden, den Keller, die Garage ausmisten; verleihen Sie ihn an partnerlose Freunde, die (handwerkliche) Unterstützung brauchen, lassen Sie ihn Besorgungen machen ... kurz: beschäftigen Sie ihn zu Tode, indem Sie ihn mit diesen ganzen Arbeiten seiner Domina danken lassen – für alles, was sie für ihn tut. Wenn er will, dass Sie die ganze Zeit Dom sind, muss er lernen, die ganze Zeit Bottom zu sein – ohne Fragen, Schöntun oder Aussicht auf Belohnung. Und belohnen Sie ihn nicht jedes Mal, wenn er gute Dienste leistet. Er muss lernen, dass seine Unterwerfung unter Sie eine totale Hingabe bedeutet, und dass diese Unterwerfung zu erwarten ist, eine Belohnung hingegen nicht.

Die Oubliette

Der romantischen Übersetzung zufolge ist eine Oubliette ein »Ort des Vergessens«. Das Wörterbuch dagegen weist sie als ein Verlies aus, dessen einziger Ein- und Ausgang eine Klappe in der Decke ist. Das Wort stammt aus dem Französischen und lässt sich bis 1819 zurückverfolgen – was wohl bedeutet, dass die Franzosen schon damals so pervers waren wie wir. Oubliettes waren schrecklich schöne Orte, um jemanden nach einer aktiven Folter festzuhalten und passiv weiterzufoltern: kein Licht und nur ein einziger Ausweg. Ohne Hilfe der Peiniger hatte ein Gefangener keine Hoffnung, jemals wieder herauszukommen. Manche Oubliettes waren rund, andere entsprachen der Definition des Wörterbuchs, doch alle dienten demselben Zweck: den Gefangenen festzuhalten und ihn letztlich zu brechen. Uns kann die Oubliette als Mittel zur Disziplinierung, als Strafe für einen schwerwiegenden Regelverstoß dienen.

Okay, Sie haben aber kein unterirdisches Verlies mit einer Falltür in der Decke. Ich ja auch nicht. Ich mache einen Käfig oder eine Gefängniszelle zu meiner Oubliette und verhänge die Gitterstangen mit schwerem schwarzem Stoff, um alles Licht draußen zu halten und den Ort zu einem Ort des Vergessens zu machen. Oder ich nehme das Verlies und tue einfach so, als hätte es eine Falltür. Wenn ich die Gefängniszelle nehme, bestücke ich sie mit allem, was ein böser Sklave in der Nacht braucht: sein winziges Sklavenkissen (aus einem Flugzeug geklaut), eine kleine Decke, unter der er sich zusammenkauern muss, um ganz bedeckt zu sein, eine Flasche Wasser und einen Eimer, in den er sich nachts entleeren kann. Wenn ich den Käfig nehme, der ziemlich klein ist, stehen diese Sachen alle in Reichweite auf der anderen Seite der Gitterstäbe. Wenn ich im Verlies arbeite, stelle ich sie in den Raum. Wenn er den Eimer benutzt, muss er ihn natürlich hinterher ausleeren und sauberschrubben.

Jetzt ist er also eingesperrt in seinem Käfig, der Gefängniszelle oder was immer Sie sonst als Verlies für die gesamte Nacht verwenden. Angenommen, Sie schlafen nicht direkt neben dem Käfig oder im Verlies, wie werden Sie dann mitbekommen, falls er ein Problem hat? Diese Lösung hier finde ich zum Schreien: Er kriegt ein Babyphon! Und das klappt prima! Ich verstecke es irgendwo außer Sichtweite, wo es aber dennoch sämtliche Geräusche im Zimmer überträgt – vor allem die lauten, die er machen würde, wenn er ein Problem hat. Da er aber keine Ahnung von dem Babyphon hat, kriegt er schon Angst, wenn er nur daran denkt, dass er die ganze Nacht allein in der Oubliette gelassen wird. Nach so einer Nacht am Ort des Vergessens ist er am Morgen sehr sanft und zahm. Eine gute Gelegenheit, ihm noch mal reinzureiben, warum er in die Oubliette gesteckt wurde und welche Besserung Sie von ihm erwarten.

8. KAPITEL

Grenzspiele: Prickelnd gefährlich

Besonders reizvoll an BDSM ist die vermeintliche Gefahr, die unseren Spielen innewohnt. Gefahr macht Spaß; Gefahr ist spannend; Gefahr ohne wirkliche Gefahr ist unheimlich erregend. Da Sie nun schon über einige Erfahrung verfügen, möchten Sie jetzt vielleicht mit Ihrem Sklaven Grenzspiele erkunden. Es gibt sehr viele verschiedene Formen von Grenzspielen; wir wollen uns in diesem Kapitel aber auf Elektrofolter, Feuer, Violet Wand und Messerspiele konzentrieren. Ganz kurz gehen wir auch auf Vergewaltigungs- und Widerstandsszenen ein. Der vorsichtige Umgang mit dem Violet Wand muss Ihnen nicht unbedingt von einer erfahreneren Domina persönlich beigebracht werden. Wichtig ist nur, dass Sie bei der Anwendung dieser wie auch der anderen Techniken auf die genaue Einhaltung der Sicherheitsmaßnahmen achten. Darauf werde ich an entsprechender Stelle noch eingehen. Anders verhält es sich mit den übrigen Techniken, die ich in diesem Kapitel beschreibe. Hier ist die Anleitung durch eine erfahrene Person unbedingt erforderlich oder aber man probiert die Technik zunächst in kleinen Dosen an leblosen, nicht brennbaren Gegenständen aus, bis man sie gut beherrscht.

FEUER

Das erotischste Element von allen. Wer wäre nicht davon fasziniert? Wenn im Kamin ein Feuer prasselt, werden sich alle darum versammeln, und selbst Kerzen fesseln unsere Aufmerksamkeit und ziehen uns magisch an, wie das Licht die Motten. Wenn ich mich zum Schreiben hinsetze, zünde ich eine Kerze an; die Flamme befeuert meine Muse. Auch bei meinen Sitzungen verwende ich Kerzen zur Beleuchtung und wegen ihres dramatischen Effekts. Ich stelle sie nach Möglichkeit vor Spiegeln auf, das verdoppelt die Wirkung.

Wenn ich dann in den Spiegel schaue und sein Gesicht im Widerschein des Kerzenlichts erblicke, spüre ich ein wohliges Schaudern. Ich liebe Rituale, und welches Ritual vollzieht sich ohne Kerzen?

Feuer im Raum zu haben, ist eine Sache. Etwas ganz anderes ist es aber, wenn Sie ihn damit anzünden wollen. Es gibt bei diesem Spiel so viele Sicherheitsmaßnahmen zu beachten, dass ich fast geneigt war, das Thema in diesem Buch gar nicht anzusprechen. Aber Feuer hat auch dann schon eine extrem erregende Wirkung, wenn man gar nicht bis zum Äußersten geht und es nur benutzt, um die Saat der Angst zu säen und eine Bedrohung zu suggerieren. Zunächst müssen Sie sich aber gründlich mit allen Sicherheitstipps vertraut machen und den Verstand und einen kühlen Kopf bewahren. Und was noch schwerer sein dürfte: dafür sorgen, dass *er* nicht den Verstand verliert. Am schwersten tat ich mich damit, für die Sicherheitsmaßnahmen eine Prioritätenliste festzulegen. Letzen Endes fand ich es am besten, sie nicht separat aufzulisten, denn sie sind allesamt unerlässlich. Lesen Sie sie so oft durch, bis sie sich zu einem Ganzen zusammenfügen.

Feuer! Feuer!

Was man bei Feuerspielen als entflammbare Flüssigkeit am häufigsten verwendet, ist Reinigungsalkohol, den man in jeder Drogerie bekommt. Manche verwenden auch hochprozentigen Schnaps, aber ich persönlich fühle mich mit Alkohol sicherer, weil ich mehr Erfahrung damit habe. Den Alkohol, der bei meinen Spielszenen zum Einsatz kommt, fülle ich in einen kleinen, luftdichten Plastikbehälter mit gut schließendem Deckel um. Und wo bleibt dann die große Alkoholflasche, die so leicht umfallen kann? Natürlich im Bad, wo sie hingehört. Tatsächlich sind durch diese große Flasche schon mehr Unfälle passiert als durch falsch gehandhabte Aufhängungen! Verwenden Sie deshalb den luftdichten Behälter und achten Sie darauf, den Deckel zwischen den Entnahmen immer wieder zu verschließen. Ich kann Ihnen zwei unterhaltsame Anekdoten zum Thema Feuerspiele erzählen. Bleiben Sie also dran, denn die Geschichten hängen zusammen.

Vor einigen Jahren spielte ich einmal eine Szene mit einem Herrn und seinem damaligen Sklavenmädchen, einer hübschen, zierlichen

Rothaarigen, total niedlich. Wir hatten sie in Origami-Bondage an ein Andreaskreuz gefesselt und teilweise mit Küchenfolie umwickelt. Er wollte ihr Feuer an die Nippel legen. Sie tat so, als würde sie protestieren, während er mit der Alkoholflasche ungeschickt an ihren Nippeln hantierte und dabei den ganzen Bereich um ihre Nippel einschließlich der Fesseln ebenfalls mit Alkohol benetzte. Ihr langes, lockiges Haar hing ihr lose nach vorn über die Schultern und kam den Brüsten gefährlich nah. Ich konnte gerade noch schnell genug mit beiden Händen danach greifen und es ihr sicher hinter den Kopf halten, als er nach dem Streichholz griff. Ich sah ihn scharf an und stellte fest, dass auch er mir einen bitterbösen Blick zuwarf!

»Warum hast du das gemacht?«, fragte er vorwurfsvoll. Ich sah ihn an. Sollte das ein Witz sein? Nein, offensichtlich nicht. »Weil Haar extrem entzündlich ist«, erklärte ich, »und wenn du ihr das Streichholz an die Nippel hältst, könnte die Flamme hochschlagen und ihr Haar in Brand stecken. Außerdem hast du auch die Fesseln mit Alkohol getränkt. Das heißt, dass auch sie Feuer fangen werden und puff! – schon ist ihr Haar abgebrannt und das Seil verbrennt ihr die Haut.« Das Mädchen dankte mir lautstark, sodass er es hören konnte und auch andere Leute aufmerksam wurden. Da sagte er etwas, das mich total umhaute. Ich wollte meinen Ohren nicht trauen, aber ich bin mir sicher, dass ich es richtig hörte. Er sagte: »Aber ich will es doch gar nicht anzünden.« So etwas Dummes hatte ich selten gehört! »Tja, das Haar kann deine Absicht aber nicht ahnen«, gab ich zurück. »Haare wissen nur eins: Wir sind brennbar und da ist Feuer!« Ich stellte mir ihr langsam zerschrumpelndes Haar vor, den Geruch nach verbrannten Haaren, der den Raum erfüllte, Safewort-Schreie, Feuerlöscher, ein wahres Horrorszenario. Schließlich brachten seine Sklavin und ich ihn davon ab, überhaupt irgendetwas in Brand zu stecken.

Und jetzt zu einem Vorfall, der sich ein paar Jahre später ereignete. Ich selber war auf dieser Party nicht dabei, nichtsdestotrotz ist diese Geschichte als warnendes Beispiel dafür in die Anekdotensammlung der New-Yorker BDSM-Szene eingegangen, wie man *nicht* mit Feuer spielen sollte. Der Hauptdarsteller dieser Anekdote war derselbe Herr wie in der vorigen Szene. Der Party wohnte er diesmal in Begleitung eines anderen Sklavenmädchens bei. Auch diesmal wollte er wieder mit Feuer spielen. Es war ihm allerdings nicht klar, wie wortwörtlich das Ganze ablaufen würde. Er führte seine Ausrüstung vor, darunter auch diese unhandliche, große Flasche mit Reinigungsalkohol. Als er das arme Sklavenmädchen mit dem Alkohol benetzte, kam so viel aus der Flasche, dass die Flüssigkeit ihr den Rücken hinunterlief und unter ihr auf dem Glastisch eine Lache bildete.

Als er sich umdrehte, stieß er die Flasche mit dem Alkohol um, der sich über seinen Mantel und den Teppich ergoss. Natürlich hatte er nicht die Absicht, das alles in Brand zu stecken. Aber vielleicht sollten der Teppich und der Mantel sich das selbst denken oder seine Gedanken lesen. Nur taten sie das leider nicht. Als er das Streichholz anzündete und es an das Sklavenmädchen hielt, sprang das Feuer von einem alkoholgetränkten Gegenstand zum nächsten und machte auch vor seinem Mantel nicht halt. Die Folge war ein absolutes Chaos, bis endlich jemand mit einem Feuerlöscher ankam. Das Sklavenmädchen blieb zum Glück unverletzt und kam mit dem Schrecken davon. Wie demütigend es für mich als Domina gewesen wäre, mich selbst in Brand zu stecken! Und denken Sie nur an das arme Mädchen!

Damit uns der Spaß in Zukunft nicht mehr verdorben wird, haben wir, die Superhirne aus dem Club der Perverati, uns nach diesem Ereignis zusammengesetzt und die bestmöglichen Sicherheitstechniken entwickelt.

Planung

BDSM-Sex unterscheidet sich unter anderem dadurch von »Vanille«- oder »Blümchensex«, dass man ihn vorher gründlich plant. Der Plan beinhaltet das Setting, die Rituale, die Garderobe, das Spielzeug, die Ausrüstung, vor allem aber die geheimnisvolle Komponente: alles, was dunkel, schmutzig und romantisch ist. Verglichen mit der sorgfältigen Vorbereitung, die in eine BDSM-Szene mit einfließt, verläuft beim Vanille-Sex irgendwie alles plan- und ziellos. Gerade bei Feuerspielen ist eine angemessene Vorausplanung aber das A und O. Für Ihre eigene Sicherheit und die Ihres »Brandopfers« müssen alle erdenklichen Vorkehrungen getroffen werden.

Körperbehaarung

Obwohl ich mich durch Feuer unglaublich angezogen fühle und ich es liebe, wenn etwas brennt, steht es nicht auf meinem – und genauso wenig auf seinem – Spielplan, meinen Sklaven zu opfern. Feuer kann die purpurne Mitternachtswelt hinter dem Schleier auf vielfältige Weise erhellen. Man kann es in Folter-, Verhör- und rituellen Szenen einsetzen. Während eines Rollenspiels können verschiedene Darsteller und Persönlichkeiten es verwenden. Sogar die Fetischista und die Diva bauen Feuer in ihre Szenen ein. Als »Opferritual« hat Feuer einen unwahrscheinlich dramatischen Effekt, der dem Sub das Gefühl gibt, sich einer höheren Macht hinzugeben. Das Szenario mit der Heidnischen Priesterin, das ich in Kapitel 14 beschreibe, lässt sich genauso leicht mit Feuer realisieren wie mit Messern. Ich hätte ihm dafür nur die Brusthaare rasieren oder das Ritual auf seinem Rücken vollziehen müssen, wo das Entfernen der wenigen Haare nicht einmal aufgefallen wäre.

Beim Spiel mit dem Feuer sind Haare immer ein Problem, ob es nun eine prächtige, lange Mähne oder eine Glatze ist, eine behaarte Brust oder auch nur ein zarter Flaum. Jedes Haar, ob Wimpern oder Augenbrauen, Ohrhaare oder Schamhaare, jedes einzelne Haar an irgendeiner Stelle des Körpers ist brennbar und geht in null Komma nichts in Flammen auf. Ich meine wirklich in null Komma nichts und kann es nicht genug betonen. Langes Haar bindet man sicher in einem Pferdeschwanz zurück. Findet das Feuerspiel auf seiner Brust statt, sollte der Pferdeschwanz hinter ihm sein. Wird dagegen sein Rücken benutzt, legt man den Pferdeschwanz nach vorn. Sie können sein Haar aber auch hochdrehen und es mit einer Spange oder Haarklammer am Kopf feststecken, sodass es völlig aus dem Weg ist. Versuchen Sie auf keinen Fall, sein Haar mit einer Dusch- oder Badekappe oder einer anderen schmelz- oder brennbaren Kopfbedeckung zu »schützen«.

Seine Körperhaare rasiert man am besten komplett ab. Das verringert die Gefahr um einiges, aber der Nervenkitzel bleibt erhalten, weil Feuer immer gefährlich wirkt. Dringend abraten möchte ich Ihnen davon, Feuer an seinen Genitalien einzusetzen, selbst wenn sie rasiert sein sollten. Falls er zu den stark Behaarten gehört, die man nur schwer rasieren kann, ist dieses Spiel einfach nichts für Sie. Als Zielscheibe am ehesten noch vorstellbar ist sein Hintern, falls dieser nicht behaart ist. Wenn Sie seine behaarte Brust nicht rasieren können, bietet sich ein unbehaarter Rücken zum Spielen an. Zwar entgeht ihm dann der Kick, sich selbst brennen zu sehen – es sei denn, Sie haben Spiegel im richtigen Winkel aufgestellt –, trotzdem bleibt ihm die Empfindung und das überwältigende Gefühl, Ihnen völlig ausgeliefert zu sein. Wenn er dazu noch im gleichen Moment, in dem er die Flammen an sich spürt, im Spiegel miterleben kann, was mit ihm passiert, ist die Wirkung viel größer, als wenn er überhaupt nichts sehen würde. Außerdem wird er im Spiegel auch Sie erblicken, seine Göttin, seine Peinigerin, seine Retterin, die ihn in Brand steckt.

Umgebung und Anwendung

Zunächst gilt es, die Spielfläche von allem frei zu räumen, was Feuer fangen könnte. Stellen Sie ihn auf keinen Fall auf einen brennbaren Gegenstand wie zum Beispiel ein stoffbezogenes Sofa oder eine Holzbank. Bitte kein Tischtuch verwenden, wenn er auf einem Tisch stehen soll. Ein absolutes Verbot herrscht auch für Kissen, Stoffe und Vorhänge – eben alles, woran eine Flamme hochschlagen und sich ausbreiten kann. Denken Sie beim Spielen immer daran, dass Feuer eine launische und unberechenbare Naturgewalt ist, die Sie zu beherrschen versuchen. Ich rate Ihnen dringend, Ihren Verbandskasten und einen *Feuerlöscher* griffbereit zu haben. Die Vorteile des luftdichten Behälters, dessen Gebrauch ich Ihnen nur empfehlen kann, haben wir ja bereits erwähnt. Prima! Als Nächstes geht es darum, den Alkohol auf seinen Körper aufzutragen, ohne ihn überall zu verschütten. Die Perverati empfehlen Wattebäusche, Ohrenstäbchen oder einen schwammartigen Einweg-Lidschatten-Applikator. Tauchen Sie den Wattebausch in den Alkohol und drücken Sie überschüssige Flüssigkeit heraus, bevor sie heruntertropft. Sie wissen ja vom Nagellackentferner, wie das geht! Es ist dieselbe Technik. Sobald Sie den Wattebausch eingetaucht und ausgedrückt haben, wird der Behälter wieder verschlossen und weggestellt. Als Nächstes malen Sie ihm mit dem Wattebausch, den Ohrenstäbchen oder dem Lidschatten-Applikator Muster, vielleicht auch Ihre Initialen, auf die Brust, den Rücken oder den Hintern. Bringen Sie aber *auf keinen Fall* Alkohol auf oder in die Nähe seines Gesichts!

Nachdem Sie ihm etwas aufgemalt haben, wollen Sie das Feuer entzünden. Verwenden Sie *niemals* Streichhölzer, denn fliegende Schwefelteilchen könnten eine Gefahr darstellen, wenn sie auf dem Alkohol landen. Ebenso *tabu* sind Grillanzünder, auch wenn die Ihnen beim Anstecken von Kerzen nützliche Dienste erweisen. Sturmfeuerzeuge sind ebenfalls tabu! Deren Flammen sind nicht gleichmäßig und lassen sich nicht regulieren. Ich verwende ein ganz normales Feuerzeug auf kleiner Flamme, das ich anmache, bevor ich seinen Körper damit berühre. Ich regle die Flamme noch einmal nach und halte sie dann an die Stellen mit dem Reinigungsalkohol. Sobald er Feuer fängt, lasse ich das Feuerzeug verschwinden, weil es ja ebenfalls brennbar ist. Die Flamme züngelt und tanzt nun an dem Muster entlang, das Sie gemalt haben. Die Empfindung, die er dabei hat, ist intensiv, aber die Flammen gehen so schnell aus (weil sie keine Nahrung mehr bekommen – der Alkohol ist verbrannt und Körperhaare gibt es nicht), dass die Folter größtenteils in seinem Kopf stattfindet. Was nicht bedeute, dass es nicht schmerzhaft wäre, denn das ist es! Bei behutsamem Vorgehen entstehen aber keine Verbrennungen, und Rötungen werden rasch verschwinden. Sollten tatsächlich Verbrennungen auftreten, empfiehlt es sich, Eis oder Beutel mit tiefgefrorenen Erbsen aufzulegen, weil diese sich sehr schön an jedes Körperteil anschmiegen. Finger weg von Butter, es sei denn, Sie wollen ihn völlig fertigmachen (was ja nicht in Ihrer Absicht liegt)! Butter kann auf der Verbrennung leicht Blasen hervorrufen. In diesem Fall müssen Sie ihn in die Notaufnahme bringen.

ELEKTROFOLTER

Scharf! Wenn ich diese Kunst praktiziere, bekommen meine Augen ein teuflisches Funkeln, und ein Ausdruck sadistischer Schadenfreude überzieht mein Gesicht. Die Sadistin in mir schlägt voll durch – eine gemeine Sadistin, voll niederträchtigem Entzücken! Wenn ich jemanden mit Schlägen züchtige, kann ich lächeln und lachen, aber bei Szenen mit Elektrofolter wird das Kind in mir wach. Und was für ein grausames und schadenfrohes Kind! Warum sonst würde ich kichernd herumspringen, während ich einem komplett in Latex eingeschnürten Menschen Elektroschocks verpasse, der kopfüber mit am Boden gefesselten Händen aufgehängt ist? Nur seine Genitalien sind für die Folter entblößt.

Der Violet Wand

Mein Lieblingsspielzeug beim Elektrosex ist der Violet Wand und das TENS-Gerät. Was ich hier über den Violet Wand schreibe, unterscheidet sich stark von der Feuer-und-Violet-Wand-Technik, auf die ich in diesem Kapitel weiter unten eingehen werde. Es handelt sich um eine zahmere Version, weil kein Feuer im Spiel ist. Der Stab selbst wird in einem Köfferchen, in der Regel mit vier oder fünf Zubehörteile, geliefert: einem Rechen, einem Stab und großen und/oder kleinen Glaselektroden, die neben der bekannten Pilz- oder Spiralform auch weitere fantasievolle Formen aufweisen können. Die besten Violet Wands sind mit einem Ein/Aus-Schalter versehen. Modelle ohne Schalter gehen sofort an, wenn man sie mit der Steckdose verbindet, und sind deshalb weniger sicher. Ich benutze den Violet Wand gern in stark abgedunkelten Räumen, damit der hübsche violette Schimmer, den er abstrahlt, richtig zur Geltung kommt. Die Musik drehe ich leise. Von dem Stab geht nämlich ein bedrohlich klingendes Brummen aus, das mein Sklave hören soll. Nachdem der Stab eine Weile im Einsatz war, erfüllt ein deutlich wahrnehmbarer Geruch nach statischer Elektrizität die Luft.

Der Stab ist leicht zu bedienen: Halten Sie ihn einfach in einer kurzen Distanz zu seinem Körper und bestaunen Sie das Feuerwerk. Der Violet Wand kann über der Taille, an den Nippeln und seitlich am Körper eingesetzt werden. Bringen Sie ihn aber *niemals* an oder in die Nähe des Gesichts! Wenn man den Stab hoch einstellt, gibt er Stromschläge von sich, die sich so ähnlich anfühlen, wie wenn man bei einer elektrostatischen Aufladung ordentlich eine gewischt bekommt. Und ich meine *ordentlich*! Natürlich sollten Sie nicht gleich mit der höchsten Stufe anfangen. Sie steigern die Dosis langsam und achten auf die Körpersprache Ihres Sub, die Ihnen verrät, wenn er sich an die jeweilige Stufe gewöhnt hat, es genießt und nach mehr verlangt. Dann können Sie das Gerät höher und immer höher drehen, um Ihre Lust zu steigern und das Spiel hinauszuzögern. Oder aber Sie bleiben auf einer gleich bleibend niedrigen Stufe und rütteln ihn auf, wenn er nicht schnell genug antwortet oder sich sonst irgendwie danebenbenimmt. Vielleicht wollen Sie ihn aber einfach nur springen sehen. Oder Sie verpassen ihm regelmäßige, leichte Schläge und benutzen den Stab wie eine Art Stachelstock zum Viehtreiben. Besonders reizvoll finde ich das, wenn er bei einer Bondage-Nummer hilflos gefesselt ist. Praktiziert man Bondage und Elektrofolter zusammen, muss man nur darauf achten, dass die Fesseln zwar eng genug sind, um ihn zu halten, aber doch nicht so fest, dass er sich bei unfreiwilligen Bewegungen eine Muskelzerrung zuzieht.

Das TENS-Gerät

TENS-Gerät und Violet Wand sind zwei völlig verschiedene Utensilien. Ein TENS-Gerät besitzt Einweg-Pads, die man dem Sub an den Körper heftet. Im Gegensatz zum Violet Wand mit seinen milden, elektrostatischen Stößen haben wir es beim TENS-Gerät mit echten Elektroschocks zu tun, wie sie auch bei richtiger Folter eingesetzt werden. Am schärfsten ist es natürlich, ihm diese niedlichen, kleinen Pads an die Genitalien, vorzugsweise den Hodensack, zu kleben. Da sind sie am wirkungsvollsten. Die Pads an dem TENS-Gerät sind mit Kabeln verbunden, die zu einer kleinen, handlichen Fernbedienung führen. Wenn man an den Knöpfen der Fernbedienung dreht, fängt der Strom an zu fließen – und der Spaß kann beginnen. Sie können die Intensität langsam erhöhen, ihm immer wieder Stromstöße versetzen oder zunächst auf einer Stufe bleiben, um ihm dann unvermittelt den »Kick« zu verpassen.

Beim Gebrauch des TENS-Geräts oder ähnlicher Artikel ist streng darauf zu achten, dass der Strom *auf keinen Fall* in die Nähe des Herzens gebracht wird. Das heißt, keine Kontaktpunkte über dem Herzen, an den Nippeln oder auf der Brust. Falls Ihr Sub ein Herzleiden hat, sollte er *nie* an Elektrospielen teilnehmen. In Bezug auf den Violet Wand muss man wissen, dass er *auf keinen Fall* in irgendeine Körperöffnung eingeführt werden darf. Außerdem kann er bei sehr hellhäutigen Menschen Sonnenbrand verursachen.

Spiele mit Violet Wand und Feuer

Bei einem BDSM-Event in New York sah ich diese Technik zum ersten Mal und fand sie auf Anhieb so faszinierend, dass ich sie in mein eigenes Repertoire aufgenommen habe. Die Beschreibung ist kurz, die Wirkung auf den Sub dagegen gewaltig. Es handelt sich um eine Kombination aus Feuertechnik und Violet Wand. Und so wird's gemacht: Zunächst tragen Sie vorsichtig Alkohol in beliebigen Mustern auf. Nehmen Sie dann den Violet Wand und setzen Sie die lange, dünne Glaselektrode ein, die in den meisten Sets mitgeliefert wird. Statt des Feuerzeugs lassen Sie nun den Violet Wand über seine Haut gleiten, der jetzt die Anzündfunktion übernimmt. Der Effekt ist einfach umwerfend anzuschauen und seine Reaktion ist unschlagbar. Die Empfindung ist viel intensiver als beim Einsatz von Stab oder

Feuer alleine. Aber sie geht auch sehr schnell wieder vorbei, gewöhnlich noch bevor er mit Heulen und Kreischen fertig ist.

DIE FASZINATION VON MESSERN

Mir hat mal jemand gesagt, die einzige Bestimmung eines Messers sei das Töten. In der Welt hinter dem Schleier könnte man sich angesichts der Gefahr, die mit Messerspielen verbunden ist, dieser Meinung anschließen, aber jetzt mal im Ernst! Bleiben wir mal auf dem Teppich: Jedes Mal, wenn ich ein saftiges Steak schneide, Gemüse zerkleinere, einen Kuchen oder ein Stück Obst zerteile, benutze ich ein Messer, und das alles hat mit Töten ja wohl gar nichts zu tun. Jedenfalls hoffe ich inständig, dass mein Essen bereits tot *ist*, wenn ich es schneide.

Am sichersten spielt man mit Buttermessern ohne Wellenschliff. Beachten Sie aber: Selbst ein Buttermesser kann Ihren Sub verletzen. Daher ist Vorsicht geboten. Natürlich besteht die Gefahr, dass ich ausgelacht werde anstatt Angst zu schüren, wenn ich mit einem Buttermesser vor ihm herumfuchtele. Damit erziele ich kaum den gewünschten Effekt. Deshalb behelfe ich mir mit dem alten Tauschtrick, bei dem ich die Buttermesser zunächst verstecke. Ich besitze eine hübsche Messersammlung, darunter ein Springmesser, mehrere Schwerkraftmesser, Jagdmesser, zwei ungeschliffene Samurai-Schwerter und ein fieses kleines Ding, das ein Abhäute- oder Ausbeinmesser sein könnte. Manchmal stelle ich sie offen zur Schau, damit er weiß, worauf er sich gefasst machen kann. Dann verberge ich sie und lasse sie dann plötzlich, eins nach dem anderen, vor ihm aufblitzen. Zuerst fuchtele ich mit den bedrohlicheren Messern herum und fahre ihm damit (mit dem Messerrücken) den Körper herunter; gelegentlich ziehe ich ihm auch die Messerspitze vorsichtig über die Haut, sodass eine rote Linie entsteht (die in einer Stunde, spätestens aber in ein paar Tagen wieder verschwindet – je nachdem, wie viel Druck ich angewandt habe und wie empfindlich seine Haut ist). Ich prüfe die Schärfe des Messers, indem ich vor seinen Augen Gegenstände zerschneide oder aufschlitze: ein

Seilende, einen alten Schal, Küchenfolie oder dergleichen. Männer finden Frauen, die mit Messern hantieren, sehr furchterregend und ich bin ganz versessen darauf, ihnen Angst einzujagen.

Ich hatte früher mal ein großes Kuscheltier, das ich genau vor seinen Augen mit dem fiesen, kleinen Messer in vier etwa gleich große Teile zerschnitt. Er schauderte, und sein Wimmern klang wie lieblichste Musik in meinen Ohren. Ich kündigte ihm an, ich würde ihn bei lebendigem Leib häuten und benützte das Kuscheltier nur zur Übung. Noch mehr liebliche Musik! Ich strich mit der Klinge über seinen Körper. Er zitterte und bebte wie Espenlaub, dann fing er an, laut zu stöhnen. Stöhnen gefällt mir. Als ich dann spürte, dass er es nicht mehr aushielt, vertauschte ich das fiese Messer mit dem Buttermesser. Ich packte seine Nippel und tat mit der stumpfen Seite des Buttermessers so, als wollte ich sie ihm abschneiden. Er hatte nicht bemerkt, dass ich die Messer getauscht hatte, weshalb er echte Angst hatte. So echt wie die Erleichterung, als er schließlich dahinterkam, dass es nur ein Buttermesser war! Eine tolle Geschichte zum Thema Messerspiele findet sich auch in Kapitel 14, »Rollenspiele«.

VERGEWALTIGUNG, WIDERSTAND UND ANDERE GEMEINHEITEN

Bei manchen Menschen sorgen Vergewaltigungs- oder Widerstandsfantasien für Beschämung und Verwirrung. Aber Millionen von Männern und Frauen stehen zu diesen Fantasien, ganz gleich ob sie nur im Kopf vorhanden sind oder tatsächlich gelebt werden. In der purpurnen Mitternachtswelt namens BDSM sind diese Vorstellungen weit verbreitet und beliebt. Jede Fantasie könnte eine Inszenierung und/oder eine geliebte Badenwannenfantasie sein: eine Szene, die er im Kopf mit Spannung inszeniert, für deren wirkliche Inszenierung er aber Zeit braucht. Die Vorteile von Badewannenfantasien bestehen darin, dass sich der Träumer jederzeit in ein von ihm kontrolliertes Sicherheitsnetz fallen lassen kann. Er ist zwar der Sub, aber er bleibt trotzdem immer Herr der Lage, was das wie, wo, wann und warum seiner Vergewaltigung angeht und wer sein Vergewaltiger oder Peiniger sein soll. Auch kann er die Handlung während der Fantasie jederzeit ändern oder unterbrechen. Er allein schreibt und inszeniert das Drehbuch in seinem Kopf und führt dabei Regie. Wenn er möchte, dass Sie die Szene mit ihm realisieren, müssen Sie verstehen, dass er als Bottom den Top spielen wird. Natürlich muss er zunächst einmal Ihr Einverständnis und Ihre Zustimmung zu der Ihnen zugedachten Rolle gewinnen. Die Fantasien, die man zu diesen Skripten entwickeln kann, sind herrlich gefährlich und erregend und in der erotischen Vorstellungswelt ein häufiges Thema.

Vergewaltigung

Zu Vergewaltigungsfantasien, die sich in der erotischen Vorstellung oft wiederholen, gesellt sich nicht selten ein ritueller Aspekt. Auch wenn der Ort, die Tageszeit, die Art und Weise der Vergewaltigung, ja sogar der Angreifer sich zuweilen ändern, besteht in der Fantasie des Träumers die Vorstellung, für einen höheren Zweck oder durch ein höheres Wesen vergewaltigt zu werden, was dem Ganzen eine rituelle Note verleiht. Wenn man sich danach sehnt, von einer Göttin, einem höheren weiblichen Wesen, einer Königin oder gar von einer Außerirdischen aus dem All vergewaltigt zu werden, deren Macht die seine übersteigt, hat die Fantasie rituelle Züge angenommen. Die Vergewaltigung erhebt einen nämlich in eine Stellung, die ähnlich der eines Opfers ist. Wie gesagt, spielen rituelle Handlungen bei manchen BDSM-Spielen eine wichtige Rolle. Da sich unsere Fantasien ständig neu erfinden, das erotische Hauptmotiv aber dasselbe bleibt, ändern wir das Szenario und die Kulisse, um unsere Fantasien frisch und aufregend zu erhalten.

Erfahrungssuchende, die es etwas ausgefallener mögen, ziehen es vielleicht vor, ihre Vergewaltigungsfantasien in einem sicheren Rahmen auszuleben, sie mit der Domina abzusprechen und zu planen. Spiele in diesem Bereich erfordern mehr Mühe, was die Zusammenarbeit anbelangt. Es reicht nicht aus, dass Sie als Domina die Kontrolle übernehmen. Ein derartiges Spiel kann an empfindliche Punkte in seinem Unterbewusstsein rühren. Deshalb hat er ein absolutes Mitspracherecht, was den weiteren Ablauf betrifft. Vielleicht hat er ein Problem mit Homosexualität oder irgendein unbewältigtes Kindheitserlebnis, das er in der Vergewaltigungsszene aufarbeiten will. Natürlich finden bei den Spielen keine wirklichen »Vergewaltigungen« statt. Es geht vielmehr um sorgfältig geplante Szenen, deren Ablauf der Sub fast ausschließlich allein bestimmt. Er hat das Recht, die Details der Szene festzulegen und Ihnen als seiner Mitverschwörerin genau zu sagen, was, wie, wo und wann mit ihm geschehen soll. Und selbstverständlich ist er berechtigt, die Szene jederzeit abzubrechen. In gleicher Weise muss die Domina gewillt sein, ihre Rolle zu spielen, und ihr Einsatz und ihr Verständnis für die tiefere Bedeutung der Szene sind nicht nur hilfreich, sondern absolut wünschenswert, besonders wenn er spürt, er könnte während der Szene an seine Grenzen stoßen. Aber es ist bei dieser Szene immer ein Stück weit so, dass der Sub als Bottom den Top spielt.

Während manche Subs in einer Vergewaltigungsszene Traumata aufarbeiten wollen, finden andere es einfach scharf, ihre Vergewaltigungsfantasien umzusetzen. Ihnen geht es bei der Inszenierung allein um den Adrenalinstoß, wenn sie von Ihnen gepackt und auf den Boden oder aufs Bett »geschleudert« werden und Sie ihnen die Kleider vom Leib reißen, um das prickelnde Entsetzen, wenn Sie ihm mit der Hand den Mund zuhalten, und um die spirituelle Unterwerfung durch die Verletzung seines realen Körpers. Der Unterwerfung kann ein wirklicher Kampf mit seiner »Vergewaltigerin« vorausgehen, in dem Sie schließlich die Oberhand gewinnen, ihn gewaltsam besteigen und ihn mehrfach hintereinander missbrauchen. Eine andere Fantasie kann sein, dass er sich überhaupt nicht wehrt, sondern nur bittet und bettelt, sich duckt und vor Angst zittert, während Sie ihm als Vergewaltigerin die Kleider aufschlitzen oder herunterreißen.

Andere Subs inszenieren eine Vergewaltigung, weil sie auf Demütigung und brutalen Sex stehen. Vergewaltigung ist eine Fantasie, bei der sich beides leicht kombinieren lässt. Stehen bei einer Vergewaltigungsfantasie Demütigung und Angst als Aphrodisiakum im Vordergrund, können verbale Drohungen und höhnische Ankündigungen bevorstehender Folterqualen die handgreifliche »Brutalität« einer Vergewaltigung ersetzen: Bondage, Schläge ins Gesicht, körperliche Einschüchterung und mögliche Folter. Nach einer solchen Szene braucht er von Ihnen alle erdenkliche Liebe und Unterstützung. Seien Sie bei diesem Nachspiel so fürsorglich und verständnisvoll wie irgend möglich.

Eine Vergewaltigungsfantasie lässt sich richtig heiß und äußerst glaubhaft inszenieren. Aber auch in der Hitze des Gefechts dürfen wir nie vergessen, dass es eben nur eine *Fantasie* ist. Egal wie sehr Sie dabei in Fahrt kommen: Die vorher vereinbarten Grenzen müssen stets eingehalten werden, und wenn es ihm einfällt, sein Safewort oder –signal zu benutzen, müssen Sie sofort mit allem innehalten. Vergewaltigungsfantasien, die mit einem liebevollen Partner umgesetzt werden, bieten Gelegenheit, ein früheres Missbrauchsszenario neu zu schreiben und es in eine erlösende Erfahrung zu verwandeln. Die Inszenierung kann aber auch lediglich dazu dienen, die heißen Sexfantasien auszuleben, die in den Köpfen so vieler Menschen vorhanden sind. Gehen Sie zunächst behutsam vor und dann: genießen, genießen, genießen!

Widerstandsszenen

Es gibt viele Widerstandsszenen und viele Rollen, die man in ihnen spielen kann, aber am beliebtesten sind wohl eindeutig Verhörszenen. In einer Verhörszene stellt die Domina die respekteinflößende Verkörperung von Macht dar. Sie kann als Polizist, als General einer feindlichen Armee, als Ninja, Folterknecht oder sogar als anklagender Staatsanwalt auftreten. Viele Männer lieben Szenen, in denen die personifizierte Macht (die Domina) eine Uniform oder ein zur Rolle passendes rituelles Kostüm trägt. Wenn ich mit meinem Sklaven Verhör- und Widerstandsszenen spielte, trug ich gewöhnlich eine Latex-Uniform, eine Militärmütze, Fetisch-Plateauschuhe und Handschuhe. Meine einsträngige Peitsche hatte ich um meine Hüfte geschlungen, um ihm einen einprägsamen ersten Eindruck der bedrohlichen Lage zu vermitteln. Daneben brachte dieses Accessoire meinen flachen Bauch prima zur Geltung. Mit der Zeit fand ich heraus, dass es herrlich erniedrigend für ihn war, wenn ich ihn eigenhändig auszog, statt ihm, wie bei Inspektionen üblich, den Befehl dazu zu geben. Von mir entblößt zu werden, gab ihm das Gefühl größerer Machtlosigkeit. Während ich ihm langsam ein Kleidungsstück nach dem anderen unsanft vom Leib riss, entstand bei ihm der Eindruck, mir auf Gedeih und Verderb ausgeliefert zu sein und keine Chance zu haben, mir, seiner Peinigerin, seiner Geiselnehmerin, seiner Herrin, zu entkommen.

In anderen Fantasien nimmt der Sub Rollen an wie »Beschuldigter unter Mordverdacht«, »Spion« oder »Gefangener«. Er könnte einen Internet-Surfer darstellen, der in den Zentralrechner einer streng geheimen Antiterror-Organisation eingedrungen ist, und in der Annahme, es handle sich nur um ein Computer-»Kriegsspiel«, Angriffe unternommen hat, von denen er nicht wusste, dass sie echt waren, und damit ein großes Durcheinander verursachte. Vielleicht hat er auch als Hacker Regierungsgeheimnisse geknackt und ist dabei erwischt worden, wie er sie verkaufen wollte. Oder er ist von Gangstern gekidnappt worden, die umsonst an die Geheimnisse heranwollen. Er könnte auch der Hauptverdächtige in einer Mordserie an Frauen sein. Oder ein Kriegsgefangener. In jedem Fall dreht es sich bei dem Spiel um Folgendes: Er hat Informationen, zumindest aber weiß er etwas, das Sie wissen wollen, und Sie foltern ihn, um die gewünschte Information aus ihm herauszupressen: nukleare Geheimnisse, ein vergrabener Schatz oder sein zweiter Vorname. Sobald Sie die Information erhalten haben, können Sie als seine Peinigerin entscheiden, dass er lügt oder dass die Information falsch oder unvollständig ist, was Ihnen beiden noch mehr lustvolle Folter garantiert.

Die Wege zu Widerstandsszenen sind vielfältig und bieten erfindungsreichen Menschen ein weites Feld zur Erkundung. Der Reiz liegt aber auch unbestreitbar darin, dass der Sub auch hier wieder seiner Verantwortung enthoben und von seinen Schuldgefühlen befreit wird. Als Sub erteilt er sich selbst die Erlaubnis, sich zu wehren, sich hängen zu lassen, zu schreien, zu wimmern, wegzurennen, sich vor Angst zu ducken, zu winseln, zu brüllen, zu drohen oder zu betteln – wonach auch immer ihm zumute ist. Das kann eine reinigende, ja kathartische Erfahrung für ihn sein, und manchmal fühlt er sich noch Tage später entspannt und sexy. Auch Sie werden den Machtrausch noch einige Zeit spüren, wenn auch nicht so lange. Auf diese Art von Spiel steht nur eine Domina, die ihre eigenen Grenzen erweitern will, auch um den Preis, dass es ein wenig fies wird. Hab ich's schon gesagt? Ich liebe es, wenn's fies wird.

Diese Szenen können zwar unglaublich heiß sein, aber wenn man sie bis zum Äußersten treibt, wird es manchmal für beide emotional riskant, insbesondere für den Sub, der vielleicht mit Problemen konfrontiert wird, die er Ihnen gar nicht verraten hat. Ungezogener Junge! In den Karzer mit ihm! Es kommt vor, dass den Sub im Verlauf einer Szene Panik, Angst oder Zorn auf die reale Welt befällt. Diese Gefühle haben in unserem Fantasieland aber nichts zu suchen. Sie gehören in die reale Welt und sollten auch dort geäußert und gelöst werden. Wenn ihm während einer Widerstandsszene solche Gefühle hochkommen, haben Sie die Wahl: Entweder Sie brechen die Szene ab oder Sie spielen sie durch. Wenn er dann sein Safewort gebraucht und die Szene von sich aus stoppt, bringen Sie ihn dazu, Ihnen sein Problem, seine Gefühle, Bedenken oder Ängste so gut es geht anzuvertrauen. Sie wissen ja, wie Männer in dieser Hinsicht ticken. Sie lassen sich jeden Wurm einzeln aus der Nase ziehen. Auch den Gesprächigeren unter ihnen fällt es schwer, diese Dinge in Worte zu fassen, und es braucht etwas Zeit, bis er sich mitgeteilt hat.

Wenn man ihn dazu bringt, über das Problem zu reden und es als Problem zu erkennen, ist es schon halbwegs gelöst. Fragen Sie ihn nach dem, was er Ihnen schon erzählt hat, und stellen Sie dann weitere Fragen, die sich auf seine Antworten beziehen. Nachdem er sich geäußert hat, fügen Sie die Geschichte im Kopf zusammen und wiederholen sie in Ihren eigenen Worten. Wenn er mit Ihrer Darstellung nicht einverstanden ist, diskutieren Sie weiter darüber und versuchen Sie, das Problem aus verschiedenen Blickwinkeln zu beleuchten. Stimmt er schließlich Ihrer Interpretation seiner Worte zu, haben Sie eine Grundlage, auf der Sie aufbauen können.

Um einiges riskanter ist es, die Szene bis zum Ende durchzuspielen, um zu sehen, was passiert. Bei einer knallhart durchgezogenen Szene kann es zu emotionalen Ausfällen kommen, und Sie müssen beide sicher sein, dass Sie dafür bereit sind und mit der Situation klarkommen. Anfängliches Schreien, Kämpfen, Betteln, gelegentlich sogar ein Wutausbruch während einer Szene erweisen sich später vielleicht als unheimlich erlösend für ihn, aber sind Sie zum jetzigen Zeitpunkt darauf vorbereitet? An manchen Tagen lasse ich es gern etwas ruhiger angehen. Und was ist, wenn Sie sowieso schon gestresst sind? Wird eine solche Szene dann nicht noch mehr Stress verursachen oder kann sie sogar helfen, Stress abzubauen? Wenn Sie den Eindruck haben, er könnte mit seinem Widerstandsspiel in die gefährlichen Untiefen seiner psychologischen Grenzen geraten (die gewöhnlich urplötzlich auftauchen) und sich über ihre Macht nicht im Klaren oder unsicher fühlen, dann müssen Sie ihm als Domina vor der Inszenierung der Fantasie eindringlich zu verstehen geben, dass solche Reaktionen möglich sind.

Wenn Sie Vergewaltigungs- oder Widerstandsszenen spielen, wollen Sie vielleicht ein paar neue Regeln an der Hand haben, die besonders auf solche Spiele abgestimmt sind: Verhaltensweisen wie kämpfen, herumstrampeln, Beleidigungen ausstoßen oder mit passenden Sätzen aufmucken, können getrost als Zeichen gewertet werden, dass alles in Ordnung ist und ganz nach Wunsch abläuft!

9. KAPITEL

Famose Fetische:

Der Fetischist in der BDSM-Szene

ICH BIN FETISCHISTIN – DAS SAGE ICH GANZ LAUT ...

Ich bin Fetischistin und stolz drauf. Ich bin es gern, und begrüße Fetischisten überall mit offenen Armen. Fetischisten, die oft nur als Liebhaber von Kerkerspielen missverstanden werden, nehmen in unserer weltumspannenden Sippe einen wichtigen Platz ein. Warum sollten wir Latex tragen, wenn wir keinem Fetisch anhängen würden? Ein Kleiderfetischist zieht sich immer unglaublich scharf an. Wer würde wohl unsere armen, müden Füße waschen, massieren und mit Lotion einreiben, wenn nicht der Fußfetischist? Wer würde uns dieses sündhaft teure Schuhwerk kaufen, wenn wir keine Stiefel- oder Schuh-Fetischisten hätten? Wer würde für uns den Aschenbecher spielen, wenn nicht ein Rauchfetischist? Wen dürften wir sonst halbtot kitzeln? Wer würde unser Haar, unsere Handschuhe oder unsere Strümpfe verehren, wenn es keine Fetischisten gäbe? Seien wir ehrlich: Ohne sie wäre unsere Welt viel langweiliger!

Mein absoluter Lieblingsfetisch ist Latex, dann folgen in unbestimmter Reihenfolge: Opernhandschuhe, Abendkleider, Korsetts, Rauch (ja, ich rauche immer noch und stehe voll dazu) und natürlich Schuhe, aber das ist ein rein weiblicher Schuhfetisch, der nichts mit dem Schuhfetisch eines Sklaven zu tun hat. Außer meinem Latexfetisch haben sich alle anderen Fetische in meiner Kindheit entwickelt. Damals gab es im Fernsehen noch Zigarettenwerbung, in der man rauchende Männer und Frauen sah. Die wirkten auf mich so glamourös, so sexy, dass ich mir gleich eine ganze Schachtel kaufte. Ein Mann, der raucht, wirkt noch heute unwahrscheinlich sexy auf mich und bekommt auf meiner Bewertungsliste einen dicken Pluspunkt. Die Opernhandschuhe und Abendkleider, in denen die dünnen Models meiner Kindheitstage in gekünstelten Stellungen posierten, empfand ich als den Inbegriff von Glamour. Als Erwachsene entwickelte ich den Fetisch, mich beim Spiel in dieser Weise aufzutakeln. Den Schuhfetisch hatte ich wohl von Geburt an. Schon als kleines Kind war ich extrem pingelig bei der Auswahl meiner Mary Janes, welchen Stil und Schnitt sie hatten und welche Art von Knöpfen daran sein sollten. Und wie war das mit dem Korsett? Na, da stehe ich natürlich unter dem Einfluss von Scarlett O'Hara in *Vom Winde verweht*.

Wie die meisten meiner Fetische haben auch die Fetische vieler, vieler anderer Menschen ihre Wurzeln in der Kindheit. Die älteren Ausgaben des *DSM* (*Diagnostisches und Statistisches Handbuch Psychischer Störungen*) definieren einen Fetisch als sexuelle Obsession in Bezug auf einen nicht einschlägigen Körperteil oder Gegenstand, wie zum Beispiel Füße oder Strümpfe, und als Obsession, die ihren Ursprung in der Kindheit nimmt. Die vierte Auflage des DSM liefert noch eine zweite, erweiterte Definition, dass nämlich eine Obsession in Bezug auf einen einschlägig sexuellen Körperteil, die jemand später im Leben entwickelt, gleichermaßen unter die Definition »Fetisch« fallen kann. Wenn man daher die »Beintypen«, »Arschtypen«, »Tittentypen« und dergleichen zu den herkömmlichen BDSMern hinzurechnet, vergrößert sich die Anzahl der Fetischisten beträchtlich. Nach der Definition schien es klar, dass man einen Fetisch für einen Gegenstand oder Körperteil haben kann, aber es blieb unklar, ob sich der Körperteilfetisch auch auf einen Teil des eigenen Körpers beziehen kann. Ich ging immer davon aus, dass dem nicht so ist. So ist man vielleicht Latexfetischist (ein persönlicher Fetisch und ein herkömmliches Fetischobjekt) und Haarfetischist, aber der Haarfetisch würde nicht das eigene Haar betreffen.

Fetischismus hat sowohl profane als auch sakrale Züge, und oft geht es auch um das Brechen von Tabus – eine sehr delikate Sache. Nicht selten spielen aufwändige Rituale eine Rolle – Rituale, die Ihnen inzwischen als wesentliche Bestandteile Ihrer BDSM-Spiele vertraut sind. Da ich selbst Fetischistin bin, verstehe ich auch den Fetischismus bei anderen sehr gut. Erinnern Sie sich noch an die Unterschiede zwischen einer Kerkermeisterin und einer Fetisch-Domina? Man kann beides sein oder auch nur einen dieser Stile verstehen und genießen. Ich bin eine Fetisch-Diva und als solche empfänglich für Fuß-, Stiefel-, Schuh-, Bein-, Strumpf-, Haar-, Latex-, Leder- und Handschuh-Verehrung. Daneben bin ich ein großer Fan von Korsetts und Uniformen, bin Kitzel-Dämonin und -Folterknecht, Gaskatze (Furzerin) und

Rauchende Sirene. Weil das alles ein weites Feld abdeckt, behandle ich die Fetische in zwei Kapiteln. In diesem Kapitel geht es um Latex, Leder, Haare, Handschuhe, Korsetts, Uniformen, Kitzeln, Rauchen und »Aroma-Therapie«. Das nächste Kapitel befasst sich dann mit Füßen, Beinen, Schuhen, Stiefeln und Strümpfen bzw. Beinkleidern. In beiden Kapiteln sprechen wir über mögliche Ursachen, planen neue Szenen und hören die eine oder andere amüsante Geschichte.

Latex: Die zweite Haut

Mein absoluter Lieblings-Fetisch! Latex finde ich einfach umwerfend! Wie sehr ich es liebe? So sehr, dass ich es sogar in anderen Farben als in Schwarz kaufe! Purpur, rot, grün-metallic, elektroblitzblau, türkis und weiß sorgen für Abwechslung bei allen möglichen Latex-Accessoires wie Handschuhen oder Stulpen, Korsetts oder Taillenmiedern, Leggings, Umhängen, Mänteln und – was ich am liebsten mag – Latex-Handtaschen. Ich war es so leid, keine Handtasche zu haben, die zu meinem Latex-Outfit passte, dass ich mir extra eine anfertigen ließ! Ein wunderbares Stück, in vielerlei Hinsicht: Ich habe einen hübschen, sicheren Platz für meinen Krimskrams, ich verliere sie nie, weil ich sie an mir festbinde, und vielleicht das Wichtigste: Sie hängt so elegant an meinem linken Handgelenk herab und unterstreicht damit den typischen Diva-Look, den ich so sehr liebe.

Latex kann ein persönlicher Fetisch, aber auch die Obsession eines Fetischisten sein. Als Latexfetischistin möchte ich zunächst beschreiben, wie es als persönlicher Fetisch ist. Ich würde meine Leidenschaft für Latex und meine Leidenschaft für Schuhe gleichberechtigt nebeneinander sehen, sie aber nicht in die gleiche Kategorie einordnen. Meine Leidenschaft für Schuhe ist genetisch bedingt (haha, was für eine Super-Ausrede!), während meine Leidenschaft für Latex ein echter Fetisch ist. Ihn tragen heißt ihn besitzen und *Junge, Junge*! ist das ein tolles Gefühl! Aber das ist noch lange nicht alles.

Man zieht den Latex an und hofft, dass es den berühmten »Quietscheffekt« gibt. Der Quietscheffekt bringt einen in einen Zustand der Ekstase, in die höchste Erregung, die ein Latexfetischist erhoffen kann. Aber wie erzeugt man den Quietscheffekt? Der Zeitaufwand dafür ist zwar von Mensch zu Mensch verschieden, das Ergebnis ist aber immer dasselbe. Zunächst muss man dafür sorgen, dass man in den Klamotten tüchtig ins Schwitzen gerät. In Kombination mit einem flüssigen Gleitmittel bildet der Schweiß eine Wasserschicht zwischen dem Latex und der Haut. Eine glitschige, schlüpfrige Wasserschicht, die einen in die Lage versetzt, sich selbst durch die Kleidung hindurch zu massieren und das Kleidungsstück auf dem Körper hoch und runter zu schieben. Wenn sich dann der Quietscheffekt einstellt, weil einem durch die Zimmerwärme oder durch wildes Getanze der Schweiß aus den Poren schießt, gibt einem diese Selbstmassage durch die zweite Haut des Latex hindurch ein absolut umwerfendes Gefühl. Es lässt sich mit Worten nicht beschreiben. Ich weiß, es klingt nicht besonders erregend; aber es gehört nun mal zu den Dingen, die man am eigenen Leib erfahren muss, um sie zu verstehen. Eins kann ich Ihnen aber versichern: Es *ist* erregend und wie! Ein Lustschauer nach dem anderen jagt einem den Rücken herunter, während man sich selbst durch die zweite Haut hindurch streichelt. Wer hätte wohl gedacht, dass man allein im stillen Kämmerchen derart auf seine Kosten kommen könnte? Außerdem hat Latex seinen ganz eigenen Duft, und wenn man ihn auszieht, hält sich der Latex-Geruch noch eine ganze Weile auf der Haut.

Der Fetischist, der eine Latexfetisch-Diva verehren will, hat vielleicht auch noch andere Latex-Interessen. Ein milde ausgeprägter Latexfetischist wünscht sich vielleicht, Ihnen Ihr Latexkostüm zu polieren – ob Sie es dabei anhaben oder nicht, bleibt Ihnen überlassen. Wenn er aber Ihr fester Partner ist, lassen Sie ihn ran, während Sie es am Körper tragen! Dann werden Sie das erleben, was ich einfach nicht beschreiben kann, das Gefühl des Quietscheffekts, das noch viel intensiver ist, wenn jemand anders sich an Ihnen zu schaffen macht. Da Sie zu Hause sind, können Sie im Zimmer gut einheizen, und weil er nackt ist, wird auch er sich wohl fühlen. Andernfalls soll er Ihretwegen ruhig ein bisschen leiden! Sorgen Sie dafür, dass Sie reichlich Wasser oder Saft zur Hand haben. Sie müssen ja das ganze Wasser, das Sie herausschwitzen, auch wieder auffüllen.

Wenn er Ihren Latex poliert, sollte er es tun, als ob er Ihnen eine gute Massage gibt, und keinen Mist bauen, wie Männer es so oft tun. Ich habe aufgehört, meinen Latex zu pudern (Puh! War das immer eine Schweinerei!) Ich bevorzuge jetzt eine flüssige Produktreihe, die ein Gleitmittel und einen Conditioner umfasst. Beides trägt man auf die Innenseite des Kleidungsstücks auf, bevor man es in den Schrank hängt oder anzieht. Geben Sie auch ein paar Tropfen von Hand auf die Außenseite, das verleiht vielen Latex-Ballkleidern einen Glanz, der monatelang anhält. Das flüssige Gleitmittel ist eine großartige Neuheit, die den Quietscheffekt erheblich verbessert. Keine käsige Schmiere mehr auf der Innenseite des Kleidungsstücks oder klebrige, kleine Klümpchen auf der Haut! Es spendet der Haut sogar Feuchtigkeit, während man das Kleidungsstück trägt. Um sich selbst wohler zu fühlen, sollten Sie also die Innenseite mit dem Gleitmittel einreiben, außen dient es Ihnen als Glanzmittel. Die Poliertechnik Ihres Sub sollte sich anfühlen wie eine gute Massage. Halten Sie sich an irgendetwas fest, damit Sie nicht das Gleichgewicht verlieren – wenn es sein muss, an seinen Haaren. Er soll sich ruhig mal richtig ins Zeug legen. Wenn er ein richtiger Latexfetischist ist, wird er begreifen und nachempfinden können, was der Quietscheffekt für Sie bedeutet, und Ihnen zuliebe keine Mühe scheuen.

Ein Hardcore-Latexfetischist oder Gummifetischist ist mehr an Latex für sich selbst interessiert als für Sie. Es gefällt ihm vielleicht auch, wenn Sie es tragen, aber sein eigentlicher Wunsch ist es, selbst mit Latex umschlossen zu werden. Wie die beiden Latexfetischisten, die ich in *Die Kunst der Weiblichen Dominanz* beschrieben habe, steht ein Gummifetischist darauf, sich in eine Latexschicht nach der anderen einhüllen zu lassen. Wenn er dann fest darin steckt, wünscht er sich vielleicht eine Spielszene, die zwischen harmlos bis heftig rangieren kann. Oder er will in seiner Latexhülle einfach nur ein Fußballspiel anschauen. Für den wahren Gummifetischisten ist es vielleicht schon eine Szene, wenn er den Latex nur an seiner Haut spürt und dem Quietscheffekt entgegenfiebert. Für die anderen, die spielen wollen, kommen Szenen infrage wie: ausweglose Bondage, Natursekt, Sinnesentzug, Sinnesreize, Aufhängung und dergleichen mehr.

Für den Latexfetischisten, der mehr will als sein Fetischmaterial nur zu polieren, zu beschnuppern und die Frau darin zu verehren, gibt es je nach Geldbeutel eine Riesenauswahl an Spielzeug, mit dem man seine Spiele gestalten kann. Konventionelle Latexhauben, Zwangsjacken, nicht aufblasbare Bodybags, Knebel und dergleichen sind immer noch beliebt, aber die Begeisterung für aufblasbare Accessoires nimmt zu. Aufblasbarer Latex ist der aktuellste Kinky-Trend, der sich wunderbar mit Sinnesentzug und Isolation kombinieren lässt. Aufblasbare Latex-Spielsachen sind im Handel in allen Variationen erhältlich, von den kleinen, aber sehr interessanten aufblasbaren Dildos und Buttplugs bis hin zu voll aufblasbaren Bodys, von aufblasbaren Knebeln bis zu »Vakuumbetten« und vielen Dingen dazwischen.

Leder

Ah! Der Mief von ungewaschenem Leder! Zwar ist Leder wahrscheinlich *das* ursprüngliche Fetisch-Material, und viele tragen es mit und ohne Fetisch-Hintergrund, aber ich muss gestehen, dass ich in punkto Fetisch-Garderobe das Interesse daran weitgehend verloren habe. Ausnahmen davon sind Lederschuhe, Handschuhe, Handtaschen und Jacken oder Mäntel. Ich verstehe den Fetisch vollkommen, bloß mache ich mir nichts mehr daraus. Warum? Gründe gibt es einige. Das erste Stichwort ist Süd-Florida und Europa. In Süd-Florida ist es heiß und bestimmte Europäer nehmen es mit dem Waschen nicht so genau. Wenn also heißes Klima und/oder mangelnde Körperhygiene mit verschwitztem Leder zusammentreffen, entsteht ein unglaublicher Gestank, der besonders widerlich ist, weil er meistens von Männern ausgeht. Männern haftet ohnehin schon ein latenter Schwanzgeruch an. Wenn sie dann aber noch in ihre Lederhosen schwitzen, sticht einem der Schwanzgeruch auf zwei Meter Entfernung in die Nase. Der Schweiß trocknet und die Hosen stinken weiter, auch wenn ihr Besitzer sie längst ausgezogen hat. Keiner verschwendet auch nur einen Gedanken daran, die Ledersachen chemisch reinigen zu lassen. Sie laufen einfach weiter damit herum und stinken aus allen Knopflöchern. Als wir einmal abends in einem Club waren, mussten meine Freundin und ich auf die andere Seite der Tanzfläche flüchten, nur um unsere Nasen vor einem Haufen dieser übel riechenden Zeitgenossen in Sicherheit zu bringen.

Als Frauen sind wir uns der Bedeutung von Körperpflege mehr bewusst. Erstens sind wir reinlicher in Bezug auf unseren Körper, und zweitens achten wir wohl mehr auf die richtige Reinigung und Pflege unserer Kleidung. Das gibt uns die Gewissheit, dass nicht *wir* schuld sind, wenn die Nase eines anderen beleidigt wird. Ich habe zwar noch einen Haufen Lederklamotten, nehme aber keine Anfragen für Leder-Sessions mehr an. Deshalb trage ich den Kram nicht mehr. Sie werden überrascht sein, wie viele Latex-Hasser meinen, dass ich auf meinen Fotos Leder trage! Ich amüsiere mich köstlich über ihr dummes Gesicht, wenn sie erfahren, dass die Garderobe, in der sie mich so bewundert haben, in Wirklichkeit aus Latex ist.

Was tut nun also ein Lederfetischist? Eigentlich das gleiche, was ein Latexfetischist tut, mit dem Unterschied, dass es nicht so persönlich und weniger erfüllend ist, wenn er die Domina durch ihre Kleider hindurch massiert. Leder, insbesondere Fetischleder, ist nämlich unheimlich dick. Und weil aufblasbare Hauben und Bodybags nun einmal nicht in Leder hergestellt werden, wird der Lederfetischist, der auf Sinnesentzug steht, niemals die Erfüllung erleben, die man mit diesen Spielsachen erfährt. Wenn Ihr Mann einzig und allein auf Leder abfährt, prügeln Sie's aus ihm heraus oder prügeln Sie das Interesse an anderen Dingen in ihn hinein. Sie werden sich zu Tode langweilen, wenn Sie nur als pures »Lustobjekt« herumsitzen sollen, quasi als Kleiderständer für seinen Lieblingsfummel. Wollen wir von derlei anmaßenden Forderungen nicht gerade wegkommen, ihnen den Rücken zudrehen und sie hinter uns lassen? Wenn Sie kein Lederfreak sind, dann lassen Sie sich nicht durch seinen Wunsch nach Lederklamotten umstimmen, es sei denn, er ist bereit, Sie auch auf Ihre Kosten kommen zu lassen.

Miederwaren damals und heute

Wie der Schuh, so ist auch das Korsett seit Jahrhunderten Gegenstand von Faszination und Kontrolle und gleichzeitig Ursache für erbitterte Auseinandersetzungen. Manche schreiben die Erfindung des Korsetts Völkern zu, die so alt sind wie die Minoer auf Kreta und viele hundert Jahre vor unserer Zeitrechnung lebten. Es ist zwar erwiesen, dass die Minoerinnen sich die Taillen abschnürten, um schick und schlank auszusehen, aber sie benutzten dazu Stoffstreifen ohne Stützen oder Schnürbänder, keine Korsetts, wie wir sie heute kennen. Wir wissen auch, dass die Frauen im alten Rom und in Pompeji Stoffstreifen benutzten, um sich die Brüste abzubinden. Erst im Mittelalter entwickelte sich ein differenzierterer Zuschnitt für Bekleidung im Gegensatz zu den locker sitzenden Gewändern, die früher von beiden Geschlechtern getragen wurden. Ab dieser Epoche verwendeten Schneider und Näherinnen Zwickel, Säume, Knöpfe und Spitzen, um formschönere Kleidungsstücke herzustellen. Diese frühen Versuche zur Betonung der weiblichen Figur waren keine Korsetts im eigentlichen Sinn, sondern einteilige Gewänder, die vorne, hinten oder an den Seiten mit Borten versehen waren und der Trägerin ein schlankeres Aussehen verliehen. Oft wurden dadurch auch die Brüste hervorgehoben und der Taille ein sicherer Halt gegeben.

Die heute bekannten Korsetts kamen erst während der Renaissance in Italien und Spanien auf, als man bei Kleidung viel Wert auf exakten Sitz zu legen begann. Um diese Zeit ging die Elite dazu über, nicht nur Kleidungsstücke aus erleseneren Materialien, wie Samt oder Brokat, zu tragen, sondern auch Kombinationen, die sich aus einzelnen Teilen zusammensetzten: einem Mieder und einem Rock. Diese stärker figurbetonten Kleidungsstücke verlangten passende

Dessous. Viel später, im viktorianischen Zeitalter und in der Blütezeit der Miederwaren, bekam das Korsett einen schlechten Ruf als Folterinstrument, Werkzeug patriarchalischer Machtausübung und Ursache für Krankheit und Tod. Die meisten Geschichten über Frauen, die sich Rippen entfernen ließen oder zu anderen extremen Maßnahmen griffen, gehören jedoch der Märchenwelt an, sind historisch in keiner Weise belegt und haben mit der Wirklichkeit wenig bis überhaupt nichts zu tun. Ja, enges Schnüren konnte die weichen inneren Organe tatsächlich schädigen, aber wie eng sich eine Frau schnürte, blieb ja wohl ihr selbst überlassen.

Gewiss gab es ein paar Frauen, deren Taillenumfang nur noch organzerquetschende 33 oder 34 Zentimeter betrug, aber diese lagen weit außerhalb der Norm und bis auf wenige Fälle werden wir wohl nie erfahren, ob sie sich freiwillig oder gezwungenermaßen so eng schnürten. Außerdem ist es anhand alter Verkaufsbroschüren historisch nachgewiesen, dass damals 46 bis 76 cm als »Normumfang« einer korsettierten Taille galten. Das klingt mir nicht gerade so wahnsinnig eng.

Es gibt immer zwei Seiten einer Medaille, und viele verbanden mit dem Korsett durchaus positive Aspekte. Frauen aller Schichten, von der Arbeiterklasse bis hinauf in die Aristokratie, trugen Korsetts aus den verschiedensten Gründen. Gesellschaftliche Stellung, Schönheit, Körperhaltung, jugendliches Aussehen und Ehrbarkeit waren allesamt Erwägungen, die bei der Entscheidung, sich zu »schnüren«, den Ausschlag gaben. Wenn wir uns selbst nicht als Opfer oder Sklaven sehen oder denken, Korsetttragen sei verrückt, eitel oder dumm, warum sollten wir dann annehmen, dass andere Korsett-Befürworterinnen anders darüber dachten? Wenn man alle Frauen, die ein Korsett tragen oder trugen, als duldsame Opfer der Mode oder des männlichen Herrschaftsanspruchs sieht, tut man den Frauen und dem Korsett selbst Unrecht. Selbst in der Frauenbewegung gab es Geschlechtsgenossinnen, die den Gebrauch von Korsetts nicht nur verteidigten, sondern entscheidend zu ihrer Verbreitung beitrugen.

Außerdem dürfen wir einen der wichtigsten Gründe nicht vergessen, ein Korsett anzulegen: die erotische Anziehungskraft.

Wenn Frauen sich heute gerne im Spiegel betrachten und mit den Händen über ihre korsettierte Figur streichen, warum sollten unsere Schwestern in der Vergangenheit nicht ebenfalls Vergnügen dabei empfunden haben? Übrigens gibt es viele Hinweise, dass ihre Männer eine korsettierte Frau überaus sexy fanden. Zudem wurden nicht alle Korsetts hergestellt, um die Trägerin hübsch und modisch aussehen zu lassen oder sie zu kontrollieren und einzuschränken. Bei manchen spielten auch orthopädische Gründe eine Rolle, zum Beispiel, um die Wirbelsäule in eine gerade Haltung zu bringen. Orthopädische Korsetts werden bis heute von Ärzten verschrieben.

In unserer Welt hinter dem Schleier ist das Tragen eines Korsetts eine extrem sinnliche Erfahrung, die beiden Partnern höchsten Genuss bereitet. Das Korsett ist ein erotisches Kleidungsstück, das von Doms und Subs genauso getragen werden kann wie von männlichen oder weiblichen Fetischisten. Korsettträger trifft man übrigens auch unter Singles und Paaren an, die an anderen Aspekten von BDSM wenig oder kein Interesse haben. Als Fetischistin liebe ich Korsetts und Taillenmieder, überhaupt jede Art von Kleidung, die die Taille schmäler macht, und trage sie gern als Accessoires. Das Korsett an einer Domina versinnbildlicht und vergrößert ihre Macht und Autorität; es betont ihre Unnahbarkeit nach dem Motto »Sieh her, aber fass mich nicht an«. Das Korsett lässt sie noch undurchdringlicher und geheimnisvoller erscheinen. Ein Korsett ist eine lohnende Investition, die Ihre Persönlichkeit als Diva oder Grausame Frau (siehe Kapitel 12 über Masochismus) unterstreichen und Ihre Glaubwürdigkeit in dieser Rolle steigern kann. Nebenbei ist das Korsett das Nonplusultra unter den Dessous.

Das Korsett einer Domina ist ein Symbol ihrer Autorität. Bei einem Sub, der ihrer Herrschaft untersteht, kann ein Korsett als Kontrollinstrument fungieren. Eine Domina, die ihrem Sub ein Korsett anlegt, will ihn mit dieser Bondage-Variante fester im Griff haben. Dieselbe Technik lässt sich auch als Disziplinierungsmaßnahme oder als Kombination aus beidem einsetzen. Wenn *uns* das Tragen eines Korsetts schon abverlangt, uns in einer bestimmten Weise zu bewegen, damit es nicht verrutscht, sollten wir dann nicht annehmen, dass *er* dieselben Schwierigkeiten damit hat? Nur dass die Schwierigkeiten in seinem Fall schier unüberwindbar sind, schließlich verfügt er nicht über unsere jahrelange Erfahrung. Wie viele Gelegenheiten zur verbalen und physischen Demütigung oder zur körperlichen Bestrafung bieten sich hier! Ein Korsett ist auch ein wertvolles Instrument, um aus einem »Er« eine »Sie« zu machen. Dabei erzielt es einen Kombi-Effekt: Er wird diszipliniert, bekommt seinen Wunsch, wie eine Frau auszusehen, und verliert die Schuldgefühle wegen seiner Crossdressing-Fantasien.

Kitzeln

Hier haben wir es eindeutig mit dem Wohlfühl-Fetisch Nummer eins zu tun und das sowohl für die Geberin als auch für den Empfänger. Gewöhnlich handelt es sich um einen ganz spontanen Fetisch, bei dem Sie nicht vorgeben müssen, irgendwer anders zu sein als die Verführerin oder Peinigerin, die Sie ja wirklich sind. Ein Kitzelfetischist interessiert sich oft gar nicht für andere BDSM-Dinge und glaubt vielleicht sogar, dass er gar nicht in unseren Bereich fällt. Trotzdem ist es ein wirklicher Fetisch, den er ernst nimmt und bei dem auch Sie mehr auf Ihre Kosten kommen, als Sie erwarten. Wie ich schon sagte, denkt ein solcher Fetischist gar nicht, dass er in unsere Szene gehört. Aber auch bei Kitzelspielen ist ein Mindestmaß an Bondage notwendig (was er jedoch gar nicht für »Bondage« in unserem Sinn hält). So kommen Sie nicht umhin, seine Hand- und Fußgelenke sicher an die Bettpfosten zu fesseln, es sei denn, der Spielplan sieht eine wilde Verfolgungsjagd durchs Zimmer vor. Achten Sie darauf, das Seil nicht zu straff zu spannen, damit er sich hin und her werfen kann. Ein absolut köstlicher Anblick, wie er zappelt und zuckt – und schon ist es wieder da, dieses berauschende Machtgefühl!

Sie können ihm mit unzähligen Gegenständen zu Leibe rücken: mit Ihren Haaren, einer Feder, ganz egal. Das Beste von allem sind aber Ihre Fingerspitzen und Fingernägel. Jeder ist wohl an anderen Stellen besonders kitzlig, aber einige Stellen sind absolut sicher.

Am besten beginnt man unter den Achseln, an den Fußsohlen oder irgendwo an Rippen oder Bauch. Auf diese Körperpartien kann man jederzeit zurückgreifen, wenn es an anderen Stellen nicht die erhoffte Wirkung zeigt. Diese drei Zonen benutzen Sie quasi als Sprungbrett und erschließen sich nach und nach andere kitzlige Bereiche. Irgendwann während der Sitzung werden manche Kitzelfetischisten so empfindlich, dass mehr oder weniger ihr ganzer Körper für die Kitzelattacken empfänglich wird. Sie brauchen dann nur noch Ihren gekrümmten Finger in die Nähe des Kandidaten zu bewegen, um ihm weitere Lachanfälle zu entlocken, tränende Augen inklusive.

Der glückliche Max

Zu meinen Kunden zählen zwei Kitzelfetischisten, deren Fetisch sich jeweils unterschiedlich manifestiert. Für Max, den ersten Sklaven, ist Kitzeln ein Mittel zur Entspannung und zum Stressabbau, nach dem Grundsatz, dass Lachen gut für die Seele ist. In Max' Fall trifft das sicherlich zu, auch wenn ich selbst nicht das Kitzelopfer bin. Eines Tages, als Max zum Kitzeln kommen sollte, hatte ich als kleines Schmankerl eine Freundin eingeladen. Sie war da, bevor er eintraf, und wir erwarteten ihn in schwarzen Stringtangas, BHs und Stöckelschuhen. Seine Augen leuchteten wie ein Weihnachtsbaum, als ich die Tür öffnete und er uns beide erblickte. Wir fassten ihn am Arm und führten ihn ins Zimmer, wo wir anfingen, ihn bis auf die Unterwäsche auszuziehen, und ihn dann mit Händen und Füßen an den Bondage-Tisch zu fesseln. Bereits zu diesem Zeitpunkt war er schon völlig aus dem Häuschen, dabei hatten wir noch gar nichts gemacht. Was beweist, dass der Geist tatsächlich über die Materie triumphiert, und sein Geist arbeitete auf Hochtouren. Er war ganz hysterisch vor Lachen, noch bevor wir mit dem Fesseln fertig waren. Und dann begann der eigentliche Spaß.

Wir hatten jetzt vier Hände zum Kitzeln. Wir konnten uns an einer Stelle zusammenrotten oder ausschwärmen und jede eine Seite übernehmen, eine am Kopfende, die andere am Fußende. Oder wir umkreisten ihn. Manchmal setzte sich eine von uns auf ihn, um ihn körperlich zurückzuhalten, während die andere richtig loslegte. Den Möglichkeiten waren keine Grenzen gesetzt und wir hatten den Auftrag, sie allesamt auszuloten. Das taten wir so gründlich, dass sein Gelächter, ein echtes, unverfälschtes Gelächter über das reine Vergnügen, gekitzelt zu werden, ansteckend wurde und auf meine Freundin und mich übersprang. Der Lachanfall überwältigte uns dermaßen, dass wir ihn nicht weiterkitzeln konnten. Meine Freundin hielt sich den Bauch und krümmte sich vor Lachen, während ihr Tränen das Gesicht herunterliefen. Ihr Anblick gab mir den Rest. Ich konnte mich nicht zurückhalten. Es musste raus, bevor ich platzte. Ich wurde von einem Lachkrampf erfasst, dass ich mit dem Hintern auf den Boden fiel und nicht mal mehr hochkam.

Als Max sich verabschiedete, hatte er das breiteste Grinsen im Gesicht, im wahrsten Sinn des Wortes bis über beide Ohren, und meine Freundin und ich waren in Hochstimmung. Wie kann da noch etwas schiefgehen, wenn man den Tag mit so herzhaftem Lachen beginnt?

Die Leiden des Wade

Wade, mein anderer Kitzelfetischist, hat völlig andere Motive, sich kitzeln zu lassen, als Max. Während Max das Kitzeln zur Stressbewältigung dient, ist es für Wade eine Möglichkeit, für die Herrin zu leiden. Vielleicht will er sich damit von einem unausgesprochenen Schuldgefühl befreien oder ein Kindheitserlebnis noch einmal durchspielen. Er will zwar lachen, aber wenn er es tut, muss er leiden. Ich nenne ihn einen masochistischen Kitzelfetischisten, der auch auf Demütigung steht. Wades erste Rolle, die er in einem Szenario spielte, war »Gefangener der Amazonenkönigin«, wobei dieser spezielle Amazonenstamm Kitzeln als Foltermaßnahme einsetzte, um an Informationen zu gelangen. Wade wurde dabei erwischt, wie er den Amazonen beim Baden nachspionierte, und auf dieses Vergehen stand die Todesstrafe. Sein Verstoß war viel zu gravierend, als dass Kitzeln zur Strafe ausgereicht hätte. Daher wurde Wade zunächst ausgezogen, verbal gedemütigt, bespuckt und gezwungen, auf erniedrigendste Art und Weise vor mir zu kriechen. Dann folgte das abgemilderte Urteil: Kitzeln bis zum Tränenfluss mit anschließender »Kastration«. Letzteres hatte ich mir nur so als kleine Zugabe ausgedacht, aber es wirkte unwahrscheinlich. Er wurde lammfromm und versuchte eisern, die Fassung zu bewahren, als ich ihn zum Tisch führte und darauf festschnallte. Ab und zu wimmerte er vor Angst und bettelte leise, ihm wenigstens die Kastration zu ersparen.

Das Kitzeln ist für Wade ein qualvoller Spaß, auch wenn er dabei lacht und sich sexuell erregt. Denn im Gegensatz zu Max, der es uneingeschränkt und offen genießt, muss Wade beim Lachen unwahrscheinlich leiden und bringt es mir als Opfer dar – Masochismus auf ritterliche Art (siehe Kapitel 12 über Masochismus). Max braucht kein Drehbuch und keinen Plan: kitzeln, kitzeln, kitzeln, bis er so hysterisch lacht, dass er es kaum noch aushält. Das ist sein Begehren. Wades Szenario der Gefangennahme durch eine überlegene Frau, nicht nur eine einfache Amazone, sondern eine Amazonenkönigin, die sein Leben verschont, nur um ihm nach der erniedrigenden Kitzelstrafe seinen lebensspendenden Penis zu rauben, ist wesentlich komplexer. Wenn ich ihn kitzle, versucht er, das Lachen zu unterdrücken, und kämpft wie der Teufel, um seine Arme zu schließen, sich an den Füßen loszureißen oder meinen kitzelnden Fingerspitzen sonst wie zu entgehen. Sein Kampf und sein vergebliches Winden sind genauso erregend für ihn wie der Umstand, gekitzelt zu werden. Er braucht die »Qual«, die darin besteht, sich gegen das Lachen zu wehren. Aber das Lachen gewinnt immer die Oberhand und erniedrigt und reduziert ihn zu einem zitternden, wimmernden und bettelnden Fleischbündel auf dem Tisch.

Worum bettelt er? Darum, dass ihm die anschließende Kastrationsstrafe erlassen wird, natürlich. Ich erlaube ihm, zu meinen Füßen auf dem Boden zu kriechen, während ich das Messer wetze und laut über sein Ersuchen nachdenke. Immerhin sei das Strafmaß bereits von der Todesstrafe auf eine Kitzel- und Kastrationsstrafe herabgesetzt worden. Seine Genitalien wären doch eine so hübsche Opfergabe für unsere Göttin, und auch wenn ich die Königin sei, so müsse ich doch dem Hohen Rat Rechenschaft ablegen. Sie würden hinterher wissen wollen, warum ich ihn so leicht davonkommen ließ. Manchmal lasse ich mich erweichen, ein anderes Mal nicht. Klar, dass ich ihm auch in letzterem Fall nichts abschneide, aber ich führe alle rituellen Vorbereitungen dazu aus: Weihrauch und Kerzen, die »Opferstelle säubern« und sie mit »kostbaren Lieblingsölen der Göttin« einreiben. In dem Zimmer habe ich auch einen kleinen Kessel, in dem seine Kronjuwelen der Göttin als Brandopfer dargebracht werden sollen. Das gefährliche Messer, mit dem ich anfangs herumhantiert habe, tausche ich irgendwann diskret und von ihm unbemerkt gegen ein harmloses Buttermesser aus. Dann fange ich an zu psalmodieren und hebe den Arm mit dem Messer hoch über den Kopf. Mit der anderen Hand packe ich sein Glied, und in einer langen, übertriebenen Abwärtsbewegung lasse ich die stumpfe Seite des Buttermessers auf den Schaft seines Pimmels niedersausen. Das gibt ihm den Rest. Damit hat er mir, der Königin, und meinem Stamm gegenüber seine Pflicht erfüllt.

Sowohl Max als auch Wade dient Kitzeln als Katharsis, als Läuterung, und sie gelangen von verschiedenen Seiten des Spielfelds aus zum selben Ziel. Ich finde beide Fetischpersönlichkeiten faszinierend und genieße es mit beiden gleichermaßen. Ich mag den Wohlfühlaspekt von Max' Fetisch genauso, wie mir der Leidens- und Dunkelheitsfaktor bei der Umsetzung von Wades masochistischer Fetischfantasie gefällt.

Rauchen

Ah, ja! Rauchen! Eine der wenigen Freuden, die mir im Leben geblieben sind, wobei es immer schwieriger wird, diesem Fetisch (der ein persönlicher Fetisch oder die Obsession eines Fetischisten sein kann) auch außerhalb meiner vier Wände oder meines Spielzimmers zu frönen. Aber gerade deshalb erfreut sich Rauchen als Fetisch inzwischen immer größerer Beliebtheit. Rückt ein Gegenstand oder eine Handlung erst einmal in die Tabuzone, stehen die Chancen gut, dass sich daraus ein Fetisch entwickelt. Aber glauben Sie mir: Ein echter Rauchfetischist erkennt ganz genau, ob Sie ein wirklicher Raucher sind oder ob Sie die brennende Asche nur zu seinem Vergnügen herumstreuen. Obwohl dieser Fetisch unzweifelhaft aus der Kindheit herrührt, war vor vielen Jahren ein formalisiertes Fetischszenario etwas sehr Ungewöhnliches, weil man einem Rauchfetisch ganz leicht und quasi beiläufig gerecht werden konnte. Rauch war einfach überall und wenn man sich nur richtig hinstellte, konnte man einen Puff-der-Zauberdrachen-Schwall jederzeit mitten ins Gesicht bekommen. Was machte es schon, wenn man niemals Asche zu essen bekam oder der Aschenbecher der Domina sein durfte? Aber die Rauchfetischvideos von damals zeigen einen Stil, der heute wieder zurückkommt, nämlich den der Rauchenden Sirene.

Meine ganze Liebe gilt Camel Turkish Jade Menthol 100 und natürlich dem ganzen Rauch-Ritual: wie ich die Zigarette genau in der Mitte des Mundes zwischen den Lippen halte; wie ich das Feuerzeug anknipse; wie ich meinen Kopf zur Seite neige, wenn ich sie anzünde, wie ich die Zigarette halte und elegant bewege; meine Zigarettenspitzen – alles weist mich als Rauchende Sirene aus. Ich persönlich empfinde den ersten Zug, der sich über Zähne und Zunge ausbreitet, das Aroma, das meine Lungen erfüllt, als wichtigen Teil meiner Lebensfreude. (Ich hoffe nicht, dass Ihnen schlecht wird, aber ich habe genauso das Recht zu rauchen, wie Sie das Recht haben, sich zu betrinken. Und glauben Sie's oder nicht: Sie sind nicht sexy, wenn Sie betrunken sind. Sie werden langsam, nachlässig und albern, unkoordiniert, unbeherrscht und noch so manches andere, was eine Frau in Ihrer Position niemals sein sollte. Beim Rauchen geraten Sie dagegen in keinen dieser unerwünschten Zustände.)

Kommen wir also zurück zum Rauchfetisch. All diese Gesetze von wegen, du darfst hier nicht mehr rauchen, du darfst dort nicht mehr rauchen, nicht einmal in Bars und Nachtclubs, haben ohne Absicht dazu geführt, das Rauchen zum Fetisch zu erheben. Ab da war der Rauchfetisch geboren, und mit ihm kehrte der alte Diven- und Glamour-Girl-Rauchstil zurück. Rauchfetischisten stehen auf die klassische Garderobe, die zu diesem Fetisch passt. Falls es der Diva gefällt, kann sie aber auch gern Latex tragen. Geprägt ist dieser Fetisch jedoch von der Eleganz vergangener Tage, als jeder, der glamourös und begehrenswert sein wollte, sich mit einer Zigarette in der Hand präsentierte, als die Damen modische Hüte trugen und kunstvoll gefertigte Zigarettendosen aus Messing und Zigarettenspitzen aus Perlmutt oder Onyx zur Schau stellten. Wenn die Diva sprach, an ihrem Drink nippte und lachte, waberte eine Rauchwolke über ihr. Wenn sie wollte, konnte sie vornehme, kleine Rauchkringel blasen, die sie noch geheimnisvoller und begehrenswerter machten, vielleicht gar eine innere Lüsternheit verrieten. Das Ganze war mit einem Hauch von Dekadenz behaftet – und Dekadenz kann extrem sexy sein.

Ein Rauchfetischist liebt alles, was mit Zigaretten und Zigarren zu tun hat, und wie bei anderen Fetischisten rangiert sein Fetisch von mild bis wild. Bei einer milden Ausprägung würde das Szenario, das ich im vorherigen Absatz beschrieben habe, perfekt funktionieren. Sie können sich ein großartiges Entree geben und ihn dazu veranlassen, Ihre Ankunft auf Knien zu erwarten. Er könnte hinter Ihnen her zum Rauchdiwan kriechen. Blasen Sie ihm Rauch ins Gesicht. Inhalieren Sie übertrieben hörbar. Als Aschenbecher bietet sich seine Zunge an. Bringen Sie ihm bei, wie er Ihnen die Zigarette anzuzünden hat (warum sollte Ihr Haar Feuer fangen, bloß weil er nicht clever genug ist zu kapieren, dass nicht *Sie* sich zur Flamme hinunterbeugen müssen, sondern dass er sie hoch genug halten muss, um Ihre Lippen zu erreichen?). Drohen Sie, ihn mit Ihrer Zigarette zu brennen, wenn er patzt.

Ein nettes, kleines Spiel, das ich gerne mit ihm und einer Zigarette spiele, besteht darin, ihm mit dem glühenden Ende meiner Zigarette die Körperhaare abzusengen. Das funktioniert natürlich nur, wenn er tatsächlich Körperhaare hat, und damit meine ich nicht ein paar dünne Härchen hier und da. Für dieses Spiel braucht er einen mindestens mitteldichten Pelz. Nachdem Sie nun ein paar Mal kurz hintereinander an der Zigarette gezogen haben, damit sie hell aufglüht, drehen Sie die Zigarette vorsichtig am Rand eines Aschenbechers, um die Asche abzuschnippen. Fahren Sie ihm nun damit am Körper entlang über die Haarspitzen. Das ist zwar nicht schmerzhaft (solange Sie keinen unkontrollierbaren

Krampf bekommen und ihn verbrennen), birgt aber den Anschein von Gefahr, und der schreckliche Gestank verbrannter Haare lässt es noch gefährlicher und erregender erscheinen. Sie können das Ganze an jeder behaarten Stelle seines Körpers machen, allerdings würde ich den Genitalbereich meiden. Falls Sie aber nicht widerstehen können, sein Schamhaar abzubrennen, empfehle ich, dass Sie ihm als Domina vor der Szene sagen, was Sie vorhaben. Wir wollen ja nicht, dass er durch die plötzliche Hitze so nah an seiner Männlichkeit vor Angst zusammenschreckt und anfängt, sich zu drehen und zu winden, mit den Hüften zu stoßen oder sich durch sonstige Bewegungen der Gefahr einer Verbrennung aussetzt. Wenn Sie es ihm sagen, wird er zwar mit etwas Furcht oder Besorgnis daran denken – was wiederum die Vorfreude steigert –, aber er wird stillhalten.

Wenn Sie's etwas wilder mögen, bringen Sie ihn dazu, Ihre Zigarettenkippe und die Asche aufzuessen. Drohen Sie ihm nicht erst damit, ihn zu brennen, sondern tun Sie's gleich (nur nicht fest, denn Brandmale von Zigaretten bleiben unter Umständen ewig sichtbar). Während Sie im Zimmer auf und ab schreiten, lassen Sie ihn auf allen vieren hinterherkriechen und Ihnen im Mund Zigaretten und Feuerzeug nachtragen. Lassen Sie ihn die Aschenbecher sauberlecken oder befehlen Sie ihm, Ihre Schuh- oder Stiefelsohlen zu lecken, nachdem Sie die Zigarette ausgetreten haben. Genießen Sie's und versuchen Sie, auch andere Aspekte in das Rauchfetisch-Szenario mit einfließen zu lassen.

Frauen in Uniform

Das Bild einer Frau in Uniform wirkt in der erotischen Vorstellungswelt eines männlichen Wesens unglaublich beeindruckend und sexy. Für den männlichen Sub wird durch eine Domina in Uniform der Machtaustausch zwischen ihr und dem Fetischisten oder Sub eindeutig klargestellt und gefestigt. Es handelt sich insofern um einen wahren Machtaustausch, als die »uniformierte« Welt traditionell von Männern beherrscht wurde und wird und Sie jetzt seine Macht ausüben. Wenn Sie eine Uniform tragen, ist das für ihn gleichbedeutend mit einem sichtbaren Tritt in den Arsch. Ihre Uniform setzt Ihnen keine Grenzen – ihre symbolische Macht erweitert auch Ihre Befugnisse. Treten Sie in Militäruniform auf, wirken Sie noch bedrohlicher und geheimnisvoller: Sie sind eine Frau, die allein mit »Göttin und Vaterland« im Bündnis steht und ohne Rücksicht auf den Mann dafür sorgt, dass die Gesetze des Landes aufrechterhalten werden. Passende Stiefel und Accessoires verleihen der weiblichen Dom eine noch größere Macht und sexuelle Anziehungskraft. Ein Mann, der einer uniformierten Domina gegenübersteht, wird in Gegenwart eines solchen Wesens bedeutungslos. Sie können die Uniform tragen und trotzdem »Sie selbst« bleiben. »Sie selbst« verkörpern dann aber die Persönlichkeit, zu der die Uniform Sie macht. Einfach ausgedrückt: Wenn Sie sich als Militäroffizier verkleiden, handeln Sie wie ein Militäroffizier, ziehen Sie sich dagegen an wie eine Krankenschwester, verhalten Sie sich wie eine Krankenschwester.

Die meisten Männer mit einem Uniformfetisch kombinieren ihren Fetisch gern mit anderen Aspekten des BDSM. Was wäre sonst die Funktion der Domina? Model für Uniformen? Anders als Latex, mit dem sich der Fetischist beschäftigen kann (z. B. indem er es poliert oder sich darin einhüllen lässt), verlangt ein Uniformfetisch förmlich danach, dass sich ihm andere Aspekte zugesellen. Rollenspiel, Folter, Verhör, Bondage und verbale und physische Demütigung eignen sich allesamt gut als Begleiter für diesen Fetisch. Sie werden beide viel Spaß haben, wenn Sie einer Party im entsprechenden Offiziers- und Untergebenen-Outfit beiwohnen.

Der krönende Heiligenschein

Da sich die Forschung mit weniger geläufigen Fetischen so gut wie gar nicht beschäftigt, kann ich mir nur selbst einen Reim darauf machen, wie sie entstanden sein könnten. Ich meine, dass auch beim Haarfetisch die Wurzeln in der Kindheit zu suchen sind. Denken Sie nur daran, wie oft es schon vorkam, dass Babys nach

Ihrem schönen, langen Haar gegrabscht haben und sich damit auf vielfältige Weise vergnügten. Sie verstecken sich darunter, ziehen daran, benutzen es, um Sie herumzuführen, und stecken es in den Mund. Ich erinnere mich an einen Nachmittag, als ich bei meiner Freundin und ihrem zehn Monate alten Sohn zu Besuch war. Er packte uns gleichzeitig an unseren langen Haaren und versuchte, sich daran baumeln zu lassen! Au! Ist es nicht denkbar, dass die kindliche Faszination beim Spiel mit Haaren diesen Fetisch begründet?

Ein Haarfetisch fällt ganz klar in die zahme Kategorie, zahm, aber höchst angenehm für Sie, weil es sich hier um einen typischen Dienstleistungsfetisch handelt. Der Sub möchte Ihr Haar bürsten, es für Sie waschen und dazu angeleitet werden, wie er es richtig trocken föhnt. Er möchte es mit Lockenwicklern aufdrehen, es mit dem Lockenstab verschönern, es beschnuppern, sein Gesicht (und möglicherweise noch andere Körperpartien) daran reiben und sich darunter verstecken. Er wird Sie bitten, beim nächsten Haarschnitt eine schöne Locke für ihn aufzuheben, und er wird Sie zum Frisör fahren und bei der Behandlung zuschauen. Er wird Ihr Haar zu einer Hochfrisur stylen – natürlich alles abhängig von seinem künstlerischen Geschick. Wenn er sich auf Haare versteht oder gar Frisör ist, haben Sie verdammtes Glück. Wenn er das Talent oder die Geschicklichkeit nicht mitbringt, können Sie sich auf einen langwierigen Anlernprozess gefasst machen, weil Männer sich in diesem Bereich erfahrungsgemäß besonders unbeholfen anstellen. Die meisten wissen nicht mal, wie man eine Bürste richtig hält, vom Fön ganz zu schweigen. Und wie alle Fetischisten, die vor dem Objekt ihrer Begierde stehen, ist er so hingerissen von der Nähe seiner Obsession, dass er allem anderen gegenüber taub, stumm und blind wird. Das ist der Augenblick, in dem ich die zweite Haarbürste hervorhole, die ich nie für mein Haar verwende – die mit dem schwarzen Kunststoffrücken und den rot ummantelten Wildschweinborsten – und ihm damit den Arsch versohle.

Ein Haarfetisch-Szenario lässt sich leicht mit weiteren Fetischen, zum Beispiel Handschuhen, Strümpfen, Kitzeln und Rauchen, aber auch mit anderen spielerischen Elementen verbinden. Wenn er gelehrig genug ist, dass Sie ihn als persönlichen Diener ausbilden können, kann seine Unterweisung in Haarpflege eine wunderbar entspannende Beschäftigung für Sie beide sein. Sie werden verwöhnt und gehätschelt, wie Sie es sich redlich verdient haben, und er ist ständig in der Nähe des Objekts seiner Begierde. Wenn er kitzlig ist, bietet es sich an, ihn in Spreadeagle-Bondage zu fixieren und in mit Ihrem Haar zu kitzeln. Das wird ihn halb wahnsinnig machen. Langes Haar tragen Sie zu Beginn der Session vorzugsweise hochgesteckt oder einfach als Pferdeschwanz. Er wird vor Begeisterung ausflippen, wenn Sie es dann im weiteren Verlauf wie Rapunzel langsam herabfallen lassen.

Handschuhe = Glamour

Zum Ursprung des Handschuhfetischs habe ich sogar noch weniger Forschungsergebnisse gefunden wie zum Haarfetisch, aber vielen Dank an alle Handschuhfetischisten, die bereit waren, mir ihre Gedanken mitzuteilen. Ein Handschuhfetisch kann ein persönlicher Fetisch sein, wie es das Tragen von Latex oder Rauchen für mich ist; genauso kann er auch das Objekt eines Fetischisten sein. Mein Handschuhfetisch ist ein persönlicher Fetisch. Mich verlangt es danach, Handschuhe zu tragen, nicht, sie zu verehren. Wenn ich sie langsam an meinen Armen hochziehe, fühle ich mich von Glamour umgeben. Sie verleihen einem Outfit Eleganz und Pep, sie halten meine Hände sauber und *warm*.

Was ich am Handschuhfetisch besonders mag, ist, dass man ihm fast immer und überall frönen kann, ohne dass jemand davon erfährt. Mein Handschuhfetisch ist nicht nur öffentlich und persönlich, sondern auch geheim. Ich versuche Fetischkleidung zu kaufen, die gut mit Handschuhen aussieht. Im Winter bevorzuge ich Lederhandschuhe, für Frühjahr und Herbst habe ich drei Paar Baumwollhandschuhe, die ich von der blauhaarigen Dame aus dem Secondhandladen als Dreingabe bekommen habe. Sehr angetan bin ich auch von Opernhandschuhen aus Stretch-Lycra, Samt oder Latex, die ich noch lieber trage, wenn ich dabei rauchen kann, und natürlich wenn ich mich aufreizend anziehe. Dabei verspüre ich nie das Bedürfnis, irgendwem von meinem Handschuhfetisch zu erzählen. Aber ... wenn ich zufällig ohne Handschuhe das Haus verlasse, gehe ich lieber zurück, statt mit dem Gefühl herumzulaufen, nur halb angezogen zu sein.

Der Handschuh als Objekt eines männlichen Fetischisten ist ein recht zahmer Fetisch, der sich gewöhnlich leicht mit anderen Fetischen und mit anderen BDSM-Aspekten kombinieren lässt. Der männliche Handschuhfetischist steht auf so vorhersagbare Dinge wie Armküssen nach Manier des Gomez Addams. Er zieht Ihnen die Handschuhe mit den Zähnen von den Fingern, massiert Ihnen durch die Handschuhe hindurch Hände und Arme, küsst sie, bittet Sie, die Handschuhe an seinem Körper zu reiben und dergleichen mehr. Sie können die Handschuhe auch dazu benutzen, ihn zu knebeln, ihm die Augen zu verbinden, seine Genitalien hochzubinden, ihm den Hintern oder die Genitalien zu versohlen und ihm eine Bondage zu verpassen. Ein Handschuhfetisch lässt sich auch gut zusammen mit anderen Fetischen inszenieren. Rauchende Sirene, Fußgöttin, Strumpfkönigin, Haardomina, Latexdiva, Lederdame und sogar der ungewöhnliche Facefarting-Fetisch sind nur einige Beispiele für Fetische, die ausgezeichnet mit dem Handschuhfetisch harmonieren.

Aromatherapie: Furzen oder nicht furzen ...

Das ist hier die Frage! Eine Domina, die diese Kunst praktiziert, wird manchmal auch als »Gaskatze« bezeichnet. Geben wir's zu: Furzen ist ein Thema, mit dem die meisten von uns gewisse Probleme haben. Als ich noch ein Kind war, hielt mich meine Mutter dazu an, ins Bad oder einen anderen ungestörten Raum zu rennen und dort zu furzen. Was für ein Unfug! Vielleicht weil ich in der Kindheit so konditioniert wurde, ist furzen, pupsen, einen fahren lassen, Gas ausstoßen, einen Koffer stehen lassen, flatulieren oder wie man es auch immer nennen will, für mich zu einer Art Fetisch geworden. Für diejenigen unter Ihnen, die ihre natürlichen Bedürfnisse mit Bestimmtheit, Überzeugung und zweifelsfrei in völliger Ungestörtheit verrichten wollen, ist dieses kleine Spiel offensichtlich nichts. Aber auch wenn es nicht Ihr Ding ist, sollten Sie trotzdem weiterlesen, weil es doch ganz unterhaltsam ist.

Im Internet bin ich in etlichen Femdom-Gruppen registriert. Die Posts der Mitglieder sind oft Anekdoten von Sitzungen, die sie erlebt haben. Viele meiner Dominanten Schwestern und Fetischistas berichten von Furzfantasien, Fantasien, bei denen der *Furz* klar das Objekt der Begierde ist. Auch ich habe schon einige Subs mit Furzfantasien kennen gelernt. Die Inszenierungen fand ich immer zum Schießen, egal wie das Drehbuch aussah, wenn es überhaupt eins gab, und meine Dominanten Schwestern empfanden es genauso. In diesen Szenarien spielt die Demütigung eine wichtige Nebenrolle, weshalb ich auf das Thema Furzen sowohl hier als auch in Kapitel 11 »Demütigung« eingehe.

Oben habe ich zwar das kindliche Umfeld als mögliche Erklärung für die Entwicklung eines Furzfetischs beschrieben. Wann oder wo der Furz dann aber Eingang in die BDSM-Szene fand, entzieht sich völlig meiner Kenntnis. Ich weiß nicht, wer der erste Furzfetischist war, und habe auch noch keine Fährte »erschnüffelt«, die mich zum Ursprung dieses Fetischs führen könnte. Ich scheine in guter Gesellschaft zu sein, denn keine meiner Nachforschungen ergab irgendetwas zum Thema Furzen und auch meine Furzschnüffler konnten mir nicht sagen, wo, wann oder warum sie diesen Fetisch entwickelten. Und trotzdem: Furzen ist und bleibt ein Fetisch.

Einer meiner ersten Subs war ganz versessen darauf, sich von einer Autoritätsperson zwecks Demütigung anfurzen zu lassen. In seinem Szenario, das ganz klar das eines Fetischisten war, spielte ich eine Autoritätsperson in wechselnden Rollen: eine Tante, eine Gouvernante, eine Schuldirektorin und so weiter, aber nichts im Stil einer »Lady executive«. Was gaben wir uns doch Mühe mit dem richtigen Timing! Er rief gewöhnlich vor dem Mittagessen an, damit ich etwas zu mir nehmen konnte, das die Windproduktion anregen sollte. Aber aller gründlichen Vorausplanung zum Trotz erwischten wir kein einziges Mal den richtigen Zeitpunkt. Erst nachdem er schon zehn Minuten weg war, gab's bei mir regelmäßig eine »Druckwelle«. Fürze im Fahrstuhl, Fürze bei jedem Mal, wenn das Taxi auf dem Nachhauseweg in ein Schlagloch oder über eine Bodenwelle fuhr (nennen Sie mir in Manhattan einen Block, der nicht zumindest eines von beidem aufweist), Fürze bei jedem Schritt, den ich die Treppe hinaufging. Ich fand das eigentlich höchst amüsant, aber leider kam der arme Teufel nicht ein einziges Mal in den Genuss, das Objekt seiner Begierde zu schnüffeln.

Vielleicht denken Sie jetzt spontan, dass ich einfach gehemmt bin. Aber ich kann Ihnen versichern: Das bin ich ganz bestimmt nicht. Wenn ich auf dem Highway unterwegs bin und meilenweit kein Rastplatz in Sicht ist, bin ich durchaus imstande, an den Straßenrand zu fahren und einen ahnungslosen Busch unter Wasser zu setzen. Am Strand grabe ich ein Loch in den Sand wie eine Katze, schlinge ein großes Badetuch um mich, setze mich rittlings aufs Loch und pinkle hinein. Nicht umsonst wurde mir der Titel »Pistress Niagara« verliehen. Aber jetzt zurück zum Furzen.

Manche Menschen vermögen ihre Fürze zurückzuhalten, andere, wie ich, können zwar keinen Furz auf Kommando herauspressen, sie können aber furzen, wann immer und wo immer sie es überkommt. Wenn es passiert, geschieht es spontan (es sei denn, ich habe gerade irgendwelche Magenbeschwerden). Deshalb betrachte ich einen Furz, weil er quasi immer aus dem Stegreif heraus produziert wird, als ein kostbares Geschenk an den Sub. Wenn sich die Furzerei auch nicht kontrollieren lässt, so ist man doch sehr wohl in der Lage, sie vorherzusagen. Wann kann man mit Fürzen rechnen? Wenn man bestimmte Lebensmittel isst, kriegt man natürlich Blähungen: roher Brokkoli, Hot Dogs und Sauerkraut, Bohnen und Blumenkohl sind am vielversprechendsten. Gibt's sonst noch heiße Tipps? Ja, oft kommt der Furz, wenn man zuvor gepinkelt hat. Wenn ich ihm Natursekt verabreiche, kriegt er oft einen Furz als natürliche Zugabe. Kommt doch aufs Gleiche raus, oder? Das Geheimnis ist aber nicht das Pinkeln an sich, sondern die *Stellung*, die Sie beim Pinkeln einnehmen. Wenn Sie dabei die Arschbacken spreizen, kommt oft ein Furz heraus, von dem Sie nicht einmal ahnten, dass er da drin war. Und zum Pinkeln muss man sich ja irgendwie spreizen, wenn die Pisse nicht an den Beinen runterlaufen soll.

Furzen kann ergänzend zu anderen Aspekten hinzutreten, und in diesem Fall ist der Furz vielleicht kein Fetisch, sondern Teil eines Szenarios, insbesondere bei Demütigungs- und Pinkelspielen. In Kapitel 11, »Demütigung«, gebe ich eine köstliche Furz-Demütigungs-Story zum Besten, die anschaulich demonstriert, wie der Furz als physische Demütigung eingesetzt werden kann. Vielleicht kündigt sich ein Furz einmal völlig unvorbereitet an, zum Beispiel während einer Natursektszene. Als Domina sollten Sie für diesen Fall gewappnet sein. Wenn Sie im ersten Augenblick verlegen sind, stoßen Sie ein höhnisches Lachen aus und überspielen Sie das Ganze mit einer Bemerkung wie: »Genau das halte ich von dir« oder etwas sanfter: »Das ist mein Geschenk für dich«. Übermitteln Sie die Botschaft im richtigen Tonfall, vorzugsweise mit erhobener Nasenspitze.

10. KAPITEL

Fetische: Die unteren Extremitäten

Allein der Schatten weiss

Wer kann schon mit Bestimmtheit sagen, wann der Fuß und/oder das Bein zum Objekt der Begierde eines Fetischisten wurden? Oder wann Schuhe, Stiefel, Strümpfe und andere Bein- und Fußbekleidung in die Fetischmode eingingen? Der Schatten allein weiß die Antwort, doch er behält sie für sich. Ich würde sagen, der Fetisch für Füße und Beine kam wahrscheinlich zuerst. Schließlich sind alle Menschen, schon wenn sie aus dem Schleim kriechen, mit Füßen und Beinen ausgestattet. Irgendwann fand man es wohl notwendig, diese Extremitäten zu bedecken. Wenn ein Körperteil erst einmal den Blicken entzogen ist und es gewissermaßen in die Tabuzone rutscht, erwirbt es unter Umständen jene undefinierbare Eigenschaft, die es zum Fetischobjekt macht. Noch eine mögliche Erklärung wäre, dass Füße und Beine das erste sind, was ein kleines Kind von »Mami« sieht. Sein späterer Fuß- und Beinfetisch steht dann symbolisch für die Mutterliebe, die es als Kind erfahren hat. Die Umstände, die zur Entstehung eines Fetischs führen, sind wohl zahlreicher als die Fetische selbst. Ein Fetisch und das Streben nach seiner Erfüllung kann harmlos sein und Spaß machen. In anderen Fällen nimmt er aber eine schmerzvolle und beherrschende Dimension an.

Wir können also davon ausgehen, dass irgendein Vorfahr irgendwann vor langer Zeit einen Fußfetisch hatte, den er in derselben zwanglosen und amüsanten Weise befriedigte wie viele Fußfetischisten heute. Der erste Fußfetisch, der geschichtlich belegt ist, erscheint aber alles andere als lustig oder harmlos. (Zumindest meiner Meinung nach.) Die erotische Literatur aus dem China des zehnten Jahrhunderts enthält unzählige Hinweise auf Männer, die winzige Frauenfüße lecken, küssen und liebkosen. So entwickelte sich bei den alten Chinesen die Vorstellung, extrem winzige Frauenfüße seien unglaublich erotisch. Leider hatten natürlich nicht alle Frauen von Natur aus kleine Füße, wie sie dem erotischen Ideal entsprachen. Und daraus entstand dann das Phänomen der gebundenen Füße, das in den höheren Schichten begann und sich schließlich bis in die Unterschicht ausbreitete.

Bereits im zartesten Kindesalter wurden die Füße des Mädchens extrem schmerzhaften und grotesken physischen Veränderungen unterzogen, um den erotischen Vorstellungen der Männer zu genügen. Offensichtlich wollte man den Fuß so klein machen, dass der Mann ihn mit einer Hand umschließen konnte. Dieses Ziel versuchte man zu erreichen, indem man die Zehen so weit unter den Fuß bog, dass sie fast die Ferse berührten. Häufige Knochenbrüche gehörten zu den Folgen dieser Prozedur. Welch unvorstellbare Schmerzen! Bis auf den großen Zeh wurde der arme Mädchenfuß mit den vier Zehen voran unter die Fußsohle gebogen und anschließend eng gebunden, um ihn in dieser Stellung zu halten. Es war ein stufenweises Verfahren, bei dem der Mädchenfuß mit zunehmendem Wachstum immer stärker und gewaltsamer nach unten umgebogen und immer fester gewickelt wurde, damit er klein blieb. Die Fußbinden wurden Tag und Nacht getragen.

In den oberen Schichten war das Fußbinden für Mädchen als Ritual vorgeschrieben. Gewöhnlich wurde das Binden von anderen weiblichen Familienmitgliedern, die denselben schmerzhaften Prozess bereits an sich erduldet hatten, durchgeführt und überwacht.

Das Einbinden der Füße hatte aber nicht nur erotische Gründe. Es bot sich als wirkungsvoller Mechanismus an, um die Frau zu kontrollieren. Eine eng geschnürte Taille ist eine Sache, aber eng gebundene Füße sind noch einmal etwas ganz anderes. In einem Korsett, egal ob es eng geschnürt oder bequem sitzend getragen wird, kann man immerhin noch aufstehen und herumlaufen. Aber stellen Sie sich eine Frau vor mit fest verschnürten, verkrüppelten Füßen, die ihr weinendes Kind auf dem Arm umhertragen will! Die schmerzhaft gebundenen Füße ließen nicht einmal die einfachsten Verrichtungen zu und die Beweglichkeit verbesserte sich auch später nicht, weil der Fuß ständig gebunden blieb. Als westliche Staaten auf ihrer unermüdlichen Suche nach Ländern und Kulturen, denen sie ihre Herrschaft aufzwingen konnten, in China einfielen und diese Praktik entdeckten, entbrannte um das Fußbinden ein zäher Streit. Letztendlich trugen die Eroberer den Sieg davon!

Zu allen Zeiten ließen sich Menschen von Schuhwerk begeistern und wir haben viele Beispiele für Fußbekleidungen aus vergangenen Jahrhunderten. Ob die einstigen Besitzer Liebhaber von Fußbekleidungen waren oder ob es sich bei ihren Verehrern um die ersten Schuhfetischisten handelte, bleibt dahingestellt. Aber offensichtlich kam Schuhen und Stiefeln eine so große Bedeutung zu, dass auch viele Historiker sich des Themas annahmen. Von den goldenen Sandalen des ägyptischen Pharao Tutanchamun bis zu den Sandalen der alten römischen Soldaten, von Aschenputtels gläsernen Pantoffeln bis zu dem berüchtigten Foto von Helmut Newton, das einen mit topmodischen Strümpfen getragenen Stöckelschuh von hinten zeigt, war Schuhwerk zu allen Zeiten Gegenstand der Faszination und ein Symbol für Macht, Rang, Herrschaft und Autorität. Besonders in späterer Zeit, als die Fußbedeckung alles war, was der Bewunderer von den unteren Extremitäten sehen konnte, gewann Schuhwerk an modischem Einfluss und entwickelte sich aus eigener Kraft zum Fetischobjekt.

Strümpfe und andere Bein- und Fußbekleidungen sind wahrscheinlich die jüngsten Fetischobjekte, die in die Fetischliste der unteren Extremitäten aufgenommen wurden. Dies ganz einfach deshalb, weil sie erst später erfunden wurden.

Die allgegenwärtigen Fußfetischisten

Fußfetischisten trifft man überall, ja wirklich *überall*. Manche treten ganz unscheinbar auf, andere total grell und überzogen. Ich erinnere mich zum Beispiel noch an einen Chef, bei dem ich in einem ganz normalen Job arbeitete. In meiner Zeit als erotische Tänzerin hatte ich gelegentlich in einem Club getanzt, wo er ein Kunde von mir war (in dem Sinn, dass er mir Trinkgeld zusteckte). Die meisten Typen, die Gogobars aufsuchen, wollen einen begrapschen und fallen durch pöbelhafte Zwischenrufe auf. Er und seine Freunde waren anders. Sie waren höflich, gaben großzügig Trinkgeld, bestellten Getränke, unterhielten sich und spielten Billard. Keiner von ihnen schien besonders daran interessiert, halbnackte Frauen zu begaffen. Cool!

Eines Abends bot mir mein zukünftiger Ex-Boss an, mich nach Hause zu fahren, weil er auf dem Weg zu seiner Wohnung an meiner vorbeikam. Alle wussten, dass er mich heimfahren würde. Ich machte mir deshalb keine Sorgen, dass er mich in Stücke hacken und in die Wildnis von New Jersey streuen würde. Und wenn man zwanzig Dollar für ein Taxi sparen kann, ist das immerhin eine gute Sache. Wie ich schon sagte, hatte ich keine Ahnung, worauf er eigentlich stand. Möglich, dass er und seine Clique einfach deshalb in Gogobars herumhingen, weil es dort interessantere Dinge zu sehen gab als anderswo. Zurück zur Geschichte. Auf dem Nachhauseweg kamen wir in den unvermeidbaren sommerlichen Freitagabendverkehr, ein Massenexodus aus der City. Wir mussten die Klimaanlage ausschalten, damit sich das Auto nicht überhitzte. Schön für das Auto, aber wie ging's mir dabei?

Die Augen sind vielleicht das Fenster zur Seele, aber die Füße sind das Thermometer des Körpers. Meine waren glühend heiß, nachdem ich den ganzen Tag in hochhackigen Schuhen getanzt hatte. Für den Heimweg hatte ich sie dann in ein paar Turnschuhe gezwängt. Heiße, unglückliche Füße – deshalb befreite ich sie aus ihrem verschwitzten Leinwandgefängnis, legte sie hoch aufs Armaturenbrett und wackelte mit den Zehen. Ich hörte sie erleichtert seufzen: Ah, wie schön! Tja, schön oder nicht, zumindest fand ich jetzt endlich heraus, worauf der Kerl wirklich abfuhr. Denn als ich meine Füße aufs Armaturenbrett hob, rammte er fast die Leitplanke. Sie wissen, die Leitplanke, die verhindert, dass die Autos in den Fluss fallen. Da hatten wir's also. Ich wusste, dass er wusste, und er wusste, dass ich wusste. Was tat er? Er bot mir einen Job an. Er sagte, seine Sekretärin sei gerade nach Hause in den Mittelwesten zurückgegangen, um ihre Mutter zu pflegen. Ihre Stelle sei jetzt unbesetzt. Das Anfangsgehalt läge bei $ 30.000 im Jahr inklusive Krankenversicherung. Die Arbeit sei leicht und ich bekäme obendrein noch viele bezahlte Urlaubstage (das waren noch Zeiten, was?). Er überreichte mir seine Visitenkarte und nahm mir das Versprechen ab, dass ich anrufen würde. Ich warf einen kurzen Blick darauf, um mich zu vergewissern, dass sie »offiziell« war. Dann steckte ich sie in meine Handtasche und verschwendete keinen Gedanken mehr daran. So eine Geschichte hatte ich schon tausendmal gehört, und nie steckte ein wirklicher Job dahinter.

Zwei Wochen später tanzte ich wieder in dem Club, und wer kam da herein? Niemand anderes als mein zukünftiger Ex-Boss. Er regte sich tierisch auf. Am Tag, nachdem er mich zu Hause abgesetzt hatte, war er nämlich zur Arbeit gegangen und hatte in der Personalabteilung Bescheid gesagt, er habe jemanden gefunden, die im Laufe der Woche anrufen würde. Mit diesem Jemand war ich gemeint und ich habe Ihnen ja gerade erzählt, was ich mit seiner Visitenkarte gemacht hatte. Sie saßen da praktisch auf dem Stängel und warteten auf meinen Anruf, weil ich sofort anfangen sollte. Zwei Wochen später wurde ich zu den genannten Konditionen angestellt und mein Chef wurde mein Fußsklave. Ich hatte in seinem Wandschrank eine Schuhkollektion deponiert, und wenn es nicht viel zu tun gab, hielten wir in seinem Büro Fußsessions ab. In dieser Zeit lernte ich ihn besser kennen, als Menschen und als Fetischisten. Solange er denken konnte, hatten ihn Schuhe angetörnt. An ein besonderes Ereignis in seiner Kindheit konnte er sich aber nicht erinnern. Er interessierte sich nicht für die BDSM-Szene und hatte auch keine Vorstellung davon. Seinen Fetisch betrachtete er eigentlich nicht als »Fetisch«. Es war nur etwas, das ihn anmachte.

Im Lauf der Zeit stellte ich weitere Untersuchungen mit meinem zukünftigen Ex-Boss an. Keine körperlichen BDSM-Untersuchungen, sondern Vorstöße in seine Denkwelt. Da er »der Chef« war, und zwar nicht nur meiner, sondern der von der ganzen Firma, meinte er, er sei »automatisch dominant«. Lächerlich war nicht nur, dass er dabei mit dem Kopf unter meinen Füßen ausgestreckt auf dem Boden lag, sondern dass er erst meinen Fuß aus dem Mund nehmen musste, um diese Aussage zu machen! Jetzt mal ehrlich, was könnte weniger dominant sein als *das*? Er dachte, er sei selbstverständlich dominant, bloß weil er eine leitende Position innehatte. Von dieser törichten Illusion habe ich ihn gründlich befreit.

Der Fuß und das Bein: Die Stufen …

…, die zu den Toren des Tempels führen. Das sollte er mittlerweile wissen. Wenn nicht, dann bringen Sie's ihm schleunigst bei. Helfen Sie wenn nötig mit der Peitsche nach, und versprechen Sie ihm Oralsex, wenn er gute Leistung zeigt (natürlich nur, wenn er Ihr fester Partner ist).

In der Fetischwelt ist der Fuß der häufigste Fetisch, und beide, Fuß und Bein, treten normalerweise in Kombination auf. Ich hatte Fußsklaven, noch bevor ich überhaupt wusste, was ein »Fußsklave« ist. Ich habe nämlich wunderschöne Füße, die ich mir schon immer gern massieren ließ und die mir viel Bewunderung eintragen. Ein guter, hingebungsvoller Fußfetischist, der kräftig massieren kann, ist mir immer willkommen. Zugegeben, ich finde es schwer verständlich, wenn ein Mann nicht in der Lage ist, seinen Fußfetisch wenigstens teilweise auszuleben. Es ist doch so ein sanfter Fetisch und jedermann hat Füße. Ich kann aber sehr wohl verstehen, dass selbst der Fußfetischist, der Befriedigung auf diese beiläufige Weise findet, sich gelegentlich nach einer richtigen Sitzung mit der Fußgöttin sehnt. Dort kann er dann den Pomp, das Zeremoniell und das ganze Drumherum erleben, was er sich in seiner erotischen Vorstellung ausmalt.

Fußgöttin sein ist wundervoll. Weil ein Fußfetischist genauso wie andere Fetischisten eigentlich an nichts weiter interessiert ist als an dem Objekt seiner Begierde, in diesem Fall also an Ihren Füßen, kann man anziehen, was man will, Hauptsache Ihre Füße sind sichtbar und/oder erreichbar. Sie können ihm die Gunst verweigern, während Sie ihm das Objekt seiner Begierde direkt unter die Nase halten. Sie können Ihre Füße aber auch bedecken und sie ihm komplett vorenthalten. Die harmloseren Dinge, wie Fußbad, Pediküre, Handlanger, ihm einen Schuh ins Gesicht binden, kennen Sie inzwischen schon aus meinem früheren Buch *Die Kunst der weiblichen Dominanz* und aus eigener Erfahrung. Jetzt möchten Sie vielleicht etwas Dramatischeres ausprobieren, etwas, das stärkere Wirkung zeigt.

Trampling, Stomping und ...

Ballkicking, was die Dreiergruppe vervollständigt. Aber glauben Sie mir, sehr wenige Männer lassen sich gern in die Eier treten! Und ich bezweifle stark, dass gerade Ihr Partner einer der wenigen ist. Trampling und Stomping (Trampeln und Treten) sind dagegen vergnügliche Unternehmungen, für die er sich vielleicht begeistert, wenn er anfängt, nach mehr zu verlangen. Da Trampling und Stomping fast dasselbe sind, werden Sie sich fragen, was der Unterschied ist. Gute Frage. Trampling wird gewöhnlich auf dem ganzen Körper praktiziert, Stomping bezieht sich ausschließlich auf seine Genitalien. Falls Sie vergessen haben, auf welche Körperpartien man treten kann, ohne Schaden anzurichten, lesen Sie zur Auffrischung in Kapitel 8 von *Die Kunst der weiblichen Dominanz* nach.

Beide Techniken beziehen den Intimbereich mit ein. Wenn Sie auf ihm *trampeln*, liegt er mit dem Gesicht nach oben auf dem Boden. Dabei trampeln Sie nicht nur auf seinem Körper herum, sondern treten auch auf seine Genitalien (das können Sie tun, wenn Sie aufrecht stehen und sich auf einen festen Gegenstand stützen, wahlweise auch im Sitzen, wie ich es in *Die Kunst der weiblichen Dominanz* beschreibe). Wenn Sie auf seine Genitalien treten, spüren Sie, wie sie gegen seinen Körper gequetscht werden. Er mag das, das fühlt sich einfach scharf an, besonders wenn Sie barfuß sind. Ihr weicher, warmer Fuß steht auf seinem Schwanz und seinen Hoden, Schwanz und Hoden werden in das warme Fleisch seines eigenen Körpers gedrückt ... Ah, was für ein köstliches Gefühl für ihn! Wenn Sie Schuhe anhaben, sieht die Sache natürlich etwas anders aus, weil seine Genitalien dann nur auf einer Seite mit warmem Fleisch in Berührung kommen, nämlich mit seinem eigenen.

Nun zum Stomping: Wenn er ordentlich was in der Hose hat, legt er sich dazu am besten mit dem Gesicht nach unten auf den Boden und spreizt die Beine oder er macht es im Sitzen. Am wichtigsten ist, dass seine Genitalien nicht zwischen seinem Körper und dem Fußboden eingequetscht sind, sondern frei zwischen seinen gespreizten Beinen baumeln. Er muss kein Gehänge bis zu den Knien haben (schön für Sie, wenn's so wäre). Auch normale Größen stehen weit genug vor, dass Sie drauftreten können. Wie beim Trampling können Sie das barfuß oder mit Schuhen machen.

Ich nehme das vielleicht ein bisschen leicht, weil für mich beide Praktiken lustig und harmlos sind, wenn man sie zum Beispiel mit einem Caning und anschließender Strombehandlung vergleicht. Für ihn ist das aber eine sehr ernstzunehmende Angelegenheit. Männliche Genitalien sind extrem empfindlich. Das gilt für *alle* Männer. Dabei ist die Empfindlichkeit von Bereich zu Bereich stark unterschiedlich. Was sich hier noch »saugut« anfühlt, kann drei Millimeter weiter schon zum Safewort »*rot, rot, rot*« führen. Wenn Sie ihn dazu bringen wollen, Trampling- und Stompingspiele mit Ihnen zu spielen, bedenken Sie: Je erregter er ist (bettelt er schon »darum«?), desto wahrscheinlicher wird er sich dazu bereit erklären.

Ballkicking ist wieder eine andere Geschichte. Diese Praktik bereitet wohl nur wirklichen Masochisten Vergnügen, denn der leichteste Tritt kann dem Kandidaten schon die Sterne am Himmel zeigen. Ein Freund, der gerne einmal Ballkicking – oder Ballbusting, wie es manchmal auch genannt wird – sehen wollte, führte mir einen Clip aus dem Internet vor. Vor der Kamera sah man einen ziemlich mageren Typen mit weit gespreizten Beinen, der sich mit einer Hand an der Wand abstützte. Eine sehr zierliche Frau in High Heels stand ein paar Schritte hinter ihm. Sie nahm kurz Anlauf und versetzte ihm dann einen fast tänzerischen Tritt direkt zwischen die Beine. Man konnte ihre Schuhsohle sehen, als sie mit der Fußspitze versuchte, seinen Schwanz zu erwischen. Sie traf genau ins Ziel, und der Typ sackte zusammen wie ein Kartoffelsack. Er ging zu Boden und plop! Der Clip war vorbei. Das Ganze hatte nicht länger als fünf bis sechs Sekunden gedauert.

Der Fuß und CBT

Sicherlich eine interessante Kombination! Ein Fußfetischist, der seiner Fußverehrung ein wenig Demütigung, Schmerz oder Sklaventraining beimengen möchte, ist mit diesen Techniken gut bedient! Das Beste daran: Sie kennen schon einige der Knoten, die Sie hier verwenden, und ein neuer Knoten wurde bereits in Kapitel 5 »Bondage«, unter »Gummiseil« abgebildet und erklärt.

Für das erste Spiel, das ich »Alter Klotz am Bein« nenne, brauchen Sie Ihr Cock-and-Ball-Seil, eine 90 cm lange Kette oder ein weiteres Seil, zwei Doppel-Karabinerhaken und eine Fußschelle für Sie, am besten eine weich gefütterte. An ihm praktizieren Sie den Gummiseil-Knoten, allerdings mit zwei Abweichungen: Sie beginnen mit dem Seiltrick an der Oberseite des Penis und legen die Schlinge diesmal nicht zwischen seine Beine, sondern auf der Innenseite seiner Peniswurzel unter den Eiern gegen seinen Körper. Um das neue Arrangement zu sichern, müssen Sie noch einen einfachen Daumenknoten unter seinem Sack machen, nachdem Sie die Enden des Seils unter seine Eier geführt haben. Folgen Sie dann bis zum Ende den Schritten, die ich im Gummiseil-Abschnitt unter dem Kapitel »Bondage« bereits erklärt habe.

Legen Sie die gefütterte Fußschelle um Ihr Fußgelenk. Bringen Sie an jedem Ende der Kette oder des Seils einen Karabinerhaken an: Ein Karabinerhaken wird an Ihrer Fußschelle eingehakt, der andere an der Schlaufe seiner Genitalfesselung. Und dann machen Sie einen kleinen Spaziergang, einen Bummel, eine Promenade. Wollen Sie vor ihm laufen? Dann müssen Sie die Kette nach oben an seinem Kopf vorbei führen. Soll er neben Ihnen laufen, wie wenn Sie einen Hund bei Fuß gehen lassen? Dann muss die Kette an der Seite herauskommen. Und los geht's! Ziehen Sie ihn nach wie einen alten Klotz am Bein.

Eine andere, sehr beliebte Aktivität für den vielseitig interessierten Fußfetischisten besteht darin, dass Sie ihm Ihre Füße ins Gesicht binden. In *Die Kunst der weiblichen Dominanz* haben Sie gelernt, wie man ihm einen Schuh ins Gesicht bindet und das fand er doch auch toll. Warum also nicht Ihren Fuß? Nach dem, was

Sie schon wissen, ist es ganz einfach, sodass ich kaum noch etwas erklären muss. Am besten, er legt sich unter Ihre Füße, und zwar mit dem Kopf senkrecht zu Ihrem Stuhl. Er sollte seine Arme unter den Kopf legen und diesen leicht anheben. Den kleinen Spalt brauchen Sie, um die Seile unter seinem Kopf durchzuführen. Stellen Sie dann beiderseits der Nase je einen Fuß und fangen Sie mit dem Binden an. Er wird es genießen: Ihre Füße auf seinem Gesicht, über seinem Mund, auf seinen Augen und was am besten ist: Die Nähe zu seinen Lustobjekten hält ihn ruhig.

Fuß-Gesichts-Kontakt

Je weiter Sie in diesem Buch lesen, umso mehr werden Sie feststellen, dass ich mit Vorliebe Schläge austeile – vorzugsweise an ihn – und hier kommt nun ein nettes, kleines Spiel für einen Fußfetischisten, der gern ein paar Ohrfeigen kassiert. Natürlich benutze ich dazu in diesem Fall meine Füße. Ich habe schon immer ein außerordentliches »Fußgeschick« besessen, was sich zum Beispiel darin manifestiert, dass ich den Wasserhahn an der Badewanne mit den Füßen einstellen kann. Ich kann auch Gegenstände mit den Zehen greifen, und zwar nicht nur Handtücher, sondern auch Dinge in der Größe eines 25-Cent-Stücks! Ich besitze also Fußgeschick und wenn ich mit einem Fußfetischisten zusammen bin, muss ich ständig daran denken, wie nah es von meinem Fuß bis in sein Gesicht ist. Oft drohe ich ihm damit, ihn in sein demütiges Gesicht zu treten, wenn er ungezogen ist oder mich nicht zufrieden stellt. Als ich die Drohung zum ersten Mal aussprach, kam mir die Idee, das Ganze als echte Disziplinierungstechnik einzusetzen. Deshalb klatschte ich ihm mit dem nackten Fuß gleich ein paar ins Gesicht, sozusagen mit Vorfuß und Rückfuß abwechselnd. Er musste ein paar Mal vor mir zurückweichen, damit die Entfernung stimmte, aber wir fanden es beide erregend und hatten Spaß dabei.

Natürlich ist es etwas schwerer, als es sich anhört. Ich war früher Tänzerin und das nicht nur für erotische Tänze. Einige tausend Tanzstunden werden es schon gewesen sein, in denen ich von

Tanzakrobatik bis Modern Dance so ziemlich alles lernte. Von daher bin ich motorisch geschult. Falls Sie weniger gelenkig sind, wäre es gut, vorher an einem Kissen zu üben, oder vielleicht an einem Perückenständer aus Styropor, der hat dann auch ein richtiges Gesicht. (Den Ständer müssen Sie natürlich am Boden verankern. Lassen Sie ihm aber trotzdem noch genug Spiel, damit er sich drehen kann, wenn Ihr Fuß ihm eine Ohrfeige verpasst.) Weil Menschen bekanntlich verschieden lange Beine haben, werden Sie Ihren Sub ein oder zwei Mal in Position bringen müssen, damit Ihr Fuß ihn direkt ins Gesicht trifft, wenn Sie bequem Ihr Bein ausstrecken. Geben Sie sich keine Mühe, Ihr Bein anzuwinkeln oder zu überstrecken, bloß weil er zu faul, zu hingerissen oder zu dämlich ist, seinen Arsch zu bewegen. Achten Sie darauf, dass Ihre Zehennägel nicht scharf sind, es sei denn, Sie wollen ihm das Gesicht zerkratzen!

Der Beintyp

Der Fußfetischist unterscheidet sich nur wenig vom Beintyp. Die Lieblingsjahreszeit eines Beintyps ist der Frühling, wenn das Weibchen aus seinem Versteck kommt und das Wetter so warm ist, dass die Damen wieder anfangen, Pumps und Strümpfe zu tragen, bevor sie sich später auch der Strümpfe entledigen.

Ein BDSM-Beinfetischist sehnt sich nach einem wohlgeformten Bein und fühlt sich durch die zarten Fußknöchel, die rotierende Kniescheibe, die erstaunlich erogene Zone in der Kniebeuge und die Muskeln der Oberschenkel und Waden extrem angetörnt. Er hat das Verlangen, das Objekt seiner Begierde zu massieren, zu lecken und zu küssen und ihm die Verehrung darzubringen, die ihm gebührt. Wie Sie sehen, sind der Beinfetischist und der Fußfetischist ziemlich artverwandt, und beide sind meist interessiert, das Spiel mit ihrem Lustobjekt auszubauen. Serviceorientierte Aufgaben, wie das Rasieren und Massieren Ihrer Beine, gehören hier genauso dazu wie der Wunsch, in den Beinschwitzkasten genommen und auf dem Boden herumgezerrt zu werden oder dass Sie seinen Kopf zwischen den Beinen halten, während Sie ihm den Arsch versohlen. Diese und sämtliche Praktiken dazwischen können ihm Genuss bereiten.

Fetischisten, und zwar *alle Fetischisten*, müssen gelegentlich ausbrechen, um ihre Fantasien lebendig und frisch zu erhalten und sich ein neues Image zu geben. Das heißt, irgendwann müssen während einer Spielzeit neue Aspekte eingebracht werden. Einige Fuß- und/oder Beinfetischisten möchten mit Härterem weitermachen, vielleicht einer Tracht Prügel, bevor sie sich dem Objekt der Begierde nähern dürfen, oder eine enge Fesselung, während Sie ihn mit den Füßen reizen. Auch ein CBT- oder Nippelspiel könnte ihn auf Touren bringen. Für solche, die es sinnlich mögen, aber trotzdem mit Neuem experimentieren wollen, würde sich anbieten, beispielsweise eine leichte Bondage (Kapitel 5, »Bondage«), Depersonalisierung (Kapitel 13, »Schöne und nützliche Objekte«), Sklaventraining (Kapitel 16, »Gut abgerichtete Sklaven«), Crossdressing (Kapitel 6, »Männer, Frauen, Kleider«), Rollenspiele (Kaptitel 14, »Rollenspiele: Das andere Ich«) mit einem Bein- und/ oder Fußfetisch zu kombinieren, damit es für Sie beide spannend bleibt.

Rituale für Füße und Beine

Wenn es beim BDSM keine Rituale mehr gäbe, würden die Spiele in unserer purpurnen Mitternachtswelt hinter dem Schleier wesentlich an Reiz verlieren. Aus persönlicher Erfahrung und nach dem, was Sie gelesen haben, wissen Sie, dass jeder Aspekt des BDSM mit bestimmten Ritualen verbunden ist. Inzwischen haben Sie sich sicher auch schon eigene Rituale ausgedacht. Sie haben Ihr Huldigungsritual, Ihr Fußbadritual, Ihr Fußmassageritual, vielleicht auch noch ein Stiefel-, Schuh-, Haarbürsten-, Halsband- und Disziplinierungsritual. Die ersten Rituale, die Sie erfunden haben, waren wahrscheinlich Ihre Fußrituale. Aber ein Beinritual? Neben der naheliegenden Massage fällt einem auf Anhieb nur das Rasierritual ein. Hoffen wir, dass er eine ruhige Hand hat!

Das Rasierritual lässt sich bei vielen Gelegenheiten realisieren: beim Baden, nach dem Duschen oder einfach ohne irgendetwas drumherum. Natürlich finde ich »ohne irgendetwas drumherum« die interessanteste der drei Möglichkeiten. Ich stehe nun mal auf Demütigung und dieses Bedürfnis wird auf diese Weise befriedigt, weil er am wenigsten Vergnügen dabei empfindet, obwohl er die Objekte seiner Begierde unmittelbar berührt. Ich lasse ihn nackt in die Badewanne steigen und das Wasser auf die richtige Temperatur einstellen. Mit seinem Penis muss er dann die Wassertemperatur prüfen. So wird er der Erste sein, der feststellt, ob es zu heiß oder zu kalt ist. Ich entferne meine Kleidung nur so weit, dass meine Beine von den Knien abwärts entblößt sind (über den Knien habe ich keine Haare). Dann setze ich mich auf den Badewannenrand und stelle meine Füße ins Wasser. Ich befehle ihm, ein schönes, weiches Tuch und milde Seife zu benutzen und sich am ersten Bein hinaufzuarbeiten, bis sich ein dicker, weißer Schaum gebildet hat. Wenn dies zu meiner Zufriedenheit geschehen ist, weise ich ihn Schritt für Schritt an, wie er meine Beine zu rasieren hat.

Nun stellen Sie sich das mal bildlich vor: Ich sitze fast vollständig bekleidet auf dem Badewannenrand, während in der Wanne ein nackter Mann mit aller Hingabe und Ehrerbietung genau nach Anweisung meine Beine rasiert. Ich sehe das als Psychospiel, wenngleich das Unbehagen, das er empfindet, physisch ist. Ich bleibe angezogen und trocken, er dagegen hockt kalt, nass und nackt in der Wanne, was ihm sehr einprägsam seine Stellung als mein Sklave vor Augen führt. Meine Bedürfnisse werden dadurch befriedigt. Aber auch er kommt nicht zu kurz, weil er den Gegenstand seiner Obsession berühren darf. Das Szenario des nackten Sklaven in der Wanne eignet sich auch prima für ein schnelles Fußbad.

Dieses Spiel ist nicht für jedermann empfehlenswert. Es hängt sehr davon ab, ob Ihnen nach der Beinrasur weiche, kurze Haare oder harte Stoppeln nachwachsen. Wenn Sie unter die Stoppelkategorie fallen, wird Ihr Beinhaar zwar auch irgendwann wieder lang und weich genug sein, damit es funktioniert, aber warum sollten Sie sich das antun? Das ist ein Spiel für diejenigen, denen kurzes, seidenweiches Beinhaar nachwächst, für Damen, die drei Wochen ohne Beinrasur herumlaufen können und niemand würde es bemerken. Ich selbst gehöre, Gott sei Dank, zu den glücklichen Menschen mit nur einem blonden Härchen pro Quadratzentimeter Haut. Über den Knien musste ich mich überhaupt nie rasieren. Aus diesem Umstand heraus erfand ich ein weiteres kleines Ritual. Ich schickte ihn in ein Kaufhaus, um eine kleine Silberdose zu kaufen. Er machte seine Sache gut und kam mit einem hübschen, herzförmigen Teil zurück, das für mein Vorhaben genau richtig war. Ich zog ein Abendkleid und umwerfende Pumps an, befestigte mein längstes Haarteil und übertraf mich selbst mit dem Make-up. Dann führte ich ihn ins Badezimmer, wo die Lichtverhältnisse am besten sind, und drückte ihm meine niedliche, scharfe Haarschneideschere in die Hand. Er bekam die Anweisung, mit der Schere jedes einzelne Haar so dicht an der Haut wie möglich abzuschneiden und in der kleinen Silberdose zu sammeln.

Ich bewahrte die Dose bei mir auf, und immer wenn mir genug Haar nachgewachsen war, inszenierten wir dieses kleine Ritual. Als sich die Dose nach vielen, vielen Stunden ausgezeichneter Dienste gefüllt hatte, gab ich sie ihm als Andenken an unsere gemeinsame Erfahrung.

Schuh- und Stiefelfans & Co.

Neben dem Korsett steht der Schuh bei den Bekleidungsartikeln, die am häufigsten zum Fetischobjekt werden, sicher an erster Stelle. Dabei können wir noch einmal unterteilen in Schuh- und Stiefelfetische. Der Unterschied zwischen einem Schuhfetischisten und einem Stiefelfetischisten ist gering (und besteht im Wesentlichen darin, dass der Stiefel mehr Material zum Verehren bietet). Beide tun in etwa das Gleiche. Trotzdem hat meist keiner von beiden Interesse an dem anderen Fußbekleidungstyp. Aber einem Absatz einen zu blasen, bleibt doch immer dasselbe, egal welcher fußumhüllende Fortsatz daran befestigt ist. Nachdem Sie *Die Kunst der weiblichen Dominanz* gelesen haben, haben Sie ihm unter anderem beigebracht, wie er Ihrem Schuh einen »runterholt«, wie er die Sohlen Ihrer Schuhe (die Sie vorher ganz nach Gusto geputzt haben oder nicht) richtig leckt und wie er die Schuhe poliert, ohne Ihren Fuß mit Schuhcreme zu verschmieren. Sie haben ihn damit betraut, einmal wöchentlich Ihre Schuhe und Stiefel zu pflegen und einmal im Monat Absätze und Sohlen auf Reparaturbedarf zu überprüfen. Nie waren Ihre Schuhe in einem besseren Zustand, und er hat sogar gelernt, Ihren Fuß durch die Schuhe hindurch so kräftig zu massieren, dass Sie es darunter spüren.

Obwohl Sie bereits andere Spielaspekte in das Fetischszenario aufgenommen haben, bleibt ein Fetisch aber ein Fetisch und bewegt sich als solcher innerhalb gewisser Grenzen. Sie können den Gegenstand der Obsession nicht einfach beiseite lassen und darauf hoffen, eine erfüllende Spielzeit zu haben. Deshalb müssen Sie dauernd neue Dinge erfinden, die sich innerhalb des Fetischrahmens umsetzen lassen.

Was haben Sie bisher ausprobiert? Haben Sie ihm schon mit der Schuh- oder Stiefelsohle den Hintern versohlt? Haben Sie den Schuh quer über den Fußboden geworfen und ihm befohlen, ihn zwischen den Zähnen zu apportieren? Haben Sie den Lederschaft Ihres Stiefels benutzt, um ihm eine Abreibung zu verpassen? Oder seine Genitalien zu traktieren? Haben Sie ihm Ihren Schuh ins Gesicht gebunden und dann eine Genitalienfolter oder Kitzelbehandlung an ihm durchgeführt? Haben Sie ihn mit Ihren High Heels verdroschen? Oder sich mit Ihren Stöckeln auf seine Nippel gestellt, sie eingedrückt und unter Ihrem Absatz zermalmt? Noch nicht? Haben Sie ihm Ihre Stiefel an die Genitalien gebunden und ihm befohlen, sie hinter sich her zu ziehen, während er auf allen vieren durchs Zimmer kriechen musste? Der Gummiseil-Knoten eignet sich hervorragend für solche Spiele. Haben Sie ihn in den Hintern oder in den Bauch getreten, wenn er sich nicht schnell genug bewegte? Haben Sie ihn mit dem Stiefelleder geknebelt? Oder ihn die Stiefel und Schuhe Ihrer Freundinnen pflegen lassen? Haben Sie ihn als Schuh- oder Stiefelhalter benutzt, indem Sie ihn mit so vielen Schuhen und Stiefeln behängten wie möglich, während er mit aufrechtem Körper, ausgestreckten Armen und gespreizten Beinen dastand? Haben Sie ihn wie das Standbild eines Schuhständers in dieser Haltung ausharren lassen, während Sie sich gemütlich die Nägel lackierten? Worauf warten Sie noch? Dass er von allein darauf kommt? Und dann muss er die ganzen Schuhe und Stiefel natürlich wieder in den Schrank räumen, und zwar genau in der Reihenfolge, in der Sie sie herausgenommen haben!

Schuhe und Stiefel als Mittel der Kontrolle

Wissen Sie was? Sklaven lieben es einfach, die Domina in den höchsten High Heels zu sehen, in denen sie gerade noch laufen kann. Gut erzogene Sklaven wissen auch, wie man der Herrin ein richtig gutes Fußbad mit anschließender Massage bereitet. Aber wie viele davon haben auch nur die leiseste Ahnung, welche Leiden wir für sie auf uns nehmen? Ist ihnen überhaupt bewusst, wie schmerzhaft diese Schuhe manchmal sein können? Ich wage es zu bezweifeln. In Florida hatte ich seinerzeit einen Sklaven, den ich den »kleinen Schuhjungen« nannte. Lassen Sie mich ein bisschen davon erzählen, wie ich ihn folterte. Seine Schuhgröße lag nur knapp über der meinen. Als ich herausfand, dass ich seine Füße in meine Schuhe zwängen konnte, holte ich alle meine Schuhe heraus, die mir etwas zu eng oder zu kurz waren und stellte sie in einer Reihe auf. An jedem Abend, an dem er zu mir kam, musste er mindestens zwei Paar Schuhe oder Stiefel ausweiten. Dazu befahl ich ihm, sich die Füße mit Olivenöl einzureiben und danach ein paar Tropfen in die Spitze des drückenden Schuhs oder Stiefels zu träufeln. Dann zwängte ich seinen Fuß höchstpersönlich in den Schuh bzw. Stiefel und ließ ihn herumlaufen und mich bedienen. Ich befahl ihm, mir Tee zu bereiten, meine Zigaretten zu holen, den Aschenbecher zu leeren, dies und jenes zu tun, bis es Zeit war, seine Schuhe zu wechseln – und weiter ging's mit persönlicheren Diensten, wie massieren und Zehen lutschen. Als wir mit diesem Schuhweitungsspiel anfingen, räumte er als Allererstes ein, er hätte keine Ahnung gehabt, wie schwer es sei, in hochhackigen Schuhen zu laufen, und dass sie verdammt unbequem seien. Er hatte etwas gelernt an diesem Tag: dass Glamour oft mit einer gehörigen Portion Schmerzen verbunden ist. Von da an wusste er meine High Heels nur noch mehr zu schätzen. Schließlich kam es so weit, dass er sich darauf freute, bei mir den Schuh-Dehner spielen zu dürfen. Als ich dann irgendwann wegzog, vermisste ich meinen süßen, kleinen Schuhboy und seine Dienste schmerzlich.

Wenn Sie auch solche fairen Rollentausch-Spielchen spielen wollen, seine Füße aber nicht annähernd in Ihre Schuhe passen, kaufen Sie ihm ein Paar eigene. Viele Fetischläden führen Plateaustiefel in großen Größen, und seit es Internet gibt, haben Sie eine Riesenauswahl an Schuhen, ohne überhaupt das Haus verlassen zu müssen. Was macht es schon, wenn die Stiefel ein bisschen zu eng sind? Solange er sie ankriegt, passen sie auch. Merke: Unser Ziel ist es hier, ihm eine »Kostprobe« zu geben und ihm dieselben Schmerzen zu bereiten, die Sie in Ihren Schuhen auch um seinetwillen erdulden müssen.

Strümpfe und Strumpfhosen

Strumpffetischisten sind mit »ihren« Strümpfen genauso pingelig wie ihre Pendants mit anderen Vorlieben. Ein Fuß-, Schuh- oder Stiefelfetischist hat manchmal auch einen Fetisch für eine bestimmte Art von Strumpfwaren (vorausgesetzt, er bevorzugt überhaupt eine Art von Strümpfen). Man kann aber auch einem Strumpffetisch anhängen und mit dem passenden Schuhwerk nicht viel am Hut haben, außer dass es zum Erscheinungsbild der Domina gehört.

Full Fashioned Stockings rangieren bei Strumpffetischisten an erster Stelle. Gewöhnlich versorgen sie die Domina mit einer ansehnlichen Kollektion an Strumpfwaren, die eine stilistische Ergänzung zu denen sind, die sie bereits besitzt. Die Auswahl im Internet ist gewaltig. Für diejenigen unter Ihnen, die mit dem Begriff »Full Fashioned Stockings« nichts anfangen können, werde ich ihn kurz erklären. Es handelt sich dabei um echte Nylonstrümpfe, nicht um die Pseudo-Nylons von heute mit ihrem hohen Anteil an Lycra und anderen Beimischungen, die für schlabbrige Knie und Elefantenknöchel sorgen, wenn das Bein den Strumpf nicht vollständig ausfüllt. Der Full Fashioned Stocking ist der Nylon von früher mit der Naht an der Rückseite und der sichtbar verstärkten Ferse und Fußspitze, wobei die Fußspitzenverstärkung bei manchen Herstellern optional angeboten wird. Die verstärkte Ferse ist in verschiedenen Stilen erhältlich. Am beliebtesten und schönsten ist wohl die »Kubanische Ferse«, es gibt aber auch eine »Französische Ferse« und eine »Manhattan Ferse«. Letztere versucht, durch das klobige Fersendesign, welches an die City Skyline erinnern soll, ein städtisches Lebensgefühl heraufzubeschwören. Netter Einfall, aber ich finde den Strumpf einfach nur plump. Full Fashioned Stockings und der zur Befestigung notwendige Strumpfhaltergürtel wurden vor der Erfindung der Strumpfhose und der halterlosen Strümpfe, die durch einen elastischen Spitzensaum am Oberbein gehalten werden, von jedermann getragen.

Mit dem Aufkommen der Strumpfhose und der halterlosen Strümpfe gehörten die Full Fashioned Stockings der Vergangenheit an, und wie ich schon zuvor erläuterte, entwickeln sich Dinge aus der Vergangenheit sehr oft zum Fetisch. Deshalb gibt es heute Strumpffetischisten. Einige sind sehr zahm und haben nur den Wunsch, die Strümpfe zu berühren, die Nähte gerade zu ziehen, das Bein durch die Strümpfe hindurch zu massieren, die Handwäsche zu erledigen, die bei so feinen Miederwaren erforderlich ist, oder einfach die bestrumpften Beine ihrer Dom zu betrachten und zu bewundern. Andere stehen auf Knebelungen und finden es toll, wenn Körperöffnungen mit Strümpfen gestopft werden. Oder sie lassen sich Schwanz und Eier damit fesseln. Nylons eignen sich großartig für so eine »Cock-and-Ball-Bondage«, aber Achtung! Diese Strümpfe kosten überall zwischen fünfundzwanzig und fünfzig Dollar das Paar, und wenn man Strümpfe für Cock-and-Ball-Bondage benutzt, muss man sie normalerweise abschneiden. Vielleicht möchten Sie die Full Fashioned Stockings dann doch lieber für Ihre glamourösen Auftritte reservieren und halten für die Bondage ein paar alte Halterlose bereit. So kann er Ihre bestrumpften Beine bewundern und sich daran berauschen, während Sie seine gehätschelten Kleinodien in Fesseln legen.

Strumpfhosenfetischisten liegen zahlenmäßig weit hinter den Strumpffetischisten. Während die Erfindung der Strumpfhose für Strumpffetischisten die Zerstörung ihrer Fantasiewelt bedeutete, ließen sich Strumpfhosenfetischisten zu neuen Höhenflügen inspirieren. Aber wie der Strumpffetisch ist auch der Strumpfhosenfetisch ein zahmes Spielchen, es sei denn, Sie sind bereit, andere Aspekte des BDSM mit einfließen zu lassen. Ebenso wie Strümpfe lassen sich auch Strumpfhosen ausgezeichnet bei Hoden- und Schwanzfoltern und Bondage einsetzen. Wenn Sie ihm befehlen, ein Paar anzuziehen, während er Sie bedient (siehe Kaptitel 6, »Männer, Frauen, Kleider«), dienen sie als Knebel und Augenbinden und als Mittel der Demütigung oder Disziplinierung. Wenn Sie irgendwann einmal vor der Frage stehen, diese und andere Aspekte in Ihr Fetischspiel einzubeziehen, sollten Sie nicht lange zögern, damit die Fantasie ihren Reiz nicht verliert.

Abenteuer für draußen

Falls Sie einen Fuß-, Schuh- oder Stiefelfetischisten zur Hand haben sollten, kann ich Ihnen einen Heidenspaß garantieren. Wir waren uns zwar schon einig, dass es ziemlich schnell ziemlich langweilig wird, wenn ein Fetischist allein auf seinem Fetisch beharrt und seine Fühler nicht nach anderen Spielvarianten ausstreckt, aber ein F/S/S (Fuß/Schuh/Stiefel)-Fetischist läuft am wenigsten Gefahr, endloser Langeweile anheimzufallen. Weil Füße einfach überall sind, kann der F/S/S-Fetischist sich mit seinem Fetisch in die Welt hinaus wagen und braucht ihn nicht hinter verschlossenen Türen zu halten. Sie planen eine Entdeckungstour mit ihm und er kauft Ihnen dafür ein hübsches Geschenk.

Auch wenn Sie beide »Straßenkleidung« tragen, sollte er nicht verlottert daherkommen, also nicht in schlabberigen Hosen oder dergleichen. Er muss nicht gleich einen Anzug tragen (es sei denn, Sie mögen das), aber er sollte schick und gepflegt aussehen. Ihre Garderobe sollte sexy und überzeugend sein, aber nicht total fetischmäßig. Sie können ja Ihre Leder- oder Samtsachen zum

Shoppen anziehen, Hauptsache Sie sehen aus wie »die Lady«. Bevor Sie aufbrechen, erklären Sie ihm von A bis Z, was Sie von ihm erwarten: Er lässt Sie zuerst ins Auto einsteigen und öffnet und schließt die Wagentür für Sie. Nach dem Parken soll er um den Wagen herumkommen und Ihnen die Tür aufhalten, Ihnen beim Aussteigen behilflich sein und die Tür hinter Ihnen schließen. Beim Spaziergang soll er nicht den Einfaltspinsel mimen, bloß weil er in Begleitung seiner Domina ist. Stattdessen soll er wachsam sein und auf mögliche Gefahren für Sie achten: Bettler, Drängler, Handzettelverteiler und so weiter. Sagen Sie ihm, wie er sich benehmen soll, wenn Sie zusammen im Schuhgeschäft sind. Wollen Sie, dass er Ihnen auf Knien mit dem Schuhlöffel beim Anprobieren hilft? Oder soll er einfach zugucken? Und natürlich hat er für alles, was Sie sich aussuchen, zu bezahlen und später die Einkaufstüten zu tragen! Also dann, ab ins Schuhgeschäft, und die Inszenierung der Fantasie kann beginnen! Glauben Sie mir, bis dahin ist er schon mittendrin im Spiel.

Wie Sie diese öffentliche Szene planen, hängt stark davon ab, wo Sie leben und was bei Ihnen in der Gegend geduldet wird. Wenn Sie in Ultrakonservativhausen wohnen, sollten Sie vielleicht auf den Kniefall-Dienst verzichten, es sei denn, er macht Ihnen im Schuhgeschäft einen Heiratsantrag.

11. KAPITEL

Demütigung: Fast so gut wie Sex

Wer von uns ist sich nicht bewusst, welche Macht die Worte eines geliebten Menschen auf uns ausüben? Wer weiß nicht um die unzähligen Botschaften, die ein einziger Blick übermitteln kann? Wer hat nicht schon bei der leisesten Berührung vor Leidenschaft gezittert, hat sich nicht durch die geheimnisvolle Kraft in einem Blick entzünden lassen? Wer könnte sagen, er habe einen anderen wirklich geliebt und nichts von dessen Macht über ihn bemerkt? Diese Macht, eine Facette der Liebe, besteht aus einem exotischen Wechselspiel von Psyche und Körper, wobei der Körper sich mit der vorauseilenden Psyche eine prickelnde Verfolgungsjagd liefert. Und was für eine Verfolgungsjagd! Man befindet sich in einem leidenschaftlichen Spannungsfeld zwischen sexueller Unruhe und Vorfreude, aber man weiß auch, dass man auf die Gegenliebe des Partners hoffen und sich jederzeit in ein schützendes Sicherheitsnetz fallen lassen kann.

Im BDSM wird dieses Sicherheitsnetz durch das hohe Maß an Vertrauen, Respekt und Kommunikation verstärkt, das zwischen den beiden Spielern bestehen muss, damit sie den dunklen Garten ihrer sexuellen Fantasien gemeinsam erkunden können.

REISE IN DIE PSYCHE

Wenn Sie mit verbalen und physischen Demütigungsspielen experimentieren, ist es, wie wenn Sie die äußeren Grenzen Ihrer Psyche austesten. Diese Spiele sind hochgradig psychologisch und emotionsgeladen. Mit dem richtigen Partner können Sie aber so befriedigend sein wie Sex und so bewusstseinserweiternd wirken wie eine außerkörperliche Erfahrung. Demütigende SM-Spiele können, wenn sie mit Liebe und Fürsorge inszeniert werden, das Selbstvertrauen eines Menschen stärken und ihn innerlich befreien. Stellt sich nur die Frage: Wie kann man das bei ihm erreichen? Was den einen demütigt, lässt den anderen völlig kalt. Fans von hartem Caning würden sich erniedrigt fühlen, wenn man sie mit einem albernen Hut in die Ecke stellen würde. Manche empfinden eine bestimmte Äußerung oder Redensart, wie »Warte nur, bis wir nach

Hause kommen«, als demütigend, während so was bei vielen anderen bestenfalls für Heiterkeit sorgt.

Einige betrachten es als erniedrigend, wenn sie auf die Knie fallen, um die Stiefel der Herrin zu küssen; andere machen sich gar nichts daraus und werten es sogar als erhebende und aufregende Erfahrung, wenn sie auf dem Boden kriechen dürfen. Schläge ins Gesicht, Bespucken und körperlicher Missbrauch können für beide Partner sehr erregend sein. Jede Szene kann demütigend sein – wenn er sie so empfindet. Er allein weiß, was demütigend für ihn ist, und er muss es Ihnen sagen, damit eine Szene richtig machtvoll wird.

In manchen Demütigungsszenen kann es befreiend für ihn sein, wenn er sich mit einer Äußerung wie: »Ja, Herrin, ich bin dein Flittchen« laut zu seinem Dämon bekennt. Es nimmt ihm sein schlechtes Gewissen dafür, dass er in Ihrer Gegenwart hochgradig sexuell erregt ist, dass er sich als Ihr Flittchen betrachtet, dass er ein extrem unterwürfiges Verhalten zeigt und das alles genießt. Eine beliebte Fantasie bei Crossdressern ist das Spiel »Die kleine Hure«. Mit dem Befehl, die Hure zu spielen, gebe ich ihm die Erlaubnis, diese Rolle in einem sicheren Rahmen zu erforschen. Außerdem kann er sich sagen, dass er ein braver Junge ist, wenn er mir »gehorcht« und tut, was ihm befohlen wird. Er hat mir Gehorsam versprochen, und ich habe ihm in Kenntnis seiner Wünsche und Grenzen die Erlaubnis erteilt, das Flittchen zu sein. Als seine Herrin habe ich ihn von der Schuld befreit, indem ich ihm die Entscheidung abnahm. Das klingt widersprüchlich: Demütigung oder einvernehmliche Degradierung zum Zweck der Erhöhung. Aber mit dem richtigen Partner und unter den richtigen Umständen kann es eine sehr spirituelle Erfahrung sein.

Ein gutes Demütigungsspiel zur Bewusstseinserweiterung vollzieht sich auf verschiedenen emotionalen Ebenen, von leichter Beschämung bis hin zu richtiger Herabsetzung. Man kann die Bewusstseinsveränderung mit spielerischem Hänseln beginnen und es dabei belassen. Das Hänseln verläuft dann eher in einer Seitwärtsbewegung und erfährt keine Steigerung. Oder es entwickelt sich zur ausgeprägten Verhöhnung. Die spielerische Verhöhnung gipfelt dann vielleicht in einem gewählten, aber extrem verächtlichen Sprachgebrauch, der aber an sich noch nicht herabsetzend oder entmachtend ist. Mit jeder neuen Demütigung, die der Sub akzeptiert, wird die Gangart härter. Ich rate Ihnen bei diesen Spielen dringend, seine emotionalen Grenzen im Vorfeld gründlich und klar abzusprechen. Da der Spielplatz im Kopf liegt, sind Sie womöglich nicht in der Lage, seine Körperzeichen richtig zu deuten, bevor es zu spät ist. Das ist so, weil unsere emotionalen Grenzen tief in uns verwurzelt sind und sich nur mit Mühe verändern oder erweitern lassen.

Die Verletzung einer emotionalen Grenze ist auch schwerer zu erkennen, weil wir manchmal unseren wunden Punkt selbst nicht kennen. Unsere emotionalen Grenzen sind schwer vorhersagbar, und sind sie erst einmal überschritten, kann es lange dauern, bis die seelischen Wunden verheilen. Da die Anzeichen unserer physischen Grenzen, wie Striemen oder blaue Flecken, leicht sichtbar sind und schnell verheilen, können wir unsere physischen Grenzen ständig austesten, belasten und erweitern, weil wir die Fähigkeit besitzen, uns selbst für »mehr« fit zu machen. Was sich im Kopf abspielt, muss dagegen verbal mitgeteilt werden. Die verfeinerte Kommunikationsfähigkeit und das gestärkte Vertrauen, die Sie bei den BDSM-Spielen mit Ihrem Partner entwickelt haben, werden Ihnen dabei zugute kommen.

Nach jeder Demütigungsszene sollten Sie Ihren Partner wegen der emotionalen Belastung des Spiels besonders nett und zuvorkommend behandeln. Wenn die Demütigungsszene vorbei ist, sind alle Beteiligten wieder gleichberechtigt.

Zwang und Konsens

Diesen Widerspruch finde ich absolut reizvoll, und ich bin nicht die Einzige. Damit eine Demütigungsszene wirklich gut wird, muss das Spiel sowohl Zwang als auch Einverständnis mit einbeziehen. Die Kombination von Zwang und Einverständnis ist ein starkes Aphrodisiakum in der vielschichtigen Fantasie eines Sub. Zunächst setzt sich der Sub gegen den Willen der Domina oder gegen die Demütigung, die ihm auferlegt werden soll, zur Wehr. Aber nachdem die Saat ausgebracht ist, beginnt seine eigene Fantasie in ihm zu arbeiten und treibt ihn zur ultimativen Herabsetzung. Am Ende stimmt er seiner eigenen Demütigung und Bestrafung nicht nur zu, sondern findet Gefallen daran und sehnt sich danach. Ein solches Szenario wird oftmals aufgebaut, damit der Sub sein sexuelles Sklaventum mit Erlaubnis der Dom frei von Schuldgefühlen genießen kann. Psychologen meinen, dass sexuelle Unterwerfung ein Mittel zur Befreiung von sexuellen Schuldgefühlen ist. Das mag auf Menschen zutreffen, die sexuelles Verlangen als moralischen Makel betrachten. Für diejenigen, die es anders sehen, sind der erotische Zwang und das anschließende Einverständnis einfach nur Voraussetzung dafür, dass der Sub sich ungehindert seinen sexuellen Freuden hingeben kann.

Zwang- und Konsensfantasien tragen oft ritualistische Elemente in sich. Häufig sind Fantasien, in denen er für ein religiöses Ritual ausgewählt wurde. Er wurde vielleicht dazu erkoren, ein Jahr lang der Gemahl der Weizenkönigin zu sein und sich mit ihr zu paaren. In diesem Jahr als Weizenkönig wird ihm das Beste von allem geboten, was die Stadt zu bieten hat: die erlesensten Speisen, Met und Wein, luxuriöse Gemächer im Palast, Unterhaltung und das Neueste aus der Ferne. Doch die einzige Frau, mit der er das Bett teilen darf, ist die Weizenkönigin. Teilweise mithilfe religiöser Rituale sichert sie sich die absolute Kontrolle über sein Sexualleben und verbietet ihm, seinen Samen anderswo nutzlos zu vergeuden. Jedes Vergnügen hat seinen Preis, und der Preis für seine Stellung als Weizenkönig ist, dass er die Weizenkönigin schwängern muss. Wenn sich nach dreizehn Mondzyklen (einem Jahr) herausstellt, dass der Weizenkönig seine Pflicht nicht erfüllt hat, wird er der Mutter Erde geopfert.

Natürlich gehört sein Herz jemandem aus seinem Heimatdorf, aber er wurde für diesen Dienst ausgewählt, und angesichts der großen Ehre würde niemand seine Weigerung verstehen. Er brächte Schande über sich und seine Familie, wenn er sich weigerte oder fliehen würde. Andererseits wäre es eine große Ehre für ihn und seine Familie, wenn er seine Pflicht erfüllte. Deshalb muss er gehen. An bestimmten Tagen wird er nackt im Tempel ausgestellt, muss Bemerkungen über seine Männlichkeit hinnehmen und sich begrapschen lassen. Er fühlt sich zutiefst erniedrigt. Aber durch den Schleier seines Elends hört er, wie die Einheimischen ihm als dem Weizenkönig im Dienst der Großen Göttin und ihrer menschlichen Verkörperung, der Weizenkönigin, ihre Bewunderung darbringen. Sie betrachten ihn und bedenken ihn mit Worten der Anerkennung. Jedes Mal, wenn man ihn aus seinem Gemach führt, um ihn zur Schau zu stellen, zittert er angesichts der bevorstehenden Demütigung. Die anderen Menschen haben ihn seiner Würde als Mensch beraubt, ihn aber gleichzeitig über sich erhoben. Allmählich findet er sich mit seiner Rolle ab und fängt an, die Demütigung zu suchen.

Zu einem guten Demütigungsspiel gehört es, dass man möglichst schon vorher weiß, was passieren wird. Es geht schließlich um etwas, wovor er sich am meisten fürchtet und das er sich dennoch sehnlich wünscht. Die Zeit, in der er mit sich rang, war eine süße Qual. Wird er sein Safewort aussprechen, sein Zeichen geben? Wird er es bis zum Ende durchstehen? Das wäre der Fall, wenn er sich zum Konsens zwingt. Manchmal, wenn ich spiele, behalte ich meine Pläne für mich. Ich kenne meinen Sklaven und seine Fantasien, wie er meine kennt, und wir vertrauen uns bedingungslos. Aber meistens habe ich ihm doch verraten, was ich für den Abend mit ihm vorhatte. Er liebte es, wenn ich ihm mit meiner tiefen, sinnlichen Stimme erzählte, was ich alles mit ihm anstellen würde. Ich saß auf meinem Lieblingsplatz auf dem Sofa und er kniete zwischen meinen Schenkeln. Er beugte sich nach vorn und umfasste meine Waden mit seinen großen, warmen Händen. Die Lippen dicht an seinem Ohr, schilderte ich ihm in obszönen Worten, wie ich ihn heute Abend »benutzen« würde. Hin und wieder legte ich eine dramatische Pause ein, um ihn zu fragen, ob er mich verstanden habe, oder um mich liebenswürdig zu erkundigen, ob er damit einverstanden sei. Er wusste, meine Fragen waren rhetorisch, und doch waren sie es nicht. Wenn ich tatsächlich etwas sagte, das er nicht wollte, ließ ich ihn manchmal in seiner sanften

Sklavenstimme darum betteln, von dieser oder jener Behandlung verschont zu werden. Gelegentlich ließ ich mich dann erweichen.

Es machte ihn ganz wild, zu wissen, was mit ihm passieren würde, es gleichermaßen zu fürchten und zu lieben und es mit süßem Schrecken und Spannung herbeizusehnen. Während er wartete, tobte in seinem Innern ein Kampf – ein Kampf zwischen dem Teil seines Ichs, der ja sagte, und dem, der nein sagte. Und die ultimative Demütigung war, dass er letztendlich nicht nur damit einverstanden war, sondern es sogar mochte und wollte. Und wenn ich es ihm verweigerte, bettelte er darum. So werden Millionen SM-Anhänger liebevoll und spielerisch »gezwungen«, genau das zu tun, was sie am meisten fürchten. Oft handelt es sich ja bei dem, was sie am meisten fürchten, und dem, was sie sich am meisten wünschen, um ein und dasselbe.

Verbale Demütigung

Ich wäre sehr froh, wenn das Wort *Missbrauch* nicht mehr im Zusammenhang mit romantischen und einvernehmlichen SM-Liebestechniken verwendet würde. Wir wissen ja, dass BDSM keinen Missbrauch beinhaltet. Deshalb möchte ich diese besondere Blüte im dunklen Garten lieber »verbale Demütigung« nennen und nicht »verbalen Missbrauch«. Ich finde, verbale Demütigung ist nicht nur ein schöneres Wort für das, was wir tun, sondern finde auch, dass es einfach zutreffender ist. Lassen Sie mich den Unterschied zwischen erniedrigend und missbräuchlich an einem Beispiel erklären.

Zu Beginn einer Szene, wenn er noch seine Kleider anhat, packe ich ihn an seinem bereits harten Schwanz und flüstere ihm mit honigsüßer Stimme ins Ohr: »Wessen Spielzeug, wessen Objekt bist du heute Abend?« Das erregt ihn noch mehr, weil es genau die Art von Demütigung ist, auf die er steht. Wenn ich denselben Satz aber beim Abendessen zu ihm sagen würde und die Leute neben uns am Tisch würden es zufällig mitbekommen, wäre er ziemlich verlegen, vielleicht sogar verärgert, denn ich hätte Außenstehenden ohne seine Erlaubnis Einblick in unser Intimleben gewährt. Diese

Art öffentliche Demütigung kann er überhaupt nicht ab, obwohl er wahrscheinlich darüber hinwegkommen würde. Wenn ich ihn dagegen im Streit als Objekt oder Ding bezeichnen würde, wäre er wahrscheinlich wütend. Er würde es als eine Form von verbalem Missbrauch und als Beleidigung betrachten, wie wenn ich ihn »dumm« nennen würde.

Ein ausgezeichnetes Beispiel für verbalen Missbrauch ist das Szenario, das ich so oft mit einem Kunden durchgespielt habe. Er besucht mich jetzt übrigens nicht mehr (ja, ich gestehe!), weil ich es einmal gewagt habe, mir während einer seiner unglaublich langweiligen Sitzungen einen Spaß zu erlauben. In dem Szenario spielte er immer einen ungezogenen Jungen, den seine Mutter vorzeitig bei einem Freund abgeholt hatte, weil sie sehr böse auf ihn war. Dieser Teil spielte sich in seiner Vorstellung ab. In Wirklichkeit saß er nur auf dem Sklavenstuhl und berührte sich selbst. Ich trug einen altmodischen weißen BH, ein weißes Miederhöschen, sehr lange, schwarze, durchsichtige Nylons und darüber einen schwarzen, durchscheinenden Jacquard-Morgenmantel. An den Füßen hatte ich meine höchsten High Heels, die aber keine Fetischschuhe waren. Meine Aufgabe bestand nun darin, ihn verbal zu erniedrigen, indem ich ständig wiederholte: »Du bist Hundekaka, Hundekaka!«, »Du bist Kaka, du bist Hundekaka!«, und andere leichte Abwandlungen desselben Satzes. Lustig, was? Versuchen Sie mal, das eine Stunde lang immer wieder zu sagen! Auf wie viele Arten kann man »Hundekaka« sagen?

Als ich so im Zimmer auf und ab ging, fiel mir plötzlich Mozarts *Eine kleine Nachtmusik* ein. Und verdammt, das Wort »Hundekaka« war als Text zu Musik wie geschaffen! Ohne nachzudenken, trällerte ich los: »Hundekaka, Kaka, Hunde-Kakaka, Hunde-, Hundekaka, Kakakakaka, du bist Hundekak, du bist Hundekak, du bist Hunde-, Hundekakaka ...« Dann sang ich aus voller Kehle: »Du bist Hundekaka, du bist Hundekack, du bist Hundekaka, du bist Hundekack!...« Das war's. Mir schien, dass sich das Wort *Hundekaka* sehr gut zu jedem klassischen Musikstück singen ließ, das ich kannte: Beethoven, Wagner, Schubert, ganz egal. Ich kringelte mich vor Lachen, so viel Spaß hatte ich noch nie mit ihm gehabt! Er sah mich entsetzt an. Sein sonst recht stattlicher Schwanz lag schlaff in seiner Hand. Ich sah ihn nie wieder.

Das ist ein sehr gutes Beispiel für verbale Demütigung, obwohl ich in diesem Fall eine der Hauptrichtlinien des BDSM verletzt habe, die darin besteht, nicht über die Fantasie eines anderen zu lachen. Aber ich konnte einfach nicht anders; ich langweilte mich zu Tode. Derselbe Kerl stand übrigens auch auf verbale Demütigungen im Zusammenhang mit Körperfunktionen. Es machte ihn total scharf, wenn ich ihm sagte, ich würde ein winziges Loch in mein Miederhöschen schneiden und ihm anschließend in den Mund kacken. Ich würde ihn meine Scheiße fressen lassen und ihm zur Belohnung nicht einmal meine Genitalien zeigen. Anfangs fand ich sein Szenario psychologisch interessant, aber Sie sehen ja hoffentlich selbst, wie öde so etwas mit der Zeit werden kann. Er hatte keine anderen Interessen, ließ sich nicht schlagen, fesseln, als Diener anstellen oder sonst wie ausbilden. Seine Obsession, sich verbal erniedrigen zu lassen und alle anderen Aspekte von vornherein auszuschließen, machte sein Szenario in der Tat wenig ausbaufähig. Ich frage mich manchmal, wer ihn jetzt mit seinem »Kaka« vollsülzt …

Missbrauch ist wie sexuelle, verbale oder körperliche Schikane immer nur das, was der Empfänger als missbräuchlich empfindet. Die romantische, einvernehmliche Demütigung bei SM-Spielen sollte, wenn sie richtig praktiziert wird, ein angenehmes, erotisches Schamgefühl hervorrufen und eine lustvolle Stimulierung sein. Um zu verstehen, welche Erfüllung mit verbaler Demütigung verbunden sein kann, müssen Sie sich für die unendlichen Möglichkeiten Ihrer sexuellen Vorstellungswelt öffnen und nicht davor zurückschrecken, sie zu erforschen. Weil verbale Demütigung sehr stark in die Intimsphäre eingreift, funktioniert sie am besten zwischen zwei Menschen, die sich gut kennen. Jeder von uns reagiert auf einen anderen Knopfdruck, sofern wir einer verbalen Demütigung überhaupt etwas abgewinnen können. Was den einen antörnt, stößt den anderen ab oder lässt ihn völlig kalt. Damit die verbale Demütigung zu einer befriedigenden und bereichernden Erfahrung für beide Spieler wird, ist auch hier wieder Ihre Kommunikationsfähigkeit gefragt.

Körperliche Demütigung

Wie kann man jemanden körperlich demütigen? Ganz einfach! Sie sind eine Frau und wahrscheinlich von der Statur her viel kleiner und schwächer als ein Mann. Spiele wie diese können Ihnen deshalb ein berauschendes Machtgefühl vermitteln, allerdings muss er bereit sein, an manchen Stellen mitzuhelfen. Meine liebsten Formen der körperlichen Demütigung sind Schläge ins Gesicht, Anspucken (ins Gesicht, in den Mund oder als Schmiermittel auf sein Teil, wenn ich ihm erlaubt habe, an sich herumzuspielen), die Verehrung von Umschnall-Dildos und grob werden. *Grob werden* ist der Begriff, den ich benutze, wenn ich ihn mit den Händen vermöbeln soll. Diese körperliche Aktivität beinhaltet treten, boxen, kneifen, an die Wand schleudern, auf den Boden werfen (hier ist seine Mitwirkung nötig) und mit Fäusten traktieren. Vielleicht sollten Sie sich Boxhandschuhe anziehen, damit Sie sich nicht die Hände verletzen.

Schläge ins Gesicht

Ohrfeigen sind eine körperliche Demütigungsfantasie, die in vielen Köpfen herumspukt, die sich aber wenige eingestehen. Viele Männer finden den Gedanken daran absolut scharf. Bevor man diese Fantasie aber inszeniert, sollte man unbedingt darüber reden. Es kommt nämlich vor, dass alte Kindheitskonflikte aufgerührt werden, mit denen Sie beide sich während der Spielzeit nicht auseinandersetzen können und wollen. Ansonsten ist ein Schlag ins Gesicht oftmals ein riesiger Schritt auf dem Weg zu seiner endgültigen Unterwerfung unter den Willen der Herrin. Ein Schlag ins Gesicht muss weder eine Disziplinierungshandlung noch eine rituelle Handlung sein. Manchmal dient er dazu, Ihre Herrschaft über ihn zu betonen oder einfach Frust abzulassen. Eine ordentliche Backpfeife kann ihm die Flausen austreiben, wenn er nicht ganz auf Sie konzentriert ist. Obwohl es nicht schwer ist, ihm eine Ohrfeige zu verpassen, sollten Sie auf einige Dinge achten: Lange Fingernägel können ihn leicht im Gesicht kratzen oder sein Ohr verletzen; wenn Sie den Arm zu sehr strecken, landet der Schlag vielleicht direkt auf seinem Ohr und erzeugt ein unangenehmes Klingeln (ein garantierter Stimmungskiller), und wenn Sie schlecht zielen und zu weit oben am Auge oder zu weit unten am Kinn landen, können Sie ihn auf ziemlich unerotische Art verletzen.

Das alles lässt sich vermeiden, wenn man sich vorher etwas in Treffsicherheit übt. Und wie? Ganz bestimmt nicht an ihm! Kaufen Sie einen Perückenständer aus Styropor und machen Sie ihn an einem unbeweglichen Gegenstand fest. Perückenständer sind nicht teuer und für diesen Zweck wie geschaffen. Studieren Sie genau die Gesichtszüge an dem Modellkopf. Die Wange ist klar sichtbar, und auf diesen Bereich haben Sie es abgesehen. Sie wollen den Schlag mittig auf der Gesichtsseite landen. Der Zeigefinger soll dabei am unteren Wangenknochen, Mittel- und Ringfinger auf der Wange und der kleine Finger am Unterkiefer zu liegen kommen. So verteilt sich die Wucht des Schlags gleichmäßig über die ganze Gesichtshälfte. Damit sein Gesicht so gut wie möglich vor Ihren Nägeln geschützt wird, sollten Sie den Daumen leicht gegen die Handkante anwinkeln; er sollte weder hervorstehen noch unter die Hand geschoben werden. Denken Sie außerdem daran, alle Fingerringe abzustreifen, bevor Sie zuschlagen.

Hier erweist sich der Perückenständer als nützlich. Sie müssen zunächst einmal wissen, ob Sie richtig treffen. Da das Ständergesicht an der Stelle, wo Sie treffen, mit Sicherheit nicht rot anläuft, kramen Sie die alte Schuhschachtel mit dem Make-up hervor, das Ihnen nach dem Kauf nicht gefallen hat. Durchsuchen Sie die Schachtel nach etwas Rotem, Cremigem und schmieren Sie etwas davon auf die Hand. Dann gehen Sie vor dem Perückenständer in Stellung und konzentrieren sich. Wenn Sie dem Perückenständergesicht jetzt eine Ohrfeige verpassen, sehen Sie genau, ob der Schlag ein Treffer war. Andernfalls richten Sie Ihr Ziel aus und probieren es noch mal.

Glücklicherweise gehorcht die Hand meist dem Befehl des Gehirns und landet dort, wo sie soll. Es ist daher viel leichter, sich mit der Hand im Treffen zu üben als mit einem Disziplinierungsinstrument. Wenn Sie eine sehr starke Frau sind und glauben, dass Sie ihn wirklich fest schlagen könnten, ist es vielleicht sinnvoll, mit der freien Hand seinen Kopf zu halten, damit er sich nicht den Hals verrenkt. Dieses Kopfhalten kann geschäftsmäßig oder zärtlich erfolgen, je nachdem, welche Atmosphäre Sie für das Szenario vereinbart haben.

Grob werden

Eine meiner Lieblingsbeschäftigungen, die viele Sklaven in »Angst und Schrecken« versetzt. Lächerlich! Ich bin doch keine professionelle Ringerin oder Boxerin! Zwar habe ich für meinen zierlichen Körperbau ziemlich viel Kraft, aber trotzdem wiege ich bei einer Größe von 1,65 m gerade mal 50 kg. Und wie jedermann (mit Ausnahme dieser dummen Sklaven) wohl weiß, ist die Kraft, mit der man einen Schlag führen kann, unmittelbar abhängig von den Faktoren, die hinter diesem Schlag stehen, nämlich Körpergröße und Gewicht. Damit würde ich wohl in die leichteste Fliegengewichtsklasse eingeordnet, nicht wahr? Diese Aktivitäten können wirklich ein amüsantes, berauschendes und sexy Training sein, besonders wenn man dabei gehörig ins Schwitzen kommt. Es muss ihm allerdings völlig klar sein, dass es ein »Fantasiekampf« ist und dass er mit Ihnen kooperieren muss (er darf Sie *nicht* mit Faustschlägen traktieren oder Sie zu Boden werfen).

Was tut man also? Seine Aufgabe ist es, Ihre Körpersprache zu lernen, was in diesem Fall glücklicherweise keinen besonderen Scharfsinn voraussetzt. Wenn Sie ihn beispielsweise auf den Boden »schleudern« wollen, dirigieren Sie ihn mit den Armen dorthin, und er sollte die Geste erkennen und mitspielen. Von seiner Seite aus sollte es ein koordinierter Sturz sein, damit der große, schwerfällige Ochse sich nicht verletzt. Wenn man bedenkt, dass er zwei Mal so viel wiegt wie Sie, wäre es ohnehin schlecht möglich, ihn ohne sein Zutun irgendwohin zu schleudern. Gut, es kommt als Nächstes, nachdem wir wissen, dass er kooperieren, Ihre Körpersprache deuten und ihr folgen muss? Alles, wozu Sie körperlich in der Lage sind!

Ich fange es gerne so an, dass ich ihn »überfalle«, sobald er zur Tür hereinkommt. Wenn er die Tür aufmacht, schreite ich entschlossen auf ihn zu, und gleich wenn er die Tür hinter sich schließt und sich umdreht, greife ich an. Ich stürze mich volle Kanne auf ihn und dränge ihn mit dem Rücken gegen die Tür. Dann packe ich einen Arm und drücke ihn gewaltsam nach oben unter sein Kinn. Das bewirkt nicht nur, dass er den Kopf hoch hält, sondern hindert ihn auch ein bisschen am Atmen. Als Nächstes spreize ich ihm mit ein paar geübten Tritten die Beine auseinander (das macht ihn kleiner!), während ich ihn mit meiner freien Hand am ganzen Körper untersuche und begrapsche. Manchmal fixiere ich ihn auf der Stelle, indem ich ihm mein Knie in den Schritt presse. Ich betatsche und bedrohe ihn. Und da ist es wieder, dieses teuflische Funkeln, das mir immer dann in die Augen tritt, wenn ich besonders viel Spaß habe. Dann greife ich ihn mit beiden Händen vorn am T-Shirt und wirble ihn herum, sodass er nicht mehr länger mit dem Rücken zur Tür steht. Ich packe ihn am Kragen und am Hosenboden und »schmeiße« ihn auf den Boden. Bis jetzt hat keiner von uns ein Wort gesprochen. Man hört nur angestrengtes Keuchen und Stöhnen.

Sobald er auf dem Bauch liegt, befehle ich ihn auf alle viere. Während ich ihn langsam umkreise, ihn eingehend begutachte und ihm hie und da einen Stoß oder Knuff verpasse, kann er nicht mehr von mir sehen als meine Schuhe und meine Waden. Seine Brust hebt und senkt sich erwartungsvoll; manchmal zittert er auch. Und dann geht der Spaß richtig los.

Als Erstes trete ich ihm ein paar Mal kräftig in den Arsch. Manchmal benutze ich dazu die Innenkante meiner Schuhe oder Stiefel und lande mitten zwischen den Arschbacken. Dann wieder verpasse ich jeder Arschbacke einzeln einen Tritt, entweder mit der Spitze oder mit der Innenkante meiner Schuhe. Wenn sich das Spiel auf die körperliche Demütigung beschränkt, trage ich in der Regel Stiefel; kommen noch andere Aspekte, insbesondere Fußverehrung, hinzu, ziehe ich Schuhe an. Ich senke die Schuhspitze ab, damit ich nicht etwas beschädige, für das ich später vielleicht noch Verwendung finde. Weil sein Genitalbereich sehr empfindlich ist, arbeite ich hier nur mit *leichten* Tritten. Wenn er es verkraften kann, darf er sich später mit gespreizten Beinen und im Nacken verschränkten Armen hinstellen und ein kleines Spiel mit mir spielen, das wir »Eiertreten« nennen.

Als Frauen wissen wir schon, wie nützlich Eiertreten als Mittel der Verteidigung ist. Der stärkste Muskelprotz lässt sich damit in ein wimmerndes, stöhnendes Bündel verwandeln, das sich auf dem Boden wälzt und seine Genitalien hält. Du meine Güte, was für eine Wirkung! Ist das nicht einfach toll? Egal, machen wir weiter mit Eiertreten. Auch hier haben Sie wieder die Wahl, ob Sie Schuhe oder Stiefel tragen wollen oder es lieber barfuß machen. Da steht er nun also mit gespreizten Beinen und im Nacken verschränkten Armen in Erwartung Ihrer zärtlichen Aufmerksamkeit. Sie können es von vorn oder von hinten machen, aber Sie sollten Ihr Ziel genau anvisieren, bevor Sie lostreten. Das ist nicht schwer. Gehen Sie in Stellung und strecken Sie das Bein aus. Erreicht die Schuhspitze ihr Ziel? Nein? Dann treten Sie einen Schritt vor und probieren Sie's noch mal. Reicht die Schuhspitze jetzt zu weit nach vorn oder ist sie immer noch zu weit hinten? Richten Sie sich nochmals aus und starten Sie einen neuen Versuch. Wenn Sie sich dann richtig in Position gebracht haben, verpassen Sie ihm einen sanften Tritt oder, falls Sie sich da einig sind, auch einen weniger sanften. Seine Reaktion wird äußerst erfreulich sein.

Nach den Eier- und Arschbehandlungen lasse ich ihn gern wieder auf alle viere gehen und trete dann ein bisschen fester zu, diesmal in den Magen. Manchmal will ich, dass er dabei stillsteht; manchmal soll es aussehen wie beim Ballett, dann kicke ich ihn auf dem Fußboden hin und her. Ich nenne es das »devote Ballett«. Ich trete ihm in den Bauch, er rollt sich auf den Rücken; ich trete ihm in die Seite, und er kommt zurück auf alle viere; dann trete ich ihm wieder in den Bauch und so weiter ... fahren Sie so lange fort, bis Sie ihn von einem Ende des Zimmers ins andere gekickt haben. Ein Teppichboden ist hier sehr zu empfehlen.

Die Gesichtsbehandlung

Cleopatra pflegte in Eselsmilch zu baden; Elizabeth Bathory nahm Bäder in Jungfrauenblut; aber es war eine der römischen Kaiserinnen, die mich zu der folgenden Idee inspirierte, und durch sie kam ich auch auf das Spiel mit dem Glas, das ich in Kapitel 7, »Disziplin«, beschreibe. Ganz genau erinnere ich mich nicht mehr, wer sie war; vielleicht Messalina, die Frau von Claudius I. In Kenntnis ihrer Vorgeschichte würde es mich nicht im Geringsten wundern. Wie auch immer, kommen wir zurück zu meinem Spiel, das sich nur wenig von Messalinas Zeitvertreib unterscheidet. Sie ließ ihre römischen Soldaten in Becher masturbieren und benutzte ihre Perlensoße als Gesichts-Feuchtigkeitscreme. Ich habe zwar schon eine gute Gesichtscreme, danke sehr, aber er hat wohl noch keine, oder? Jetzt hat er die Gelegenheit dazu.

Ich muss vorausschicken, dass dieses Spiel sich nur für *gelenkige* Menschen eignet. Gelenkig bedeutet, dass er biegsame Gelenke hat, durch regelmäßigen Sport gut in Form ist und keine dicke Wampe vor sich her schiebt, die ihm im Weg wäre, wenn er seine Arbeit verrichtet.

Nachdem er genug gebeten und gebettelt hat und Sie beschlossen haben, ihm die Gunst zu gewähren, in Ihrer Gegenwart zu kommen, versuchen Sie's mit ihm. Wenn er wirklich unbedingt kommen will, wird er im wahrsten Sinne des Wortes die tollsten Verrenkungen machen, um Ihnen zu gehorchen.

Zuerst müssen Sie beide die richtige Stellung einnehmen. Für Sie gilt: Setzen Sie sich in Ihren Sessel und umschließen Sie seine Beine mit den Ihren. Auf dem Boden zwischen Ihren Füßen ist der Platz für seinen Kopf. Er liegt auf dem Rücken und schiebt seinen Kopf zwischen Ihre Füße. Er darf sich an den Sesselbeinen festhalten, damit er stabil bleibt, wenn er die Beine hochstreckt. Jetzt kommt der »gelenkige« Teil: Er geht in »Radfahrstellung«. Daran erinnern Sie sich doch sicher noch von der Jazztanz-, Joga- oder Turnstunde her. Wenn er die Beine hochnimmt, greifen Sie danach und klemmen sich unter jeden Arm ein Bein. Dann ziehen Sie beide Beine so weit zu sich hin, bis sein Rücken gebogen ist. Ist es Ihnen aufgefallen? Sein Schwanz baumelt jetzt in unmittelbarer Nähe vor seinem Gesicht. Nun geben Sie ihm die Erlaubnis, sich selbst zu befriedigen. Beobachten Sie seinen Gesichtsausdruck. Er will kommen, es drückt ihn so übel, er kann sich kaum noch beherrschen.

»O bitte, ich bin ein Mann, ich denke mit den Keimdrüsen, und die befehlen mir, dass ich jetzt kommen soll. Aber ... wenn ich komme, spritze ich mir ja selber ins Gesicht. Sperma in meinem Gesicht?!?!?« Müssen Sie wirklich noch überlegen, welche Seite seines Ichs wohl gewinnt? Wenn er kommt und dabei japst und stöhnt und sein Mund offen steht, gelangen manchmal ein paar Tropfen in seinen Mund. Ich lasse sie ihn immer schlucken, bevor er sich wäscht. Er sagt, es schmeckt einfach scheußlich. Worauf ich antworte: »Rache ist süß, und süß bin ich.«

Die Verehrung von Umschnall-Dildos ... und andere Verwendungen

Der Umschnall-Dildo! Das perfekte Anhängsel für eine Sie, die sich in einen Er verwandeln will; für eine Sie, die ihr männliches Gegenstück gerne einschüchtert, demütigt oder bedroht; für eine Sie, die sich dadurch in ihrer Macht bestärkt fühlt und es umwerfend komisch findet, einen Penis zu haben. Je nach Situation treffen diese Eigenschaften ganz oder teilweise auch auf mich zu. Vielleicht haben Sie bereits einen Dildogürtel (für diese Art Spiel ein Muss), und wenn ja, bestimmt auch die notwendigen Aufsätze dafür. Falls Sie zum ersten Mal mit dieser Spielvariante experimentieren und sich nicht gleich einen Gürtel kaufen wollen, gibt es trotzdem viele Spielmöglichkeiten. Der Umschnall-Dildo dient bei diesen Spielen aber nicht der Analpenetration, sondern ausschließlich der Demütigung.

Bekanntlich fühlen sich viele Männer bedroht, wenn sie es mit einem anderen Penis zu tun kriegen, und jetzt tragen Sie hier einen Kunstschwanz zu Schau, der wahrscheinlich viel größer und viel dicker ist als seiner und wegen seiner Farbe und Bauart wesentlich beeindruckender wirkt als das fleischfarbene Original. Persönlich mag ich die schwarzen am liebsten. Ich habe aber auch andere Farben für den Fall, dass ich ein schwarzes Outfit trage. Ich will, dass er das Teil sieht! Ich will, dass er wie gebannt darauf starrt, während ich vor ihm auf und ab stolziere. Und wenn ich sitze, halte ich die Beine gespreizt und spiele damit, als ob es echt wäre. Lassen Sie ihn auf dem Boden knien. Ihr Schwanz baumelt ihm dann jedes Mal ins

Gesicht, wenn Sie um ihn herumgehen. Stellen Sie in *liebenswürdigem* Ton Überlegungen an, wie weit sich das Ding wohl in seinen Hals schieben lässt. Ohrfeigen Sie ihn damit, indem Sie es mit der Hand am Schaft lenken und mit den Hüften hin und her schwingen.

Was Sie mit dem Umschnall-Dildo noch anstellen können, ist, Ihren Sub den künstlichen Schwanz »verehren« zu lassen. Das heißt natürlich, er muss ihn lutschen. Hmmm, lecker! Wenn ihn das nicht auf seinen Platz verweist, dann weiß ich auch nicht mehr! Ich sitze mit gespreizten Beinen im Sessel und »lade ihn ein«, ganz nah zu mir zu kommen, so nah, dass seine Brust die Sesselkante berührt. Dann fordere ich ihn auf, doch mal kurz daran zu lecken. Der erste »Lecker« ist genau das, nämlich kurz und zögerlich, als würde das Ding nicht aus Silikon, sondern aus Gift bestehen. Das stellt mich nicht zufrieden. Also packe ich ihn an den Haaren und ziehe seinen Kopf zurück. Dann dringe ich in seine Intimsphäre ein und setze mich mitten auf sein Gesicht. Ich drohe ihm mit allem, was mir gerade einfällt, und oft bewirkt die Androhung von Gewalt, dass sich seine kleine Zunge wild hin und her bewegt. Nach dem Lecken will ich Lutschen. Ich will, dass er mir richtig einen bläst. So wie er es von seinen Freundinnen beim Vanillesex immer verlangt hat. Keine Gnade!

Ich befehle ihm, sich »anzustrengen«, was bedeutet, dass ich sehen will, wie viel von meinem Schwanz in seinen Mund passt. Ich kann Ihnen sagen: Für jemanden, der nie die Klappe hält und sich bei einem sportlichen Wettkampf zwei Hot Dogs auf einmal in den Mund schiebt, sind die ersten Versuche, mir einen zu blasen, wirklich erbärmlich. Wozu *hat* er denn eigentlich einen Mund? (Naja, *eine* gute Verwendung gibt es ja, aber davon ist jetzt nicht die Rede.) Nachdem er so viel wie möglich von meinem Schwanz »geschluckt« hat, befehle ich ihm, seinen Mund zurückzuziehen. Was er nicht weiß: Ich lasse einen Finger am Dildo, und zwar genau an der Stelle, wo er zuletzt mit seinem Mund war. Dann frage ich ihn: »Na, was meinst du, wie viel von meinem Schwanz hast du wohl geschluckt?« Seine ehrerbietige Antwort: »Oh, bestimmt 15 Zentimeter, Diva« ist eine maßlose Übertreibung im Vergleich zu der tatsächlichen Länge, die ich mit dem Finger markiert habe und die ich ihm jetzt zeige. Fünf bis sechs Zentimeter höchstens! Was mir wieder einen Grund gibt, ihn zu demütigen, wegen seiner Unzulänglichkeit, seiner Unfähigkeit, eine Frau wie mich zu befriedigen und so weiter.

Wenn er bei dem Spiel bis dahin gut mitgezogen hat, können Sie jetzt vielleicht eine härtere Gangart einschlagen. Sagen Sie etwas wie: »Jetzt will ich dir mal zeigen, was ich von dir erwarte«, während Sie ihn mit beiden Händen an den Haaren packen und sein Gesicht mit geöffnetem Mund zu Ihrem Schwanz hinunterziehen. Halten Sie seinen Kopf fest, bewegen Sie die Hüften nach vorn und stoßen Sie ihm das Ding geradewegs in den Hals. Das nennt man »Gesichtsficken«, und es gibt wohl nichts, was ihm weniger Vergnügen bereitet. Sie können auch seinen Kopf an den Haaren rauf und runter ziehen. Keine Sorge, wenn er dabei ein bisschen würgt und ihm der Rotz aus der Nase läuft. Das gehört eben dazu, wenn man jemandem richtig einen bläst. Hat er dasselbe früher nicht auch von Frauen erwartet, bevor er Ihr Privatbesitz, Ihr Sub, Ihr Sklave wurde? Was habe ich vorher über Rache gesagt ...? Sagen Sie ihm jetzt, er soll so viel reinstecken, wie er kann, und vergleichen Sie den ersten Versuch mit dem zweiten. Wenn er sich nicht verbessert hat, heißt es üben, üben, üben, bis das Ergebnis Sie zufriedenstellt.

Was aber, wenn sein bestes Ergebnis noch immer nicht über 7 cm rauskommt? 7 cm sind für mich eine glatte Beleidigung, und weil er mich verärgert hat, muss er bestraft werden. Was hält Sie also davon ab, aufzustehen und Ihr bevorzugtes Züchtigungsgerät zu holen? Die Sache ist die, dass es in diesem Spiel nicht um Züchtigung geht, sondern allein um Demütigung. Und zwischen Ihren Beinen baumelt bereits das, was Sie für eine perfekte Bestrafung brauchen. Nachdem ich mich vergewissert habe, dass er weiß, wofür er bestraft werden soll, ziehe ich den Dildo vom Gürtel ab und schleudere ihn ans andere Ende des Zimmers. Dann gebe ich ihm den Befehl: »Hol!« Damit meine ich, er soll auf allen vieren den Raum durchqueren und mir den Dildo im Mund zurückbringen, und zwar ohne dabei die Hände zu benutzen. Als ich ihm zum ersten Mal diesen Befehl gab, sträubte er sich. Ich war nicht dazu aufgelegt, »während des Spiels Spielchen zu spielen«. Ich ging entschlossen ans andere Ende des Raums, hob den Dildo auf und verpasste ihm damit ein paar Schläge ins Gesicht und auf die Schultern. Dann setzte ich mich wieder in den Sessel, rief ihn zu mir und befahl ihm noch einmal, zu »holen«. Wahrscheinlich war es ihm dann doch lieber, mir das Ding im Mund zu bringen, als damit verdroschen zu werden.

Spucken: Auch was für Damen

Anspucken ist ein wundervolles Mittel der Demütigung, sowohl körperlich als auch emotional. Überlegen Sie mal, was es heißt, bespuckt zu werden, welche emotionale Wirkung dieser Handlung innewohnt. Was kann man sich mehr wünschen? Aber eine Domina ist eine Dame, wenden Sie ein, und Damen spucken nicht. Jetzt tun Sie es eben! Wird Zeit, dass Sie diesen alten Zopf abschneiden und lernen, wie man es richtig macht, damit man die gewünschte Wirkung erzielt. Wenn Sie nicht gerade ein Naturtalent sind, werden Ihre ersten Versuche wohl größtenteils auf Ihrem Kinn, in Ihrem Schoß, auf der Wagentür oder einer anderen würdelosen, unpassenden Stelle landen. Den meisten Frauen fällt Spucken schwer, weil sie es nicht gewohnt sind. Aber mit viel Übung kann man im Weitspucken ganz ansehnliche Ergebnisse erzielen. Und das ist nicht die einzige Spuckart.

Mir persönlich gefällt Weitspucken am besten. Nicht, weil man dabei weit spuckt, sondern weil es die kraftvollste Spuckart ist. Ja, ich weiß, die Szene in Titanic, wo Leonardo Di Caprio Kate Winslet das Spucken beibringt, ist ein bisschen abgedroschen, aber die Technik des Spuckens wurde dort sehr gut erklärt, und, noch wichtiger, fachgerecht demonstriert. Richtig gut zu spucken ist nämlich nicht so einfach, wie es aussieht. Wenn man mit Kirschkernen oder dergleichen übt, werden die beteiligten physikalischen Gesetze leider etwas verzerrt, weil Spucke sehr viel weniger wiegt und keine Form hat. Ein Kirschkern dagegen besitzt sowohl Gewicht als auch Form und daneben gewisse aerodynamische Eigenschaften, die ihn zu einem wirklich guten Projektil machen. Ein Kirschkern fliegt sogar beim ersten Versuch schon recht gut, und man kann damit zielen. Üben Sie mit ein paar Kernen, um die verzwickte Backenbewegung in den Griff zu bekommen. Dabei müssen Sie die Backen zuerst aufblähen und dann pusten, um Ihr Projektil auszustoßen. Übertreiben Sie's aber auch nicht mit den Kernen, sonst werden Sie zu sehr verwöhnt, und er will ja nicht, dass Sie ihn mit Kirschkernen bespucken.

Mit Spucke ist es nicht annähernd so leicht. Sie hat, wie gesagt, ein geringes Gewicht und ist unförmig. Außerdem enthält sie Luftblasen und ist nicht fest. Sie müssen so vorgehen, dass Sie zunächst eine mittlere bis große Menge Spucke im Mund sammeln. Wenn Sie Husten mit Auswurf haben, umso besser. Schleim und Rotze haben wenigstens Gewicht und etwas mehr Form und können viel besser fliegen, auch wenn es eine etwas schmierige Angelegenheit ist. Nachdem Sie nun genug für ein gutes Geschoss beisammen haben, rollen Sie die Zunge an den Seiten etwas ein, um für den Auswurf eine Gasse zu bilden. Hier kann es knifflig werden, weil es jetzt darum geht, Ihren Partner tatsächlich mit der Spucke zu treffen. Wie schon gesagt, müssen Sie die ganze Backenaufbläh-und-blas-Bewegung gut drauf haben. Hilfreich ist es auch, wenn Sie den ganzen Körper, besonders den Oberkörper, mit einbeziehen. Wissen Sie noch, wie es auf der *Titanic* war? Da hielt sich Kate Winslet an der Reling fest, ging mit dem Oberkörper zurück, und als sie ihr Klümpchen hervorstieß, schnellte sie nach vorn, um dem Ganzen mehr Antrieb zu verleihen. Klar, dass Sie keine Reling zum Festhalten haben. Stattdessen können Sie ihn aber an den Schultern packen und ihn als Reling benutzen. Das wird ihm sogar gefallen, weil er dann kein passiver Empfänger mehr ist, sondern in die Rolle eines aktiven Teilnehmers schlüpft.

Was aber, wenn Sie nach allen Bemühungen die Weitspuck-Technik noch immer nicht beherrschen? Keine Angst! Es gibt noch andere Arten, ihn zu bespucken. Sie können beim Weitspucken ein bisschen »mogeln«. Wie soll das nun wieder gehen? Na ja, dass Ihre Spucke nicht so recht fliegen will, liegt wohl zum Teil daran, dass die Schwerkraft gegen Sie arbeitet. Deshalb müssen Sie die Schwerkraft zu Ihren Gunsten nutzen. Legen Sie ihn auf den Boden, das Bett oder den Bondage-Tisch und setzen Sie sich rittlings auf ihn. Seine Hände halten Sie mit Ihren Beinen nach unten. Streifen Sie Ihr Haar nach hinten, damit es keine Spucke abbekommt, beugen Sie den Kopf über sein Gesicht, sammeln Sie den Spuckeklumpen und pusten Sie. Indem Sie statt nach vorn nach unten spucken, wird die Schwerkraft zu Ihrer Verbündeten.

In derselben Stellung lässt sich noch eine weitere Spucktechnik praktizieren: das Tropf-und-neck-Spucken. Vielleicht hat Ihr Bruder so etwas mit Ihnen gemacht, als Sie noch klein waren. Man setzt sich rittlings auf jemanden und drückt ihm die Arme nach unten. Dann tut man so, als würde man gleich auf ihn spucken. Man lässt die Spucke als blasigen Schaum vor den Mund treten, bis sie beinahe von den Lippen tropft. Dann, plötzlich, saugt man den Spuckeklumpen wieder ein und lacht ihm ins Gesicht, das vor ängstlicher Erwartung ganz angespannt ist. Das kann sehr lustig sein, wenn er sich vergeblich dreht und windet, um freizukommen, und nie weiß, wann die Schlonze tatsächlich auf ihm landet.

Dann gibt's noch Trockenspucken. Ich weiß, das klingt wie ein Widerspruch in sich. Ist es aber nicht. Trockenspucken ist noch etwas aufregender als Nassspucken. Das Trockenspucken vermittelt dem Empfänger das Gefühl, dass er es nicht wert ist, Ihre Spucke zu empfangen. Jemanden trocken anzuspucken, ist eine schreckliche Beleidigung, eine Handlung, die Ekel und Verachtung ausdrückt und deshalb sehr erniedrigend wirkt. Man muss dafür nicht viel üben, keine Spucke sammeln, keine Treffsicherheit besitzen und braucht auch nicht den ganzen Körper einzusetzen. Alles, was Sie brauchen, sind Ihre Lippen und den richtigen Gesichtsausdruck. Blicken Sie hochmütig, distanziert, angewidert, mustern Sie ihn geringschätzig von oben bis unten. Pressen Sie dann die Lippen zusammen und machen Sie ein explosives Geräusch, wie wenn Sie den Buchstaben *P* aussprechen.

Der Furz: Das Gas, bitte

Im vorigen Kapitel haben wir den Furz als Fetisch behandelt. Ich habe aber auch erwähnt, dass er ein großartiges Mittel der Demütigung ist. Da wir bereits darüber gesprochen haben, dass manche ihre Fürze unter Kontrolle halten können und andere nicht und was man essen oder trinken kann, um eine Furzorgie vorauszuplanen, will ich mich damit nicht länger aufhalten.

Um Ihnen aber zu zeigen, dass ich keineswegs schüchtern bin und bei spontanen Fürzen kein Blatt vor den Arsch nehme, will ich Ihnen eine amüsante kleine Anekdote erzählen. Das Ganze spielte sich in einem Kerker in London ab, wo ich eine Doppel-Session mit einer anderen Herrin abhielt, die von mir lernen wollte. Unser Kunde war ein lustiger Dicker, der auf CBT, körperliche Züchtigung und verbale und physische Demütigung stand. Großartig! Da es sich bei meiner Dominanten Schwester um eine ehemalige Leibwächterin, Sicherheitswachfrau, Ringerin und Stuntfrau handelte, hatte sie den richtigen Körperbau für solcherlei Praktiken. Als wir dann zur körperlichen Züchtigung kamen, schaute der Bursche sie nur einmal an und wusste, dass sie ihn windelweich prügeln konnte, ohne groß ins Schwitzen zu kommen. Was er nicht wusste, war, dass ich hier als Domina die Führungsrolle übernommen hatte, weil er verbale und physische Demütigung wünschte und meine Co-Top mit diesen Aspekten noch nicht so vertraut war. Nachdem wir ihm durch eine kurze körperliche Züchtigung gezeigt hatten, wo's lang ging, schnallten wir ihn am Bondagerahmen fest und begannen mit CBT. Dann fragte er, ob wir etwas wie »Rush« oder »Locker Room« hätten (werden als »Raumbedufter« vertrieben), die, wenn sie geschnüffelt werden, eine berauschende Wirkung hervorrufen. (In Großbritannien ist das eine gängige Praxis, obwohl es hier in der heterosexuellen BDSM-Szene nicht gern gesehen wird.)

Wir hatten tatsächlich ein Fläschchen da, aber es befand sich in der Küche im ersten Stock im Kühlschrank, und der Kerker lag im zweiten Stock direkt über der Küche. Ich ließ ihn also mit ihr allein und ging nach unten, um die Flasche zu holen. Als ich die Kühlschranktür öffnete, merkte ich, dass sich in mir ein ordentlicher Furz zusammenbraute. »Klasse!«, dachte ich. »Hoffentlich schaff ich es noch die Treppe hinauf und bis ans andere Ende des Flurs, ohne ihn zu verlieren!« Ich schnappte mir die Flasche, kniff die Pobacken zusammen, so fest ich konnte, und ging in Richtung Treppe. Mit zusammengepressten Arschbacken zu laufen, war eine Sache, aber damit die Treppe hochzukommen, ohne loszulassen? So erfand ich den krabbenartigen, aufwärts gerichteten Seitwärtsgang, bei dem man die Beine nur von den Knien abwärts bewegt und beide Füße auf eine Stufe stellt, bevor man die nächste in Angriff nimmt. Können Sie sich das bildlich vorstellen? Endlich war ich oben an der Treppe angelangt. Nun lag nur noch der Flur vor mir.

Ich ging los, den Flur hinunter, während ich mit meinen fest zusammengekniffenen Pobacken noch immer den kostbaren Furz zurückhielt. Ich hoffte jetzt nur, dass meine gut gebaute Co-Top nicht gerade vor ihm stand oder sein Gesicht bedeckte. Ich stürmte in die Kammer, und zu meiner großen Erleichterung hatte sie ihn vom Bondagetisch losgebunden und saß hinter ihm. Sie hielt ihn mit den Armen von hinten umfasst und folterte seine Nippel. Ich warf die Flasche auf die nächste Ablagemöglichkeit und eilte zu ihm hin. Er sah mich erstaunt an: Was sollte das nun schon wieder? Da drehte ich mich um, zog mit einer Hand mein Kleid hinten hoch, packte mit der anderen seinen Kopf und steckte ihn zwischen meine Arschbacken. Und dann – ah, welche Wohltat! – ließ ich diesen Furz fahren, und zwar direkt in seine Nase! Und was für ein vornehmer Furz das war! Ein damenhaftes Geräusch, ein zarter Duft, mit Sicherheit 8 bis 10 cm lang und absolut zielsicher. Als ihm bewusst wurde, was ich ihm da gewährte, hörten meine Co-Top und ich ein geräuschvolles Schnüffeln zwischen meinen Pobacken, gefolgt von einem leidenschaftlichen und aufrichtigen: »Oh, ich danke dir, Herrin!!!«

12. KAPITEL

Masochist und Sadistin:

Romanze und Ritual

SADOMASOCHISMUS UND PSYCHOLOGIE

Könnten diese beiden nicht ein gleiches Paar sein, das im göttlichen Höllenhimmel des BDSM getraut wurde? In der vielschichtigen purpurnen Mitternachtswelt hinter dem Schleier ist dem romantischen Masochisten und dem lustvollen Sadisten ein ganz besonderer Platz vorbehalten. In der wirklichen Welt wird dieses perfekte Paar und seine Szene von der breiten Öffentlichkeit oft gründlich missverstanden, weil die meisten Leute dazu neigen, die wichtigste Seite an dieser Beziehung zu übersehen: Sie ist einvernehmlich. Die allgemeine Wahrnehmung von Masochisten und Sadisten ist einseitig; die meisten denken, dass nur der Sadist darin einwilligt. Das ist aber gar nicht so.

Manche vertreten die These, dass Sadomasochismus und das daraus resultierende sadomasochistische Verhalten ein fester Bestandteil unseres psychologischen Erbguts isind, ob wir diese Neigungen nun ausleben oder nicht. Allgemein nimmt man an, dass alle Menschen ureigene aggressive Neigungen besitzen, und mit der Zeit haben kulturelle Gepflogenheiten festgelegt, wer diese Tendenzen zeigen darf und wer nicht. In unserer Gesellschaft, in der Gewalt an der Tagesordnung ist und ständig mit Sex in Zusammenhang gebracht wird, nimmt Aggressivität einen hohen Stellenwert ein. Traditionell ist der Mann der dominante Partner. Davon müssen wir ausgehen. In unserer purpurnen Mitternachtswelt haben sich die Rollen inzwischen umgekehrt, sodass wir jetzt die dominanten Partner sind: die lustvolle Sadistin und ihr williger, romantischer Masochist. Der romantische Masochist ist ein sexueller Abenteurer, eine starke Persönlichkeit voller Ideale, der sich selbst besser kennen lernen will, indem er die Tabus erforscht und durchbricht, die uns unser kulturelles Umfeld auferlegt. Die lustvolle Sadistin, eine viel seltenere Art als ihr männliches Gegenstück, versteht die tiefere Bedeutung hinter dem Rollentausch und hat es nicht allein darauf abgesehen, Schmerzen zuzufügen.

Sadomasochistisches Verhalten kann im Rahmen der Inszenierung einer Fantasie beglückend und befreiend sein, eine kathartische Erfahrung, die auf dem innigen Vertrauensverhältnis zwischen der Sadistin und dem Masochisten beruht. Die Rituale der sadomasochistischen Erlebniswelt und die Kommunikation und der Konsens, die jeder Szene zugrunde liegen, besitzen eine seltene Schönheit, vergleichbar mit der einer Rose. Rosen sind in beiden Welten zum Symbol für Romantik geworden, aber wir, die wir hinter dem Schleier spielen, lieben die Dornen der Rose genauso wie ihren erlesenen Duft. Für mich ist ein Masochist oder ein Sub vergleichbar mit einer Rosenknospe. Vor meinen Augen erblicke ich die Schönheit der Knospe, wie sie aufgeht und sich zur vollen Blüte entfaltet, während ihre samtenen Blütenblätter einen reizvollen Kontrast zu ihren verborgenen Dornen bilden.

Wer kommt als Masochist in Frage?

Ein Masochist ist ein selbstbewusster Manipulator, kein Opfer. Der romantische Masochist sucht nach einem kontrollierten Szenario, das (tatsächliche oder eingebildete) Bondage und Pseudo-Dominanz umfasst, und wird den Anstoß dazu geben. Ein männlicher Masochist bleibt sogar nach intensiver erotischer Demütigung ein Mann. Sein masochistisches Engagement dient ihm dabei als Mittel, seine Männlichkeit symbolisch in Gefahr zu bringen, allein zu dem Zweck, sich als Mann auf die Probe zu stellen und bestätigt zu sehen. Der uneingestandene Masochismus von Männern ist eine unerforschte Unterwelt, die nur darauf wartet, von der Sadistischen Dame entdeckt und erschlossen zu werden.

Masochisten sind oft Menschen mit großer, innerer Stärke, Menschen mit Idealen, starke, »belastbare« Egos mit einem hohen Maß an Verantwortungsbewusstsein. Es sind genau die Eigenschaften, die ihren Masochismus zu einem notwendigen und verständlichen Ausgleichsmechanismus in ihrer Psyche machen. Indem wir Schmerz oder Demütigung in Vergnügen umwandeln, tragen wir dazu bei, einer einseitigen Haltung vorzubeugen: zu großes Vertrauen in unser eigenes Können, zu viel Glaube an unsere eigenen Fähigkeiten. Manche Leute bezeichnen so eine Haltung arrogant, andere nennen sie stolz. Die alten Griechen nannten sie »Hybris«,

Selbstüberschätzung, und sahen sie als Affront gegen ihre Götter. Können wir Masochismus demnach als Kur für die Anmaßenden betrachten, für solche mit einseitigem Ego und für Leute, die an ihrer eigenen Leistungsfähigkeit zu ersticken drohen? Sollten wir Masochismus nicht eher als kathartische Erfahrung begreifen und nicht als unnatürliches Verlangen? Vielleicht können wir dann auch sagen, dass Masochismus ein natürliches Produkt der Seele ist, das Fantasien ans Tageslicht bringt und für Heilung sorgt?

Beim Masochismus geht es nicht darum, was Leute mit sich selbst anstellen. Zum richtigen Masochismus gehört immer eine zweite Person, ob real oder eingebildet. Bevor man die Fantasien in die Tat umsetzt, muss man sich unbedingt absprechen. Masochismus setzt eine alternative Logik voraus, eine Atmosphäre gefährlicher Verführung. Der Masochist sucht jemanden oder etwas, das all die Dinge verkörpert, die ihm größer erscheinen als er selbst, jemanden oder etwas, das es wert ist, verehrt zu werden. Eine Person, die beruflich sehr erfolgreich ist oder sonst ein glückliches Leben führt, möchte gelegentlich vielleicht spüren, wie klein sie im Grunde ist. Masochismus ist genauso ein sexueller wie emotionaler Zustand. Zu den masochistischen Fantasien zählen Vergewaltigungsfantasien, Widerstandsszenen, unerwiderte Liebe, der Wunsch nach sexuellen Begegnungen mit einer Person, die einem körperlich überlegen ist, und Fantasien im Zusammenhang mit der »Grausamen Frau« oder »Sadistischen Dame«.

Der Unterschied zwischen Masochist und Sub

Bevor wir mit dem lustvollen Thema Masochismus fortfahren, möchte ich klarstellen, wie sich ein romantischer Masochist definiert. Romantischer Masochismus, erotische Unterwerfung und sexuelles Sklaventum sind sowohl seelische als auch körperliche Zustände, die aber nicht zwangsläufig zusammen auftreten müssen, ähnlich wie zum Beispiel Jugend und Dummheit. Ein Masochist ist ein sehr ungewöhnliches, seltenes Wesen, das die Fähigkeit besitzt, Schmerz in Lust zu verwandeln. Diese einzigartige Fähigkeit hat offensichtlich nicht jeder. Für die meisten ist Schmerz das, was der Name schon sagt: schmerzhaft. Nicht so für den Masochisten. Der Masochist steht auf den in Lust umgewandelten Schmerz und nicht unbedingt auf Knechtschaft, Unterwerfung oder Sklaventum. Selbst in *Die Geschichte der O* von Pauline Réage war die O keine Sklavin in dem Sinn, dass sie schrubbte und putzte. Sie war eine Sexsklavin, vergegenständlicht als hübsches lebenserhaltendes System für eine Reihe von Körperöffnungen und als Aufnahmebehälter für die sexuellen Gelüste ihres Herrn, worin auch immer diese bestanden. Damit sie die ultimative Lust am Schmerz erreichen, werden die meisten Masochisten auch kleinere Aufgaben erfüllen, die notwendigerweise mit der klassischen »Unterwerfung« verbunden sind. Aber im reinen Dienen findet ein Masochist keine Erfüllung. Sein Idol, seine Göttin ist die »Grausame Frau«, nach dem Ausdruck, mit dem Severin in dem Roman *Venus im Pelz* von Leopold von Sacher-Masoch die Wanda beschreibt.

Der Masochist Severin suchte nicht nach einer erfahrenen Herrin, sondern eher nach jemandem mit angeborener Grausamkeit, den er für seine Zwecke erziehen und benutzen konnte. Er erschuf sie nach seiner Vorstellung, erhob sie zur Grausamkeitsgöttin und sah, dass seine Fantasie Wirklichkeit wurde. Die Wirklichkeit kann für einen Masochisten so aussehen, dass er sich von einer elegant gekleideten Grausamen Frau physisch und/oder verbal erniedrigen lässt, es zulässt, dass sie mit Pfennigabsätzen auf ihm herumtrampelt, dass sie ihn in ihrer jeweiligen Rolle auspeitscht und ihn finanziell kontrolliert – und das alles wie im Fall von Severin vertraglich mit ihr vereinbart hat. Der Masochist kriecht vor den Füßen der Grausamen Frau, gibt ihr eine Fußmassage oder serviert ihr Tee, aber seine Lust liegt nicht im Dienen oder darin, ihr unbedingt gefallen zu wollen. Er unterwirft sich und verrichtet diese Tätigkeiten nur deshalb, weil er weiß, dass seine Wünsche später befriedigt werden. Ein anderer Typ von Masochist verbindet diese und andere Dienste vielleicht direkt mit seinem Masochismus, quasi als Vorspiel dessen, was folgt. Er hält es für einen festen Bestandteil seines Masochismus, wenn er vor dem großen Finale die Stiefelsohlen der Grausamen Frau sauber leckt, ein Dienst, der normalerweise von einem Sklaven oder Sub ausgeführt wird.

Kennen Sie den alten Witz: Was ist der Unterschied zwischen einem Sub oder Sklaven und einem Masochisten? Der Sklave oder Sub reißt sich den Arsch auf, um seiner Herrin zu gefallen, die majestätisch in ihrem Sessel thront, während die Sadistin drüben in der Ecke steht und bis an den Rand der Erschöpfung die Peitsche schwingt, um ihren Masochisten zufriedenzustellen. Bei der Umwandlung von Schmerz in Lust geht in einem Masochisten Folgendes vor sich: In den ersten Momenten der Qual sinkt seine Stimmung auf den Nullpunkt, bis seine Seele zu sich findet und sich dann in rasantem Tempo zum Himmel aufschwingt, wo sie sich selbst befreit. Das gehört zu den Freuden und der Erlösung, die man im Masochismus finden kann.

Masochismus als Bestrafung und Belohnung

Manche versuchen das, was ein Masochist erlebt, mit Bestrafung und Belohnung in Zusammenhang zu bringen. Diese Vorstellung gibt aber nicht annähernd die Erhabenheit und Vielschichtigkeit der masochistischen Erfahrungswelt wieder. Das Prinzip von Belohnung und Bestrafung trifft für mich eher auf den Sklaven oder Sub zu, der bestraft werden muss, wenn er gegen die Regeln verstößt, und belohnt wird, wenn er sich gut benimmt. Nach allem, was wir bisher gehört haben, passt dieses Konzept nicht wirklich zum Masochismus, oder? Beim Masochismus gehört das Erdulden von Schmerzen oder Leiden zur Belohnung, wenn man es überhaupt als »Belohnung« bezeichnen kann, jedenfalls geht es nicht der Belohnung voraus. Manche sehen im Masochismus eine aufregende Möglichkeit, Schmerz in Lust und Bestrafung in Belohnung zu verwandeln. Was bedeutet das im Bezug auf seine sexuelle Befriedigung? Es bedeutet, dass sie sich nicht auf den Augenblick des Orgasmus beschränkt und dieser nicht einmal der Anlass dafür ist. Sie hängt in erster Linie von seiner psychischen Erregung ab und dann erst von der Reaktion seines Körpers. Der Masochist genießt die Vorfreude auf den »Schmerz« oder die Bestrafung in gleichem Maß wie den Schmerz als solchen. Seine Fantasien und die gespannte, bange Erwartung machen ihn ganz heiß auf den bevorstehenden Schmerz und verleihen ihm die Fähigkeit, den Schmerz in Lust und sexuelle Befriedigung umzuwandeln. Er findet Befriedigung und Erfüllung darin, dass er den Schmerz und die damit verbundene Demütigung annimmt. Statt den Schmerz zurückzuweisen, sehnt er ihn sich herbei und macht ihn zum erotischen Erlebnis.

Masochismus ist sehr komplex; der Körper unterwirft sich und verwandelt den Schmerz auf Anweisung und Wunsch der Psyche in Lustgefühle. Masochismus beginnt im Kopf. Im Kopf hat der Masochist schon lange darüber fantasiert; im Kopf hat er die Vorstellung erotisiert, lange bevor er der Grausamen Frau zum ersten Mal gegenübersteht und den ersten realen oder imaginären Peitschenhieb auf seiner Haut spürt. Masochismus beginnt zwar im Kopf, aber auch der Körper ist von großer Bedeutung, weil er das Schiff der Erleuchtung ist, der Überbringer des in Lust verwandelten Schmerzes. Der Schmerz vereinigt Fantasie und Realität in einer tiefen körperlich-geistigen Erfahrung. Der Körper nimmt beim Masochismus keine untergeordnete Stellung ein, vielmehr kommen Körper und Seele zur gleichen Zeit ins Spiel, und das Erlebnis ist eine Offenbarung. Im Schmerz durchlebt der Masochist Momente vollkommener Erfüllung und brennender Leidenschaft. Schmerz kann ein Vorwand sein, Gefühle herauszulassen, deren Preisgabe in einem anderen Kontext zu riskant und zu aufwühlend wäre. Die Freisetzung dieser aufgestauten Gefühle durch den Schmerz ist auch ein Teil der erlösenden Befreiung, die man im Masochismus finden kann.

Definition gesucht

Eine einheitliche Definition für romantischen Masochismus ist bis heute nicht gefunden. Wie ein Mensch sich vom anderen unterscheidet, so hat auch jeder Masochist seine eigene Definition für das Wort. Masochismus und Einbildungskraft sind untrennbar miteinander verbunden. Einige Masochisten erklären ihren Masochismus mit einem Gleichnis – ein Gleichnis, wonach ihre Psyche oder wechselnde Persönlichkeit dem Leiden ihrer Seele Ausdruck verleiht. Masochist zu sein, gibt dem Masochisten die Freiheit, diese Gefühle auszudrücken, und manchmal ist es für ihn die einzige Art, wie er sie herauslassen kann. Für einige verbirgt sich dahinter ein schmerzliches Kindheitserlebnis, für andere die aufgestauten Frustrationen und Ärgernisse des Erwachsenenalltags. Aber selbst wenn man Masochismus mit einem Gleichnis zu erklären versucht: Ein einhelliges Verständnis oder eine einheitliche Definition dafür gibt es nicht, auch dann nicht, wenn wir unter ganz bestimmten und einvernehmlichen Umständen unsere Erfahrungen damit machen. Dass Menschen mit masochistischen Fantasien durchaus mehrere Vorlieben haben können, macht es noch schwieriger, eine Definition zu finden, zumal die Spielarten masochistischer Fantasien und Themen ständig zunehmen. Szenarios von rituellen Opferungen für einen höheren Zweck/ein höheres Wesen oder für die Grausame Frau, Verdinglichung und Demütigung sind mit die beliebtesten und immer wieder neu erfundenen masochistischen Fantasien.

Der »Schatten« des Carl Gustav Jung

Wo nehmen diese Fantasien ihren Anfang? Nach den Theorien von Jung beginnen diese Fantasien im »Schatten« unseres Bewusstseins. Ich nenne es »Schattenland«. Jung ging davon aus, dass sich, sobald sich die bewusst gewählten Identifikationen eines Menschen herausgebildet haben, die verdrängten Elemente an einem anderen Ort in der Psyche sammeln. Diese Ansammlung bildet eine »Schatten«-Persönlichkeit, die als Ausgleich der bewussten Seite fungiert. Die Schattenpersönlichkeit schafft ein Gleichgewicht zu den bewussten Entscheidungen, die man für sich selbst getroffen hat und die sich meist an Idealen orientieren. Man kann diese Schattenseite unbeachtet lassen, setzt sich damit aber unbewusst einer Gefahr aus, weil auch die Schattenseite für Psyche und Körper gleichermaßen von großer Bedeutung ist. Weil aber die masochistische Fantasie nur in unserer purpurnen Mitternachtswelt verstanden wird, oder, wie Jung sich ausdrückte, »im Schatten der Seele wahrgenommen wird«, wird Masochismus immer ein Widerspruch und ein Geheimnis bleiben. Als Spiegelbild unserer Psyche, das im Schatten unserer Vorstellungskraft wurzelt, ist Masochismus eine Möglichkeit, die Tiefen unseres Seelenlebens ans Tageslicht zu bringen. Im Masochismus drückt sich aus, auf welch vielfältige Weise unsere Seele leidet und liebt.

Unsere Schattenland-Fantasien können uns plötzlich bewusst werden und in uns das Gefühl wecken, pervers oder abnormal zu sein, weil diese Fantasien gesellschaftlichen Traditionen und persönlichen Werten, Zielen und Idealen völlig entgegenstehen. Schattenland-Fantasien sind nicht Teil unserer Persönlichkeit, sie sind Teil unserer Psyche. Diese Fantasien sind völlig irrational, unfassbar und unerklärlich. Aber die Schatten sind am dunkelsten, wenn wir uns weigern, sie zu beachten. Wenn wir sie also aus unseren bewussten Gedanken verbannen, können die Fantasien in uns schwären und überdimensionale Proportionen annehmen. Um uns zu reiferen sexuellen Wesen zu entwickeln, müssen wir lernen, unsere dunklen Fantasien als wesentlichen Bestandteil unserer psychologischen Struktur zu akzeptieren. Wir müssen ihnen ein Ventil verschaffen und versuchen, ihre Hintergründe zu verstehen.

Einige masochistische Fantasien lassen sich inszenieren, andere beginnen im Kopf und bleiben für immer dort. Oft handeln unsere Schattenland-Fantasien von Masochismus, Bondage, Zwangsmaßnahmen, Demütigung, sexueller Ausbeutung, Verdinglichung, Leiden, Entmenschlichung, Manipulation, Opferhandlungen, Vergewaltigung und zahlreichen anderen moralischen Entgleisungen, schändlich und niederträchtig, schwerwiegend und geringfügig. Fantasien, die sexuelle Entgleisungen beinhalten, sind in SM-Rollenspielen stark vertreten, und auch viele devote Fantasien basieren auf solchen Tabubrüchen. Im Schattenland kommt es vor, dass die gewöhnliche Ordnung umgekehrt wird. Der Angriff des Unerwarteten lässt sich aber in den Griff bekommen, wenn wir unser eigenes Drehbuch schreiben oder die Abwärtsspirale bei der Dekonstruktion des Ichs kontrollieren, was ich kurz erläutern will.

Wir können unser sexuelles Ich erforschen, indem wir diese erotik- und gefühlsbeladenen Fantasien mit dazugehörigem Gerät und passender Garderobe im sicheren Rahmen einer vertrauensvollen, einvernehmlichen und kommunikativen Beziehung durchspielen. Meist wird es als sehr beglückend empfunden, wenn Fantasien in der Sicherheit des dunklen Gartens erforscht werden können. Oft geben sie uns das Gefühl, schlecht und schamlos zu sein, aber in der Regel sind sie harmlos. Viele davon sind reine Kopf-Fantasien, die wir gar nicht ausleben wollen. Wenn wir uns aber gedanklich damit beschäftigen, bringen wir sie ans Tageslicht und lernen uns selbst besser kennen. Wir sind jetzt aufgeklärt und wissen, dass diese Fantasien zwar nicht rational sind, aber als ganz normaler Ausdruck unserer erotischen Vorstellungen zu werten sind.

Die Ansichten Freuds

Freud stellte die These auf, dass die Masochismus-Fantasie sehr wohl aus der Kindheit herrühren könnte, wenn der Wunsch nach einer inzestuösen Beziehung mit einem Elternteil wegen gesellschaftlicher Tabus unterdrückt wurde. Er nannte das den »Ödipuskomplex«, nach einer Gestalt aus der griechischen Mythologie namens Ödipus, der in Erfüllung einer Prophezeiung unwissentlich seinen Vater erschlug und seine Mutter heiratete. Freud folgerte daraus, dass die geistige Grundlage für Masochismus das Zusammentreffen von Schuld und sexueller Liebe ist.

Aber Freud ist nun mal Freud, und als solcher bringt er fast jeden menschlichen Seelenzustand mit Kindheitserlebnissen in Verbindung. Ich selbst meine, dass masochistische Szenarios nicht notwendigerweise durch die Eltern-Kind-Beziehung geprägt sein müssen; viele zeichnen sich eher durch das Verhältnis Dom/Sub aus. Die Symbole der masochistischen Beziehung sind Seile, Peitschen, Fetischbekleidung und andere Dinge, die herzlich wenig mit Babyschnullern und Nuckelflaschen zu tun haben. Sowohl Krafft-Ebing (der den Begriff »Masochist« prägte, nachdem er Leopold von Sacher-Masochs *Venus im Pelz* gelesen hatte) als auch Freud hielten Masochismus für eine »Perversion« von Männern, ausgelöst durch einen Hang zum Weiblichen. Krafft-Ebing schrieb: »Masochismus ist eine krankhafte Entartung mentaler Eigenschaften, besonders weiblicher«, während Freud den Masochismus bei Männern als »Ausdruck der weiblichen Natur« sah.

Die Verleugnung unserer Schatten-Fantasien beginnt in der Kindheit, wenn wir gesellschaftliche Traditionen verinnerlichen, die uns veranlassen, bestimmte sexuelle Aspekte unserer erotischen Persönlichkeit zurückzuweisen oder zu unterdrücken. Wir fürchten, dass, wenn wir uns als Kind zu diesen erotischen Aspekten bekennen würden, diejenigen, von denen wir abhängig sind, uns mit Missbilligung oder noch Schlimmerem bestrafen. Aber als Erwachsene sollten wir diese dunklen Fantasien nicht leugnen, sondern uns damit auseinandersetzen, weil sie der Schlüssel zu den Geheimnissen der Innenwelten unserer Seele sind. Wenn es uns gelingt, diese erotischen Aspekte langsam, aber sicher zu ermitteln und sie in unser Bewusstsein aufzunehmen, tun wir damit einen wichtigen Schritt auf dem Weg zur Selbsterkenntnis. Ihre Schattenland-Fantasien zu erforschen und zu akzeptieren, fördert Ihre emotionale Ganzheit und Ihr seelisches Wohlbefinden. Indem wir uns die Dunkelheit bewusst machen, erfahren wir Erleuchtung. Indem wir den Fantasien Stimme und Form geben, versetzen wir uns in die Lage, sie in sicheren Grenzen zu halten.

Dekonstruktion des Ichs

Heutzutage vergessen wir leicht, dass Passivität für unsere Seele genauso wichtig sein kann wie Durchsetzungsvermögen. Leid, Verzicht, Reue und Sühne zählen zu den elementaren psychologischen Erfahrungen, die wir alle schon gemacht haben. Diese Gefühle kratzen vielleicht an unserem Ego, an unserem Selbstverständnis, das wir so mühevoll aufgebaut haben, aber sie sind von tief greifender Bedeutung für unsere Seele. Sie können erwünschte (und in seinem Fall wahrscheinlich dringend benötigte) Demut spenden und besitzen die Kraft, zu heilen. Wir können aber nicht zu unserer tief sitzenden Unzufriedenheit vordringen, wenn wir nicht bereit sind, uns mit den Grundlagen und Niederungen des Lebens zu befassen, weil es unsere Belange betrifft. Das nennt man Dekonstruktion des Ichs. Masochismus wird auch als Wort für Selbstbestrafung verwendet: eine gegen sich selbst gerichtete Härte, wenn man glaubt, seinen eigenen Maßstäben nicht gerecht geworden zu sein. Masochismus handelt nicht nur von Schmerzen, sondern bietet auch einen Weg zu intensivem Lustempfinden und Erneuerung. Es ist ein Weg für Menschen, die sich selbst zu stark unter Druck setzen und mit ihren eigenen Leistungen niemals zufrieden sind. Masochismus ist ein Gegengift für das Leben, damit man es »leicht nehmen« kann.

Wir sind uns einig, dass Masochismus in erster Linie eine psychologische Haltung ist. Wenn wir masochistische Fantasien haben, entblößen wir uns zuerst in Gedanken und setzen uns dann der schmerzhaftesten Behandlung und der Demütigung aus, die nur wir kennen. Wir machen uns freiwillig wehrlos und setzen uns selbst herab, wie wenn wir die Schichten einer Blätterteigpastete oder Zwiebel abschälen würden, um uns dann wieder selbst aufzubauen. Wir geben unser Ich schutzlos preis und können durch diese Tiefen von Schmerz und Lust radikale Veränderungen in unserem Ich bewirken. Für manche ist das ein notwendiger Prozess für das sexuelle Erleben und für die Gesundheit, das Wohlbefinden und die Vitalität der Seele. Bei seltenen und ganz besonderen Gelegenheiten führt eine masochistische Erfahrung zu einer fast »göttlichen« Offenbarung des geheimsten Innenlebens der Seele.

Masochismus zu erforschen, bedeutet, mit einer im Innern des Ichs verankerten Abwärtsspirale, die den Werten und Zielen des Egos – oder Selbstverständnisses – entgegenwirkt, ins Schattenland abzutauchen. Für das Wohlbefinden der Seele und das Vergnügen des Körpers ist man bereit, die Tiefen von Leid und Schmerz zu durchwandern. Es ist eine Fantasie, bei der das Vergnügen darin besteht, geschlagen und nicht liebkost, erniedrigt und nicht verhätschelt zu werden und erotische Empfindungen und sexuelle Stimulation durch etwas zu erlangen, was andere als Schmerz bezeichnen würden. Es ist die Abtretung der Kontrolle über sich selbst und manchmal des eigenen Ichs an eine höhere Macht; eine höhere Macht, die wie ein strahlendes weißes Licht in unser Bewusstsein dringt und uns Facetten unserer Psyche enthüllt, von deren Existenz wir vorher nichts wussten. Masochismus ist das Erkennen völlig anderer Perspektiven und Wahrnehmungen von Leiden. Indem man freiwillig in die Abwärtsspirale eintritt, gibt man sich die Chance, Liebe, Lust und Befreiung im Schmerz zu finden. Im romantischen Masochismus können wir unsere Schmerzwahrnehmung in Lust verwandeln, in eine fast religiöse Ekstase, ohne uns dabei selbst herabzusetzen.

Wie wir sehen, ist Masochismus keine Erfahrung, die man aus der Ferne genießen kann. Masochismus und seine Abwärtsspirale seelischer Erkundungen ist eine lebendige Erfahrung, und die Gedankenwelt (Psyche) stellt nur einen Teil davon dar. Erfahrungen zu sammeln, ist bisweilen unschön, schmutzig, schmerzvoll, schwer zu verstehen, und man hat es oft nicht leicht, damit klarzukommen. Masochismus ist keine Heldengeschichte, sondern eine Geschichte von uralten Idealen und Ritterlichkeit. Um das besser zu verstehen, muss man in der Lage sein, im Dreck zu wühlen und sich bis zu der verabscheuungswürdigen, unehrenhaften Seite des Ichs vorzukämpfen.

Masochismus zu leben, kann sich anfühlen wie ein psychischer Orgasmus: ein brutaler und doch berauschender Kontrollverlust. Im Masochismus erhebt sich die Seele über den Körper und seine Sinneseindrücke. Vielleicht ist es ein Versuch der Psyche, den Körper in Kontakt mit seinem Geist zu halten. Masochismus kann auch eine innere Einstellung sein, die Gefühle über Schmerzen und Leiden beinhaltet und deren Erkundung sich lohnt. Einige lieben den Schmerz und die Leiden, die sie erdulden, und bieten sie einer höheren Macht als Geschenk dar. Andere müssen kämpfen und toben, bevor sie spüren, dass sie genug gekämpft haben, um sich unterwerfen zu dürfen. Die Tatsache, dass man dem Partner zugesteht, seinen Masochismus als eine Fantasie seiner Seele zu begreifen, schenkt ihm mehr Mitgefühl und Demut und ein tieferes Verständnis für sich selbst und die Bedürfnisse seiner Seele und hat oft eine heilende Wirkung auf sein Gemüt. Wenn man das versteht und ihm dann erlaubt, sich zu seinem Masochismus zu bekennen, wird er ermutigt, in seiner Psyche neue Aspekte über sich zu entdecken, die er vorher übersehen oder nicht beachtet hatte.

MASOCHISMUS UND SPIRITUALITÄT

Wer hat nicht schon den Ausspruch gehört: »Leiden ist gut für die Seele«? Der Ausdruck wurde vor langer Zeit geprägt und in religiösem Zusammenhang gebraucht. Wegen seiner Prägnanz hat er sich bis heute gehalten. Damals versinnbildlichte er ein religiöses Ritual, das die Seele durch die Kasteiung des Fleisches reinwaschen sollte. Masochismus in Form von Selbstgeißelungen wurde als Heilmittel für die Seele angesehen. Das Bemühen um Buße, besonders um körperliche Buße, war eine positive Entscheidung für die Gesundheit und das Wohl der Seele. Das Bußerlebnis brachte Erleichterung und Freude und war oft gleichzeitig eine demütigende Erfahrung. Der Reiz des Masochismus liegt zum einen Teil im Geständnis und der Bloßstellung, zum anderen in der Buße und der Sühne. Wir gestehen etwas, um uns bloßzustellen, und das Geständnis muss von jemandem gehört werden, damit wir unsere Bedürfnisse befriedigen. Dann unterziehen wir uns der Buße und haben damit die Schuld gesühnt. Masochismus wird sowohl offen als auch verdeckt praktiziert. Durch das Verlangen nach Bestrafung wie auch durch die Bestrafung selbst lässt sich eine sexuelle oder spirituelle Befriedigung oder beides zusammen herbeiführen. Die Lust, die dabei entsteht, ist unbestreitbar. Und wenn eine Peitsche dazu gebraucht wird, nur zu!

Spiritualität und Masochismus haben beide die Fähigkeit, Leiden als wertvollen Aspekt des Lebens zu begreifen und zu nutzen. Um das Fleisch zu demütigen, praktizierten die Asketen von einst neben der Selbstgeißelung eine Vielfalt von Selbstkasteiungen, wie das Tragen eines Büßerhemds, Fasten und Enthaltsamkeit. Sie unterzogen sich einer ständigen Disziplin, ihr Leiden war eine Opfergabe an ihren Gott und der Lohn dafür sollte ihnen erst im Leben nach dem Tod gewährt werden. Der Masochist lebt eine neue Askese in Form von sexueller Kasteiung, die ihre Anhänger bereits im Diesseits mit sexuellen Freuden belohnt, was den religiösen Asketen versagt blieb. Nach dem Leiden erlebt der religiöse Asket eine, wie er glaubt, von Gott gesandte »Verzückung«, während der Masochist eine individuelle Vielfalt sexueller Verzückungen erfährt, die ihm seine Grausame Frau zuteilwerden lässt. Beide wissen, wie wertvoll und wichtig es ist, dem Leiden und dem Verzicht Ausdruck zu verleihen; beide drücken diese Erfahrungen auf ihre Weise aus und beziehen sie als nützliches Werkzeug in ihr Leben mit ein. Beide verstehen, dass die Schwäche des Körpers das Tor zu höchster Erfüllung sein kann.

Man muss aber auch verstehen, dass die Geschichte nicht mit dem Leiden endet. Sie muss ein glückliches Ende finden, denn ohne die spirituelle Befreiung, die der Masochismus bietet, wäre das Leiden sinnlos. Der Weizengott geht freiwillig in den Tod, damit das Getreide gedeiht und sein Volk fortbesteht.

Die Ultrareligiösen leben hinter dem Schleier ihres Glaubens, und die Dogmen ihrer Religion binden sie mit der Zeit unausweichlich an das vom Glauben vorgeschriebene Leben. Dies lässt sich auch auf die masochistische Erfahrung übertragen. Sobald man sich die Fantasie, hinter dem Schleier von BDSM zu leben, zu eigen gemacht hat, bindet sie uns an sich. Dann setzt ein Prozess der ständigen Erneuerung ein, der sich nicht aufhalten lässt. Wenn der Schleier erst einmal gelüftet wurde und Sie begonnen haben, dahinter zu leben, gibt es kein Zurück mehr. Jahre nach Ihren anfänglichen Erforschungen, wenn das körperliche Verlangen an Bedeutung verloren hat und Sie eher ein Sesselabenteurer als ein aktiver Spieler geworden sind, möchten Sie sich vielleicht von allen Gegenständen trennen, die Sie an das erinnern, was früher ein fester Bestandteil Ihres Lebens war. Nur zu, werfen Sie alles weg, was Sie finden können, sogar die Holzlöffel! Aber wie wollen Sie die Erinnerungen loswerden? Sie werden noch Jahre später in Ihnen hochkommen, und zwar dann, wenn Sie es am wenigsten erwarten: an einem sonnigen Tag am Strand oder an einem kalten, verregneten Abend, wenn Sie sich einsam fühlen. Wenn Sie diesen Fantasien erst einmal freien Lauf gelassen haben, besonders aber, wenn Sie sie gelebt haben, werden sie immer ein Teil von Ihnen bleiben.

Herkömmliche Sex-Ratgeber konzentrieren sich gewöhnlich auf Stellungen und Techniken, eben auf die körperlichen Aspekte von Sex, als ob das alles wäre. Wie lässt sich aber die grundlegende Beziehung zwischen Sex und Seele erklären? Sex, ob BDSM oder Vanille, ist eine sehr spirituelle Erfahrung, die Körper und Seele gleichermaßen mit einbezieht. Beim Vanillesex ist die Penetration der erste gemeinsame Moment, und wenn es dann zum Orgasmus kommt, berühren sich die Seelen. Beim SM-Sex blüht der Gedanke an exotischen Sex zuerst im Kopf, die Erwartung steigt und zuletzt genügt es schon, ihn mit der Peitsche zu streifen, ganz leicht über seine Nippel zu fahren oder sanft einen Befehl zu sprechen, um eine heftige, spirituelle Reaktion hervorzurufen. In der sadomasochistischen Beziehung existiert eine klare Rollenteilung zwischen den beiden Spielern, dem Dominanten und dem Masochisten. Diese Teilung sorgt dafür, dass eine Grenze errichtet und beibehalten wird, weil jeder Spieler anders handeln muss. Sexueller Masochismus, schamlose Handlungen, die in wilder Hemmungslosigkeit vollführt werden, und das Gefühl, die traditionellen, langweiligen Grenzen von »Schuld« und »Normalität« hinter sich gelassen zu haben, erfüllen die Spieler mit hingerissenem Entzücken.

Wenn wir die Seele und Spiritualität von Masochismus erkennen, werden wir uns von der Abwärtsbewegung ergreifen lassen, aber nicht schneller gehen, als wir es brauchen oder wollen. Denn wir können die Spirale kontrollieren, bis wir in der Lage sind, die Tiefen der Leidenschaften und Bedürfnisse der Seele zu ergründen. Bei der Verwandlung von Schmerz in Lust sinkt die Seele eines Masochisten zuerst in raschem Tempo nach unten, um sich dann zum Himmel aufzuschwingen und sich selbst zu befreien. Dies ist ein Teil der Erfüllung und Befreiung, die man im Masochismus finden kann.

MASOCHISTISCHE RITUALE

Masochismus ist eine spirituelle Fantasie, die am Fleisch inszeniert wird und auch ritualhafte Aspekte besitzt. Ritualismus und Spiritualität sind sich nicht fremd. In vielen masochistischen Fantasien muss alles ganz richtig gemacht werden, damit man den gewünschten Effekt erzielt. Um diesen Effekt ganz sicher zu bewirken, vollzieht man am besten ein Ritual. Und wie schon vor vielen tausend Jahren werden auch heute noch Rituale durchgeführt. Wo findet man mehr Rituelles als in einem religiösen oder spirituellen Kontext? Für uns gilt: Je einfallsreicher die Fantasie, desto offensichtlicher die ritualistischen Züge. Einige masochistische Fantasien drehen sich um die Selbstopferung für einen höheren Zweck, für einen Gott oder eine Göttin oder für die blutrünstige Menge. Auch in dieser Fantasie ist die Demütigungskomponente enthalten, obgleich sich Kulisse und Szenario häufig ändern, damit die Fantasie frisch und aufregend bleibt.

Bekleidungsrituale

Zu den Ritualen eines Masochisten gehört die Art der Bekleidung. Die optische Erscheinung der Dom ist für den Masochisten sehr wichtig. Für den romantischen Masochisten symbolisiert die Kleidung der Dom ihre übergeordnete Stellung und betont seinen eigenen, niederen Rang. Die Dom muss grausam wirken, so etwa wie das »schlechte Mädchen«, vor dem seine Mutter ihn immer gewarnt hat. Außerdem soll sie eine rohe, energische Ausstrahlung besitzen, mit der er sich identifizieren und in Kontakt treten kann. Die richtige Kleidung trägt zur Vollendung dieser Persönlichkeit bei. Das passende Schuhwerk, wie Stöckelschuhe, Pfennigabsätze, Thigh-High-Stiefel und Fetisch-Schuhe, tut ein Übriges, um der Domina ein grausames Aussehen zu verleihen. Gesundheitsschuhe und vernünftige Schuhe mit flachen Absätzen geben das einfach nicht her. Der Pfennigabsatz, der sich in seinen am Boden kauernden Körper oder seine sich hebende und senkende Brust bohrt, die harte Schuhspitze, die Tritte austeilt oder geküsst wird, oder die staubige, schmutzige Schuhsohle, all das gibt ihr ein versteinertes, unnahbares Aussehen. Die ausgefallenen Schuhe, die ständig den Boden berühren und daher »schmutzig« sind, stehen symbolisch für ihre dominante Sexualität.

Das Korsett ist ein weiteres starkes optisches Aphrodisiakum für den Masochisten. Seit Ende der fünfziger Jahre schert sich niemand mehr groß um Miederwaren, niemand außer denjenigen, die auf BDSM stehen. Ein Korsett ist wie eine erotische Rüstung für den Körper, die seine Trägerin außerordentlich weiblich erscheinen lässt. Die Brüste der Domina werden angehoben und nach vorne geschoben, ihre Taille wird abgeschnürt und ihr Hintern ragt verführerisch unter dem Korsett hervor. Das alles steigert ihre optische Attraktivität für den Masochisten. Die Grausame Frau soll äußerst glamourös wirken, da sie die lüsterne Macht verkörpert. Andere Bekleidungsartikel zur Machtsteigerung der Grausamen Frau umfassen nicht nur das traditionell aufwändige Fetischkleid aus Latex, Leder oder PVC, sondern auch Pelze, Ballkleider, Opernhandschuhe, üppige Gewänder aus Satin, Seide, Samt oder Spitzenstoffen und eine Unmenge an teurem Schmuck. Die Grausame Frau ist das Gegenstück zum treu sorgenden Mama-Typ. Egal, wie sie gekleidet ist, sie wird niemals aussehen wie das nette Mädchen von nebenan.

Rituelle Schauplätze

Ein weiteres rituelles Element des Masochismus ist der Rahmen, in dem das Szenario stattfindet. Wie Sie sich vorstellen können, weichen die einzelnen Schauplätze stark voneinander ab und ändern sich oft mit jeder masochistischen Fantasie. Ein beliebter Schauplatz ist das Boudoir einer Dame, mit prachtvollen tiefroten oder dunkelvioletten Vorhängen und in ähnlich dunklen Farben gestrichenen Wänden. Auf dem Fußboden stapeln sich Teppiche im Aubusson-Stil, in die sich ihre Pfennigabsätze eingraben, wenn sie im Raum umhergeht. Das Bett ist mit Satin-Bettwäsche bezogen und mit einer üppigen Menge Kissen bedeckt, die auch noch auf dem Fußboden davor verstreut sind. Die Beleuchtung ist gedämpft und stimmungsvoll. Manchmal kommt das einzige Licht von den zahlreichen im Raum aufgestellten Kerzen. Eine Vase mit geheimnisvollen Blumen, wie Rosen und Sternguckerlilien, ziert den Frisiertisch der Grausamen Frau. Das Setting ist eine Mischung aus sittenstreng und verderbt, und man fühlt sich schon beim Eintreten sexuell stimuliert. Der Masochist empfindet es schon erregend, wenn er diesen Raum betritt oder nur daran denkt: Er befindet sich in einer anderen Welt – im Reich der Grausamen Frau.

Oder stellen Sie sich einen kleinen, fast beengenden Raum vor, vielleicht eine Dachkammer, in dessen Mitte nur eine achtlos auf den Fußboden geworfene alte Matratze liegt (vielleicht sogar eine vor Dreck starrende). Wollmäuse verstecken sich in den Ecken, eine Spinne hat zwischen zwei Dachbalken ihr Netz gespannt, eine spärliche rote Glühbirne ist die einzige Beleuchtung – der ganze Raum erweckt den Eindruck von Delinquenz. Es ist eine Folterkammer unter dem Dach, abgeschottet von der Straße und dem restlichen Haus, wo sich lustvoll-perverse Fantasien vom Kriechen im Dreck ungestört inszenieren lassen. Ein anderer beliebter Schauplatz für eine masochistische Fantasie ist der Kerker der Grausamen Frau. Stellen Sie sich einen unterirdischen Raum vor, fensterlos, schwarz gestrichen und mit schwarzem Teppichboden belegt, eine zeitlose Umgebung, wo der Tag nicht von der Nacht zu unterscheiden ist, wo alles Schreien und Flehen ungehört verhallt und von der Domina ignoriert wird. Bis auf den kunstvoll gefertigten Thron der Grausamen Frau ist die Einrichtung im Stil der Inquisition: ein Andreaskreuz oder Kruzifix, ein Eisenkäfig, ein Bondagerahmen, -stuhl oder -tisch, eine Aufhängungsvorrichtung und von der Decke herabhängende Ketten. Als Dekoration dienen Peitschen, Paddel, Rohrstöcke, Nippelklammern, Werkzeug für die Hoden-und-Schwanz-Folter, Elektrofolter-Gerät für innerliche und äußerliche Anwendung, Hauben, Gasmasken, Seile, lederne Hand- und Fußfesseln, Dildos, Buttplugs und eine Vielzahl anderer Gerätschaften, die dem Masochisten Vergnügen bereiten. Sobald der Masochist diesen unterirdischen Raum betritt, geht er in die Knie (im wörtlichen oder im übertragenen Sinn). Er zittert in Erwartung dessen, was die Grausame Frau von ihm verlangen wird.

Oben habe ich zwei wichtige Bestandteile der masochistischen Fantasie beschrieben: das optische Erscheinungsbild der Grausamen Frau und eine Auswahl von Umgebungen, die sich für ein Szenario eignen. Der erste Sichtkontakt mit der Grausamen Frau bestätigt sie in ihrer Rolle als Peinigerin. Sie nimmt darin Haltungen ein, die sie klar als die dominante Partnerin definieren: eine überragende Größe, die ihr durch die Fetisch- oder Plateauschuhe verliehen wird, die Fähigkeit, den Masochisten mit einem Blick in seine Schranken zu weisen, ein verächtliches Handzeichen, das den Masochisten in die hinterste Ecke des Raums huschen lässt oder ihn zum zitternden Bündel vor ihren Füßen reduziert. Das zweite sichtbare Element, die Fantasieumgebung, ist genauso wichtig wie die Erscheinung der Grausamen Frau selbst. Das passende Setting, egal, welches es sein mag, vermittelt dem Masochisten, dass die Fantasie seinen Kopf verlassen hat und nun in den Bereich des Möglichen und Machbaren gerückt ist.

Persönliche Rituale

Kleidungsstil und Setting sind nur zwei Bestandteile des masochistischen Rituals. Das dritte Ritual bezieht sich ganz auf den Masochisten selbst. Es ist ein intimes Ritual, das er vollzieht, bevor er sich in die Gegenwart der Top begibt. Er kann sich einem Baderitual unterziehen, das mindestens vier der fünf Voraussetzungen erfüllt. Während er duscht und sein Haar wäscht, erotisiert er das bevorstehende Ereignis. Er stellt sich vor, welche Haltungen er einnehmen wird, wie er darin mit oder ohne Fesseln verharren muss und wie die Peitsche sich immer wieder hebt und auf ihn niedersaust. Wenn er sich rasiert, wird er über den Ablauf der Szene fantasieren, die nicht sanft dahinplätschert wie beim Vanillesex, sondern sich in ritualisierten Darstellungen vollzieht. Dazwischen liegt jeweils eine Pause, in der (sowohl von ihm als auch von ihr) die nächste Haltung eingenommen wird, worauf die Darstellung sich ändert und neu erfindet. Wenn er vor sie hintritt, fühlt er sich äußerlich glänzend und sauber, und auch das gehört zu seinem Opfer an die höhere Macht, während er sich innerlich darauf vorbereitet, im Dreck zu kriechen. In Gegenwart der Grausamen Frau wird er sofort entkleidet oder aufgefordert, sich selbst auszuziehen, und mit jeder Kleidungsschicht streift er gleichzeitig eine Schicht Stolz ab. Die Szene lässt sich endlos variieren, aber das Ergebnis ist immer dasselbe.

Eindeutig masochistische Fantasien können mit der Zeit ziemlich ausgefeilt und ritualisiert werden, wenn immer neue Aspekte hinzukommen. Masochismus, Spiritualität und Ritual im Sinne von Verehrung und Unterwerfung sind eng miteinander verwandt. Wenn einer der drei Sterne im Gürtel des Orion fehlte, würde der Masochismus seine lebenswichtige Verbindung zur Seele verlieren. Lässt man die Ideale des Masochismus, seine überlieferten Werte und seinen Begriff von Ritterlichkeit außer Acht, indem man seine Spiritualität verleugnet, verkommt der Masochismus zum Schmerz ohne Leidenschaft, ohne höheren Zweck oder Erfahrungswert. Dann wird »Masochismus« wieder auf die negative, ungesunde Definition reduziert, der die breite Öffentlichkeit anhängt. Wenn Sie Masochismus als Sünde oder krankhaften Zustand oder als »behandlungsbedürftiges« Leiden ansehen, haben Sie die Heilkräfte übersehen, die dem Leben hinter dem Schleier innewohnen. Wenn Sie dem Masochismus die Spiritualität und das Ritual aberkennen und ihn als Weg zu den tieferen Beweggründen und Bedürfnissen Ihrer Seele nicht zulassen, dann bleibt Ihnen nichts anderes als unromantischer, hemmungsloser und gewalttätiger Sex.

Masochismus und die Lust an der Demütigung

Man könnte sagen, dass ein zweites wesentliches Element von Masochismus in der Demütigung besteht. Tief in der purpurnen Mitternachtswelt hinter dem Schleier sind unsere Demütigungsfantasien das letzte Stück, das wir für die Dekonstruktion unseres Egos benötigen, die kontrollierte Sehnsucht nach einer Abwärtsspirale zur Erweiterung der Selbsterkenntnis. Obwohl wir uns vielleicht für unsere Demütigungsfantasien schämen, liegt gerade in dieser Scham ein Quelle für unsere sexuelle Erregung. Unsere Demütigungsfantasien gehören zu den erregendsten Fantasien überhaupt, weil nur wir wissen, welche Knöpfe wir drücken müssen, um diese Fantasien zu sexuell befriedigenden, emotional erfüllenden und erfreulichen Erfahrungen zu machen. Unsere Demütigungsfantasien könnten darin bestehen, dass wir uns verbal, rituell oder physisch erniedrigen lassen (zum Beispiel indem wir uns schlagen, bespucken, öffentlich entkleiden oder öffentlich züchtigen lassen).

Bei der masochistischen Demütigung empfinden wir Genuss durch das Abschütteln überkommener Haltungen und Selbstverständnisse. Wenn man SM-Spiele spielt, muss man seinem Partner die eigenen Wünsche mitteilen, damit er sie auch erfüllen kann. Diese Fantasien auszusprechen, erweckt sie zum Leben; sie einem anderen laut zu gestehen, macht sie für uns umso realer, und das Geständnis ist Teil der Demütigung. Manche mögen einwenden, dass die Demütigung, die im romantischen Masochismus empfunden wird, nicht »real« ist; dass das Szenario nicht erniedrigend ist, weil es sich um eine Fantasie und nicht um die Wirklichkeit handelt. Dem muss ich widersprechen. Das Fantasieszenario schafft eine sichere Umgebung, in der die Demütigung durchgespielt wird, aber die gefühlte Demütigung ist sehr real. Und wenn wir unsere schmutzigen kleinen Fantasien für uns behalten, wie sollten wir uns dann durch das Geständnis erniedrigt fühlen – und wo liegt das Vergnügen darin? Mensch, wir sind doch alle Wesen, die gerne fantasieren! Wir brauchen und genießen unsere Fantasieprodukte und finden Gefallen daran, sie ständig weiterzuspinnen, neu zu definieren und neu zu erfinden. Die Demütigung, die der Empfänger erfährt, ist real, ganz gleich, wie weit hergeholt oder eingeschränkt das Szenario auf einen anderen wirkt. Die Fantasie spiegelt die Demütigung und Scham des Träumers wider, genauso wie seine Lust und seine Erregung.

Spiritualität und Ritual

Wir haben darüber gesprochen, dass Rituale ein Teil unserer SM-Fantasien sind, und in dem Wort »Ritual« schwingt etwas Heiliges mit. Unsere innigsten sexuellen Geheimnisse sind uns heilig, und das Teilen und Inszenieren dieser Geheimnisse kann für uns wie eine eigene Religion sein. SM-Sex ist eine spirituelle Erfahrung, die wie eine Religion über ihr Mysterium, ihre Symbolik, ihre Riten und Zeremonien verfügt. Die Inszenierung der Fantasie kann uns eine gewaltige physische und emotionale Kraft abnötigen und uns gleichzeitig damit beschenken. Wenn wir uns in dieser Weise öffnen, unsere gewöhnlichen Grenzen aufgeben oder überwinden und unser kompliziertes Abwehrsystem fallen lassen, erweitert sich unsere Selbstwahrnehmung in ungeahntem Maß. Die Erweiterung von zwei Formen des Bewusstseins durch die sexuelle SM-Erfahrung lässt Sie erkennen, dass Sie zu keiner Zeit von Ihrer Sexualität losgelöst sind und dass Sex *wirklich* spirituell ist.

Ich habe Spiritualität im SM gesucht, weil ich mich schon sehr früh von den Grundsätzen organisierter Religionsgemeinschaften abgewandt habe, nach denen der Geist den Körper verleugnen soll. (Ich habe einen schönen Körper, ich mag ihn; warum sollte ich ihn links liegen lassen, bloß weil die Menschen, die im Dienst der höheren Macht stehen, es sagen? Vielleicht haben sie die Botschaft nur falsch verstanden.) Ich glaube, dass Körper und Geist Hand in Hand arbeiten, nachdem der Geist die Dinge auf den Weg gebracht hat. Wenn man versucht, den Geist vom Körper zu trennen, kann dadurch eine Leere entstehen, die den Menschen von sich selbst und von der Gesellschaft entfremdet. In einer liebevollen Partnerschaft überwindet SM diese Leere und spannt eine Brücke zum innersten Ich. Für diejenigen, denen eine organisierte Religion nichts bedeutet, kann die Verbindung aus SM, Spiritualität und Ritual einen alternativen Weg zu innerer Spiritualität und Verehrung aufzeigen, der auf die Bedürfnisse des Einzelnen zugeschnitten ist.

Im Vorfeld des Rituals fühlt man sich vielleicht im Alltagstrott gefangen und ist der täglichen Routine überdrüssig. Man spürt, dass es im Leben noch mehr gibt als das Gewöhnliche und Banale. Als Mitglied der Kirche für Sadomasochistische Spiritualität und Rituale kann man sehr starke Gefühle erleben. Vor langer Zeit waren Spiritualität und Erotik eng miteinander verknüpft und gehörten unentwirrbar zusammen. Aber, wie ich schon sagte, haben sich Geist (Spiritualität) und Körper (Erotik und sexuelle Lust) inzwischen immer weiter voneinander entfernt. Die Inszenierung eines SM-Rituals bietet die Chance, die beiden wieder zu vereinigen. Manche fühlen sich von der Spiritualität der SM-Praktik angezogen, weil sie ihnen ein körperliches Erlebnis verspricht. Die Verheißung einer körperlichen Erfahrung kann entscheidender und verlockender sein als alle Dogmen und Bekenntnisse der Welt. Einige wollen Spiritualität durch SM erfahren, weil der Geist durch das Erlebnis auf die Probe gestellt wird. Für andere steht der Reiz der personalisierten Rituale im Vordergrund. Es gibt also viele Gründe, warum Menschen SM und Spiritualität erforschen wollen oder in der SM-Erfahrung ein spirituelles Erlebnis suchen. Oft greifen die Gründe ineinander über.

Außerhalb der SM-Arena gibt es nur sehr wenige Möglichkeiten, wie man durch physische und/oder emotionale Übergangsriten einen spirituellen Zustand erreichen kann. Indem man Spiritualität, Ritual und SM miteinander verbindet, lässt sich bestimmen, was für die eigene persönliche Entwicklung benötigt wird.

13. KAPITEL

Schöne und *nützliche Objekte*

Unter den Persönlichkeiten, die der Sub im Rollenspiel annehmen kann, gibt es vielleicht eine, die nicht als »jemand«, sondern als »etwas« behandelt werden will. Die Objektwerdung durch Depersonalisierung ist eine SM-Fantasie, die den Sub zeitweise zu weniger als einem Menschen bzw. einem Untermenschen degradiert. Es ist eine machtvolle und verlockende Fantasie. Depersonalisierung in ihren zahlreichen Erscheinungsformen ist eine starke Kraft in der menschlichen Vorstellung. Die dunkelste Ausprägung können wir fast täglich beobachten, wenn ganz normale Leute einen unerklärlichen romantischen Hang zu Mördern oder Verbrechern entwickeln oder nach blutrünstigen Details von schrecklichen Verbrechen lechzen oder aber öffentlichen Hinrichtungen beiwohnen. Viele Witze drehen sich darum, dass man sich über den Schmerz und das Missgeschick anderer lustig macht. Damit wir den Anblick, wie eine andere Person unmenschlich behandelt oder geschändet wird, genießen können und damit wir über den Schmerz und das Missgeschick anderer lachen können, müssen wir diese Person als weniger menschlich als uns selbst betrachten. Der weithin bekannte, aber selten eingestandene sexuelle Kick, den einige Menschen bei solchen Szenen empfinden, kommt von der dunkelsten Seite unseres Wesens.

Auch wenn BDSM in seiner purpurnen Mitternachtswelt aus Fantasie und Lust einen Platz für die Depersonalisierung gefunden hat, erforsche ich mit meiner Form von SM-Depersonalisierung selten die dunkelsten Aspekte der menschlichen Persönlichkeit, die ich oben beschrieben habe. Viele unter uns fühlen sich vielleicht unbehaglich bei dem Gedanken, dass wir geistig in der Lage sind, einen anderen Menschen als minderwertig einzustufen und uns wegen dieser Degradierung zum Untermenschen an seinen Schmerzen und Leiden zu erfreuen. Einige Tops berichten, dass es ihnen deshalb schwerfällt, Depersonalisierungsspiele zu spielen, weil sie dabei ihre Grenzen überschreiten. Grenzen sind aber etwas Individuelles, das wir hier nicht erforschen oder erörtern wollen.

Mein eigener Begriff von Depersonalisierung, auf den ich im Folgenden eingehen will, umfasst eher spielerische Unterwerfungshandlungen, zum Beispiel dass sich jemand behandeln lässt wie ein Tier oder ein lebloser Gegenstand. Diese spielerischen Arten des Rollenwechsels sind leichter zu verstehen, zu erklären und zu diskutieren, weil viele von ihnen lustorientierte oder dienstbare Rollen sind oder von dem Wunsch gesteuert werden, das eigene unabhängige Dasein für eine Weile aufzugeben, um einem höheren Zweck zu dienen. Dieser »höhere Zweck« könnte für einen Sub mit einer Neigung zum Pflegen und Verwöhnen darin bestehen, die Domina mit seiner Selbstlosigkeit zu beschenken. Er gibt der Herrin damit zu verstehen, dass er es schätzt und anerkennt, wie viel Mühe und Zeit sie aufwenden muss, um ihn zu toppen und seine Fantasien umzusetzen.

DAS SPIELOBJEKT

Depersonalisierungsfantasien beinhalten selten sexuelle oder erkennbar erotische Handlungen. Da der psychologische Reiz im Vordergrund steht, wird die Depersonalisierung von der Herrin meist eingesetzt, um den Sub für seine Arroganz zu demütigen, ihn für ein Vergehen zu bestrafen oder einfach um sich selbst eine Ruhepause zu gönnen. Wer es total erotisch findet, den Haushund der Herrin zu spielen, will erfahren, wie es ist, wenn man die letzten menschlichen Sitten aufgibt und in die Rolle eines geringeren Lebewesens schlüpft. Wer das Verlangen hat, der Herrin als Aschenbecher, Fußschemel oder Fußmatte zu dienen, möchte erforschen, wie machtlos man sich als lebloser Gegenstand fühlt. Sex ist bei der Depersonalisierung normalerweise kein Thema, es sei denn der Sklave möchte bewusst in die Rolle des Sexspielzeugs seiner Herrin schlüpfen. Die Unterwerfung sieht bei der Depersonalisierung so aus, dass der Sub zu etwas anderem wird, zu einem von der Dom erschaffenen Etwas, und er schwelgt in dem Zustand der Hilflosigkeit und Passivität, den er als Gegenstand erlangt hat.

Ein Sub, der auf Depersonalisierungsspiel steht, genießt es, wenn die Herrin über jede seiner Bewegungen eine strenge Kontrolle ausübt. Wenn die Dom sich völlig über seine Persönlichkeit hinwegsetzt und ihn wie ein gedanken- und gefühlloses Ding behandelt, kann er die totale und freiwillige Unterwerfung seines Willens unter den Willen der Herrin ungehindert erleben und seine Machtlosigkeit frei von Schuldgefühlen genießen. Wie mir ein Sub hinterher berichtete, fühlte er sich als Objekt unglaublich ruhig und gelassen und im Einklang mit sich selbst und mit mir. Sein Universum dreht sich dann nur noch um den Gegenstand, zu dem er für mich werden soll. Indem er sich ganz auf dieses Objekt konzentriert, versucht er, sich selbst zu dem Gegenstand, den er nachahmt, zu machen. Das erinnert mich an einen amerikanischen Eingeborenenstamm, nach dessen Glauben alle Objekte, ob lebendig oder leblos, einen Animus besitzen. Dieser Animus ist weder gut noch böse; er ist einfach die Lebenskraft oder der Geist des Objekts. Wenn man über die Lebenskraft eines Dings nachdenkt und sich überlegt, was beispielsweise einen guten Fußschemel ausmacht, kann man versuchen, die Lebenskraft des Fußschemels zu imitieren. Welche Eigenschaften sollte ein Fußschemel besitzen? Er sollte ruhig und bewegungslos sein und in der richtigen Position unter den Füßen der Herrin stehen, denen er als stabile Stütze und Erhöhung dient. Außerdem sollte er sie schön warm halten und ihnen ein weiches Ruhepolster bieten.

Um ein wirklich gutes Objekt zu sein, muss er, finde ich, in einen tieferen »Subspace« eintauchen. Der Subspace ist eine Zustandsveränderung des Bewusstseins, bei der die Herrin zum Mittelpunkt seines Universums wird und die reale Welt sich in eine Vorhangkulisse für sein Passionsspiel verwandelt. Meditative Atemübungen und ein selbsterdachtes Objekt-Mantra können ihm helfen, sich zu konzentrieren und einen Zustand berauschender Leichtigkeit zu erlangen. Ich spreche in beiden Fällen von dem Geisteszustand, in den der Sub verfällt, wenn die Herrin eine Saite in ihm zum Schwingen gebracht hat und eine tiefe seelische Verbindung zwischen ihnen hergestellt ist. Er erzählte mir, in diesem Rauschzustand habe er nur noch Mich wahrgenommen: den Klang Meiner Stimme, den Rhythmus Meiner Atmung, das Geräusch Meiner Schritte, Meine Berührung, Meinen Duft und Meine Bedürfnisse. Die Kraft meiner Gegenwart und die Stärke meiner Persönlichkeit waren alles, was er brauchte oder wollte, um die Verbindung mit der Erde aufrechtzuerhalten. Eine unsichtbare Nabelschnur fesselte ihn an mich, seinen Felsen von Gibraltar, sodass er sich gefahrlos zu den Höhen seiner Leidenschaft aufschwingen konnte, um seine Sexualität und Sinnlichkeit zu erforschen. Während er die Schatten der purpurnen Mitternachtswelt erforschte, vertraute er sich bedingungslos meinem Schutz an.

NÜTZLICHE OBJEKTE

Fantasien von einem Dasein als Fußschemel kommen wegen ihrer engen Beziehung zum Fußfetischismus häufig vor. Dagegen gehören andere Möbelstücke, Kunstgegenstände oder menschliche Skulpturen nicht unbedingt zu den verbreitetsten Depersonalisierungsfantasien. Trotzdem sind sie in der erotischen Vorstellungswelt ein mächtiger Faktor. Der Reiz bei diesem SM-Szenario liegt in der hilfreichen und doch hilflosen Natur des Gegenstands und der willentlich passiven Haltung, die der Sub annimmt. Depersonalisierungsfantasien unterscheiden sich stark von Tierfantasien. Wenn ein Sub die Rolle eines Fußschemels spielt, wird er zum leblosen Gegenstand. Wenn er dagegen einen Hund spielt, bleibt er immer noch ein lebendiges Etwas, obwohl ein Hund natürlich kein Mensch ist. Um ein Hund zu werden, muss man wie ein Hund denken und handeln; um der Fußschemel der Herrin zu werden, nimmt man die entsprechende Haltung ein, blendet ichbezogene und eigennützige Gedanken vollständig aus und zieht sich ins Allerheiligste des Geistes zurück. Der Sub muss in der gebotenen Haltung verharren, bis er die Erlaubnis bekommt, aufzustehen. Zusätzlich können dem Sub gewisse Empfindungen oder kleine Misshandlungen beigebracht werden (zum Beispiel Nippelspiele oder Einsatz des Wartenbergrads, siehe Kapitel 15, »Sklaven der Sinne«), um ihn zu erregen oder zu demütigen. Als ein Gegenstand muss er der passive Empfänger bleiben.

Manche Dominas lehnen Depersonalisierungsspiele ab, weil ihnen die Spiele zu passiv sind und sie es vorziehen, einen lebhafteren Sub zu haben.

Nachdem ich meine eigenen Versuche angestellt habe, verstehe ich nicht, wo ihr Problem liegt. Wenn sich der Sub in einen wirklichen Fußschemel verwandeln würde wie in einer Episode von *Unheimliche Schattenlichter*, könnte ich ihre Einwände besser nachvollziehen. Aber hier handelt es sich um einen vorübergehenden Zustand – der Sub bleibt nicht für immer der Gegenstand. Am Ende der Spielzeit steht er auf und geht weg.

Aus der Geschichte ist ein Fall von Depersonalisierung bekannt geworden, der Ihnen bestimmt ein Schmunzeln entlocken wird, obwohl es dabei gar nicht um BDSM ging. Zur Zeit der europäischen Herrschaft über Afrika gab es eine afrikanische Königin – ich meine, ihr Name war Königin Nzinga –, die mit den portugiesischen Usurpatoren ihres Landes Verhandlungen führen wollte. Königin Nzinga wollte den Abzug der geldgierigen Portugiesen, denen sie schon seit Langem großen Widerstand entgegengesetzt hatte. Die Portugiesen wollten sie dagegen aus dem Weg schaffen. Ein Treffen wurde vereinbart, und als Königin Nzinga mit ihrem Gefolge an dem Ort eintraf, bemerkte sie sofort, dass für jeden der ausländischen Usurpatoren Stühle aufgestellt worden waren, für sie selbst aber kein Sitz zur Verfügung stand. Kam doch gar nicht infrage, dass sie, die Königin und rechtmäßige Herrscherin ihres Landes, stehen sollte, während alle Männer sich hinsetzten! Sie schnalzte mit den Fingern, und schon eilte einer ihrer Sklaven herbei. Als die Königin auf den Boden deutete, ließ der Sklave sich auf alle viere niederfallen. Sie setzte sich auf ihn und führte ihre Verhandlungen.

Das muss den armen kleinen Männerhirnen der Portugiesen einen ganz schönen Schlag versetzt haben, denn Nzinga war sehr erfolgreich und handelte einen Vertrag mit ihnen aus, der sehr zu ihren Gunsten war. Mit dem Papier in der Hand erhob sie sich zu ihrer vollen königlichen Größe, winkte ihrem Gefolge und schritt zur Tür. Die Portugiesen waren völlig aus dem Häuschen, als sie sahen, dass sie den Stuhl/Sklaven auf allen vieren mitten im Raum zurückgelassen hatte. Sie riefen ihr nach und deuteten auf den stuhlgewordenen Mann. Worauf sie erwiderte: »Ihr könnt ihn behalten. Ich reise nie mit Möbeln.« Ein dreifaches Hoch auf die Königin!

Der Fußschemel

Mit dem Geschenk seiner Depersonalisierung bringt der Sub zum Ausdruck, dass er der Dom für die harte Arbeit zur Verwirklichung seiner Fantasien dankbar ist und sie zu schätzen weiß. Da er sich darüber im Klaren ist, sollte er nicht warten, bis Sie ihm befehlen, Ihr Fußschemel zu sein. Stattdessen sollte er sich Ihnen von selbst für diesen Dienst zur Verfügung stellen. Wenn er ein wirklich guter Sklave ist, wird er spüren oder bemerken, dass es Augenblicke gibt, in denen Sie allein sein wollen. Augenblicke, in denen Sie auch mal ausspannen und sich gehen lassen wollen. Und das können Sie eben nur, wenn Sie allein sind: wenn keine seelenvollen braunen Augen Sie auf Schritt und Tritt verfolgen und kein erhobenes Gesicht Ihnen ein Lächeln abzuringen sucht. In diesen Momenten sollte er wissen, dass Sie die Gedanken und Gefühle hinter seinem speziellen Dienst und auch den Dienst selbst wirklich zu schätzen wissen.

Am liebsten habe ich es, wenn er sich auf dem Boden direkt vor meinen Füßen hinkauert und die von mir bevorzugte Fußschemelhaltung einnimmt. Dann soll er einen Arm um meine Fußgelenke legen und mir die Füße küssen. Er sagt, wenn er mir den Dienst in dieser Weise anträgt, dann bekommt er Schmetterlinge im Bauch, noch bevor ich sein Angebot annehme. Wenn er dann die Stellung unter meinen Füßen bezieht, steigen Gefühle tiefer Unterwerfung in ihm auf. Bis ich meine Füße auf seinem muskulösen Rücken bequem zurechtgestellt habe, ist er schon ganz hart vor Erregung, mir auf eine so unpersönliche Weise dienen zu dürfen.

Während er auf dem Boden kauert und nichts sieht außer dem Stück Teppich direkt vor seiner Nase, schließt er die Augen und nimmt die Geräusche der Welt um sich herum nur noch als weißes Rauschen wahr. Er konzentriert sich auf meine Füße, die auf seinem Rücken ruhen. Er fixiert sein ganzes Sein auf meine Füße, malt sie sich in Gedanken aus, sieht, dass die zweite Zehe einen erotischen Touch länger ist als die erste, sieht, als wäre es zum ersten Mal, dass meine wunderschönen Füße mit ihrem hohen Rücken und Spann und den wohlgeformten Zehen sehr sexy sind.

Er richtet seine Aufmerksamkeit auf die Wärme, die sie ausstrahlen, und auf ihre Weichheit, wenn ich sie an seinen Rippen und seiner Wirbelsäule reibe. Dann malt er sich vor seinem inneren Auge aus, wie wir wohl als Frau und Möbelstück aussehen; er stellt sich meine Füße vor, wie sie auf seinem nackten Körper ruhen. Das Bild ist mächtig und bringt ihn in einen noch unterwürfigeren Zustand. Er existiert nicht mehr für sich selbst, er existiert nur noch, um der gnädigen Frau in jeder erdenklichen Art zu dienen. In diesen Augenblicken fühlt er sich wirklich als mein Sklave, und zwar im ritterlichen Sinn des Wortes, weil er meine Bedürfnisse über die seinen stellt.

Der Aschenbecher

Mit der Einführung der Anti-Raucher-Gesetze verschwanden menschliche Aschenbecher genauso schnell von der Bildfläche wie Nonnen oder Wählscheibentelefone. Diese entzückenden, fröhlichen Wesen sind zunehmend schwer zu finden und gehen mir wirklich ab. Wenn Ihre Fantasie davon handelt, Ihren persönlichen Aschenbecher zu haben, kann ich Ihnen ein paar Tipps geben, damit die Aschenbecher-Erfahrung auch für ihn sicher und angenehm wird. Er kann seine hohle Hand und/oder seine ausgestreckte Zunge benutzen, um Ihre Asche aufzufangen, aber er muss den richtigen Trick kennen, damit er sich als Aschenbecher keinen Schaden zufügt. Die Zigarre oder Zigarette sollte etwa 7 cm von seiner Handfläche und 3 cm von seiner Zunge entfernt gehalten werden, wenn Sie die Asche abschnipsen. Das Abschnipsen sollte »bewusst« und nicht zögerlich erfolgen: ein guter, fester Schnipser, um die Asche in einem Stück gezielt über der dargebotenen Hand oder Zunge abzuschütteln. Wenn die Asche in der Handfläche aufgefangen wird, kann man die Hand gekrümmt halten. Sobald die Asche gelandet ist, kann er seine Hand schließen und sie schütteln wie beim Würfeln. Für den Fall, dass noch etwas Glut vorhanden ist, wird sie durch diese Handbewegung »gelöscht«, und ihm wird zwar etwas warm, aber verbrennen wird er sich nicht.

Mit der Zunge ist es schon etwas schwieriger, weil man die Asche danach nicht in den Mülleimer werfen kann und sie sich nur schwer, wenn nicht gar unmöglich ausspucken lässt. Asche, die er mit der Zunge auffängt, sollte er herunterschlucken. Falls er das nicht kann, ist es besser, wenn er diesen Dienst nicht anbietet. Hier ein guter Tipp: Bevor er die Zunge herausstreckt, sollte er den Speichel nicht herunterschlucken. Der Speichel löscht das, was noch an Glut in der Asche vorhanden ist, und erweist sich als hilfreich, wenn er sie schlucken soll. Sagen Sie ihm also, dass er seine Spucke in einer kleinen Pfütze auf der Zunge sammeln soll, bevor er sie gekrümmt herausstreckt. (Die Technik, wie man die Zunge an den Seiten hochbiegt, erfordert etwas Übung. Die Beweglichkeit der Zunge ist von Mensch zu Mensch unterschiedlich ausgeprägt und wird seltsamerweise vererbt.) Sie sollten die Asche so abschnipsen, dass sie genau in das kleine Sammelbecken in seiner hohlen Zunge fällt. Die Spucke erhält die Asche in ihrer zylindrischen Form und lässt die Restglut erlöschen. Dann zieht er seine Zunge in den Mund zurück und schluckt alles schnell hinunter. Vom Geschmack bekommt er so gar nichts mit, und es bleibt auch nichts von der Zigarette im Mund zurück.

Kunstobjekte

Ein Kunstobjekt kann der Herrin genauso viel Freude bereiten wie ein Fußschemel oder ein beliebiges anderes Möbelstück, obwohl es keinen praktischen Nutzen hat. Kunst hat den Zweck oder – wenn Sie so wollen – die Aufgabe, die persönliche Umgebung zu schmücken und das Auge zu erfreuen. Beliebte Objekte für diese nicht ganz alltägliche Fantasie sind: Armleuchter, Tische und Tischbeine, Skulpturen, Kissen und Hutständer.

Wenn ich dieses Spiel mit meinem Sklaven spiele, sind Standskulpturen und Armleuchter meine bevorzugten leblosen Gegenstände. Er ist aber auch schon in die Rolle eines Tischs geschlüpft – und hat dabei das Tablett mit meinem Abendessen nebst Getränkeglas auf dem Rücken balanciert! Oder er hat mir seine

Dienste als Aschenbecher angeboten, wenn wir bei Freunden oder auf privaten Partys eingeladen waren und der echte Gegenstand nicht in Sichtweite war.

Das Armleuchter-Spiel lässt sich in vielen interessanten, köstlich erotischen und erniedrigenden Stellungen durchführen, die ich Ihnen wohl nicht alle einzeln erklären muss. Ein paar Tipps: Kegelförmige Kerzen oder Spitzkerzen entwickeln eine sehr heiße Flamme, genauso Bienenwachskerzen, Kerzen mit Plastiküberzug und duft- oder farbstoffhaltige Kerzen. Die für ihn sicherste (und, wie ich meine, schärfste) Art, Ihr Armleuchter zu sein, ist, wenn Sie ihm Kerzen in Glasbechern auf den ausgestreckten Arm stellen, während er aufrecht steht. Oder Sie stellen sie in einer Reihe längs seiner Wirbelsäule, wenn er sich in kauernder oder gebückter Haltung befindet. Reizvoll ist auch eine strategische Platzierung auf seinem Oberkörper, wenn er mit dem Gesicht nach oben liegt. Yoga-Begeisterte und sehr Gelenkige sind in der Lage, viele ungewöhnliche und schwierige Haltungen einzunehmen, bei denen man die Kerzen auf den Beinen anordnen kann. Für solche, die es heiß mögen, bietet sich die untere Öffnung als idealer Kerzenhalter für lange, weiße, nicht tropfende Spitzkerzen an! (Aber seien Sie vorsichtig: Diese Fantasie ist zwar ungemein sexy, aber heißes Wachs kann überall am Körper schwere Verbrennungen hervorrufen! Und lassen Sie die Kerze *nie* bis zu seinen Arschbacken herunterbrennen!)

Auch mit einem Menschen als Skulptur lassen sich interessante Dinge anstellen. Anne Rice hat in ihrer *Dornröschen Trilogie* (siehe Literaturvorschläge) viele Depersonalisierungs-Stile beschrieben, und Dornröschen als Skulptur war einer davon. Ich denke, mein Sklave ist genauso schön wie Dornröschen; jedenfalls schön genug, um mir als Skulptur zu dienen, und da er dieses Spiel mit mir spielt, muss er mir zustimmen. Er liebt es, eine Skulptur zu sein, wenn er nackt ist oder nur sein Halskettchen trägt. Bei anderen Gelegenheiten hülle ich seinen Kopf und seinen Oberkörper in ein großes, viereckiges Tuch aus schwarzem, flockigem Stoff. Dann arrangiere ich kunstvoll seine Gliedmaßen, bis er meinem Auge zusagt. Ein anderes Mal stelle ich ihn auf oder über einen

Stuhl, sodass ich ihn von allen Seiten betrachten kann. Oft lasse ich ihn Posen einnehmen, die man nicht ohne Schwierigkeit über längere Zeit beibehalten kann. In diesem Fall muss er sich auf sein Atmungs-Mantra und sein Objekt-Mantra besinnen, wodurch er tiefer und tiefer in den Subspace abtaucht. Manchmal war er so tief in seine Rolle als Skulptur oder Fußschemel versunken, dass ich mehrmals seinen Namen rufen musste, um ihn zurückzubringen.

Tierische Spiele

Haben Sie nicht auch schon eine vergnügliche halbe Stunde damit verbracht, Ihrer Katze zuzusehen, wie sie ausgelassen in der Sonne herumtollt, krampfhaft versucht, mit der Pfote ein unsichtbares Stäubchen zu erhaschen, um sich dann plötzlich zu einem gemütlichen Nickerchen hinzulegen? Haben Sie darüber gelacht, mit welch alberner Hingabe Ihr Hund den Ball sucht und zurückbringt? Was meinen Sie: Soll er nun eine Katze oder einen Hund spielen? Stellen Sie sich vor, wie es wäre, ein so sorgloses, aber völlig von Menschen beherrschtes Leben zu führen! Vielleicht soll er nach Ihrer Fantasie aber auch in die Rolle eines Ponyboys schlüpfen, der dazu ausgebildet wird, auf elegante Art die Kutsche der Herrin zu ziehen, geschmückt mit aufwändigem Pferdezubehör, ohne Zubehör oder einfach in Arbeitskleidern. Ponyboy-Fantasien gibt es im Überfluss, und in der *Dornröschen Trilogie* von Anne Rice finden sich sehr einfallsreiche Beispiele für Ponyboy-Training und -Behandlung.

Mit diesen Fantasien stehen Sie nicht allein. Tierrollenspiele sind eine einmalige Gelegenheit, das Gehirn abzuschalten und ein völlig ungehemmtes, fröhliches Dasein zu führen. Einige setzen Tiersein gleich mit liebenswert sein: Welpen und junge Hunde sind süß und knuffig und schenken bedingungslose Liebe. Andere sehen Tierrollenspiele als Befreiung von den Regeln und Einschränkungen, die das menschliche Verhalten bestimmen. Ein Tier kann von einem guten Trainer zwar gezähmt, aber nicht zivilisiert werden, sodass es von gesittetem Benehmen befreit ist. Wenn sich die Fantasie auf einen Hund oder eine Katze bezieht, liegt der Reiz der Fantasie zusätzlich darin, dass das Tier in der Beziehung mit seiner Herrin keine Privatsphäre hat und keine solche erwarten darf.

Das ganze Leben eines Tiers wird von seiner Herrin kontrolliert und vollzieht sich unter ihrer Aufsicht. Der Kein-Anstand-und-keine-Privatsphäre-Aspekt der Demütigung in der Beziehung zwischen Herrin und Tier macht das Hund- oder Katze-Spiel zu einer beliebten Fantasie. Der Sub, der sich zum Tier macht, erfährt eine Befreiung von seiner Menschlichkeit, während er seinen Willen gleichzeitig dem seiner menschlichen Herrin unterwirft.

Im Reich der königlichen Tiere

Ein schöner Bottom oder ein fröhlicher Sub können Freude und Erfüllung darin finden, wie ein »Lieblingstier« behandelt zu werden. Vielleicht rollt er sich gern neben der Herrin zusammen und lässt sich streicheln und schmusen wie ein Lhasa Apso, ein gutmütiger Schoßhund. Dabei hat er das Gefühl, in einer kalten, harten Welt geliebt und umsorgt zu werden. Vielleicht erschließen sich ihm durch den Machtverzicht und die Befreiung von jeglicher Anspannung verborgene Stärken und Werte in seinem Charakter. Möglicherweise lehrt es ihn auch, geduldig und tolerant zu sein, oder gibt ihm den Freiraum, mit sich selbst eins zu werden. Oder die Tierfantasien bieten ihm einen Rahmen, sich von sich selbst zu befreien und sich ohne Schuldgefühle auf ein anderes Wesen zu konzentrieren. Auch hier könnte er die Fantasie als Vorwand benutzen, nichts weiter tun zu müssen, als neben der Herrin zu liegen, ihr seinen Bauch hinzuhalten und dabei die Zunge heraushängen zu lassen. Für einen schönen, starken Bottom ist die Unterwerfung wie ein Spaziergang auf seiner dunklen Seite, während ihm das gleißend helle Sonnenlicht direkt ins Gesicht scheint.

Die vorherrschenden Tierrollen-Fantasien unter submissiven Männern drehen sich um eine Existenz als Hund, Katze oder Ponyboy. Wenn er Zeit hat, soll er sich ein Mantra zu dem Tier ausdenken, das er werden will. Das Tier-Mantra sollte er sich in

Erinnerung rufen, während er sich für die Rolle »anzieht« oder während die Herrin ihn anzieht. Da jedes Tier eine ganze Reihe von einzigartigen, reizvollen Eigenschaften besitzt und ihm dieser Umstand bei seinem Mantra helfen wird, möchte ich mich bei jedem Tier etwas verweilen.

Hündchen, Hündchen wedle mit dem Schwanz

Für einen Sub, der von der sklavischen Beziehung zwischen Herrin und Hund träumt, bieten sich endlose Hundefantasie-Szenarien. Hunde und Welpen brauchen und bekommen viel Aufmerksamkeit. Sie werden am Rücken gekratzt und am Bauch gekrault. Sie werden von ihrer Herrin schön gebürstet. Jeder Hund kann einfache Gehorsamsbefehle lernen, wie »Sitz«, »Platz«, »Hier« und »Bei Fuß«, aber auch lustige Befehle, wie »Roll dich«, »Tot«, »Pfötchen«, »Gib Laut« (bellen) und »Sing« (heulen). Man kann ihm beibringen, nicht auf die Möbel zu springen, oder man schickt ihn in die Hundeschule. Ein gutes Hündchen lässt sich darauf abrichten, der Herrin die Hausschuhe zu bringen. Ein wahres Kunststück, wenn die Herrin Mules mit 10 cm hohen Pfennigabsätzen trägt! Die Herrin kann mit ihrem Hund Spiele spielen, zum Beispiel »Hol den Ball«. Sie kann ihn an seiner schweren, neuen Leder- oder Kettenleine spazieren führen. Er kann auf seinem neuen Kissen zusammengerollt an den Füßen der Herrin schlafen. Er kann aus speziellen Hundeschüsseln auf dem Boden sein Wasser schlabbern und sein Futter – Essensreste vom Teller der Herrin – verschlingen.

Für das Hündchen, das seiner Depersonalisierungsfantasie gerne ein wenig Demütigung beimengen möchte, ist das folgende Szenario ausgesprochen empfehlenswert: Wenn Sie der Meinung sind, dass er sich einen Orgasmus verdient hat, erlauben Sie ihm, auf dem Fußboden zu masturbieren. Wenn er kommt, entsteht zwangsläufig eine kleine Pfütze, die Sie so behandeln, als hätte er auf den Boden »gepinkelt«. Zur Strafe muss er das Ganze dann auflecken.

Weitere hündische Verhaltensweisen, die er imitieren kann: Ein Hund hechelt, wenn er schwitzt; hecheln verschafft ihm Kühlung. Bringen Sie ihm bei, mit dem »Schwanz« zu wedeln. Kaufen Sie ihm dazu einen Buttplug mit einem Haarbüschel. Wenn er ihn trägt, hat er etwas zum Wedeln. Lassen Sie ihn beobachten, auf welche Arten Hunde sich hinsetzen und hinlegen. Er soll sich dann die aussuchen, die er am elegantesten nachmachen kann. Damit er ein richtiges Hundegefühl bekommt, soll er vor dem Spiegel üben. Wenn er lange Haare hat, machen Sie ihm Rattenschwänze als große Hunde-Schlappohren. Lustige Verhaltensweisen: Warum dreht sich Waldi fünfzig Mal um denselben Fleck, bevor er sich darauf niederlässt? Warum laufen viele Hunde im Kreis, wenn sie ausgeführt werden wollen? Hunde sind laute Schnüffler; außerdem sind Hunde gut im Lecken, und man kann ihnen beibringen, wie sie es richtig machen. Muss ich noch mehr sagen?

Ponyboys

Wie viele andere begann ich mich für menschliche Ponys zu interessieren, nachdem ich die zuvor erwähnte *Dornröschen Trilogie* von Anne Rice gelesen hatte. Rice' Ponys waren alle Männer, und die Methoden und Verfahren, die sie einsetzte, um ihre menschlichen Persönlichkeiten zugunsten der Pferdepersönlichkeit zu unterwerfen, faszinierten mich. Rice' Ponys wurden oft von ihren Herren und Herrinnen verliehen, um Junge und Alte, Reiche und Arme durch die Straßen des Dorfs zu befördern. Bis auf die Ledergeschirre und die behuften Ponystiefel waren sie völlig nackt. Zwischen ihren Hinterbacken steckten Buttplugs mit wehenden Schweifen aus echtem Rosshaar. Sie fraßen und schliefen im Stall und verbrachten ihre Freizeit zusammen mit der Herde auf der umzäunten Weide. Das Leben eines Ponyboys wurde bestimmt durch seinen Körper, seine Muskelkraft und eine geistige Haltung ohne großen Verstand. Verlangt wird körperliche Belastbarkeit; Geistesstärke ist weder nötig noch wünschenswert. Ich gehe mal davon aus, dass jeder sich irgendwann einmal wünscht, es könnte so sein, und wäre es nur für eine Stunde.

Als Rice ihre *Dornröschen Trilogie* schrieb, malte sie sich aus, dass ihre Ponys gemeinsam in einem Stall lebten, aus Trögen fraßen und sich genauso wenig Gedanken darüber machten, wer sie tagsüber mieten würde, wie ein richtiges Pony. Sie wurden zu festgelegten Ruhezeiten auf die Weide geführt und in der Regel so gepflegt, wie es in einem Lipizzaner-Stall üblich ist. Aber die *Dornröschen*-Reihe war Fiktion, während Ponyboys heute Wirklichkeit sind. Die Ponykutschen, die momentan zur Auswahl stehen, reichen vom Rikscha-Typ aus Holz oder Korbgeflecht über den robusten, wenn auch uneleganten Ochsenkarren bis hin zum atemberaubend prächtigen Streitwagen.

Ponyboy-Fantasien schießen wie Pilze aus dem Boden, und wenn Sie das Glück haben, auf einem großen, von neugierigen Blicken abgeschirmten Grundstück zu leben, lohnt es sich, diese Fantasie zur beiderseitigen Befriedigung zu erforschen.

14. KAPITEL

Rollenspiele:
Das andere Ich

Was für eine Goldgrube! Hinter diesem Teil des Schleiers können Sie (und er) in die Rolle jeder beliebigen Person schlüpfen. Es ist wie Kaneval, nur dass Sie sich hier immer dann verkleiden können, wenn Sie Lust darauf haben. Wer wollen Sie heute sein? Die verschiedenen Domina-Stile haben Sie ja schon entdeckt und herausgefunden, dass bestimmte »Charaktere« besonders gut zu Ihrer eigenen Persönlichkeit passen. Wenn Sie Emma Peel sein können, kommen Sie auch für die »Nikita« infrage. Wenn Sie sich mit »Xena« identifizieren können, liegt Ihnen auch die Rolle einer Amazonenkönigin. Haben Sie den Wunsch, eine Astronautin zu sein, versuchen Sie's mal mit Captain Katherine Janeway vom Raumschiff *USS Voyager*. Und das ist nur eine bescheidene Auswahl. Die Liste der Charaktere, die Sie nachahmen können, ist erheblich länger. Als Gegenspieler eignen sich zum Beispiel: Wissenschaftler und Versuchsperson, Außerirdischer und Erdbewohner, böse Stiefmutter und unglücklicher Stiefsohn, Vampir und Opfer, Autoritätsperson und aufsässiger Jugendlicher. Oder Sie glänzen in der Rolle einer heidnischen Priesterin, einer Waldnymphe oder schönen Hexe. Sie können sich optisch größer machen und eine sadistische Gefängnisaufseherin, Madame Inquisitioner oder Foltermeisterin spielen. Wenn das Ihr Wunsch ist, würde sich Kaiserin Josephine als Rolle anbieten. (Wie wir alle wissen, fraß Napoleon ihr aus der Hand!)

Eine der wichtigsten Voraussetzungen für ein erfolgreiches Rollenspiel ist die aufgeschobene Ungläubigkeit, die glücklicherweise schon im Gehirn angelegt ist, obwohl sie manchen Menschen leichter fällt als anderen. Sie funktioniert ganz automatisch, ohne dass man darüber nachzudenken braucht. Jedes Mal, wenn Sie ein Buch lesen oder einen Film anschauen, fängt sie sofort an zu wirken. Wenn Sie Ihre Ungläubigkeit nicht aufschieben könnten, wären Sie nicht in der Lage, die Geschichte wirklich zu genießen. Wenn die Heldin der Geschichte stirbt, würde man ohne die aufgeschobene Ungläubigkeit denken, sie sei wirklich tot! Dabei wissen wir alle, dass sie bald in einem anderen Film wieder zu sehen sein wird. Als die ewige Romantikerin, die ich nun mal bin, kann ich gar nicht genug bekommen von Emily Brontës *Sturmhöhe*, ganz egal, ob es nun das Buch ist oder der Originalfilm in Schwarz-weiß von William Wyler. Hat Cathys Geist ihren Stiefbruder Heathcliff wirklich heimgesucht, indem sie gegen die Fensterscheibe klopfte und ihn aus dem Moor rief? Wer kann das schon sagen? Aber ohne die aufgeschobene Ungläubigkeit hätte selbst eine unverbesserliche Romantikerin wie ich die Geschichte nicht genießen können.

Der erotische Machtaustausch beinhaltet oft eine Menge Rollenspiel. Nach dem von Ihnen verfassten erotischen Drehbuch drückt sich darin Ihr erotisches Hauptmotiv aus. Wichtige Voraussetzungen für jedes Rollenspiel-Szenario sind ein gewisses Einfühlungsvermögen bzw. eine echte Identifizierung mit der Rolle und die Aufrichtigkeit und Glaubwürdigkeit, mit der Sie Ihren Part umsetzen.

DIE KATEGORIEN

Wenn Sie sich die kurze Liste starker Frauen, die ich oben vorgestellt habe, einmal näher betrachten, werden Sie feststellen, dass sich alle Rollen und Persönlichkeiten in drei Kategorien unterteilen lassen: Geiselnehmer/Gefangener, Dom/Sub und Autoritätsperson/Age Play. Die Aufzählung entspricht nicht der Rangordnung meiner Vorlieben. Ich habe sie in der Reihenfolge genannt, wie sie mir gerade einfielen.

Das Gefangenen-Szenario ist bei Frauen und Männern gleichermaßen beliebt. Auf den ersten Blick erscheint es identisch mit dem Dom/Sub-Szenario, aber die Unterschiede sind gewaltig. In der Gefangenen-Szene nimmt jeder Spieler eine Rolle an und geht voll darin auf. Sie könnten ein schlimmer Wissenschaftler und er Ihre »Versuchsperson« sein. Sie könnten eine umwerfend schöne Außerirdische spielen, die auf die Erde gekommen ist, um sein Sperma zu stehlen, das sie auf ihren eigenen sterbenden Planeten bringen will. Sie könnten Ihr »Rasierklingenlächeln« aufsetzen, den Fetisch-Vampir spielen und sich an ihm, Ihrem unglücklichen, aber gebannten Opfer, schadlos halten. In den Gefangenen-Szenarios ist es auch möglich, eine bekannte Persönlichkeit darzustellen, wie Emma Peel, Xena oder sogar Pussy Galore. Sich für diese Rollen zurechtzumachen und sie nachzuspielen, macht unheimlich Spaß. Ihre Garderobe, Ihre Frisur und Ihr Make-up werden ihn umhauen, was es für Sie leichter macht, ihn zu kontrollieren. Als seine Fängerin könnten Sie auch als gesichtslose Folterin, Madame Inquisitioner, Gefängniswärterin oder sadistische Bewacherin agieren. Einige dieser Rollen bieten Ihnen einen guten Vorwand, in Secondhand-Läden nach tollen Kostümen zu stöbern (die Sie später auf Fetisch-Partys tragen können).

Das Gefangenen-Szenario bietet sich auch als Spiel für draußen an. Natürlich hängt es ganz davon ab, wo Sie leben. In Manhattan würde ich ihn an der Ecke »kidnappen«. Ich würde ihm den Zeigefinger in die Rippen bohren wie eine Pistole und ihn gewaltsam zu meinem Quartier abführen. In Florida, wo jeder mit dem Auto unterwegs ist, würden wir den Kerl auf der Einkaufsmeile sechs Häuserblocks vom Quartier entfernt entführen. Wir würden ihn auf den Rücksitz zerren, ihm die Augen verbinden und ihn der Länge nach auf den Sitz hinunterzwingen. Dann würden wir mit dem Auto in die Tiefgarage fahren und ihn von dort ins Haus bringen. So weiß er nicht, wie es draußen aussieht und wo er genau gelandet ist. Wenn Sie dann noch das Glück haben, über einen umzäunten Hof oder einen sonstigen privaten Außenbereich zu verfügen, umso besser!

Das zentrale Motiv von Dom und Sub ähnelt auf den ersten Blick dem Gefangenen-Motiv. Bei beiden gibt es eine »Top« und einen »Bottom«. Allerdings setzen Sie als Dom und Sub Ihre angeborenen dominanten bzw. submissiven Eigenschaften frei, ohne einen Charakter anzunehmen oder in eine Rolle zu schlüpfen. Sie bleiben beide »Sie selbst«, nur erlauben Sie Ihren verborgenen dominanten und submissiven Charaktereigenschaften, Ihre Fantasie zu steuern. Bleibt zu hoffen, dass Ihre Persönlichkeiten auch dann noch vereinbar sind, wenn diese Eigenschaften an die Oberfläche kommen. Wenn er ein Masochist ist, wird er sehr enttäuscht sein, wenn Sie ihm mit der Gerte nur zeigen, wo er sich hinknien soll. Wenn Sie eine Sadistin sind, mag es Sie mehr interessieren, seine Schmerzgrenze zu erhöhen als sich die Fingernägel polieren zu lassen. Wollen Sie, dass er Sie nackt bedient und dabei die Klappe hält? Wollen Sie ihn als Sexsklaven, als Spielzeug oder als Gegenstand benutzen? Wollen Sie ihn schlagen, ihn beschmutzen? Will er das Gleiche?

Das letzte zentrale Thema beim BDSM-Rollenspiel ist das Age-Play/Autoritätsperson-Szenario. Wer ein Faible für Age Play-Szenarios hat, sehnt sich womöglich danach, einen Teil seiner Kindheit, seiner Teenagerjahre oder seiner frühen Zwanziger in einem erotischen Setting noch einmal durchzuspielen. Vielleicht versucht er auch, ein früheres Trauma durch das Rollenspiel aufzuarbeiten. Als Erwachsener bieten Sie ihm nun einen sicheren Rahmen, in dem er seine Kindheitsfantasien ausleben oder seinen Dämonen gegenübertreten kann. Diese erotische Neuerfindung ist für ihn etwas sehr Persönliches und er bringt sehr individuelle Bedürfnisse in die Szene mit ein.

Manche Rollen sind hart und brutal, andere hegend und pflegend, aber Autoritätspersonen und Age Play sind ein Lieblingsmotiv im BDSM. Sie können die Lehrerin, Direktorin oder Gouvernante für ihn als Schüler sein, die Babysitterin für ihn als kleinen Jungen, die Psychiaterin, der er sein Herz ausschüttet, oder die Polizistin, die ihn verhaftet und ins Gefängnis wirft. Während Sie die Szene durchspielen, werden Sie feststellen, dass jeder von Ihnen entsprechend seiner Rolle zuweilen physische Veränderungen durchmacht. Wenn er den ungezogenen Schuljungen mimt, fängt er vielleicht an zu sprechen und sich zu benehmen wie ein Teenager. Und Sie nehmen die körperlichen Merkmale der gewählten Autoritätsperson an.

Ich möchte hier ein paar mahnende Worte hinzufügen. Diese Art Spiel kann riskant sein, wenn Ihr Sub oder auch Sie selbst ein Erwachsener sind, der als Kind missbraucht oder misshandelt wurde. Es ist wichtig, dass Sie hier seine Grenzen kennen und strikt einhalten. Leider sind psychologische Grenzen, sowohl seine als auch Ihre, sehr schwer vorherzusagen und können sich je nach Situation drastisch ändern.

Weil es sich um emotionale Grenzen handelt, wissen Sie vielleicht beide nichts von ihrer Existenz, bis Sie durch Zufall darüber stolpern. Wenn er in seiner Kindheit Opfer von Missbrauch oder

Misshandlung geworden ist, besprechen Sie die Szenen eingehend mit ihm, bevor Sie weitermachen, und halten Sie einen Notplan bereit für den Fall, dass ein Damm durchbrochen wird. Hat er versucht, diese Brücke zu überqueren? Wollen Sie es bis zu Ende durchspielen? Wollen Sie sofort aufhören? Unterbrechen, darüber reden und weitermachen?

Um die Fantasie zu gestalten, die Ihren Bedürfnissen am meisten gerecht wird, haben Sie das unveräußerliche Recht, ihr so viele Zutaten beizumischen, wie Sie verarbeiten können. Jedes zentrale Thema – die Autoritätsperson, die Fängerin, die Domina und ihre passenden Gegenspieler – spricht ein ganz bestimmtes Bedürfnis der erotischen Vorstellung an. Deshalb kann man sich an kein einheitliches Schema halten. Die Sadistin wünscht sich vielleicht, dass ihr Masochist gleichzeitig ein gut ausgebildeter Privatsklave ist, der sich für Maniküre, Pediküre und andere persönliche Dienste einsetzen lässt. Die sanftere Domina, die solche Dienste ganz selbstverständlich erwartet, wird auch gelegentlich zur Peitsche greifen, um schussligen oder ungehorsamen Sklaven ihren Fehler einprägsam vor Augen zu führen. Manchmal tut sie es aber auch nur, weil ihr gerade danach ist. Es gibt hier keine Regeln außer denen, die Sie für sich selbst unter Beachtung der beiden Hauptrichtlinien des BDSM aufstellen: »vernünftig und einvernehmlich« und »du sollst dich nicht lustig machen über die Fantasie oder den Fetisch eines anderen«.

Die passende Ausstattung für Extravagante

Bei den Rollen, die ich inszeniere, bin ich sehr wählerisch, und damit stehe ich nicht allein. Es gibt Rollen, die reizen mich, andere eben nicht. Vielleicht haben Sie aus dem, was ich oben aufgelistet habe, schon erraten, dass mich eher harte und übermütige Rollen ansprechen, bei denen ich mich mehr einbringen muss. Ich bin nicht der überspannte Turteltyp. Melk-, Inzest- und Doktorspiele liegen mir nicht. Ebenso wenig spiele ich das treu sorgende Mütterlein, das liebe Tantchen, die Rechtsanwältin, die Sekretärin, die mit dem Chef die Rollen tauscht, oder andere weibliche Führungstypen, weil mich diese Rollen überhaupt nicht ansprechen. Mir gefallen keine Rollen, bei denen ich nur rumsitzen muss, zum Beispiel wenn ich die Psychiaterin für einen Patienten spielen soll, der sich nur über seine Fantasie unterhalten will. Die Fantasie an sich finde ich schon interessant, aber dann will ich die Aspekte auch in die Tat umsetzen, während es ihm genügt, immer weiter darüber zu labern!

Ich liebe extravagante Rollen. Charakterrollen, die ich besonders mag, sind Varianten von Emma Peel (deshalb erwähne ich sie so oft) und andere stilvolle Actionfiguren und Divas wie Maria Callas. Gerne spiele ich auch Rollen wie heidnische Priesterin oder Göttin, Amazonenkönigin, Hypnotiseurin, Vernehmungsbeamtin und böse Stiefmutter. Je exzentrischer die Rolle ist und je mehr Spielelemente mit einfließen, desto mehr liebe ich sie. Weil ich bei der Rollenauswahl so pingelig bin, sind meine Rollenspiel-Abenteuer immer sehr befriedigend.

Nachdem Sie die Rollen ausgesucht haben, die am besten zu Ihrer Persönlichkeit passen, geht es an die Auswahl der geeigneten Garderobe und Requisiten. Wir wissen, was Kleidung bewirken kann, und selbst wenn Sie Ihr Wohnzimmer als »Folterkammer« umfunktionieren, sind es die kleinen Dinge, auf die es beim Spiel zu Hause ankommt. Die optimalen Voraussetzungen für die Fantasieszene schaffen Sie erstens durch die richtige Atmosphäre und zweitens durch passende Spielzeuge und Requisiten. Da Sie inzwischen kein Neuling mehr sind, fangen Dinge wie Holzlöffel, Halstücher und andere vertraute Gegenstände an, langweilig zu werden. Unter den folgenden Überschriften finden Sie Vorschläge zur Erweiterung Ihres Bestands an Spielzeug für zu Hause.

Age Play

Weil Age-Play-Szenarios mehrere Altersklassen abdecken, gibt es unterschiedliche Startersets, je nachdem, welche Altersgruppe Sie ausgewählt haben und wen Sie in dieser Gruppe darstellen wollen. Als Mami für ein ausgewachsenes Baby fiele meine erste Wahl auf Requisiten wie Windeln, Schnuller, Babyflasche, Rassel und andere Babyspielzeuge, Rüschenmützchen, Babykleidchen oder Babypullover. Ich würde mich auch nach etwas umsehen, womit ich ihn in seiner Bewegungsfreiheit einschränken kann, z. B. die Art von Laufstall, wie man sie am Strand sieht, fast wie ein Zaun aus biegsamen Paneelen, den man rund oder quadratisch aufstellen kann. Und was würden Sie nehmen, wenn er einen Teenager spielt, den Sie beaufsichtigen sollen? Welche Art von Kinderfrau sind Sie in diesem Fall? Der pflegende, hätschelnde Gluckentyp, der spielerisch drohende »Na warte, mein Kleiner, jetzt kannst du was erleben«-Typ oder der sexuell unternehmungslustige Typ? Für diese Rolle brauchen Sie wirklich nichts weiter als das übliche Haushaltsspielzeug. Wenn Sie eine Kinderfrau im Retro-Stil sein wollen, können Sie »Caprihosen« und hochhackige Mules tragen. Oder Sie takeln sich total auf und behaupten, dass Sie den Kleiderschrank seiner Mutter geplündert hätten!

Für die Rolle als Gouvernante eignen sich Lineal, Stock oder Paddel und eine Brille (selbst wenn es nur eine Attrappe ist), die Sie auf der Nasenspitze tragen und über deren Rand hinweg Sie ihn prüfend ansehen. Wenn Sie dazu noch einen Tisch auftreiben, der als Lehrerpult durchgehen kann, und einen etwas kleineren als Schulbank für ihn oder einfach einen kleinen Stuhl und eine Tafel mit Kreide und Schwamm, dann hört sich die Sache schon sehr gut an. Ein paar »Schulbücher«, ein Hausaufgabenheft und ein Federmäppchen wären auch nicht schlecht. Gekleidet sollte er sein wie ein Streber mit zugeknöpftem Kragen und einem etwas zu fest gebundenen Schlips. Meine persönliche Lieblingsrolle in dieser Altersgruppe ist ein reizvolles, grausames Fräulein, das ich die »Latex-Bibliothekarin« nenne. Natürlich bin ich dabei ganz in Latex aufgemotzt, mit langem, schwarzem Rock, weißer Bluse und Taillenmieder. Dazu trage ich niedrige Plateau-Pumps, stecke mein Haar zu einem Dutt hoch mit hier und da ein paar herabhängenden Ringellocken und setze mir die Brille auf die Nasenspitze. Ansonsten habe ich an persönlichen Requisiten nur einen Rohrstock. Ich setze ihn an etwas, das wie ein Büchereitisch aussieht, und verstreue Bücher darauf. Er macht ein Geräusch; ich werfe ihm einen strengen Blick zu. Er macht noch ein Geräusch, und ich erteile ihm einen strengen Verweis. Bei der dritten Verfehlung führe ich ihn in den Abstellraum, wo ich ihm mit dem Rohrstock den Hintern versohle und ihm dabei eine Strafpredigt halte.

Wieder mal im Büro der Schulleiterin

Eines meiner liebsten Rollenspiel-Szenarios, das auch einen Aspekt von Zwangsfeminisierung enthält. Meine Garderobe ist die der Latex-Bibliothekarin, allerdings bin ich nicht mehr in der Bibliothek. In diesem Szenario ist er von seiner Lehrerin zu mir, der Schulleiterin, geschickt worden, damit ich ihn bestrafe. Es ist nicht sein erstes Vergehen, und sein Vergehen ist immer dasselbe: Er versuchte die Mädchen auf dem Spielplatz zu zwingen, ihn zu küssen und sich von ihm berühren zu lassen. Die Mädchen hatten sich schon oft unter Tränen über ihn beschwert. Schläge hatten keine Wirkung gezeigt; ich hatte schon etliche Rohrstöcke an ihm kaputtgeschlagen. Eine öffentliche Bestrafung und das Gespött der anderen Kinder waren ebenfalls wirkungslos geblieben. Daher hatte ich jetzt beschlossen, den Spieß umzudrehen.

Er klopft an und ich befehle ihm, einzutreten. Mein Verhalten verrät nichts von dem, was ich mit ihm vorhabe. »Du wolltest also wieder dein altes Spielchen spielen«, sage ich kühl. »Jawohl, gnädige Frau.« »Dann musst du mal wieder bestraft werden.« Ich setze mich auf den Schreibtisch und schlage die Beine übereinander. »Du ziehst dich jetzt vollständig aus. Ich werde dich zu einem Mädchen machen.« Eine äußerst demütigende Strafe für einen »Jungen« in seinem Alter. »Und dann mache ich dasselbe mit dir, was du mit den Mädchen gemacht hast. Das wird dir bestimmt gefallen, oder?« Er ringt nach Luft, schlägt die Augen nieder und fängt an, langsam – viel zu langsam – seine Kleider abzulegen. Verärgert springe ich auf und helfe auf meine eigene, grobe Art nach. Statt auf seine fummelnden Finger zu warten, reiße ich ihm mit ein paar schnellen Bewegungen die Kleider vom Leib. In der

Schreibtischschublade habe ich einen karierten Rock, eine weiße Bluse, einen weißen Schlüpfer, weiße Söckchen und flache Schuhe deponiert – etwas, das wie eine Schuluniform aussieht. Während er widerstrebend in die Kleider schlüpft, halte ich ihm vor, wie er diese Mädchen entehrt habe und dass die Entehrung darin bestehe, dass sie seinen »Annäherungsversuchen« nicht zugestimmt hätten.

Wenn er die Schuluniform anhat, halte ich ihm einen Spiegel vor und verhöhne ihn, dass er jetzt ein Mädchen sei. Während er noch immer etwas verdattert dasteht, packe ich ihn am Blusenkragen und dränge ihn an die Wand. Ich zwinge ihm die Beine auseinander und stelle eines meiner Beine dazwischen. Ich presse meinen Arm gegen seinen Hals, damit er nicht entweichen kann. Dann fange ich an, ihn zu begrapschen. Mit dem verächtlichsten Blick in den Augen flüstere ich ihm ins Ohr: »Na, magst du das? Gefällt es dir, wenn du gezwungen wirst?« Ich drücke ihn fester gegen die Wand, ziehe ihn höher und presse ihm dabei ein Knie in den Schritt. Ich bringe mein Gesicht ganz dicht an seines, ein eindeutiger Übergriff, eine aggressive Taktik, die in der Regel ihre Wirkung zeigt. Dann flüstere ich ihm bedrohlich ins Ohr: »Und das ist noch nicht alles, was ich mir für dich ausgedacht habe.«

Während er noch an dem schluckt, was ich ihm gerade angetan habe, packe ich ihn am Kragen und schleudere ihn von der Wand weg. Ich stelle mich hinter ihn, umfasse mit einem Arm seinen Hals und trete ihm in die Kniekehlen, sodass er einknickt und zu Boden geht. Ich zwinge ihn auf alle viere, hebe seinen Rock hoch, ziehe ihm den Schlüpfer aus und fange an, ihn in den Hintern zu treten. Dann gehe ich um ihn herum und reiße seinen Kopf an den Haaren hoch. Ich beuge mich zu ihm hinunter und sage ihm direkt ins Gesicht: »Ich will, dass du zum Schreibtisch kriechst. Dann stehst du auf und legst dich darüber.« Er gehorcht, und sobald er richtig liegt, stelle ich mich hinter ihn, fasse ihn an den Hüften und fange an zu stoßen, als ob *ich* den Penis hätte und nicht er. »Ist es das, was du mit den Mädchen machen willst? Ja? Antworte!« »Ja, gnädige Frau«, schluchzt er. Ich stoße härter und immer härter zu, bis *ich* schließlich nicht mehr kann. Mit dem festen Griff, den ich um seine Hüften habe, schleudere ich ihn weg, als hätte er für mich ausgedient. Nun, das hat er ja auch.

Nachdem er wieder etwas zu sich gekommen ist, frage ich ihn, noch immer im Spiel, ob er heute etwas gelernt habe. Worauf er nur antwortet: »Ja, gnädige Frau.« »Und was hast du heute gelernt?«, hake ich nach. »Über Mädchen.« »Was über Mädchen?« So leicht kommt er mir nicht davon. Ich will es hören. »Dass Mädchen auch Rechte haben und ich sie respektieren muss.« Na endlich!

Dein Arsch gehört mir

Die meisten Gefangenen-Szenarios haben mehr gemeinsam als die Szenarios in der Age-Play-Kagegorie, die, wie wir gerade gesehen haben, über schier endlose erotische Spielmöglichkeiten verfügt. Für ein Gefangenen-Szenario benötigt man unbedingt Seile in verschiedenen Längen und Stärken, eine Augenbinde und wenn möglich einen Knebel. Auch eine Haube wäre nicht schlecht, selbst wenn sie nur aus Elasthan ist, was wiederum den Vorteil hat, dass sie waschbar ist. Diese Gegenstände gehören auch zur Standard-Ausstattung für den Kidnapper. Da die Rollen der Wärterin, Vernehmungsbeamtin, Madame Inquisitioner, Heidnischen Priesterin, Amazonenkönigin und Geheimagentin leicht unterschiedliche Nuancen haben, mache ich hier ein paar Vorschläge. Die Wärterin braucht eine Uniform für sich selbst und eine »Gefangenenuniform« für ihn. Außerdem benötigt sie ein augenfälliges Symbol ihrer Autorität und sollte auch bereit, willens und in der Lage sein, es bei Bedarf einzusetzen. Geeignet sind Riemenpeitschen, einsträngige Peitschen, Rohrstöcke, Gerten oder ein beliebiges anderes Gerät, das entsprechend seinen Wünschen und Ängsten die beste optische Wirkung auf Ihren Sklaven ausübt.

Auch die Vernehmungsbeamtin könnte eine Uniform tragen, wenngleich ein dunkler Geschäftsanzug oder ein komplettes Lederoutfit ebenfalls ihre Wirkung nicht verfehlen. Ihre Requisiten könnte sie unter den Geräten zur Elektrostimulation wählen, zum Beispiel ein Violet Wand oder ein TENS-Gerät. Sie könnte sich auf Nippel-Folter oder Hoden-und-Schwanz-Folter spezialisieren. Als Spielzeuge kämen eine Auswahl an Klammern, ein Fallschirm für seine Genitalien, Doppel-Karabinerhaken, ein paar Gewichte zur Befestigung am Fallschirm und dergleichen infrage. Die Rolle der Madame Inquisitioner ähnelt zwar der einer Vernehmungsbeamtin, unterscheidet sich aber insofern, als hier religiöse Aspekte im Zusammenhang mit der spanischen Inquisition zum Tragen kommen, an deren Spitze ein Priester namens Torquemada stand. Für eine solche Rolle trage ich Stoffkleider in der langen, schwarzen Variante, vorzugsweise mit einem Schlitz, durch den er sich an meinen wohlgeformten Beinen aufgeilen kann. Verstärkt wird der optische Reiz noch durch ein Taillenmieder, eng anliegende Lederhandschuhe oder OP-Handschuhe und Stöckelschuhe. Meine Requisiten umfassen Metallgegenstände wie Klauen und Krallen, Wartenbergrad, Messer und dieselbe Nippel- und Hoden-und-Schwanz-Folter-Ausrüstung, die auch von der Vernehmungsbeamtin eingesetzt wird; dazu noch diverse Seile, Hand- und Fußfesseln, Hauben, Knebel, Kerzenwachs, Riemenpeitschen, einsträngige Peitschen und so weiter. Holen Sie alles hervor, was sich an Haushaltsgegenständen anbietet! Allerdings würde ich persönlich kein elektrisches Gerät verwenden. Die Madame Inquisitioner stammt aus einem früheren, noch nicht so fortschrittlichen Jahrhundert und hätte solches Spielzeug nicht zur Verfügung gehabt.

Ich habe mir immer vorgestellt, dass es einfach cool sein müsste, Geheimagentin zu sein. Aber dazu habe ich es leider noch nicht gebracht, mal abgesehen von meinen Rollenspielen in der Welt hinter dem Schleier. Aber das ist ganz okay: keine richtigen Kugeln, denen man ausweichen muss, keine Milzbrand-Viren, die man Terroristen wieder abjagen muss! Stattdessen eine Menge Spaß! Anziehen kann man so ziemlich alles. Ich selbst bevorzuge den Emma-Peel- und den Nikita-Look (als sie in ihrer schwarzen Phase war). Als Geheimagentin benutzen Sie zum Beispiel eine Wasserspritzpistole, Handschellen, einen Gummiknüppel, eine Spielzeug-Spritze, Elektroartikel, Rasierklingen (um seine Kleider damit aufzuschlitzen) und vieles mehr. Sie können ihn in seinem Auto entführen oder ihn von der Straße weg kidnappen und ins Auto zerren. Sie können ihn aber auch mit Ihrer Wasserpistole in der Manteltasche zum Bestimmungsort führen (aber bitte möglichst unauffällig. Sie wollen ja nicht verhaftet werden!)

Die Heidnische Priesterin und die Amazonenkönigin haben bestimmte Eigenschaften gemeinsam: Beide stammen aus alten, barbarischen Zeiten, die aber auch viel märchenhafter und geheimnisvoller waren. Ihre Heidnische Priesterin könnte sein wie die Herrin vom See aus Marion Zimmer Bradleys Roman *Die Nebel von Avalon*. Eine Menge Ritual kann in diesen Szenario-Typ mit eingebaut werden, und ich bin ein großer Fan von allem Kultischen. Kerzen, Weihrauch, eine CD mit heidnischen Trommelrhythmen oder Ähnlichem, ein langes, wallendes Gewand über einem eng anliegenden Kleidungsstück, ein Diadem oder Stirnband, Kurzzeit-Tätowierungen auf meinen Armen, Schlangenarmbänder … Ihrer erotischen Fantasie für die Darstellung Ihrer Majestät sind hier keine Grenzen gesetzt. Die Amazonenkönigin bekleidet sich wahrscheinlich mit einem »Tierhaut«-Outfit oder einer Imitation davon, mit Stiefeln, Armbändern und einer Waffe, vielleicht einem als Speer umfunktionierten Besenstiel oder einem fest stehenden Messer, das Sie in Ihren Hüftgürtel stecken. Als Königin sollten Sie natürlich auch einen Thron haben. Damit es realistisch wirkt, schmücken Sie den Sockel mit ein paar Plastik-Totenköpfen aus einem Halloween- oder Scherzartikelladen und breiten Sie auf dem Boden davor ein paar Bärenfellattrappen aus. Verwenden Sie für beide Rollen so wenig elektrisches Licht wie möglich. Atmosphäre schaffen Sie hier nur durch den massenweisen Einsatz von Kerzen. Das Wachs können Sie außerdem benutzen, um ihn zu foltern.

Die Priesterin der Göttin

Als ein Geschenk erlaubte ich ihm, mir eine Liste mit Rollen zu geben, die er gerne mit mir spielen würde. Aus dieser Liste wollte ich mir eine Rolle, die mir persönlich zusagte, aussuchen und mit ihm inszenieren, ohne ihm vorher zu verraten, welche. Manche waren mir echt zu fad, wie z. B. die Psychiater-Rolle, andere lagen mir einfach nicht. Aber da war sie, meine Heidnische Priesterin.

Er wurde von einer meiner Tempelwächterinnen persönlich zu mir gebracht. Dieser Gefangene war etwas Besonderes, weil er ein Priester des falschen männlichen Gottes war. Auf meinen Befehl hatte man ihn nicht zu grob behandelt. Trotzdem war er mehr verängstigt als irgendetwas anderes. Und wie alle von seiner Art starrte er vor Dreck. Ich hatte erfahren, dass diese Priester für das Heil ihrer Seele in ihrem vergangenen Leben unter großen körperlichen Entbehrungen dahinvegetierten, und so beschloss ich, diesen Umstand zu meinem Vorteil zu nutzen. Die Gottheit, die ich auf der Erde vertrat, hatte mit ihren Kindern einen liebevolleren Plan und ließ es nicht zu, dass sie in Erwartung eines ungewissen Endes ein Leben voll stiller Verzweiflung und körperlicher Entbehrungen fristeten. Irgendwie musste ich diesem Priester den Plan der Göttin vermitteln, und was noch wichtiger war, ich musste ihm begreiflich machen, dass alle Götter der eine Gott sind, bevor ich tat, was ich tun musste.

Wie ich wusste, fürchtete er sich vor mir und vor seiner Umgebung. Ich hatte befohlen, dass er in den Thronsaal gebracht werden sollte. Ich gab ihm einen Moment Zeit, um den Eindruck zu verarbeiten: Das Podest mit meinem Thron, zu dem drei Stufen hinaufführten, die auf dem Boden verstreuten Leoparden- und Gepardenfelle, der Duft des kostbaren Weihrauchs, der in kleinen Kesseln zischend verbrannte, die Öllampen und Kerzen, die nur die Mitte des Raums beleuchteten und die Ecken in beängstigender Dunkelheit ließen. Als er genug gestaunt hatte, trat ich so dicht vor ihn hin, dass er nur eines von zwei Dingen tun konnte: entweder mir die Füße küssen oder mich ansehen.

Überwältigt von meiner Ehrfurcht gebietenden Gegenwart mit allen Insignien der Göttin, küsste er mir die Füße.

Ich gebot ihm, sich hinzuknien, ließ mich wieder auf meinem Thron nieder und schaute auf ihn herab. Meine strahlende Haltung und mein prächtiges Gewand ließen keinen Zweifel darüber aufkommen, wer hier das Sagen hatte. Seine Körperhaltung und sein ganzes Auftreten verrieten mir, dass er es kapiert hatte. Ich war daher bereit, großmütig die Anstrengung auf mich zu nehmen, ihn ins Licht zu führen. Ich wies die Tempeljungfrauen an, ihn zu baden und zu rasieren, sein Haar zu schneiden und seine Nägel vom Schmutz freizuschrubben. Dann wurde er mir wieder vorgeführt – nackt. Inzwischen hatte ich über sein Schicksal entschieden. (Natürlich spielt die aufgeschobene Ungläubigkeit hier eine große Rolle, denn er starrt ja nicht wirklich vor Dreck und braucht auch keine Rasur. Und was ist mit den Wächterinnen und Vestalinnen? Wo kamen die denn her? Wo sind sie hingegangen? Na ja, jeder von Ihnen beiden denkt sich eben selbst aus, wie es in diesem Film weitergeht, sobald er den Raum verlassen hat, seine »verlausten Gewänder« ablegt und sich in der Regel etwas herausputzt, bevor er in Ihre Gegenwart zurückkriecht.)

Wieder vor meinem Thron kniend, erwartete er seinen Urteilsspruch. Für das Verbrechen, dessen er sich schuldig gemacht hatte, nämlich die Ermordung von der Göttin geweihten Frauen und Mädchen, gab es nur eine Strafe, und zwar die Todesstrafe. Allerdings gibt es immer mehrere Arten, ein solches Urteil zu vollstrecken. Es kommt ganz auf die Stimme der Göttin an, die die Priesterin in ihrem Innern hört, und auch auf die eigenen Gepflogenheiten der Priesterin. Ich kannte meine Pflichten als Priesterin der Göttin gegenüber und ich wusste, dass er zum Tod verurteilt war. Aber töten widerstrebte mir moralisch. So heckte ich einen Plan aus: Könnte ich ihn die Großherzigkeit der Göttin erkennen lassen und ihn dazu bringen, sich ihr freiwillig selbst zu opfern? Andernfalls könnte er sich gegen mich und meine Wärterinnen zur Wehr setzen und vielleicht für seinen falschen männlichen Gott zum Märtyrer werden, zu dem Preis, dass er einen langsamen, qualvollen Tod sterben würde.

Er entschied sich, mich anzuhören. Ich gebot ihm, aufzustehen, während ich die Stufen von meinem Thron hinabstieg. Als ich um ihn herumging, schilderte ich ihm, wie sein Urteil vollstreckt werden sollte. Er würde angekleidet und für unbestimmte Zeit als Vestalin hier im Tempel leben. Er müsste sich Lektionen über das Wesen der Göttin und des Einen Gottes unterziehen. Die Botschaft der Göttin? Dass Liebe Weisheit und Selbstlosigkeit ist. Und wenn es an der Zeit wäre, würde er durch ein letztes Opfer bekunden, dass er die Lehre der Göttin verstanden und angenommen hatte: Er würde freiwillig sein Leben zum Wohle aller hingeben.

Ich begann auf der Stelle mit seiner Ausbildung, indem ich ihn als Vestalin kleidete. Ich ging in eine der dunklen Ecken und kam mit einem Kleid über dem einen Arm und Schuhen, Schmuck und einem Pferdeschwanz in der anderen Hand wieder. Damit verkleidete ich ihn. Eine der regelmäßigen Pflichten der Vestalinnen bestand im persönlichen Dienst an der Priesterin. Als meiner Vestalin für diesen Tag befahl ich ihm daher, mir Tee zu servieren. Während ich auf meinem Thron saß und aus einer Tasse aus uraltem Chinaporzellan meinen Tee trank, schleckte er seinen aus einer Untertasse auf dem Boden. (Wir tranken also Tee und er servierte ihn. Dann stellten wir uns beide vor, dass einige Zeit vergangen wäre und er genügend Fortschritte gemacht hätte, um einen Blick in den Tempel werfen zu dürfen.)

Wenn ich als Priesterin den Tempel betrat, durften meine Füße nie die Erde oder den Fußboden berühren. Der Weg vor mir musste mit Rosenblättern bestreut werden. Rosenblätter hatte ich reichlich, sorgsam aufbewahrt in einem Lederbeutel. Er ging demütig vor mir her, in seinem schwarzen, ärmellosen Kleid und den schwarzen Mules, während der Pferdeschwanz bei jedem Schritt wippte. Er ging mit gerade so viel Stolz, wie er brauchte, um seine Sklavenwürde aufrechtzuerhalten, und streute die Rosenblätter auf den Boden, als hinge sein Leben davon ab. Gesegnet sei sein perverses kleines Herz! Alles, was ich oben beschrieben habe, dauerte in Echtzeit gerade mal fünfundvierzig Minuten. Und jetzt ging es richtig los. Wir befanden uns auf dem Weg zum Tempel, der in Wirklichkeit der Kerker im angrenzenden Raum war. Als er die Tür öffnete und eintrat, sah ich mit Befriedigung, dass sich seine Augen vor Verblüffung weiteten. Der schwarze Raum mit seinen schwarzen Vorhängen, den verspiegelten Wänden, dem Strafbock aus schwarzem Leder, dem langen, mittelalterlich wirkenden Bondagetisch, dem Unheil verkündenden, insektenhaften schwarzen Gerät in der Ecke (in Wirklichkeit eine Aufhängevorrichtung) und dem wuchtigen Kreuz hatte die gewünschte Wirkung nicht verfehlt. Noch immer auf Rosenblättern laufend, gab ich ihm einen kleinen Schubs und befahl ihm, weiter in den Raum einzutreten. Dann schloss ich die Tür hinter uns und verriegelte sie umständlich, damit er das Schließgeräusch auch mitbekam.

Genug jetzt mit dem metaphysischen Kram ... Kommen wir zur Sache! Kaum waren wir drinnen, da stellte ich mich hinter ihn und zwang ihn, sich im Spiegel anzuschauen. Dabei hielt ich ihn fest, indem ich seinen Hals mit der Ellenbeuge umschloss. Das brachte ihn in eine unbeholfene Stellung. Er stand in seinen hochhackigen Mules leicht nach hinten gebeugt und musste es trotzdem schaffen, sich im Spiegel anzuschauen. Ich fragte ihn dann, ob er jetzt endlich und ehrlich an die Göttin glaube, und als er bejahte, fragte ich ihn, ob er nun bereit sei, das letzte Opfer für sie zu bringen: Tod durch Folter und Kastration. Seine Antwort war ein heiser geflüstertes Ja. Zunächst legte ich ihm lederne Handfesseln an und befestigte sie an der Spreizstange, die bereits an der Aufhängevorrichtung baumelte. Ich musste sie nur ein wenig herunterlassen und dann hochziehen. Ich ließ ihn die Arbeit bewusst nicht selbst machen, weil ich ihm damit meine eigene körperliche »Kraft« demonstrieren wollte. Als ich seine Arme hochzog, vermittelte es ihm einen noch stärkeren Eindruck von meiner Macht.

Als er mit fast auf Schulterhöhe ausgestreckten Armen dahing, bot er mir Angriffspunkte in Hülle und Fülle. Ich brauchte bloß zuzulangen. Ich kniff ihn in die Nippel und verpasste ihm ein paar Schläge, aber ziemlich sanfte, weil ich ja wusste, was für ein »großes Opfer« er gleich bringen würde. Ich züchtigte seine Genitalien leicht mit der Riemenpeitsche und während ich um ihn herum ging, sagte ich ihm, dass ich die höhere Macht sei, der er geopfert werden sollte: die Göttin auf Erden. Es war an der Zeit, mit der Göttin zu tanzen. Ich schwebte zum CD-Player und legte andere Musik auf. Meine eigene »Besessenheit« versetzte mich in Schwingungen. Die Musik war furchterregend und ich stellte sie lauter. Als ich mich umdrehte, hielt ich in jeder Hand ein Messer. Er wusste nicht, dass ich ganz in der Nähe ein Buttermesser versteckt hatte, das ich im richtigen Moment gegen die echten eintauschen würde. Ich führte um ihn herum einen rituellen Tanz auf. Dabei fuchtelte ich mit den Messern und durchschnitt die Luft. Dann tanzte ich enger an ihn heran und klemmte seinen Nippel zwischen meinen Finger und die stumpfe Seite des Messers. Dann ließ ich es vorsichtig mit der stumpfen Seite nach unten von seiner Brust zu seinen Genitalien gleiten. Ich hielt die stumpfe Seite gegen seinen Schwanz und gab ihm leichte Schläge auf den Penis. Er wurde halb wahnsinnig und flehte mich an, ihn sofort zu töten und nicht dermaßen zu quälen und zu foltern.

Aber auf dem Spielplan stand leider etwas anderes: Zwangsfeminisierung und Unterwerfung unter die Göttin, gefolgt von Bedrohung und Folter mit Messern und am Ende freiwilliger Tod für die Göttin. Das Messerspiel wurde härter. Ich fuhr mit der Messerspitze an seinem Rücken herunter, wobei ich ihn nicht schnitt oder verletzte, sondern nur eine hübsche rote Linie hinterließ, die ihn an mich erinnern sollte. Ich hielt die Messer senkrecht zu seinen Beinen und ließ sie mit der Schneide zur Haut an der Rückseite der Beine nach unten und an der Vorderseite nach oben gleiten. Ich packte seinen Schwanz und klatschte die flache Seite der Klinge dagegen. Mit der Messerspitze stach ich ganz zart gegen seinen Sack. Ich zog das Messer an seiner Brust hoch bis zu seinen Nippeln und gab vor, sie als zusätzliche Opfergabe abschneiden zu wollen. Er bibberte vor Angst und Erregung und konnte nur noch unzusammenhängendes Gejammer von sich geben. Ich war ganz in meinem Element.

Dann tauschte ich das Messer aus.

Gott sei Dank bekam er davon nichts mit! Ich verfiel in einen Sprechgesang zu der Musik und bewegte mich wiegend auf ihn zu, als wäre ich völlig in der Macht der Göttin und hätte Wahnvorstellungen. Ich fasste seinen Schwanz mit meiner behandschuhten linken Hand, während ich meinen rechten Arm ausgestreckt über meinem Kopf hielt. Dann stieß ich das Buttermesser in einer ausladenden Bewegung nach unten (mit der Klinge nach oben kann selbst ein Buttermesser schneiden!) Er schrie laut auf, als das Buttermesser seinen Schwanz »abtrennte«. Er dankte mir und »starb«. Bevor er ging, las er alle Rosenblätter wieder auf.

Jede Top hat ihren Bottom

Zuletzt sprechen wir über die Rollen als Dom und Sub. In Kapitel 1, »Die Domina«, haben Sie über unterschiedliche Domina-Stile und in Kapitel 2 über die Eigenschaften eines guten Sub gelesen. Wenn Sie das Rollenspiel Domina/Sklave inszenieren, spielen Sie keine Rolle im eigentlichen Sinn, sondern verkörpern nur eines Ihrer natürlichen dominanten Ichs, ohne eine andere Figur nachzuahmen. Sie haben sich selbst mit Glamour bedeckt und ihn mit Ihrer Macht und Schönheit das Fürchten gelehrt. Sie haben seine Macht in sich aufgenommen, um sich in ein herrliches, überlegenes weibliches Wesen zu verwandeln: Sie sind schneller als ein Hochgeschwindigkeitszug, können mit einem Satz auf hohe Gebäude springen, mit den bloßen Händen Stahl biegen und auf Anhieb Gedanken lesen ... nun ja, in Wirklichkeit können Sie das alles natürlich nicht – aber in dieser Rolle müssen Sie ihn davon überzeugen, dass Sie es können.

Die wichtigsten Dinge, auf die Sie als Herrin, Grausame Frau, Diva, Triez-Domina und Fetischista achten müssen, sind Ihre Garderobe und der Glamour, mit dem Sie sich umgeben. In allen genannten Rollen können Sie Korsett, Latex-Outfit, Abendkleid, formelle Kleidung, mittelalterliche Tracht, falsche Pelze und reichlich Schmuck tragen. Als Starterset braucht diese Persönlichkeit nur ihre Hände, ihren kreativen Geist und einen Killerblick. Die Herrin und die Diva wirken majestätisch und erhaben und gehen selbstverständlich davon aus, dass ihre Befehle widerspruchslos befolgt werden. Sie formulieren ihre Befehle höflich, was aber nichts daran ändert, dass es Befehle sind. Die Diva erwartet Gehorsam, Charme und leichte Verrichtungen. Um einen aufsässigen Sklaven zu bestrafen, wird sich die Diva einfach aus seiner Gegenwart entfernen. Als Herrin können Sie Aspekte der Sadistischen Dame, der Grausamen Frau, der Diva und der Triez-Domina in Ihre Rolle mit aufnehmen. Wenn Sie über die geeignete Ausrüstung verfügen, bietet sich Ihr Kerker, Ihr Wohnzimmer oder Ihr Schlafzimmer als Spielort an. Die Fetischista ist die Rolle der weiblichen Fetischistin. Wie Sie in Kapitel 9, »Famose Fetische«, und Kapitel 10 »Fetische: Die unteren Extremitäten« gelesen haben, hat die Fetischista unendlich viele Auswahlmöglichkeiten.

Einige Dinge aus dem Starterset für diese Rollen bringen Sie selbst mit, zum Beispiel Ihr Haar, Ihre langen Fingernägel und Ihre wohlgeformten Beine und Füße. Je nachdem, mit welchem Sklaven Sie arbeiten, können Sie noch andere Dinge hinzufügen, wie Opernhandschuhe, Stöckelschuhe, Zigaretten, Zigarettenspitzen, Feuerzeug, Stiefel, Korsett, Uniform und das sichtbare Symbol Ihrer Autorität. Auch wenn man als Fetischista weniger daran interessiert ist, zu strafen, sollte man auch in dieser Rolle einen Gegenstand parat haben, mit dem man erzieherisch eingreifen kann, wenn er zu übermütig wird oder vom Anblick seines Fetischobjekts so hin und weg ist, dass seine Leistung Sie nicht mehr zufrieden stellt.

Die Herrin, der Lehrling und der Sklave

Um die Perversen zu schützen, habe ich im Folgenden alle Namen geändert. So wissen nur mein Lehrling und der Perverse selbst, dass ich über sie schreibe.

Als ich eintrat, kniete er auf dem Boden. Seine Hände hielt er verschränkt auf seinem Kopf. Bekleidet war er nur mit einem Netztanga. Er schlug unterwürfig die Augen nieder, als ich hereinkam. Ich würdigte ihn keines Blickes, und er meinte wohl, ich hätte ihn gar nicht gesehen, bis ich ihm dann unvermittelt einen kurzen Arschtritt verpasste. Der war so heftig und unerwartet, dass mein Sklave das Gleichgewicht verlor und vornüber fiel. Gespielt ungehalten, aber im Grunde belustigt, packte ich ihn an den Haaren und zog ihn unsanft auf die Füße. Ich holte aus und versetzte ihm rechts und links eine deftige Ohrfeige. Noch bevor er wieder zu sich kam, fasste ich ihm in den Tangabeutel und griff mir seine Eier, die ich so weit herumdrehte, bis er fast brüllte. Dann packte ich den Tangabeutel von hinten und zog ihn so weit in die Arschspalte hinauf, wie es nur ging. Er musste auf Zehenspitzen stehen, um es auszuhalten, und flehte um Gnade.

»Es ist Zeit für den Gesundheits-Check«, sagte ich, indem ich zum ersten Mal das Wort an ihn richtete. Ich untersuchte seinen

Mund, seine Ohren und fuhr mit den Händen an seinem Körper herunter. Bei den Nippeln hielt ich einen Moment inne und kniff ein paar Mal ordentlich hinein. Ich streifte den Tanga nach unten und musterte verächtlich sein mickriges Gehänge. Ich bewegte es in der Hand auf und ab und tat so, als würde ich es wiegen. Dann trat ich hinter ihn und fasste ihm zwischen die Oberschenkel. Ich bohrte meine langen, scharfen, rot lackierten Nägel erst in seinen Schwanz und dann in die Eier, bis er winselte. Wenn er meinte, durch sein Gewimmer irgendetwas erreichen zu können, hatte er sich getäuscht. Es törnte mich sogar noch weiter an, und ich boxte ihm so fest ich konnte auf die Hinterbacken. Als letzte ärztliche Untersuchungshandlung schaute ich ihm tief in die Augen und schlug ihm ziemlich hart in die Eier. So hart, dass er aufschrie und zu Boden ging. Wieder zerrte ich ihn an den Haaren hoch. »Erbärmlich«, murmelte ich vor mich hin, aber doch laut genug, dass er meine Beurteilung mitbekam. Ich packte ihn im Gesicht. »Du bist absolut unter meiner Würde«, zischte ich. »Ich werde dich einer Anfängerin überlassen.« Ich verließ kurz den Raum und kam mit meinem Lehrling, Nicole, zurück, einer hochgewachsenen Schönheit mit blonden Locken.

Nicole trat zu ihm hin und begann, ihre Finger über seinen Körper gleiten zu lassen und ihn sanft zu streicheln und zu liebkosen. »Tut mir leid für das, was gleich geschehen wird«, sagte sie, »aber auch ich muss der Herrin gefallen.« Es schien, als hätte ihn der Blitz getroffen, denn plötzlich lag er keuchend und würgend am Boden. Allmählich kapierte er, dass mein Lehrling ihn mit voller Wucht in die Eier geboxt hatte. »Das war ein erstklassiger Treffer«, lobte ich Nicole, »aber es ist besser, du hebst dir so was bis zum Schluss auf. Wenn du die Session auf einem so hohen Niveau beginnst, haben wir kein Steigerungspotenzial.« Zu ihm gewandt, sagte ich: »Aber jetzt haben wir ganz sicher deine Aufmerksamkeit geweckt, nicht wahr, mein Junge?« und gab ihm noch einen schnellen Tritt in den Hintern.

»Verstehst du«, sagte ich wieder zu Nicole, »diese Sklaven sind ganz scharf darauf zu masturbieren und sich einen runterzuholen. Wenn wir also wirklich wollen, dass sie leiden, müssen wir das verhindern.« Dann trat ich vor den Sklaven und befahl: »Du, mein

Junge, legst dich jetzt auf den Rücken über die Prügelbank. Es ist Zeit für die Desinfizierung.« Er war sichtlich verwirrt und verängstigt, aber er gehorchte meinem Befehl, wenn auch zögerlich. Dann drückte ich ihm einen leuchtendroten Ballknebel in den Mund, um ihn zum Schweigen zu bringen. Ich wollte ja nicht, dass die Nachbarn das Geschrei mitbekommen würden. Ich sah ihm fest in die Augen und meinte: »Was jetzt kommt, tut nicht nur weh; es wird absolut qualvoll sein.« »Halt ihn runter«, sagte ich zu Nicole, die sofort seine Handgelenke packte. Ich hielt seinen Schwanz in der einen Hand und ein Ohrenstäbchen in der anderen. »Du musst entschuldigen«, sagte ich mit einem kalten Lächeln, »nicht, weil ich dir Schmerzen zufüge – das hast du verdient –, aber weil mir das Desinfektionsmittel ausgegangen ist. Ich musste mich deshalb mit scharfer Soße behelfen.« Ich steckte das Ohrenstäbchen in seinen Pinkelschlitz und drehte es hin und her. Er sah aus, als ob er gleich abnippeln würde. Damit es nicht so weit kam, fing ich an, sanft seine Eier zu drücken, wovon ich wusste, dass es ihm gefiel.

»Das ist Schritt Nummer eins«, erklärte ich Nicole. »Jetzt kommt der letzte Schritt. Ich stecke ihm den Finger so weit in den After, bis ich seine Prostata massieren kann.« Ich wandte mich zu ihm und sagte: »Junge, steh auf, leg dich über die Bank und spreiz die Beine so weit, dass es dir fast den Arsch aufreißt. Ich massiere dir die Prostata, bis du kommst, aber du wirst dich nicht selbst berühren. Es soll dir schließlich kein Vergnügen bereiten. Nicole, halt ihm die Hände über dem Kopf!« Kurz bevor er zum Orgasmus kam, stieß ich ihm den Finger richtig fest in die Prostata. Sein Sperma tröpfelte heraus und entleerte ihn, aber er empfand dabei keine sexuelle Erleichterung oder Befriedigung. Ich finde diese Technik klasse, weil man damit einen Höhepunkt ohne Lustgefühl erzeugen kann. Ich stand Arm in Arm mit Nicole, die es genauso genoss wie ich, und meinte: »Ein anderes Mal befehlen wir ihm als Bonus, sich in eine Untertasse oder ein Gefäß zu entleeren und es dann zu trinken.« Klar fand ich es scharf, ihn zu erniedrigen, zu frustrieren und ihm Dinge zu verweigern. Aber ich wusste auch, dass er sich darauf freute, sich mir mit Körper und Seele hinzugeben. Denn ich bin seine Herrin, seine Grausame Frau und seine Diva.

15. KAPITEL

Sklaven der Sinne

Ah … die Sinne. Und all ihre hübschen, verzwickten Facetten. Die Vorfreude, der langsame Erregungsaufbau, das Gefühl und die Spannung, die mit ihr verbunden sind! Manchen Leuten fällt bei dem Wort Empfindung spontan nur Schmerz ein, aber so denkt bestimmt keiner von uns. Wir wissen inzwischen, dass Empfindung so viel mehr bedeutet als Schmerz, auch wenn wir darauf nicht viel eingegangen sind … noch nicht. Schmerz ist die anfängliche Facette von Empfindung; sie beinhaltet aber auch die weiche, zärtliche Berührung, die neckende Liebkosung, den Beinahe-Reiz und sämtliche Ihnen schon bekannte Techniken, wie man mit einer Feder, einem Kuscheltier, den eigenen Haaren und Nägeln Wohlgefühl erzeugen und Zärtlichkeit spenden kann. Und wie steht's mit Nippelfolter, CBT plus meinem Lieblingselement, dem Feuer? Der bloße Gedanke, das alte Kindheitstabu zu durchbrechen und mit dem Feuer zu spielen, jagt mir wohlige Schauer den Rücken hinunter. Mit Empfindungen zu experimentieren, gehört zu den spannendsten Erfahrungen, die man in der purpurnen Mitternachtswelt hinter dem Schleier machen kann. Wenn Sie vorher noch nicht so tief in dieses Spiel eingetaucht sind, lassen Sie sich vielleicht durch eine Erklärung der Aspekte von Empfindung, kombiniert mit den entsprechenden Techniken, zu weitergehenden Erkundungen beflügeln.

Zunächst will ich den Begriff Ekstase und ihre drei Stufen etwas näher beleuchten: Die erste Stufe ist Empfindung, die zweite Katharsis und die dritte Erkenntnis. Dann werden wir uns mit den verschiedenen Arten und Stufen von Schmerz befassen, weil dieser Aspekt an erster Stelle mit Empfindung assoziiert wird. Ich verrate Ihnen dann auch eine weitere Technik, bei der ein Element zum Einsatz kommt, das sich für mich als sehr unterhaltsam und wirkungsvoll erwiesen hat. Einige der Techniken, die ich zuvor erwähnt habe, bedürfen keiner Erklärung und keiner besonderen Werkzeuge. Andere wiederum kommen nicht ohne aus. So habe ich den Einsatz von Feuer als erotische Technik schon in Kapitel 8, »Grenzspiele«, erläutert, denn obwohl Feuer immer brennt, kann man auf vielfältige Arten mit Feuer spielen. Die »Feuer«-Technik, die ich später beschreiben will, ist amüsant und höchst effektiv, auch wenn das Feuer dabei in der Vorstellung des Sub heißer brennt als in Wirklichkeit. Um in Gefangenen- oder Domina/Sklave-Szenen die größtmögliche Wirkung zu erzielen, kann man Empfindung mit Bondage kombinieren, die sich als zusätzliches Leckerli auch in Rollen wie Fetischista, Diva, Sadistin, Tease-Domina und viele weitere dominante Charakterrollen einbauen lässt.

DIE DREI STADIEN DER EKSTASE

Alte Wunden plagen uns oft ein ganzes Leben lang. Was aber, wenn sich diese Wunden wie durch Zauberkraft heilen ließen, wenn wir sie bloß wieder aufreißen würden? Was, wenn wir in bestimmte Bereiche unseres Ichs nur vordringen können, indem wir durch diese schmerzhaften Öffnungen gehen? Ich will nicht behaupten, dass BDSM ein Zauberstab ist, mit dem man alle Probleme lösen kann. Genauso wenig lassen sich seelische Leiden, die psychologischer Behandlung bedürfen, in der Folterkammer therapieren. Trotzdem ist es möglich, eine persönliche Veränderung und ein geistiges Wachstum zu bewirken, wenn man solche Probleme in einer sicheren, geschützten Umgebung mit einem liebe- und verständnisvollen Partner angeht. Die dunkle, spirituelle Energie, die dem Sadomasochismus innewohnt, vermag bei Dom und Sub gleichermaßen eine Wandlung herbeizuführen, wenn sie richtig kanalisiert wird. Manchen offenbart sich dann vielleicht, dass ihre dunkle Seite ebenso liebens- und begehrenswert ist wie die Seite, die sie bei Tageslicht präsentieren. Andere fühlen sich in etwas bestätigt, das sie schon immer gewusst haben: dass nämlich ihre dunkle Seite Spaß macht und Liebe geben und annehmen kann. Die Gewissheit, dass auch das Schatten-Ich Liebe verdient und der Schatten ebenso geliebt werden kann, wie er in der Lage ist, Liebe zu geben, ist in beiden Fällen ein Beweis dafür, dass wir auf dem Weg zur Selbsterkundung und Selbstannahme schon ein großes Stück weitergekommen sind.

Nur wenige Erfahrungen lassen sich mit der sexuellen und emotionalen Intensität vergleichen, die bei der Begegnung mit BDSM hervorgerufen wird. Wie ich schon sagte, gibt es drei Bewusstseinsstadien oder drei Ekstasestufen, die man erreichen kann, wenn man BDSM-Rituale inszeniert. Diese Stadien sind *Empfindung, Katharsis* und schließlich *Erkenntnis*. Jedes Stadium bietet ein Forum für den positiven Verlust von Hemmungen. Die Ekstasestadien belohnen uns mit Erkenntnissen, Wissen und Kreativität, von denen wir bisher nichts ahnten, und verfeinern und definieren das eigene Ich. Wir öffnen uns der Empfindung, ob sie nun körperlich ist wie im Fall einer Züchtigung oder emotional wie bei dem Nervenkitzel, den wir verspüren, wenn wir unser geheimstes Ich offenbaren. Empfindung führt zur Katharsis, einer Läuterung oder Reinigung, die geistige Erneuerung oder Spannungsabbau bewirkt. Nach der Katharsis, die man in einer BDSM-Szene erfährt, fühlt man sich von alten belastenden Erlebnissen rein gewaschen und befreit. Man geht mit einem Gefühl des Wohlbefindens und neuer Kraft und Lebensfreude daraus hervor. Durch die BDSM-Katharsis erlangt man eine neue Reinheit und beglückende Erfüllung.

Da die Grenzen erweitert und neu gesteckt werden, schüttelt der Sub Angst-, Reue- und Schuldgefühle ab und vermag sich über persönliche Einschränkungen hinwegzusetzen. In diesem Ekstasezustand verliert er vielleicht vorübergehend das Gefühl für Raum und Zeit oder die Fähigkeit, Gedanken in Worte oder zusammenhängende Sätze zu fassen. (Als die Domina dürfen Sie den Boden unter den Füßen nicht im selben Maß verlieren wie er.) Die Katharsis führt zur Erkenntnis des Selbst. Er fühlt, dass seine endgültige Machtaufgabe eine große Belohnung für ihn bereithält. So erlangt er Gefühle von Ewigkeit, Einheit und Nähe zum Paradies, eine verstärkte Selbsterkenntnis und ein gesteigertes Selbstwertgefühl, das ihn inspiriert und für neue Aufgaben befähigt. Ganz zu schweigen davon, wie glücklich es ihn machen muss, seiner Herrin zu gefallen. Zu keiner Zeit ist die Verbindung zwischen Dom und Sub enger als während der spirituellen und kathartischen SM-Erfahrung.

Nachdem ich durch mein persönliches SM-Ritual in einen Zustand der Bewusstseinsveränderung eingetreten bin, ist es mir möglich, mich fast aller emotionaler Zustände, die mich belasten, zu entledigen. Jeder, sogar und/oder gerade die Domina, kann einen Gemütszustand erleben, in dem Gedanken an Dinge aus der Vergangenheit und an Dinge in der Zukunft geradezu auf ihn einstürmen. Wenn ich mich in diesem stürmischen Zustand befinde, habe ich festgestellt, dass ich ständig über das »Sein« nachdenke, statt die Leichtigkeit eines Menschen auszudrücken, der einfach *ist*. Wenn wir anfangen zu spielen und ich nicht in einem veränderten, annehmenden und erkundungswilligen Zustand bin (das heißt, ich fühle mich nicht besonders sexy oder erregt, bevor wir beginnen), stellt zuerst mein Geist eine Verbindung her und gibt die Information im richtigen Moment an mein Herz weiter. Wenn mein Herz dann bereit ist, macht es Meldung an meinen Körper. Das heißt, die Reihenfolge der Verknüpfung hat sich umgekehrt: Während einer übersinnlichen SM-Erfahrung springt zuerst mein Körper (Empfindung) an, dann schlägt mein Herz (Katharsis) schneller und erst dann kommt mein Kopf (Erkenntnis und Dekonstruktion des Ichs) ins Spiel.

In einem romantischen, einvernehmlichen SM-Setting wird es möglich, durch die Erkundung der eigenen Sexualität Probleme und Nöte aus dem früheren Leben zu erkennen und aufzuarbeiten – dazu braucht man nur Zeit, Geduld und Liebe und natürlich einen Partner, dessen sexuelles Verlangen dem Ihren entspricht.

Schmerz: Bringen wir die Sache ins Rollen

Schmerz ist eine Facette der Empfindung, und die Empfindung an sich ist weder gut noch schlecht. In der Welt hinter dem Schleier mit ihren außergewöhnlichen Sexualpraktiken entwickelt der Sub die Fähigkeit, den Schmerz zu erotisieren und ihn in eine gute Erfahrung umzuwandeln. Voraussetzung dafür ist natürlich, dass die Domina sich darauf versteht, ihm ein »gutes« Schmerzerlebnis zu bereiten. Wie fügt man nun guten Schmerz zu?

Das hängt von zwei Dingen ab: erstens von der Erfahrung im Umgang mit dem jeweiligen Gerät und zweitens von der momentanen gefühlsmäßigen Befindlichkeit des Sub. Schmerz ist eine sonderbare Sache. Manchmal tut er weh und manchmal nicht. Und zuweilen scheint es, dass er nicht weh genug tut! Wenn man Schmerz im richtigen Maß verabreicht und langsam steigert, wird er als gar nicht richtig schmerzhaft empfunden. Ein Grund, warum dieser Schmerz nicht als wirklich schmerzhaft empfunden wird (im Gegensatz zu den Prügeln, die man vielleicht als Kind bekommen hat), besteht darin, dass der Sub diesen Schmerz herbeisehnt. Er hat lange davon fantasiert, den Schmerz erotisiert und romantisiert, bis er sich schließlich ein Herz fasste und Ihnen seine Bedürfnisse ganz ausführlich mitteilte. Er ist emotional begierig und voll gespannter Erwartung. Ein weiterer Grund, warum dieser Schmerz nicht schmerzt, sind die freundlichen, kleinen Endorphine, die sein Gehirn ausschüttet, wenn er erregt ist. Sie versetzen ihn nämlich in die Lage, den Schmerz – vorausgesetzt, er wird richtig aufgebaut – in immer höheren, härteren und schnelleren Dosen zu ertragen. Dieselben kleinen Endorphine werden auch in Ihrem Gehirn freigesetzt, aber sie wirken in einem anderen Teil Ihrer Psyche. Ihm helfen sie dabei, Zugang zu seiner erotischen Innenwelt zu finden und sich ihr zu ergeben, eine unwahrscheinlich sexuelle Erfahrung. Mich und wahrscheinlich auch Sie versetzt das Endorphin in einen Machtrausch, der sehr aufregend und kribbelnd ist, aber doch völlig anders als sexuelle Erregung.

Zurück zum Schmerz. Auch beim Verabreichen von Schmerzen sind bestimmte Stufen zu beachten. Wenn er sich vor einer Prügelszene noch nicht so erregt fühlt und es nicht um eine strafende Züchtigung geht, dann ist vorab eine leichte Abreibung zum Aufwärmen angesagt. Diese Schläge fühlen sich dann eher an wie eine nette Massage, wenn sie mit der Riemenpeitsche verabreicht werden. Bei einer Ohrfeigensalve mit der Hand wirken sie wie ein angenehmer Wangenwärmer. Wenn er sich durch die Schläge oder sonstige Sinneseindrücke, wie zum Beispiel Brustwarzenbehandlung, erregt fühlt, können Sie eine Stufe höher gehen. Seine Körpersprache wird Ihnen zeigen, wann er für noch mehr bereit ist. Sie können den Schmerzlevel dann immer weiter steigern oder auch andere Aspekte der Schmerzempfindung miteinbeziehen.

Lustvoller Schmerz

Die erste Schmerzstufe könnte man als Aufwärmtraining für die eigentliche Züchtigung bezeichnen oder aber als sinnliche Massage, für die man verschiedene Instrumente benutzen kann. Keines dieser »Folterinstrumente« wird tatsächlich Schmerz zufügen. Manche hinterlassen schmerzmäßig denselben Eindruck wie eine nasse Nudel. Diese Schmerzstufe, die sinnliche Massage, ist völlig ausreichend für diejenigen, die nur den Eindruck haben wollen, dass sie ausgepeitscht, diszipliniert oder erniedrigt werden, ohne dass ihre zarte Babyhaut Schaden nimmt. Schwächlinge!

Dominas beginnen das Aufwärmtraining gewöhnlich damit, dass sie verschiedene Gegenstände über einen Körperbereich – sagen wir in diesem Fall seinen Hintern – ziehen, um ihn zu sensibilisieren. Beliebt sind weiche, plüschartige oder flauschige Stoffe, Federn, Ihre langen, hübsch lackierten Fingernägel, Ihre sanften Fingerkuppen, Ihr Haar (wenn es lang genug ist), ein Staubwedel und sonstige Dinge, die im Haushalt vorhanden sind. Vielleicht habe Sie auch an eine sanfte Riemenpeitsche aus Wildleder als Aufwärmspielzeug gedacht oder an eine Rosshaarpeitsche für eine milde Abreibung. Oft wird auch durch Piesacken und Tätscheln ein lustvoller Schmerz erzeugt. Wenn er dann mit Arsch und Psyche nach mehr lechzt, wissen Sie beide, dass Sie Ihren Job gut gemacht haben. Vielleicht bettelt er Sie an: »Bitte, Herrin, schlag nur ein wenig fester zu!« Wenn er zu dieser Kategorie gehört, ist es jetzt an der Zeit für die sanfte Riemenpeitsche, die Sie gekauft haben. Oder Sie verpassen ihm eine stärkere Abreibung mit der Hand oder ein OTK (übers Knie)-Spanking mit einer Haarbürste. Wenn er sich jetzt nicht in den Sklaven der Empfindung verwandelt, wie Sie es gehofft haben, endet der »Schmerz« hier, und Sie machen mit den anderen Aspekten und Praktiken weiter, die Sie geplant haben.

Schmerz der mittleren Stufe ist für diejenigen, die den Schmerz erkunden und herausfinden wollen, wie viel sie aushalten. Werfen Sie die Wildleder- und Rosshaarpeitschen beiseite und holen Sie Rindslederpeitschen, Hirschlederpeitschen und Holzpaddel hervor. Manchmal wird dieser Schmerz als Liebes/Hass-Schmerz bezeichnet, weil auf diesem Schmerzlevel eine Mischung aus Wollust und Schmerz zum Tragen kommt, die aber auch eine stufenweise Steigerung ermöglicht. Dieser Schmerz beginnt auf einem etwas höheren Niveau als der sinnliche Schmerz. Meist ist Ihr Sub nämlich schon so erregt, dass er die Aufwärmübung gar nicht mehr braucht. Sinnliche Dominas, die etwas einfallsreicher sind, mischen unter die gleichmäßigen Schläge hin und wieder einen etwas härteren, der eine Aua-tut-das-gut-Reaktion hervorruft. Diese Art von Schmerz oder Züchtigung kann aber auch ganz schön heikel sein; dann nämlich, wenn er nicht ganz aufgewärmt ist und sich noch nicht sexuell angetörnt fühlt. In diesem Fall ist er nicht bereit für so viel Schmerz und die Szene rutscht in den Keller.

Die letzte Stufe von nicht strafendem Schmerz nenne ich *Trance-Schmerz*. Für einen Masochisten entspricht sie dem höchsten Grad sexueller Erregung, den man durch Schmerz erreichen kann. Die bevorzugten Instrumente für Trance-Schmerz sind die härteren Spielzeuge, wie Rohrstock, Pferdepeitsche (Quirt), Tawse, einschwänzige Peitsche, Bullenpeitsche, Kutscherpeitsche und so weiter. Bei Subs, die keinen Wert darauf legen, die oben genannten Spielzeuge auszuprobieren, lässt sich der Schmerz auch steigern, indem man mit zwei Riemenpeitschen gleichzeitig zuschlägt oder in jede Hand eine Peitsche nimmt und sie abwechselnd einsetzt. Hier empfiehlt es sich, bei einer der beiden Peitschen ein schmerzhafteres Modell zu wählen. Alternativ zur Peitsche kann man hier aber auch ein fieses kleines Paddel einsetzen. Als Beimischung zur Züchtigung bieten sich an: Nippelfolter, Hoden-und-Schwanz-Folter, mündliche Androhungen zukünftiger Qualen und so weiter. In diesem Stadium kommt jeder Schlag und jeder neue Sinneseindruck einem ganzen neuen Universum gleich, das sich in ihm auftut und darauf wartet, von ihm erforscht zu werden. Der Schmerz verschafft ihm Eintritt in die Abwärtsspirale, die ihn in die Tiefen seiner Unterwerfung oder seines Masochismus zieht und ihn zu neuen Erkenntnissen über sein Ich führt. Es kostet Mühe, ihn auf die Knie zu zwingen und vor Ihren Füßen kriechen zu lassen, weil er ein neues Stadium seines Ichs entdeckt hat, das ihn erhöht hat.

Schließlich gibt es Varianten von lustvollem Schmerz, die nichts mit seiner Lust zu tun haben, sondern ausschließlich etwas mit meiner. Es ist der »Weil ich die Domina bin und Lust habe, dir eine reinzuhauen«-Schmerz, den ich verabreiche, weil ich mich langweile oder weil mir danach ist, ein neues Spielzeug oder eine neue Technik auszuprobieren, aufgestauten Ärger rauszulassen oder seine Schmerzgrenze zu erhöhen. Als Ihr Sklave empfindet er es vielleicht als Vergnügen, seiner Domina zu dienen und zu gehorchen, obwohl der Schmerz, den er unter diesen Umständen erfährt, nicht sonderlich lustvoll ist. Natürlich ist er trotzdem einverstanden. Um sich aber selbst von den Schuldgefühlen wegen seiner Unterwerfung zu befreien, redet er sich ein, dass er dazu gezwungen wurde. Gezwungen durch die wunderschöne, grausame Göttin, die eine solche Macht über sein Leben ausübt, dass er ihr völlig willfährig ist und die Erniedrigung erdulden muss, nur zu ihrem Vergnügen schuldlos geschlagen zu werden. Wie klein und unbedeutend er sich fühlt, und dennoch ist er stolz auf seine Unterwerfung.

Im Schmerz kann man köstliches Vergnügen und brennende Leidenschaft finden. Sein Schmerz dient ihm manchmal als Entschuldigung, Gefühle herauszulassen, die zu stark oder zu peinlich sind, um ihnen in einem anderen Rahmen freien Lauf zu lassen. Seine Befreiung ergibt sich zum Teil aus der Entäußerung dieser aufgestauten Gefühle. Wenn er bei jedem Schlag schreit oder brüllt, macht das vielleicht Lärm und lässt die Nachbarn aufmerksam werden; es ist für ihn aber ein ausgezeichnetes Mittel, Luft abzulassen. Außerdem erkenne ich an dem Geschrei, dass er noch regelmäßig atmet. Wenn Nachbarn und Lärm ein Problem darstellen, kann man ihm immer noch einen Knebel verpassen.

Strafender Schmerz

Ich gebe zu, dass ich total darauf stehe, strafenden Schmerz zu verabreichen, besonders wenn es wegen etwas ist, das in seinen dicken Schädel einfach nicht hineingehen will, und keine andere Maßnahme, ihn von seinem Fehlverhalten zu überzeugen, bislang gefruchtet hat. Diese Art Schmerz hat mit Lust nichts zu tun; in diesem Schmerz drückt sich Ihre vollkommene Unzufriedenheit mit ihm und seinem Dienst aus. Es gibt kein Aufwärmen, kein Berühren oder Necken; da ist nichts als Ihr Unmut, Ihr Lieblings-Strafinstrument und der reißende Schmerz, den Sie ihm zufügen.

Folter mit Naturgewalten: Feuerprobe

Was ich im Folgenden beschreibe, unterscheidet sich stark von dem Feuer- und Violet-Wand-Spiel im Kapitel »Grenzspiele«. Es ist sanfter, was aber nicht heißt, dass es weniger furchterregend ist. Sie brauchen dazu eine Sache, die Sie nicht haben, und eine, die Sie haben (aber vielleicht nicht einsetzen wollen). Außerdem müssen Sie ihn an etwas Aufrechtem festbinden. Wenn er Ihren Keller oder Ihren Dachboden noch nicht zu einem Kerker umgebaut hat, haben Sie vermutlich kein Andreaskreuz oder Kruzifix. Und wie sieht's mit Ösenhaken an der Decke in einem diskreten Winkel oder über dem Bett aus? Vielleicht haben Sie ein Himmelbett mit vier Pfosten, an dessen Fußende er aufrecht gefesselt werden kann? Oder so ein metallenes Dekoteil aus der Eisenwarenhandlung, das über dem Türrahmen angebracht ist? Worauf warten Sie dann noch? Auf die BDSM-Fee? Ich rate Ihnen dringend davon ab, das folgende Spiel auf einem Bett, Sofa oder einem anderen brennbaren Bereich durchzuführen. Das, was man unbedingt dazu braucht, ist schon etwas gefährlich, aber mit Streichhölzern auf einem Bett zu spielen, macht mich ziemlich nervös. Da gehen bei mir sämtliche Alarmglocken an. Das, »was man unbedingt braucht«, sind »Wunderkerzen«. Ich hoffe, dass Sie dort, wo Sie wohnen, welche kaufen können. Ich lebe in New York City und ich habe schon Schwierigkeiten, welche aufzutreiben. Wo bin ich also auf diese Technik gestoßen? Zu Hause bei Herrin Elizabeth in Florida, wo Feuerwerksartikel legal sind. Wunderkerzen kann man dort überall finden. Sie werden in roten, weißen und blauen Schachteln zu je einem Dutzend verkauft.

Was ist eine Wunderkerze? Das ist ein dünner Metallstab, der mit irgendwas ummantelt ist, das beim Anzünden helle Funken versprüht. Als ich klein war, spielten alle Kinder am Unabhängigkeitstag damit. Aber vielleicht gehörte er ja nicht zu diesen Kindern oder er vergisst in der augenblicklichen Erregung, dass die Dinger in Wirklichkeit ziemlich harmlos sind. Ich weiß nicht, woraus das funktionale Ende einer Wunderkerze besteht, aber es muss in irgendeiner Form Schwefel enthalten, weil es riecht, wie wenn man ein Streichholz anzündet. Er wird das auch bemerken und es als Zeichen für Feuer werten. Während das Feuer an dem Stab herunterbrennt, machte es ein Unheil verkündendes, zischendes Geräusch, ähnlich der brennenden Zündschnur an einer Stange Dynamit – ein Geräusch, das Kinogängern wohl bekannt ist. Wenn Sie ihm schon die Augen verbunden haben, wird er bei dem Geruch und dem Geräusch vor Angst zittern.

Wenn er keine Augenbinde hat und alles mit ansehen muss, wird es noch schlimmer für ihn. Seine Augen werden ihm vorgaukeln, dass er etwas sehr Reales und sehr Gefährliches sieht: die glühende Asche des verbrannten Metalls an der Spitze des Stabs, der wie ein Brandeisen aussieht, und die heißen Funken, die im Kreis um den Stab herum absprühen. Ich habe ja gesagt, dass auch zu meiner Zeit nicht alle Kinder Wunderkerzen zum Spielen bekamen. Diese Stäbe sind zwar an sich harmlos. Das kann sich aber schnell ändern, wenn Sie zum Beispiel versuchen, sie mit der Hand auszudrücken. Oder wenn Sie stolpern und auf den armen Sub fallen, während Sie gerade eine Wunderkerze halten. Die Reihe der dummen Missgeschicke, die passieren können, lässt sich beliebig fortsetzen. Nun gut, der Funkensprüher hat also gerade mit seinem eindrucksvollen, wenn auch harmlosen Auftritt begonnen. Wenn seine Augen nicht verbunden sind, wird er total überreagieren, wenn der erste verirrte Funke zufällig auf einem seiner widerspenstigen Brusthaare landet und dabei den typischen Geruch nach verbrannten Haaren absondert. Aber es wird vorüber sein, bevor es richtig angefangen hat, vorüber bevor er überhaupt gecheckt hat, dass ihm kein Leid geschehen ist bis auf das eine versengte Haar.

Als großes Finale (wenn er bisher eine Augenbinde getragen hat, wollen Sie ihn jetzt vielleicht davon befreien) kündigen Sie ihm in leisem, bedrohlichem Ton an: »Und jetzt werde ich dich damit brandmarken« und drücken dabei den Stab auf seine Haut. Garantiert springt er einen Kilometer weit, sobald der Stab seine nackte Brust berührt. Er kreischt vor Entsetzen, nur um gleich darauf festzustellen, dass der Stab eiskalt ist!

Sieh an, sieh an! Was für süße, kleine Nippel du doch hast

Sie sind so verdammt süß, dass ich sie einfach nur foltern, foltern und noch mehr foltern will. Und wer kann es mir vorwerfen, dass ich den großen, bösen Wolf spiele? Da sind sie vor mir, so klein, so schüchtern, so verdammt empfindlich ... Sie fordern es ja geradezu heraus! Sie haben in diesem und in anderen Büchern schon ein wenig über Klammern gelesen, aber vielleicht sind Sie noch nicht dazu gekommen, auch wirklich damit zu spielen. Damit Sie Lust auf mehr bekommen, schauen Sie sich doch mal Abbildung 38 an. Dort sehen Sie die hübschen japanischen Klammern, die ich zu meinen Lieblingsklammern zähle. Abbildung 39 zeigt die milderen Pinzettenklammern und Abbildung 40 die beliebte Nippelschere, die ich für das Spiel sicherer gemacht habe, indem ich sie mit einer Kneifzange unter den Gummiteilen gelockert habe, um das Metall nach außen zu ziehen. So bleibt der Reiz des Spielzeugs zwar erhalten, das heißt, er kann immer noch das gemein-köstliche »Klick-Klack« hören, wenn Sie sie fest spannen, aber das Risiko, dass Nerven dabei beschädigt

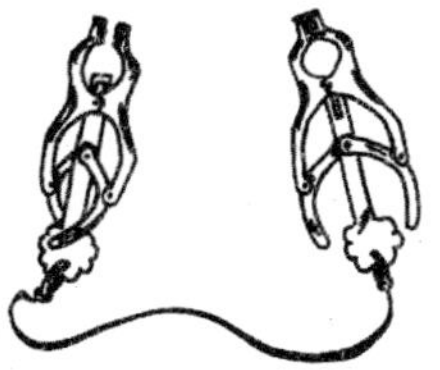

Abb. 38

Abb. 39

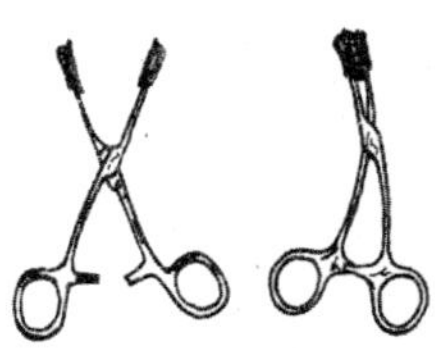

Abb. 40

werden, ist jetzt stark vermindert. Jetzt können Sie es sicher kaum abwarten, sich eines dieser Spielzeuge selbst zu beschaffen. Machen wir in der Zwischenzeit mit noch interessanteren Dingen weiter.

Mein persönliches Lieblingsspiel in diesem Bereich ist das spielerische Durchstechen seiner Nippel mit sehr spitzen, sterilen chirurgischen Nadeln, die ich im Sanitätshaus kaufe. Die Nadeln sind in verschiedenen Dicken und Längen erhältlich, manche sind gebogen, und sie sind so billig, dass ich mir nicht mal die Mühe mache, sie zu sterilisieren. Wenn ich fertig bin, werfe ich sie einfach weg. Für das Piercingspiel ziehe ich zuerst vorsichtig die Brustwarze heraus und befühle sie. Ich taste nach dem Nerv, den ich (und auch Sie) um keinen Preis treffen will. Den Nerv zu finden, ist nicht schwer; wenn Sie in den Nippel kneifen, können Sie den Nerv darin schon spüren und ihn ebenso leicht vermeiden. (Das ist ein Spiel für Fortgeschrittene, aber es ist keine Raketenwissenschaft. Falls Sie oder Ihr Partner aber Angst vor ein wenig Blut haben, ist es nichts für Sie. Allerdings müssen Sie auch nicht mit mehr als ein paar Tropfen rechnen, wenn Sie alles richtig machen.) Ziehen Sie Latexhandschuhe an und streifen Sie sich einen Fingerhut über den Zeigefinger, damit Sie sich nicht selbst pieksen, und dann kann's losgehen. Stechen Sie die Nadel entschlossen durch die Haut der Warze und vermeiden Sie dabei den zuvor erwähnten Nerv. Beobachten Sie sein Gesicht; die Mimik ist sicher verblüffend. Dann stoßen Sie eine weitere Nadel durch. Die Nadel sollte ganz durch die Haut gehen – auf der einen Seite hinein und auf der anderen hinaus. Man sollte die Nadel niemals mit der losen Spitze innen stecken lassen, sodass sie durch unkontrollierte Bewegungen Schaden anrichten könnte. Wenn ich das Nadelspiel spiele, mache ich aus den Nadeln Windrädchen. Das sieht so hübsch aus und jagt ihm einen Heidenschrecken ein.

Der Umschnall-Dildo

Genau das fürchtet er am meisten: anale Penetration oder die sehr realistische Bedrohung damit. Viele Männer haben Fantasien, die um dieses Thema kreisen, aber die meisten schämen sich, zuzugeben, dass es sie antörnt. Manchen reicht es schon, dass man sie damit bedroht, in sie einzudringen, und genießen es hauptsächlich, die Domina mit einem Umschnall-Dildo zu sehen. Andere wünschen sich Oralsex mit dem Penis der Dom. In jedem Szenario dieser Art entspricht die Fantasie einem kulturellen Drehbuch. In unserer Gesellschaft wurde ihm nämlich von Geburt an eingetrichtert, dass homosexuelle Gedanken etwas Schlechtes seien. Wenn wir im antiken Griechenland lebten, wäre seine »verwerfliche« Fantasie etwas ganz Alltägliches gewesen. Dort war es nämlich kulturell verankert, dass ein älterer Mann einen jüngeren Mann unter seine Fittiche nahm.

Aber wir leben nicht im antiken Griechenland, und so haben wir die kulturelle Tabu-Fantasie von dem Mann, der anal vergewaltigt wird, in unsere Welt mit einbezogen und sie zu einem weiteren Kontrollinstrument für die Domina gemacht. Und was für ein wirkungsvolles Instrument es doch ist! Sie brauchen den Raum nur mit einem Umschnall-Dildo zu betreten, und die Stimmung schlägt augenblicklich um. Das Männchen ist völlig eingeschüchtert, wenn es Sie mit diesem Fetisch-Glied sieht, das Ihnen zwischen den Beinen baumelt und natürlich viel größer ist als sein eigenes. Selbst wenn Sie es nicht benutzen, um ihn zu penetrieren, steigert allein die sichtbare Bedrohung, die von ihm ausgeht, Ihre Macht über ihn – der Anblick, wie es von Ihrer Vulva absteht, wie es auf und ab hüpft, wenn Sie sich bewegen, und wie es ihm direkt ins Gesicht hängt, wenn Sie stehen und er vor Ihnen kniet.

Blas mir einen …

Wie man einen Dildo als Erniedrigungs- und/oder Disziplinierungswerkzeug benutzt, haben Sie bereits gelernt. Jetzt möchte ich etwas näher auf den Dildo als Instrument der Empfindung, insbesondere der Penetration, eingehen. Wie viele Leute nicht wissen, ist Oralsex in dem Oberbegriff Sodomie mit eingeschlossen. »Sodomie« als sexuelle Praktik konzentriert sich auf die zwittrigen Aspekte von Sex. Das heißt, der Sodomit benutzt am liebsten nur die Öffnungen, die beide Partner gemeinsam haben, nämlich den Mund und den After. Wenn er also »anal« will, muss er sich erst oral an mir versuchen. Ich liebe es, wenn er meinen Schwanz lutscht, und ich liebe es, seinen inneren Kampf zu beobachten, wie er es einerseits genießt und wie er sich andererseits gedemütigt fühlt, dass er dazu gezwungen wurde. Meistens trägt der Genuss den Sieg über die Demütigung davon, und er gehorcht, wenn ich ihn dazu auffordere, fester zu saugen und den Schwanz weiter in den Mund zu nehmen. Oralsex ist die Penetrationsform, die am wenigsten invasiv ist, und eignet sich wunderbar, um ihn auf größere und bessere Dinge einzustimmen, die sich in viel interessanteren, kleineren und engeren Öffnungen abspielen. Beim Oraldienst wird er anfangs recht zögerlich sein und nur die Spitze in den Mund nehmen. Lassen Sie ihn gewähren, bis Sie merken, dass er selbst ganz versessen darauf geworden ist – was hoffentlich der Fall ist. Wenn Sie sehen, dass er gieriger saugt, drängen Sie ihn, mehr davon in den Mund zu nehmen.

Wenn er versucht, mehr zu schlucken, fängt er vielleicht an zu krampfen. Bringen Sie ihn dazu, seine Halsmuskeln zu entspannen, und streicheln Sie ihn sanft am Hals. Das wirkt unterstützend. Reden Sie ihm gut zu und versprechen Sie ihm für die Zukunft neue Entdeckungen, ohne ihm zu verraten, was genau Sie mit ihm vorhaben. Während sein Kopf sich weiter an Ihrem Penis hinunter bewegt, messen Sie mit dem Finger seine »Schluckfortschritte«. Wenn Sie ihn mit den Händen am Kopf fassen und Ihre Hüften im Rhythmus mit seinem Kopf bewegen, wird ihn das weiter anfeuern, ebenso wie Zeichen der Zuneigung oder die Demonstration Ihrer Stärke. Mit den Händen an seinem Kopf kann ich ihm auch gelegentlich einen Stoß versetzen, der ihm meinen Penis weiter in den Hals treibt. Ich lasse ihn dabei gern ein bisschen würgen. (Na ja, vielleicht nicht immer *nur* ein bisschen.) Das Knebeln mit dem Penis hat den weiteren Vorteil, dass ihm dabei die Nase läuft und das ganze Make-up, das Sie ihm vielleicht im Rahmen einer Zwangsfeminisierung oder einer Cross-Dressing-Szene oder einfach zur Erniedrigung aufgetragen haben, verschmiert. Am Kondom herab rinnender Speichel, schlürfende Geräusche, Stöhnen und Seufzen sind ebenfalls gute Zeichen.

Buttplugs

Welch hübsche Spielzeuge! Der abgerundete, konische Schaft, die Basis und der süße, kleine Holm ... Und was sind sie doch furchterregend! Das hörbare Einatmen, wenn er »es« erblickt, Ihr sadistisch-vergnügtes Lächeln, wenn Sie sehen, wie er reagiert: Was werden Sie wohl heute Abend mit ihm anstellen? Das ist der Stoff, aus dem Träume sind. Jedes Mal, wenn er Sie danach ansieht, wird er sich daran erinnern, dass Sie ihm »das« angetan haben, und es wird Ihre Kontrolle über ihn weiter steigern.

Es gibt zwei Arten, wie man ihm den Buttplug einführen kann: Sie können ihn selbst hineinschieben oder Sie können dafür sorgen, dass er ihn sich selbst hineinschiebt, indem Sie ihn mit ein paar ganz und gar nicht erotischen Stößen dabei unterstützen. Das Schöne dabei ist, dass Sie ihm einen Wunsch gewähren, seine Gebete erhören, die Große Göttin für ihn sind. Aber Wünsche erfüllen sich manchmal auf sonderbare Weise. Sie halten sich nicht immer an »seine« Pläne. Gewähren Sie ihm also seinen Wunsch. Wie Sie es anstellen, ihn zu penetrieren, wissen Sie schon. Aber vielleicht würden Sie ihm jetzt gerne befehlen, sich selbst zu penetrieren. Mir gefällt diese Methode, aber wandeln Sie meine Version ruhig ab oder erfinden Sie Ihre eigene. Stellen Sie den Buttplug mit der Basis fest vor ihm auf den Boden (manche haben am Ende sogar eine Art Saugnapf, damit man sie besser fixieren kann). Dann weisen Sie ihn an, Handschuhe anzuziehen, seine behandschuhten Finger mit Gleitmittel einzuschmieren und sich mit dem Rücken zu Ihnen auf die linke Seite zu legen. Er sollte sein Penetrations- und Folterinstrument die ganze Zeit über im Blick haben. Befehlen Sie ihm jetzt, sich einen Finger in den After zu stecken, während er auf den Buttplug schaut. Sollte er dabei zögern, springen Sie wie eine Furie von Ihrem Sessel auf, stoßen Sie verbale Drohungen gegen ihn aus oder treten Sie ihm ein paar Mal in den Arsch. Wiederholen Sie den Befehl. Flüstern Sie ihm dann sanft ins Ohr, dass Sie ihm seinen Wunsch gewähren, und gebieten Sie ihm, zwei Finger einzuführen.

Sobald er zwei Finger drinnen hat, fordern Sie ihn auf, mit seinem Loch zu spielen. Weisen Sie ihn an, es für den Buttplug zu weiten. Nachdem er das unter Ihrem wachsamen Auge ein paar Minuten lang vollführt hat, lassen Sie ihn aufhören. Geben Sie ihm jetzt Anweisung, den Buttplug einzuschmieren, der immer noch fest auf dem Boden steht. Wie köstlich unheimlich es sich doch anfühlte, sich selbst die Finger in den Hintern zu stecken, während er den Gegenstand anstarrte, der, einmal eingeführt, so erstaunliche Empfindungen in ihm hervorruft. Wie erniedrigend muss es für ihn sein, selbst die Vorbereitungen zu treffen, die ihm helfen, damit fertig zu werden. Befehlen Sie ihn dann auf die Knie und gebieten Sie ihm, sich langsam auf den Buttplug zu setzen und ihn immer weitern hineinzuarbeiten. Erinnern Sie ihn noch einmal daran, dass Wünsche sich oft auf seltsame Weise erfüllen. Und wie devot fühlt er sich, wenn ihm sein Zustand mit Herz, Seele und Körper bewusst wird und er sich Ihnen aus freien Stücken unterwirft.

Analkugeln mit Fernbedienung

Was für goldige, kleine Dinger sind sie doch! Wie man sie benutzt, ist schnell erklärt, aber die Wirkung ist enorm! Die kabellosen Kugeln, die rund oder oval und in verschiedenen Größen, klein, mittel und groß, erhältlich sind, werden natürlich in seinen After eingeführt. Mit dem kleinen, süßen Regler in der Hand können Sie ihn dann nach Belieben zappeln lassen. Ich bin kein Techniker und habe deshalb wenig Einblick in die genaue Funktionsweise, aber offen gestanden, sind mir solche Dinge auch egal. Solange der Regler und die Kugeln die gewünschte Wirkung erzielen, bin ich ein glücklicher Sadist. Ich halte Analkugeln mit Fernbedienung für ein sehr effektives Mittel, um seine Aufmerksamkeit auf mich zu fixieren oder um ihn für Fehlverhalten zu disziplinieren. Manchmal schalte ich den Regler auch aus reiner Willkür und ohne ersichtlichen Grund hoch, nur weil es mir Spaß macht, ihn springen zu sehen.

Das Wartenbergrad

Ein Spielzeug, das man für den Sklaven der Empfindung einfach haben muss! Dieses 18 bis 20 cm lange Spielzeug aus rostfreiem Stahl wirkt zugleich harmlos und bedrohlich. An seinem Ende sitzt ein Rädchen mit acht spitzen Nadeln, womit man ihn besonders gut piesacken und quälen kann. Abbildung 41 zeigt das Rad. Es ist ein handliches Spielzeug, massiv, vielseitig verwendbar und leicht zu transportieren. Er wird zittern und beben, wenn Sie es an seinem Körper abrollen, vom Hals bis zu den Zehen, vorne und hinten, hoch und runter an den Seiten, unter den Armen und auf der Innenseite der Beine, um die Reizempfindlichkeit zu testen. Es kitzelt und schmerzt gleichzeitig und bringt verträumte Kandidaten schnell auf den Boden der Tatsachen zurück. Das Rad ist auch für die Penisbehandlung sehr gut zu gebrauchen. Man setzt am äußeren Schaft an, rollt bis zur empfindlichen Eichel vor, über den Pinkelschlitz und am inneren Schaft wieder zurück. Es lässt sich an Brustwarzen, Genitalien und an allen anderen empfindlichen Stellen, die Sie beim Abrollen am Körper entdeckt haben, als Neck- und Folterinstrument einsetzen.

Wenn man nur leichten Druck ausübt, kann es sehr lustvoll und stimulierend wirken. Wenn Sie energischer vorgehen, ist die Wirkung intensiver und es können blutige Einstiche auf seiner Haut zurückbleiben. (Wenn das passiert, holen Sie den Verbandskasten für ihn und achten Sie darauf, dass Sie das Rad hinterher gründlich sterilisieren.) Toll ist es auch, das Rad abwechselnd mit dem Violet Wand einzusetzen. Aber Vorsicht! Stecken Sie das Rad nie in das Stabgehäuse, es sei denn, Sie wollen sich selbst oder ihn durch Stromschlag in die ewigen Jagdgründe befördern. Sorgen Sie dafür, dass er öfter andere Haltun-

Abb. 41

gen einnimmt, wenn Sie ihn mit dem Rad traktieren. Unterschiedliche Stellungen rufen unterschiedliche Empfindungen hervor. Seine Reaktion auf das Rad wird sich immer danach richten, ob er entspannt ist oder ob seine Glieder ausgestreckt und straff angespannt sind. Machen Sie den Versuch, wenn er entspannt daliegt, und beobachten Sie seine Reaktion. Dann lassen Sie ihn aufstehen und befehlen Sie ihm, sich über ein Möbelstück zu legen. Rollen Sie das Rad über die Rückseite seiner Schenkel und über seine Pobacken. Sie werden feststellen, dass er es intensiver spürt, wenn er vornüber gebeugt ist, als wenn er bequem daliegt.

Wenn Sie gerne Krankenschwester oder Doktor spielen, wirkt es natürlich sehr beeindruckend, wenn Sie ein Wartenbergrad zur Hand haben. Es schärft ihm ein, wer hier das Sagen hat und dass er Ihnen auf Gedeih und Verderb ausgeliefert ist. Außerdem macht es sich gut zwischen Ihren anderen medizinischen Spielgeräten.

16. KAPITEL

Gut abgerichtete ***Sklaven***

Es gibt mehr Arten, einen Sklaven abzurichten als einen Liebhaber zu verlassen! Einige sprechen gut auf den Samthandschuh an, andere brauchen die eiserne Hand unter dem Samthandschuh, und bei manchen muss man den Handschuh ganz weglassen und gleich die eiserne Faust benutzen. Die Versuchs-und-Irrtums-Methode hat Ihnen gezeigt, welche Arbeiten oder Fähigkeiten ihm im Blut liegen und welche man ihm antrainieren muss. Sie haben die Zuckerbrot-und-Peitsche-Methode angewandt, um ihn zu noch besseren Leistungen in den Bereichen anzuspornen, wo er ein natürliches Geschick zeigte, und um ihm die Fähigkeiten anzutrainieren, an denen es ihm mangelte. Der große Sun Tsu, ein alter chinesischer Krieger und Philosoph, der vor etwa 2500 Jahren lebte, schreibt in seinem Buch *Die Kunst des Krieges*: »Wenn er bestraft wird, bevor er dir zugetan ist, wird er nicht gefügig sein. Wenn er nicht gefügig ist, ist er praktisch nutzlos.« Ich könnte dem nicht mehr zustimmen. Seine Unterwürfigkeit hat mit der Zeit zugenommen, weil Sie gelernt haben, die Spielzeit weiter auszudehnen, Ihre Herrschaft zu festigen und Ihr Repertoire zu erweitern. Je länger die Spielzeit andauert, desto mehr Kontrolle gewinnen Sie, desto mehr können Sie experimentieren und desto mehr wird er sich Ihnen unterwerfen.

Er hat gelernt, seine Unterwerfung ohne Worte zum Ausdruck zu bringen: durch seine Haltung und Körpersprache. Er weiß, dass er sich bescheiden zurückzuhalten hat, wenn er nicht gebraucht wird, und er hat gelernt, sich ganz darauf zu konzentrieren, wenn ihm etwas aufgetragen wird. Sie haben ihm seinen »Platz« zugewiesen, und dort hat er zu bleiben, bis Sie ihm den nächsten Befehl geben. Sie haben beschlossen, dass er den Kopf nie höher tragen darf als Sie. Daraus hat er gelernt, dass er sich klein machen muss, besonders wenn Sie sitzen. Sie haben bestimmte Regeln für ihn aufgestellt: Ein Sklave braucht Regeln, an die er sich halten muss. Nur so kann er zum Sklaven Ihrer und seiner Träume werden und zum besten Sklaven im »Stall«. (Auch wenn Ihr Stall nur aus ihm besteht!) Er weiß, wann er aufrecht stehen darf, zum Beispiel, wenn er Ihnen den Tee serviert; wann er kriechen soll, zum Beispiel, wenn er Ihnen im Mund die Hausschuhe bringt; welche Möbelstücke ihm wann erlaubt sind; wann er den Blick gesenkt halten muss und wann er Sie ansehen darf.

Sofern Sie ihn nicht verwirren oder erniedrigen wollen, bleiben diese Regeln immer gleich. Natürlich haben Sie als Domina das Privileg, die Regeln zu ändern, wann immer es Ihnen passt, und Sie brauchen ihm die Änderung nicht mitzuteilen, bis er etwas verbockt. Das macht es für Sie beide interessanter und hält ihn auf Zack. Er hat versucht, Ihre Grenzen und Regeln auszutesten, und Sie haben dem sofort einen Riegel vorgeschoben. Sie wissen inzwischen, dass er eine starke Hand braucht, die ihn führt. Und vielleicht haben Sie irgendwann sogar entdeckt, dass er sich am besten kontrollieren lässt, wenn Sie seinen Orgasmus kontrollieren …

Wenn Sie das alles gelesen haben und vielleicht ganz anders denken als ich, wäre meine nächste Frage: »Was springt für mich dabei heraus?« Bevor wir also damit weitermachen, wie er Sie richtig grüßt und Ihnen die Ehrerbietung erweist, die Ihnen zusteht, und bevor wir uns mit den Techniken befassen, mit denen Sie ihn stärker kontrollieren und einen besseren Sklaven aus ihm machen können, überlegen wir uns einmal, was für Sie dabei herausspringt.

SEINE AUFGABEN UND PFLICHTEN

Viele neue oder unzureichend ausgebildete Sklaven meinen, die Verrichtung von »Aufgaben«, die nicht unmittelbar etwas mit ihrem Schwanz zu tun haben, gehöre nicht zu ihrem »Sklaventum«. Mit dieser Ansicht liegen sie gründlich daneben! Als Ihr Sklave ist es seine Pflicht, alle Aufgaben und Arbeiten, die Sie ihm zuweisen, freudig und nach bestem Können zu erledigen, ob sein Schwanz dabei nun eine Rolle spielt oder nicht. Es geht hier nämlich um Dinge, die Sie eigentlich zu erledigen hätten, während Sie Ihre Zeit mit ihm verbringen, und die folglich liegen bleiben, wenn Sie nicht jemanden bezahlen, der Ihnen die Arbeit abnimmt. Es ist also nur recht und billig, wenn er als Gegenleistung für die Zeit, die Sie ihm opfern, einen Teil der Aufgaben für Sie übernimmt. Allerdings sollten Sie ihm der Fairness halber mitteilen, welche Arbeiten Sie von ihm erwarten. Alltägliche Pflichten sind putzen, Wäsche waschen, Gartenarbeiten, einkaufen, Besorgungen machen und Chauffeur spielen.

Die Hausarbeiten, die Sie ihm auftragen, werden Sie anfangs streng überwachen müssen. Schließlich soll er den Tisch saubermachen und nicht die Schmiere darauf verteilen. Fenster, Computermonitor und Fernseher sind quadratisch oder rechteckig, aber nicht rund wie Bullaugen. Trotzdem wird es einem Mann nie einfallen, woanders als in der Mitte Staub zu wischen, es sei denn Sie stehen mit erhobener Peitsche daneben. Wenn Sie wollen, dass er die Wäsche macht, bringen Sie ihm bei, wie man sie richtig sortiert, damit die Weißwäsche am Ende nicht rosafarben herauskommt. Wenn eine rote Socke in der Weißwäsche landet, drohen Sie ihm damit, die verirrte Socke zu zerschneiden und ihn die Stücke essen zu lassen. Als freundliche Geste reichen Sie ihm ein Glas Wasser, mit dem er das Ganze hinunterspülen kann. Wenn Sie sich durch sein Kriechen und Betteln erweichen lassen, sehen Sie von dieser speziellen Strafe ab. Aber ersetzen Sie sie durch eine andere. Es ist sehr wichtig, ihn für seine Verstöße zu bestrafen, egal, worin sie bestehen.

Was das Einkaufen anbelangt, habe ich festgestellt, dass der Sklave unweigerlich mit ein paar falschen Sachen zurückkommt, obwohl ich ihm jedes Mal eine ausführliche Liste mit allen benötigten Lebensmitteln mitgebe. Ich schreibe zum Beispiel »normales Coca-Cola« und aus irgendeinem unerklärlichen Grund schleppt er mir koffeinfreies Cola light an. Ich schreibe diese mangelnde Detailgenauigkeit seinem Bedürfnis zu, möglichst schnell nach Hause zu kommen, damit ich mich wieder mit seinem Schwanz beschäftige. Klar, dass er dafür bestraft werden muss! Doch anstatt ihn körperlich zu züchtigen, verlängere ich seine Qual und schicke ihn mit den falschen Artikeln in den Laden zurück, damit er sie umtauscht. Wenn ein Umtausch nicht möglich ist, weil es sich vielleicht um Obst, frisches Gemüse oder etwas aus der Feinkostabteilung handelt, darf er zum Spaß zweimal dafür bezahlen.

Rasenmähen, Unkraut jäten und Wagen waschen und polieren sind ebenfalls geeignete, nicht sexuelle Aufgaben, die ich von meinen Sklaven verlange. Je nachdem, wie groß sein Geschick in typisch »männlichen Fertigkeiten« ist, setze ich auf die Liste auch Aufgaben wie das Haus innen und/oder außen streichen, neues Linoleum in der Küche verlegen, Deckenventilatoren und Lampen aufhängen, tapezieren und andere Instandhaltungs- und Verschönerungsarbeiten rund ums Haus. Genauso wie er für Patzer bestraft wird, sollte er belohnt werden, wenn er diese Arbeiten zu Ihrer vollsten Zufriedenheit erledigt.

Als weitere Aufgabe kann man ihn den Chauffeur spielen lassen, der Sie zu einer befreundeten Domina bringt oder Sie und Ihre Freundin spazieren fährt. Ein besonderes Flair verleiht man dem Ganzen, wenn man ihn entsprechend ausstaffiert, mit einem Anzug oder etwas Uniformähnlichem und – ganz wichtig – mit einer kleinen Chauffeurmütze. Wenn er Ihnen dann elegant die Wagentür aufhält und Ihnen beim Aus- und Einsteigen behilflich ist, gibt es Ihnen ein richtig erhebendes Gefühl. Er sollte Ihnen die Einkäufe abnehmen und sie ordentlich im Kofferraum verstauen, nicht achtlos hineinfeuern und dabei vielleicht einen zerbrechlichen Gegenstand kaputtschlagen. Selbstverständlich sollte der Wagen innen und außen sauber sein, auch wenn es ein älteres Auto ist! Sie können verlangen, dass Ihr Sklave Sie zu Fetischparties und sonstigen Veranstaltungen oder privaten Feiern begleitet. Wenn Sie dort sind, möchten Sie vielleicht, dass er Ihnen die Spielzeugtasche oder andere Taschen trägt, Ihren Mantel auf richtigen Sitz überprüft, Ihnen Getränke holt, den Aschenbecher hält oder als hübscher Fußschemel oder Stuhl fungiert, falls keiner vorhanden ist. Wenn er sich allzu wohl fühlt, ist es besser, ihn an die Leine zu nehmen. Damit stellen Sie sicher, dass er sich nicht irgendwo rumtreibt und Dinge anstellt, die Ihnen nicht zur Ehre gereichen. Es versteht sich von selbst, dass Ihr Sklave sich nach Kräften bemühen soll, sich von seiner besten Seite zu zeigen, sodass er für Sie eine Bereicherung darstellt.

Jetzt sind Sie darüber im Bild, wo Sie ansetzen müssen, wenn Sie ernsthaft mit dem Training beginnen. Sie haben die oben beschriebenen Möglichkeiten an Ihre Bedürfnisse angepasst und ihm eingeschärft, was Sie von ihm erwarten. Er weiß also Bescheid. Im nächsten Schritt will ich auf die Ehrerbietung eingehen, die Ihnen gebührt, und danach auf die Techniken, die man beim Sklaventraining einsetzt.

Grüßen und Ehrerbietung

Ganz gleich, ob Ihr Sklave Ihr fester Lebenspartner oder nur ein gelegentlicher Spielgefährte ist, wichtig ist, von Anfang an klarzustellen, wer hier das Sagen hat. In der Art, wie er Sie begrüßt, sollte sich seine Unterwürfigkeit ausdrücken, und er sollte Ihnen zu verstehen geben, dass er seinen Platz in Ihrer Welt kennt. Im privaten Bereich mag ich es, wenn er vor mir auf die Knie fällt und mir die Schuhe, Stiefel oder Füße küsst. (Die richtige Haltung und wie er sie einnimmt sowie die grundlegende optische und physische Prüfung des Sklaven ist ausführlich in *Die Kunst der Weiblichen Dominanz*, Kapitel 11, »Haltungen«, Trainingshaltung 1 beschrieben; ebenso in Kapitel 2 »Erste Schritte in der DS-Welt«.) Nachdem er die richtige Haltung eingenommen hat, können Sie ihm bedeuten, dass er jetzt Ihre Füße küssen und Ihnen die wohlverdiente Ehrerbietung erweisen soll. In einem öffentlichen Setting, wo das BDSM-Spiel im Vordergrund steht, kann der Huldigungsgruß verwendet werden. In einem nicht BDSM-orientierten Setting ist ein Handkuss die passende Begrüßung für die Domina.

Ich bevorzuge es, wenn mein Sklave mich vollständig bekleidet in einer demütigen Haltung auf allen vieren erwartet. Dabei darf er sich nicht bewegen oder nervös herumrutschen. Sklaven mit Knieproblemen gewähre ich gnädigerweise ein Kissen, auf das sie sich knien können, oder ich weise sie an, anstelle der normalen knienden Haltung eine andere, aber genauso untertänige Haltung einzunehmen. Einige Dominas haben es am liebsten, wenn der Sklave sich auszieht, bevor sie den Raum betreten; andere, und zu diesen gehöre ich, ziehen es vor, das Entkleiden persönlich zu überwachen. Ich nehme ihm die Kleider ab und unterziehe ihn einer optischen und physischen Leibesvisitation, um mich zu überzeugen, dass er diensttauglich ist. Erst nachdem er meiner Überprüfung standgehalten hat, erlaube ich ihm, die Huldigung durchzuführen. Danach entscheide ich, ob ich ihn in einem bestimmten Outfit sehen möchte, sei es eine Uniform, ein Harness, Damenunterwäsche oder ein Halsband.

Inspektion

Es ist nicht ungewöhnlich, dass eine Domina Ihren Besitz inspiziert, bevor sie mit ihm spielt. Ich inspiziere meinen Besitz jedes Mal, wenn ich mit ihm spiele. Im Laufe der Zeit nimmt man immer mehr neue Dinge ins persönliche Repertoire auf. So habe ich dem Inspektionsritual für Anfänger aus meinem ersten Buch mittlerweile noch ein paar Varianten hinzugefügt. Ich liebe diese abwechselnden Inspektionen, weil er aktiv daran teilnehmen muss, und diese Zwang-und-Konsens-Sache, über die wir zuvor schon gesprochen haben, macht mich wirklich an.

Arschbacken spreizen

Das ist meine Lieblingstechnik; darum nenne ich sie zuerst. Aber die anderen beiden sind auch gut. Die eine dient dazu, mittels Schmerzzufügung Ihre Autorität zu etablieren; die andere stellt Ihre Autorität ebenfalls klar, aber in einer etwas erniedrigenderen Weise. Alle drei zusammen liefern Ihnen Anregungen für Ihre eigenen Inspektionsrituale. Folgen Sie den Anweisungen für diese Haltung aus dem anderen Buch und fügen Sie die neue Inspektionstechnik an der richtigen Stelle ein. Nachdem er sich um 180 Grad gedreht und sich vornüber gebeugt hat, befehle ich ihm nach hinten zu langen und seine Arschbacken so weit wie möglich auseinander zu halten. Dann bleibe ich einen Moment lang einfach sitzen. Kurz bevor er anfängt, sich hin und her zu winden, blase ich ihm meinen heißen Atem in die Arschspalte. Das hat in der Regel eine äußerst eindrucksvolle Wirkung auf ihn, vielleicht weil es das Letzte ist, womit er gerechnet hätte. Einige machen einen Satz, andere stöhnen vor Erleichterung;

manche bekommen Kniezittern und wieder andere vergessen sämtliche Benimmregeln und richten sich auf.

Schwere Niederlage

Diese Technik wende ich an, wenn ich einen neuen »Sklaven« empfange, der meint, BDSM sei ein Wettstreit um den stärkeren Willen. Meine erste Reaktion auf diesen Typus: Halt dich ans Programm oder verschwinde von MEINEM Planeten! Aber da sich alle Sklaven ausnahmslos dem Inspektionsritual unterziehen müssen, habe ich Gelegenheit, ihm gleich zu Anfang der Sitzung auf sehr reale und körperliche Weise klarzumachen, wer hier die Hosen anhat. Dafür benötigen Sie ein Züchtigungsinstrument.

Nach der obligatorischen 180-Grad-Drehung befehle ich ihm, die Haltung beizubehalten. Ich stelle mich vor seinen Kopf und drücke ihn mit Kopf und Schultern in Richtung Fußboden. Dann klemme ich seinen Kopf fest zwischen meine Knie. Ich weise ihn an, mit den Hüften oben zu bleiben und seine Pobacken weiterhin auseinander zu halten. Blitzschnell versetze ich ihm jetzt einen einzigen Schlag, und zwar direkt auf sein Arschloch. Aber hier bitte nicht übertreiben! Ein bisschen von dem Schmerz dringt nämlich ziemlich weit in seine Genitalien vor. Holen Sie also nicht zu kräftig aus!

Rituelle Rasur

Vielleicht weil ich selbst nicht behaart bin, bevorzuge ich Männer, Sklaven oder auch sonstige, mit minimaler Körperbehaarung. Deshalb mache ich aus der Entfernung unerwünschter Körperhaare ein Ritual, das wir zusammen durchführen und dem ich eine große Bedeutung beimesse. Für mich ist es nämlich keine beiläufige Sache, wenn ich meinen Sklaven rasiere, sondern ein deutliches Zeichen meines Eigentumsrechts und seiner Hingabe. Besonders weil die erste Stelle, die ich rasieren will, seine Leistengegend ist. Durch die

Entfernung seines Schamhaars fühlt sich der Sklave sehr nackt und verwundbar, und schon der Vorgang an sich (wie er hilflos daliegt als das Ding oder Objekt, zu dem Sie ihn gemacht haben) kann sehr erniedrigend sein. Wenn er versucht, aufzubegehren, oder um Nachsicht bettelt, geben Sie ihm zu bedenken, dass die Rasur der Leistenbeuge den zusätzlichen Vorteil hat, sein Glied mindestens zwei Zentimeter größer erscheinen zu lassen. Das sollte ihn in Fahrt bringen!

Man träumt vielleicht davon, das bedrohliche, gerade Rasiermesser zu benutzen und es auf dem Streichriemen zu schärfen, wie es der Barbier vor dem Rasieren tut, aber hier ist ein Sicherheitsrasierer angebracht. Besorgen Sie einen ohne Schwingkopf, denn Schwingkopfrasierer sind schwer zu kontrollieren und könnten ihn verletzen. Benutzen Sie auch keinen mit »Polsterstreifen«, weil diese an der Haut reißen und zu eingewachsenen Haaren führen können. Ich nehme am liebsten die billigen Einwegrasierer, die man im Zehnerpack kaufen kann. Einige sind blau, andere gelb. Wahrscheinlich müssen Sie das Haar zuerst mit einer Schere stutzen, bevor Sie die Klinge ansetzen.

Sie kürzen also das Haar mit der Schere und lassen es dann in warmem Wasser einweichen, damit es zart wird. Ich würde hier keine Rasiercreme empfehlen. Nehmen Sie zum Einschäumen besser eine milde Seife. Tauchen Sie die Klinge nach jedem Rasierstrich in Wasser ein, damit das Haar sich herauslöst. Das ist überhaupt das Wichtigste, was ich zum Rasieren sagen kann: Waschen Sie immer wieder die Klinge aus. Wenn Sie es nicht tun, bleiben Haare stehen und Sie können noch so oft über dieselbe Stelle fahren, Sie werden kein Haar mehr entfernen, weil die Klinge schon voll ist.

Jetzt wollen Sie seinen Hodensack rasieren. So ist's recht! Aber Hodensäcke sind tückischer als Leistenbeugen – sie bewegen sich. Deshalb müssen Sie diesen Hodensack genau ins Auge nehmen und bestimmen, ob er zu der »hohen und straffen« Kategorie gehört (eng am Körper anliegend und wenig Spiel) oder einer von der hängenden Variante ist. Wenn er schlaff herunterbaumelt, müssen Sie ihn dort, wo Sie rasieren wollen, erst straff ziehen, bevor Sie den Rasierer ins Spiel bringen. Ein schwabbeliger Sack lässt sich schwer rasieren.

Wenn Sie ihn nun zum ersten Mal rasiert haben und Ihre Autorität etabliert ist, können Sie entscheiden, ob Sie auch in Zukunft selbst Hand anlegen wollen oder es vorziehen, das Geschäft als persönliche Vorbereitung auf Ihr Treffen an ihn zu übertragen.

Einfache Befehle

Sie können ihm beibringen, auf einfache Kommandos oder Handzeichen zu reagieren. Die Kommandos sollten aus nicht mehr als ein oder zwei Wörtern bestehen, die genau ausdrücken, was Sie von ihm wollen. Beispiele für Kommandos sind: »komm«, »Stopp«, »antreten«, wenn er zur Bestrafung antreten soll, »geh«, »Musik«, »Tee« oder »Ruhe«. Im Zusammenspiel mit einem zeigenden Finger kann das Kommando »runter« bedeuten: geh auf die Knie, runter vom Sofa oder dass Sie ihn zum Oralsex auffordern. Diese Kommandos sind einfach zu verstehen und für ihn leicht zu behalten. Und wenn Sie ihm die Kommandos erst einmal eingebläut haben, sparen Sie viel Zeit, die Sie sonst damit verbringen müssten, ihm lang und breit zu erklären, was er tun soll.

Handzeichen sind auch eine tolle Sache, besonders wenn Sie an einem lauten Ort sind, wo Ihre verbalen Kommandos leicht überhört werden könnten. Und wenn Sie an einem öffentlichen Ort sind, ist seine Reaktion auf Ihre Handzeichen für Zuschauer sehr beeindruckend. Hier ist eine Auswahl an Handzeichen, die ich benutze: Mit den Fingern schnalzen bedeutet, dass er meinen Schuh oder Stiefel küssen soll; mit den Fingern schnalzen und auf den Schuh einer befreundeten Domina deuten heißt, er soll ihren Schuh küssen. Ein zu Boden gerichteter Zeigefinger bedeutet, dass er sich hinknien soll; wenn ich woandershin deute, meine ich, dass er dort hingehen soll. Wenn ich ihn an einen Ort verwiesen habe, der nicht in meiner unmittelbaren Nähe ist (manchmal will ich ihn einfach aus den Augen haben – während er mich nie aus den Augen lassen darf), klatsche ich in die Hände, was bedeutet, dass er sofort herkommen soll. Einige Handzeichen erklären sich von selbst: Ein an die Lippen gelegter Zeigefinger heißt, dass ich Ruhe wünsche; wenn ich mein leeres Glas vor ihm schwenke, soll er mir nachschenken; wenn ich ihm den Garderobenzettel reiche, ist ja wohl klar, dass ich meinen Mantel will. Wenn ich aufbrechen will, mache ich mit dem Daumen die Halsabschneid-Geste.

IMMER SAUBER UND ORDENTLICH

In *Die Kunst der Weiblichen Dominanz* haben Sie über die zehn Haltungen gelesen, die Ihr Sklave einnehmen kann. Er kennt sie inzwischen alle und führt sie anmutig aus. Sie haben auch darüber gelesen, wie man ihn »parkt« und auch das hat Ihnen gefallen. Jetzt ist es an der Zeit zu lernen, wie man Haltungen und Parken miteinander verbindet. Das gibt Ihnen neue Möglichkeiten, ihn zu beschäftigen und ihn aus dem Weg zu halten.

Ein kleiner Ball

Er ist zum Spielen aufgelegt, Sie aber nicht. Oder vielleicht haben Sie etwas zu tun. Ihre Nägel sind noch feucht, alle zwanzig. Beordern Sie ihn in eine Ecke, wo Sie ihn im Auge behalten können. Befehlen Sie ihm, sich mit dem Kopf zur Ecke zu einem kleinen Ball zusammenzurollen. Räuspern Sie sich hin und wieder, um ihn daran zu erinnern, dass Ihr wachsames Auge ihn im Blick hat. Wenn er anfängt, sich zu winden, machen Sie ein zischendes Geräusch, wie Sie es bei einer Katze oder einem Hund tun würden, um sie davon abzuhalten, etwas Verbotenes zu tun.

Im Auge behalten

Sie sind zwar beschäftigt, wollen ihm aber ein kleines Vergnügen bereiten. Erlauben Sie ihm deshalb, sich mit dem Hintern auf den Fersen und den Händen im Kreuz neben Ihren Sessel auf den Boden zu knien. Ersatzweise könnte er auch ordentlich verstaut neben Ihrem rechten Fuß auf allen vieren kauern. Als Bestrafung lassen Sie ihn mit dem Gesicht zur Wand und hinter dem Kopf verschränkten Händen in der Ecke stehen. Seine Ellbogen sollten dabei nicht herabhängen und seine Haltung sollte aufrecht sein. Die Strafe besteht darin, dass er zwar in Ihrer Gegenwart ist, Sie aber nicht ansehen darf, und allein die Haltung wird ihm nach kurzer Zeit schon zu schaffen machen.

Das Buch von Zuckerbrot und Peitsche

Als Domina müssen Sie Ihren Sklaven ständig überwachen. Sobald Sie nämlich den Blick von ihm abwenden …! Ob Sie nur einen Sklaven haben oder mehrere, ich denke, es wäre auf jeden Fall sinnvoll, über Verhalten, Begierden sowie erhaltene Strafen und Belohnungen in einem oder mehreren Büchern (für jeden Sklaven eines) Aufzeichnungen zu machen. Sie können ihm einen Teil der Dokumentationsarbeit auferlegen, indem Sie ihn seine Fantasien und Wünsche in seinem Buch niederschreiben lassen. Er muss Ihnen seine innersten Gedanken aufrichtig und ehrlich anvertrauen und auch seine Vergehen und Verfehlungen offen zugeben. Dann sollte er Sie bitten, ihm zu vergeben und ihn für seine Fehler zu bestrafen.

Oder aber das Buch, das Sie führen, enthält nur seine Strafen und Belohnungen. Schriftliche Aufzeichnungen darüber erweisen sich oft als hilfreich, um ihn besser zu trainieren. Wenn aus den Notizen hervorgeht, dass er dieselbe Missetat immer wieder begeht, wollen Sie die Strafe sicher in eine härtere umwandeln, bis er es schnallt, dass ein solches Verhalten nicht geduldet wird. Nachdem Sie ihn bestraft haben, sollte er Ihnen für die Mühe danken, die Sie auf sich nehmen, um ihn zu einem besseren, begehrenswerteren Sklaven zu machen. Sein Dank sollte natürlich aufrichtig sein, aber es sollte auch aus seinem Verhalten hervorgehen, dass er sich die Bestrafung zu Herzen nimmt und sich nach Kräften bemüht, sein Benehmen zu verbessern. In Kapitel 7, »Disziplin«, haben wir bereits erörtert, dass die Strafe nicht unbedingt körperlich sein muss; manchmal ist es besser, wenn die Strafe unmittelbar zum Fehlverhalten passt.

Neben seinen Vergehen und Strafen können Sie auch seine Belohnungen und das, wofür er belohnt wurde, notieren. Es ist ebenso wichtig, ihn für gutes Verhalten zu belohnen als ihn für schlechtes zu bestrafen. Das Buch mit seinen Fantasien und Wünschen kann Ihnen als Leitfaden für seine Belohnungen dienen. Als Belohnung könnten Sie ihm beispielsweise mehr Vergünstigungen einräumen oder eine besondere Szene mit ihm durchspielen. Ich finde auch, dass liebevolle Worte und Gesten der Zuneigung ein guter Ansporn für ordentliches Verhalten sind.

Ein Auftrag pro Tag

Da mein Sklave und ich tagsüber getrennte Wege gehen, habe ich mir auch für diese Zeit etwas einfallen lassen. Ich gebe ihm jeden Tag eine Aufgabe, die er ausführen muss, während ich weg bin. Es handelt sich um ein kleines Ritual, das ihn an mich erinnern soll und das er durchführen soll, wenn er morgens aufsteht, am besten gleich, wenn er aus dem Bett kommt, aber auf jeden Fall, bevor er sich anzieht. Das Ritual muss nackt vollzogen werden, vorzugsweise, wenn er noch verschlafen ist. Es fällt ihm dann nämlich leichter, sich in das Ritual hineingleiten zu lassen. Während er sich in diesem leicht beeinflussbaren Zustand befindet, soll er seine Gedanken auf meine Person richten. Die Bilder, die er von sich selbst beim Vollzug des Rituals im Gedächtnis behält, wird er tagsüber nicht nur bewusst abrufen; sie werden sich als Schnappschüsse auch ganz spontan in seine Gedanken einblenden. So bleiben Sie die ganze Zeit, während Sie getrennt sind, in seinem Kopf präsent.

Da ich nun mal ein großer Fan von Erniedrigung bin, wird es Sie nicht überraschen, dass meine bevorzugte Ritualstellung erniedrigende Elemente aufweist. Es würde mich nicht zufrieden stellen, wenn es nicht so wäre, und ihn übrigens auch nicht. Als ich damit anfing, ihn in dem Ritual zu unterweisen, fand er es schwieriger, es vor mir durchzuführen als allein. Ich konnte das verstehen, weil man dazu unbedingt einen freien Kopf braucht. Wir übten das Ritual nachmittags oder abends. Da waren wir beide hellwach und schleppten noch immer den Stress des Tages mit uns herum. Und wenn ich daneben stand und ihn kontrollierte, korrigierte, neckte und triezte, konnte natürlich nicht die Stimmung aufkommen, die er für das Ritual brauchte. Wenn man es allein praktiziert, schwingt ein anderes Gefühl und eine andere emotionale Einstellung mit; es fühlt sich unterwürfiger an, es allein zu tun, weil es ist, wie es scheint: völlig freiwillig und sehr, sehr sexy. Er beugt sich nieder, um mich zu verehren wie eine Göttin, und wie eine Göttin muss auch ich nicht persönlich anwesend sein. Er huldigt allein meinem Geist.

Die Ritualhaltung

Wie possierlich sie doch ist! Wer von Ihnen *Die Kunst der Weiblichen Dominanz* gelesen hat, erinnert sich vielleicht noch an »Haltung fünf«. Für diejenigen, die es nicht gelesen haben, mache ich hier eine Ausnahme und erkläre diese Haltung noch einmal. Das Ritual beginnt mit Haltung fünf.

Er fällt auf die Knie, hockt sich auf die Fersen und öffnet so weit es geht Füße und Knie. Dann beugt er sich nach vorne, bis er mit Stirn und Schultern den Boden berührt. Seine Hüften muss er dabei hochhalten. Indem er mit beiden Händen nach hinten fasst, greift er mit jeder Hand eine Hinterbacke und spreizt sie so weit wie möglich auseinander. So weit, bis er sein Arschloch leicht geöffnet hat und spürt, wie die kühlere Raumluft hineinströmt. Das Öffnen des Arschlochs ist ein wesentlicher Bestandteil des Rituals.

Sobald er die Haltung eingenommen hat, muss er bis 300 zählen und nach jeder Zahl »Mississippi« sagen, damit er nicht anfängt zu schludern. Dann kann er sein Gehirn auf Autopilot schalten und weiterzählen, während er an *Sie* denkt, für die er dieses Ritual vollzieht. Auch wenn Sie nicht zusammenleben, besteht kein Grund, warum er dieses Ritual nicht täglich durchführen sollte. Schließlich gibt es schlechtere Arten, den Tag zu beginnen, als an seine Domina und Göttin zu denken und ihr zu huldigen.

WEITERE METHODEN DER KONTROLLE

Als Domina haben Sie die Möglichkeit, seinen Speiseplan zu überwachen, was eine tolle Sache ist, falls er ein paar Kilo abnehmen sollte, aber zu faul ist, eine Diät zu machen oder Sport zu treiben. Lassen Sie ihn kleine Portionen oder niedrigkalorische Mahlzeiten aus einem Hundenapf auf dem Boden essen. Das ist sehr wirkungsvoll. Wenn Sie ihn dann noch vor Ihren Augen sportliche Übungen vollführen lassen, können Sie sicher sein, dass er Ihren Wünschen entspricht. Wir wissen ja, dass er höchstwahrscheinlich gar nichts tun würde, wenn man ihn mit diesen Aktivitäten sich selbst überlassen würde. Sie können ihn über alles, was er an einem Tag zu sich nimmt, Buch führen lassen und seine Notizen auf Ess-Sünden überprüfen, die natürlich bestraft werden müssen. Als passende Strafe für den Gefräßigen verordnen Sie ihm zum Beispiel einen Fastentag unter Ihrer Aufsicht, eine reine Saft-Diät oder das altbewährte Wasser und Brot. Auch körperliche Strafen sind geeignet. Seien Sie aber sparsam mit dem Brot, denn Brot ist ein Dickmacher. Beeindrucken Sie ihn mit Ihrem »Wissen«, was hilfreiche Diät-Tipps anbelangt: Wenn er vor dem Essen Sport treibt, hat er weniger Hunger, weil Sport bewirkt, dass mehr Sauerstoff durchs Blut gepumpt wird. Wenn er außerhalb der Essenszeiten Hunger schiebt, sagen Sie ihm, er soll eine Tasse heißen Kaffee oder Tee trinken oder etwas Hühnerbrühe essen. Damit gaukelt er seinem Magen vor, er habe etwas zu essen bekommen.

Seine Körperfunktionen: Auch die gehören Ihnen

Eine weitere, sehr effiziente Art, ihn zu kontrollieren, besteht darin, seine Körperfunktionen, besonders seinen Orgasmus, zu unterdrücken. Wenn er Lust auf Sex hat, leistet er mehr in der Hoffnung, dass er am Ende die heiß ersehnte Belohnung erhält. Schärfen Sie ihm ein, dass seine sexuellen Begierden und deren Erfüllung in Ihrer und nicht in seiner Hand liegen und dass diesbezügliche Aktivitäten allein Ihrer Unterhaltung und Ihrem Vergnügen dienen. Niemals dürfen Sie es zulassen, dass er sich ohne Ihre ausdrückliche Erlaubnis berührt, masturbiert oder (Gott bewahre!) abspritzt! Eines meiner Lieblingsspiele ist, ihn kommen zu lassen, bis ich auf zehn gezählt habe. Wenn er es bei zehn noch nicht geschafft hat, hat er seine Chance vertan und muss warten, bis ich das nächste Mal Lust habe, ihn zu belohnen.

Wenn Sie Ihrem Sklaven nicht trauen und im Zweifel sind, dass er sich auch ohne ständige Überwachung an Ihre Regeln hält, haben Sie als Domina das Recht, dieses »Gesetz« zwangsweise durchzusetzen, indem Sie ihm einen Keuschheitsgürtel anlegen. Bevor er sich aus Ihrer Gegenwart entfernt, schnallen Sie ihm den Gürtel um die Genitalien. Ich empfehle unbedingt einen Gürtel, der zwar verhindert, dass er eine Erektion bekommt, ihn aber trotzdem noch pinkeln lässt. Außerdem sollte der Gürtel abschließbar sein, wobei Sie natürlich den Schlüssel behalten. So stellen Sie sicher, dass er Ihren Befehlen Folge leistet, und wenn er von dem Gürtel befreit werden will, muss er Sie als die Hüterin des Schlüssels wieder aufsuchen. Ein, zwei Tage zwangsweise Enthaltsamkeit nach einer Sitzung sind ebenfalls ein probates Mittel, ihm einzuprägen, wer hier das Sagen hat. Am besten funktioniert diese Methode, wenn Sie zusammenleben und Sie ständig ein wachsames Auge auf ihn haben können.

Kontrolle über seine Körperfunktionen können Sie auch dadurch ausüben, dass er um Ihre Erlaubnis bitten muss, bevor er die Toilette aufsuchen darf. Obwohl jeder Mensch ein unveräußerliches Recht darauf hat, sich zu erleichtern, wann immer er den Drang dazu verspürt, hat er als Ihr Sklave dieses Recht verwirkt. Es bereitet mir großes Vergnügen, ihm meine Erlaubnis zu verweigern, (a) weil ich weiß, dass ein Sklave diesen Vorwand gern als Technik einsetzt, um mich von einem bestimmten Plan abzulenken, indem er sich ins Bad verzieht, und (b) weil ich ihn gerne von innen nach außen dominiere. Außerdem lehrt es ihn, sich wieder an den einfachen Dingen des Lebens zu erfreuen, die da wären: essen, pinkeln, schlafen und etwas zum Anziehen haben. Diese Techniken treiben ihm den letzten Rest Selbstsucht aus, sodass ich ein unbeschriebenes Blatt vor mir habe, auf das ich meinen Willen schreibe, und ihn nach meinen Vorstellungen zum perfekten Sklaven und Spielzeug machen kann.

GELEGENTLICHE SKLAVEN UND BESONDERE VERWENDUNGEN

Neben dem persönlichen Sklaven gibt es andere Arten von Sklaven, Sklaven, die spezielle Dienste anbieten, und zwar nur Dienste, an denen Sie Gefallen finden. Diese Sklaven betteln nicht und erwarten nicht, dass man als Gegenleistung für ihre Dienste mit ihnen spielt, es sei denn Sie selbst beschließen, mit ihnen zu spielen. Das kann einem viel Zeit und Geld sparen. Ihr »Ding« ist Ihr Ding, und das ist alles, was sie tun. Einige Dienste sind einfach toll, und da Sie nichts weiter tun müssen, als Ihren gelegentlichen Sklaven die Rolle spielen zu lassen, die er inszeniert haben will, stehen Sie absolut nicht unter Druck. Es gibt natürlich unzählige Typen von Sklaven, die besondere Dienste anbieten. Ich möchte hier aber nur über die vier Typen sprechen, denen ich am häufigsten begegnet bin.

Der Chauffeur

Herrlich! Ich liebe diesen Gelegenheitssklaven, weil ich selbst nicht gern fahre. Er bringt mich überallhin, wo ich hinwill, und das in großem Stil. Daneben spart er mir ein kleines Vermögen und hinterlässt einen gewaltigen Eindruck bei meinen Freundinnen. Die Hauptanforderungen sind ein gutes bis erstklassiges Fahrzeug mit makellosem Inneren, Äußeren und Kofferraum; passendes Auftreten und einwandfreie Manieren (Öffnen der Wagentür für Sie, beim Aus- und Einsteigen behilflich sein und Pünktlichkeit) und last not least sollte er gepflegt und ansprechend gekleidet sein. Die Auswahl an Kleidung reicht von Jeans mit Blazer bis hin zu Anzug oder Uniform. Ich habe herausgefunden, dass ihm ein getippter Terminplan – wo und wann ich abgeholt werden muss und wohin ich gebracht werden soll – eine große Hilfe ist. Selbst der gelegentliche Sklave braucht Struktur und Ordnung, damit er richtig funktioniert, und ein schriftlicher Terminplan erfüllt diesen Zweck. Wie oft setzt man einen solchen Sklaven ein? Nun ja, das hängt ganz von dem Sklaven, seiner freien Zeit und Ihren und seinen Bedürfnissen ab. Seine Bedürfnisse werden allein durch das Fahren erfüllt. Ein Chauffeur kann jemand sein, den man zweimal im Jahr zu Gesicht bekommt – wenn er Sie am Flughafen abholt und wenn er Sie zu Hause absetzt. Er könnte aber auch jemand sein, der am Wochenende eine Menge Freizeit hat und diese damit verbringen will, Sie dahin und dorthin zu fahren und wie ein guter Junge Ihre Einkäufe zu tragen. Er könnte Rentner sein und sich zu Hause langweilen und es genießen, die hübsche Lady in der Stadt herumzukutschieren.

Vielleicht ist er aber auch ein richtiger Chauffeur wie mein Fahrer in London. Ich rufe ihn an, sobald ich das Flugticket habe, und teile ihm mit, wann und wo er mich abholen soll. Er erwartet mich immer in einem protzig-luxuriösen silberfarbenen Mercedes. Ich muss nie auf ihn warten. Ich gebe ihm meinen Terminplan, und los geht's. Bei einer Reise hatte ich einen sechsstündigen Aufenthalt in Heathrow, bevor mein Flug nach Prag starten sollte. (Ich war so vernünftig gewesen, mein Gepäck beim Abflug von New York direkt nach Prag einzuchecken, sodass ich mich damit nicht herumschlagen musste.) Aber glauben Sie mir: Auch wenn es in Heathrow noch einen Raucherraum gibt, so interessant ist es nicht, als dass man sechs Stunden dort verbringen könnte. Ich hatte jede Menge Bücher im Handgepäck, weil diese Bücher als Mitbringsel für meine Freunde in London bestimmt waren und ich keine Lust hatte, sie bis nach Prag und zurück zu schleppen. Mein Chauffeur holte mich also ab und brachte mich in ein sehr schönes Hotel, wo ein englisches Frühstück in Buffetform geboten wurde. Auch danach blieben noch vier Stunden bis zu meinem Anschlussflug. So fuhr er mich durch die ländliche Gegend westlich von Heathrow, zeigte mir dieses und jenes und führte mich dann zum Mittagessen aus.

Der Ort war absolut bezaubernd. Das lange, weiße, zweistöckige Gebäude lag am Ende einer schmalen Straße, abseits der ausgetretenen Pfade. Es war eigentlich ein Gästehaus mit einem angegliederten öffentlichen Restaurant, wo auch Leute, die keine Pensionsgäste waren, behandelt wurden wie alte Freunde. Entzückende Blumenarrangements schmückten die Empfangshalle, Blumen vor den Fenstern, in kleinen Vasen auf jedem Tisch und um den Kamin herum. Auf der einen Seite konnten die Restaurantgäste im Freien sitzen und hatten Blick auf einen kleinen Privatflugplatz, wo viele interessant bemalte Flugzeuge standen. Auf der anderen Seite befand sich ein ebenerdiger Swimmingpool mit Sonnenterrasse, umgeben von Landschaftsgärten, in denen man spazieren gehen konnte. Ich war so bezaubert von dem Ort, seiner ruhigen Lage, dem Anblick des Hauses mit Flugplatz, Pool und Gärten, dass es mir ganz egal war, wie das Essen schmecken würde. Aber ich wurde nicht enttäuscht. Das Steak war vorzüglich und genau richtig gebraten, und das Schokoladendessert war einfach lecker. Ich hätte den ganzen Tag dort verbringen können, aber es war Zeit aufzubrechen. Am Flughafen übergab ich meinem Chauffeur fast alle Bücher aus meinem Handgepäck und sagte ihm, dass er sie bis zu meiner Rückkunft aus Prag für mich aufbewahren sollte.

Als ich aus Prag zurückkam, stand mein Chauffeur bereits mit den Büchern und meinem Terminplan am Flughafen. Und dann ging's erst richtig los mit dem Chauffieren. In acht Tagen sollte ich bei drei verschiedenen Leuten übernachten, war bei einer Freundin zum Abendessen eingeladen und musste zuvor auch noch Geld wechseln. Er fuhr mich von einem Ende von London ans andere, mit mehreren Zwischenstopps und das acht Tage lang. Er wartete, wenn ich nur ein paar Stunden blieb, und kam später wieder, wenn ich den ganzen Tag an einem Ort verbrachte. Zuletzt setzte er mich natürlich wieder in Heathrow ab. Als ich meiner Freundin den Terminplan meines Fahrers zeigte, rief sie aus: »Mit dem musst du ja über zweihundert Pfund eingespart haben!« Zweihundert Pfund sind etwa dreihundertzwanzig Dollar, von denen ich einen Teil in einen neuen weißen Latex-Midirock und ein passendes Top investiert habe.

Der Hausboy

Auch ein Hausboy kann einem nützliche Dienste leisten, wenn er schon zum Putzen ausgebildet ist oder wenn Sie die Geduld haben, ihn darin zu unterweisen. Der bereits geschulte Hausboy liebt es, den Bereich der Domina zu putzen. Ein Hausboy, den ich in Florida hatte, rief in seiner Freizeit regelmäßig an und fragte nach, ob ich für ihn etwas zum Saubermachen hätte. Nun, da lässt sich schließlich immer etwas finden, oder? Und wenn es nur das Auto ist. Nachdem er das zweite Mal bei mir gewesen war, fiel mir auf, dass er jedes Mal legere Kleidung trug, in der er aussah wie ein professioneller Putzmann: fast weiße Jeans, ein Oberteil im Henley-Style und saubere, weiße Turnschuhe. Er hatte wohl beschlossen, dass dieser »Look« sein Putzlook sein sollte, und damit war dieser Punkt für ihn erledigt. Er putzte wirklich gut, und so war es mir eigentlich egal, was er trug. Außerdem fand ich seine Idee mit der Uniform ganz nett und passend. Er ging jede Aufgabe oder Arbeit, die ich ihm auftrug, freudig an. Keine Tätigkeit war ihm zu gering oder zu schmutzig, ob es nun darum ging, den Mülleimer auszuwaschen, den Küchenfußboden auf Händen und Knien zu schrubben oder die Teppiche zu schamponieren. Er spülte das Geschirr, saugte Staub, staubte ab, putzte die Fenster, sortierte den Müll und brachte ihn hinunter. Aber was das Beste daran war: Ich brauchte nicht danebenzustehen und ihm auf die Finger zu schauen, damit er alles richtig machte! Er meldete sich immer erst, wenn er alle ihm zugewiesenen Aufgaben erledigt hatte und nach mehr verlangte! Wenn er fertig war, machte er eine förmliche Verbeugung, dankte mir für die Gunst, für mich putzen zu dürfen, und verabschiedete sich. Ein wahrer Glücksgriff!

Auf der anderen Seite kann einem ein untrainierter Hausboy richtig auf den Geist gehen. Da er überhaupt keine Ahnung hat, wie man putzt, geschweige denn, wie man ordentlich putzt, können Sie die ganze Zeit danebenstehen und ihn immer wieder darauf hinweisen, dass nur Schiffe und Boote Bullaugen haben, dass die Fenster in Ihrer Wohnung aber rechteckig sind; dass man für Glas Papiertücher und Glasreiniger benutzt und nicht ein trockenes Staubtuch, mit dem man den Schmutz nur verteilt; dass man das Geschirr mit warmem Wasser wäscht und kalt abspült; dass sie mit »Boden wischen« den ganzen Boden meinen und nicht nur die fünf Quadratzentimeter dort in der Ecke. Manche finden ganz natürlich Gefallen an ihrer Rolle als Hausboy und machen rasch Fortschritte; andere werden den Bogen nie rauskriegen. Der Erfolg einer Ausbildung zum Hausboy hängt in erster Linie davon ab, wie viel Zeit er mit Ihnen verbringen kann. Je mehr, desto besser. Wenn er nur in unregelmäßigen Abständen kommt, können Sie jedes Mal wieder bei null anfangen. Er sollte mindestens zweimal pro Woche zum Training erscheinen, sonst müssen Sie ständig alles wiederholen.

Der Laufbursche

Der Laufbursche ist die Frischluftversion des Hausboys. Statt einer Liste mit Reinigungsarbeiten gibt man dem Laufburschen eine Liste mit Besorgungen, die er machen soll. Als Besorgung kommt so ziemlich alles infrage, denn alles, was der Laufbursche begehrt, ist, von A nach B zu fahren und die ganze Zeit über zu denken: »Ich mache für die Herrin Besorgungen! Ich hole ihre Kleider aus der Wäscherei! Ich bezahle ihre Telefonrechnung! Ich bin der Laufbursche der Herrin!« Lachen Sie ruhig, aber wenn Sie lachen, stellen Sie sich mal vor, wie viel Zeit, Mühe, Ärger und Benzin Sie mit einem Laufburschen sparen können. Die zuverlässigsten und vertrauenswürdigsten Laufburschen kann man sogar in den Supermarkt schicken und damit rechnen, dass sie mit genau dem zurückkommen, was auf der Einkaufsliste stand. Oder sie rufen mit dem Handy aus dem Geschäft an, wenn sie sich unsicher sind, und fragen nach, welches Produkt sie genau kaufen sollen. Um Ihnen und sich gefällig zu sein, geht der Laufbursche auf die Post, zahlt auf der Bank Geld ein, holt das bestellte Blumengesteck ab, macht Besorgungen in der Apotheke, im Schreibwarengeschäft, in der Tierhandlung, wo auch immer, und wird nicht müde, bis er den letzten Botengang für die Herrin erledigt hat.

Der Handwerker

Ah! Ich bin einfach vernarrt in Sklaven mit »männlichen Fähigkeiten«! Sie wissen schon, welche Art männliche Fähigkeiten: Sie schicken ihn hinaus in den Wald mit einem Schweizer Messer und einer Schachtel Nägel, und drei Tage später kommt er zurück und sagt: »Verehrte Domina, ich habe dir ein Schloss gebaut.« *Das* meine ich mit »männliche Fähigkeiten«. Oft arbeitet der Handwerker-Sklave gern splitternackt, nur ausgerüstet mit seinem Werkzeuggürtel. Wenn er einen schönen Körperbau hat, kann es sehr erhebend sein, ihm bei der Arbeit zuzuschauen. Leider sind diese Männer immer schwerer zu finden. Seit dem Eintritt ins Computerzeitalter stehen Männer nicht mehr so sehr unter dem Druck, sich männliche Fähigkeiten aneignen zu müssen. Manche sind so unbeholfen, dass ich die Arbeit schneller und sauberer selbst erledigen könnte und dazu noch weniger Aufhebens darum machen würde.

Aber die Männer, die diese Fähigkeiten noch besitzen und mir das beweisen können, sind immer herzlich willkommen. Der Handwerker streicht Ihnen die Wände, tauscht Lichtschalter aus, montiert Deckenventilatoren und dergleichen, ersetzt Türklinken, repariert kaputte Dinge, errichtet Trockenmauern, tischlert Ihnen ein Andreaskreuz, ein Kruzifix oder eine Spankingbank, alles abhängig vom Grad seines Könnens. Einige wenige können eine Garage oder einen Speicher zu einer tollen Spielkammer umbauen, ein Bad erneuern, elektrische Leitungen verlegen, neue Küchenschränke installieren und Spülmaschine, Waschmaschine und Trockner anschließen, um nur einige Beispiele für männliche Fähigkeiten zu nennen. Je mehr einer drauf hat, desto besser! Wenn Sie ein männliches Wesen sind und zufällig dieses Buch lesen und die oben beschriebenen Fähigkeiten besitzen und beweisen können, dann zögern Sie nicht, mich anzurufen!

17. KAPITEL

Vampirismus: Ritual und Spiritualität

Wo finden wir Vampirismus in unserer purpurnen Mitternachtswelt? In fast jedem dunklen Winkel, am Ende von jeder dunklen Gasse und natürlich in unserer erotischen Vorstellung! Bram Stokers glänzender Graf Dracula lebt in all seinen Bildschirm-Inkarnationen, von Bela Lugosi über Frank Langella bis hin zu Gary Oldman, in der Welt hinter dem Schleier. Aber das ist jedem klar, der schon einmal davon geträumt hat, Vampir oder Opfer in einer Blutsaugerfantasie zu sein. Frauen saugen Hälse ebenso gern wie Männer, auch wenn ihre männlichen Gegenstücke und deren Taten immer viel mehr hervorgehoben werden. Wie viele andere habe auch ich eine Schwäche für Vampire, seit ich als Kind vor dem Schwarz-Weiß-Fernseher saß. Vampire sind ein gutes TV-Futter und später ging das große Geschäft mit Graf Dracula los (ob als Bühnenstück, auf der Kinoleinwand oder im Fernsehen). Ich glaube, Vampire werden ihre Faszination immer behalten.

Wie es dem Grafen gelingt, die Menge nach so vielen Jahren unverändert in seinen Bann zu ziehen, ist absolut erstaunlich. Jede neue Generation hat einen anderen Dracula, den sie liebt, begehrt und nachahmt. Und jetzt haben Dracula und alle seine Kinder einen neuen Antagonisten oder Protagonisten, je nachdem, wem Sie die Daumen drücken. Dieser Neuzugang zum Vampirkult ist »Blade«, dargestellt von dem Schauspieler und Kampfsportler Wesley Snipes. (Haben Sie schon bemerkt, dass ich ein Faible für Wesley Snipes habe?) Blade besitzt die ganze Kraft eines Vampirs, aber wenige seiner Schwächen, und seine Fähigkeit, sich am helllichten Tag frei zu bewegen, trug ihm den Namen »Daywalker« ein.

Neben den Filmversionen von Dracula haben eine Reihe von Romanen der erfolgreichen Autorin Anne Rice Vampire ins Rampenlicht gerückt. Seitdem 1976 *Interview mit einem Vampir* veröffentlicht wurde, verliebten sich Frauen und Männer aus allen sozialen Schichten – und nicht nur unsere ständig wachsende Subkultur – in Rices homoerotische Vampire Lestat, Louis, Armand und das vom Unglück verfolgte Vampirkind Claudia. Ich habe Männer im Geschäftsanzug gesehen, die in der U-Bahn saßen und Rices Buch lasen. Dann folgte Rices eigene *Chronik der Vampire*, die nicht nur die Fortsetzungsgeschichte von Lestat beinhaltet, sondern noch weitere Bücher, die sich auf die interessanten Charaktere der ursprünglichen Reihe beziehen. Vom Fürsten der Finsternis, *Lestat*, über *Marius*, das Kind des Jahrtausends, bis hin zum engelhaften *Armand* gab es überall Vampire. Für die Filmversion von *Interview mit einem Vampir* schrieb Anne Rice persönlich das Drehbuch und es entstand ein wundervolles, dramatisches Vampirepos.

Das ist ja alles schön und gut. Aber was hat Vampirismus mit BDSM zu tun? Inwiefern ist Vampirismus spirituell? Welche Rituale gehören dazu? Welche Mythen, Fakten, welche Energie?

Die Vampirgemeinschaft ist Teil einer größeren Gemeinschaft, den Gothic People, die sich frei mit BDSMlern mischen. Wie BDSM umfasst das Wort Goth viele Aspekte und Praktiken, und viele dieser Aspekte greifen in das »Territorium« der anderen über. Vampirismus ist ein Zweig am Baum der Gothic-Kultur, entsprechend dem Verhältnis von Bondage zu BDSM. Viele Gothic People gehören der BDSM-Szene an und lassen ihre eigenen Rituale in die sadomasochistischen Feiern mit einfließen. Viele BDSMler finden Gefallen an der Gothic-Szene, besonders im Winter, wenn Samt als Fetischkleidung vertretbar ist und man nicht in Latex zu frieren braucht. Vampire halten ihre Versammlungen, Pendants zu BDSM-Kerkerpartys, an sicheren Orten oder in sicheren Häusern ab. Wie die BDSMler haben auch sie eigene Gemeinschaften und Treffen. Sie veranstalten Club-Partys und Cabarets, kommen zu Tagungen zusammen und reisen zu Meetings mit anderen Vampiren. Wegen des Fänger/Opfer-Charakters des Vampirfantasie-Szenarios ist auf jeden Fall immer einer der Top und einer der Bottom. Klingt das jetzt so, als könnte man »BDSM« mit »Vampirismus« gleichsetzen?

Ich habe weitere Nachforschungen angestellt und herausgefunden, dass die Vampirgemeinschaft genauso wie die BDSM-Gemeinschaft ihre eigenen Regeln und Richtlinien für zulässiges Benehmen hat. Nachdem ich sie gelesen hatte, stellte ich fest, dass der einzige Unterschied zwischen ihnen und unseren ungeschriebenen

BDSM-Regeln darin besteht, dass die Vampirgemeinschaft sich gerne außerhalb des Rampenlichts bewegt, während einige von uns BDSMlern ganz versessen darauf sind, sich öffentlich in Szene zu setzen.

Was Sie als nächstes lesen, ist »Der Schwarze Schleier«, auch bekannt als »Die 13 Regeln der Vampirgemeinde«, die von Vater Sebastian Todd aus dem Haus Sahjaza, New York City, im Jahr 1997 zusammengestellt und im Frühjahr 2000 von Michelle Belanger aus dem Haus Kheperu, New York City, überarbeitet wurden. Ein paar leichte Änderungen hinsichtlich Grammatik und Wortwahl wurden nachträglich von mir angebracht. Der Schwarze Schleier ist das Fundament der Vampirgesellschaft, da er eine Norm für vernünftiges Benehmen innerhalb der Gemeinschaft festlegt. Ursprünglich wurde der Schwarze Schleier als ethischer Grundkodex für die Schirmherren des langjährigen New Yorker Vampir-Nachtclubs »Long Black Veil« geschrieben.

Neben den folgenden dreizehn Grundsätzen richtet der Schwarze Schleier sein Hauptaugenmerk auf die Einhaltung der Gesetze der Regierung und des Staates, wo man lebt. Wenn man gelobt, sich an die Regeln des Schwarzen Schleiers zu halten, erklärt man sich auch damit einverstanden, keinerlei kriminelle oder illegale Handlungen zu begehen und keine Minderjährigen in Angelegenheiten der Vampirgemeinschaft mit einzubeziehen, bevor sie volljährig sind.

DIE 13 REGELN DES LANGEN SCHWARZEN SCHLEIERS

1. Diskretion

Dieser Lebensstil ist privat und heilig. Respektiere ihn als solchen. Verhalte dich diskret und zeige, dass es deine wahren Motive sind, über unsere Kultur zu sprechen, und Verständnis zu erzeugen. Auf keinen Fall solltest du zu Außenstehenden reden, wenn es nur zu egoistischen Zwecken wie Selbstdarstellung, Sensationslust und der Erregung von Aufmerksamkeit geschieht. Verstecke dich nicht vor deiner Natur, aber niemals zeige sie denen, die nicht verstehen würden.

2. Vielfalt

Wir haben viele Wege, auch wenn die Reise, auf der wir alle sind, im Wesentlichen dieselbe ist. Kein einzelner von uns hat alle Antworten auf die Frage, wer oder was wir sind. Respektiere jedermanns persönliche Ansichten und Praktiken. Wir können es nicht zulassen, dass kleinere Unterschiede der Ideologie die Erhaltung einer vereinten Gemeinde verhindern; da sind genug, die uns von außen schaden wollen. Unsere Vielfalt ist unsere Stärke. Unsere Unterschiede sollten uns bereichern, aber niemals uns untereinander spalten.

3. Sicherheit

Zeige Vernunft, wenn du deiner Natur nachgibst. Zeige niemals in der Öffentlichkeit, was du bist. Trinke im Privaten und sei dir sicher, dass deine Spender das, was zwischen euch geschieht, diskret behandeln. Spender, die Gerüchte und Klatsch über uns erzeugen, schaden mehr, als sie wert sind. Wenn ihr euch zusammengetan habt, um Blut zu trinken, stellt Sicherheit und Vorsicht an oberste Stelle. Blutkrankheiten (oder Krankheiten, die durch das Trinken von Blut entstehen) sind eine Tatsache, und wir können nicht riskieren, uns und andere durch Unverantwortlichkeit zu gefährden. Schütze die Spender, versichere dich, dass sie mental und physisch gesund sind. Sei niemals unvorsichtig. Die Sicherheit der gesamten Gemeinde ruht auf der Vorsicht jedes einzelnen Mitglieds.

4. Kontrolle

Wir können und sollten die Dunkelheit in uns nicht leugnen. Aber wir sollten nicht erlauben, dass sie uns kontrolliert. Wenn dem wilden Tier, dem Schatten oder unserer dunklen Seite zu viel Einfluss gewährt wird, trübt es unser Urteilsvermögen, macht uns zu einer Gefahr, gerade für die, die wir lieben. Gib dich niemals sinnloser Gewalt hin. Füge niemals denen bewusst Schaden zu, die dich unterstützen. Trinke niemals nur aus Genusssucht und gib niemals einer unkontrollierten Blutlust nach. Wir sind keine Monster: Wir sind in der Lage zu rationalem Denken und Selbstkontrolle. Zelebriere die Dunkelheit und lass sie dich stärken, aber lass sie niemals deinen Willen beherrschen.

5. Lebensstil

Lebe dein Leben als ein Beispiel für andere in der Gemeinschaft. Wir sind privilegiert, das zu sein, was wir sind, aber Stärke sollte Hand in Hand gehen mit Verantwortung und Würde. Erforsche und lebe die Natur des Vampirs, aber halte sie im Gleichgewicht zu irdischen Ansprüchen. Denke daran: Wir sind zwar Vampire, aber wir gehören immer noch zu dieser Welt. Wir müssen unser Leben hier leben wie jeder andere, arbeiten, wohnen, mit unseren Nachbarn klarkommen. Zu sein, was wir sind, ist keine Entschuldigung, nicht an dieser Realität teilzunehmen. Vielmehr ist es eine Pflicht für uns, diese zu einem besseren Platz für uns zu machen.

6. Familie

Wir sind eine Familie, und wie in allen Familien gibt es Mitglieder, die miteinander nicht klarkommen. Wie auch immer, respektiere die größere Gemeinschaft, wenn eine Meinungsverschiedenheit besteht. Lass es nicht zu, dass deine individuellen Probleme Unfrieden in der gesamten Familie stiften. Macht kleinere Differenzen privat untereinander aus und nehmt nur dann die Hilfe eines Älteren in Anspruch, wenn kein anderer Ausweg möglich scheint. Trage niemals private Streitigkeiten an öffentlichen Orten aus und ziehe niemals andere Mitglieder der Familie auf deine Seite oder zwinge sie, für eine Seite Partei zu ergreifen. Wie jede normale Familie sollten wir immer versuchen, dem Rest der Welt gegenüber eine stabile und vereinte Gesellschaft zu präsentieren, selbst wenn die Dinge zwischen uns nicht perfekt sind.

7. Zufluchtsorte

Unsere Zufluchtsorte sind sichere Plätze, die jeder in der Gemeinschaft aufsuchen kann. Oft treffen wir auch an öffentlichen Plätzen Leute, die unsere Art nicht verstehen. Wir sollten die Gäste dort respektieren, ebenso wie die Besitzer der Einrichtungen, und immer diskret sein in unserem Verhalten. Private Streitereien gehören nicht an einen solchen Zufluchtsort. Auch Gewalt hat hier nichts zu suchen. Und niemals sollten wir an einem Zufluchtsort irgendetwas Illegales tun oder dorthin bringen, denn solch ein Verhalten lässt die gesamte Gemeinschaft in einem schlechten Licht erscheinen. Der Zufluchtsort ist der Mittelpunkt einer Gemeinschaft und wir sollen ihn als solchen achten und mit unserer Tüchtigkeit und Arbeitskraft zu seinem Ansehen in der Szene beitragen, damit wir ihn immer unsere Heimat nennen können.

8. Territorium

Die Gemeinschaft ist weit verstreut und unterschiedlich. Jede Stadt hat eine andere Art, Dinge zu tun, und eine andere Hierarchie. Wer eine neue Stadt besucht, sollte sich vorher mit der dortigen Gemeinschaft vertraut machen. Informiere dich, wo deren Zufluchtsorte sind und welches Haus hier den Ton angibt. Nimm Kontakt zu Schlüsselpersonen der Gemeinschaft auf, bring in Erfahrung, wer welche Funktion innehat, und zeige immer den gebührenden Respekt. Erwarte nicht, deine gewohnte Art, Dinge zu tun, in dieser neuen Szene durchzusetzen. Vielmehr solltest du dich ihren Regeln anpassen und froh sein, akzeptiert zu werden. Zeige immer dein bestes Benehmen in einer neuen Stadt, egal ob du nur zu Besuch bist oder bleiben willst. Wir sind alle von Natur aus vorsichtig und territorial, und nur wenn der erste Eindruck von dir gut ist, wirst du von einer neuen Gemeinschaft aufgenommen und respektiert.

9. Verantwortung

Dieser Lebensstil ist nicht für jedermann. Wähle sorgfältig aus, wen du mit hinein bringst. Für solche, die mental oder emotional instabil sind, gibt es bei uns keinen Platz. Sie sind gefährlich und unzuverlässig und könnten uns in der Zukunft verraten. Versichere dich, dass die, die du bei uns einführst, auch reif genug sind, um bei uns mitzumachen. Lehre sie Kontrolle und Diskretion und versichere dich, dass sie unsere Art respektieren. Du selbst bist verantwortlich für ihre Handlungen, und ihr Verhalten in der Gemeinschaft fällt auf dich zurück.

10. Ältere

Bestimmte Mitglieder in unserer Gemeinschaft haben sich als gerechte und verantwortungsbewusste Führer erwiesen. Es sind die Leute, die mitgeholfen haben, lokale Gemeinschaften zu gründen, die Zufluchtsorte geschaffen und sich dafür eingesetzt haben, das Netzwerk der Szene aufzubauen. Ihr Wort ist nicht gleich Gesetz, nichtsdestoweniger sollten sie respektiert werden. Sie haben mehr Erfahrung als viele andere und meistens ein größeres Wissen. Ziehe diese Älteren zu Rate, um Streitigkeiten beizulegen, begib dich unter ihre Führung und Anleitung und lass dir von ihnen helfen, dich in die örtliche Szene einzufinden. Würdige die Älteren für alles, was sie dir gegeben haben. Wären sie nicht gewesen, würde es die Gemeinschaft heute nicht geben.

11. Spender

Ohne die, die sich uns mit Körper und Seele opfern, sind wir nichts. Wir können nicht anders sein als das, was wir sind, aber es sind die Spender, die unsere Natur unterstützen. Für diesen Dienst sollten sie geachtet werden. Behandle niemals deine Spender schlecht, weder physisch noch emotional. Sie dürfen nicht manipuliert oder gezwungen werden, mehr zu geben, als sie uns freiwillig anbieten. Setze ihre Dienste nie als selbstverständlich voraus. Würdige sie für ihre Kameradschaft und Akzeptanz, die sie uns geben und die so viele andere uns verweigern würden. Vor allem: Würdige das Geschenk ihres Lebens. Diese Verbindung ist heilig und als solche sollst du sie immer betrachten.

12. Führerschaft

Wenn du eine verantwortliche Stellung in der Gemeinschaft übernimmst, denke daran, dass du nicht für dich allein regierst. Die Führerschaft ist eine Verantwortung, kein Privileg. Ein guter Leiter muss durch seine Handlungen und sein Verhalten allen anderen ein Vorbild sein. Seine Beweggründe sollten selbstlos und rein sein, und er sollte die Interessen der Gemeinschaft vor seine eigenen stellen. Die besten Leiter sind diejenigen, die bestrebt sind, Verbesserungen für die Gemeinschaft zu bewirken und deren Verhalten niemandem – auch keinem Außenstehenden – Anlass zur Kritik gibt.

13. Ideale

Einen Vampir macht nicht nur das Bluttrinken aus. Das ist es zwar, was wir tun, aber nicht unbedingt das, was wir sind. Wir sind die Vertreter der Finsternis in einer Gesellschaft, die vom Licht geblendet ist. Wir sind anders und wir akzeptieren diese Andersartigkeit als etwas, was uns stärker und einzigartig macht. Wir müssen das Dunkle in uns selbst akzeptieren und es umarmen, um vollständig zu sein. Wir vereinen die Schwellen: Körper und Geist, Freude und Leid, Tod und Leben. Unser Leben sollte eine Botschaft an die Welt sein, die von der Schönheit kündet, sein ganzes Ich zu akzeptieren, ohne Schuld- und Schamgefühle zu leben und das einzigartige und schöne Wesen jeder einzelnen Seele zu feiern.*

* *Der Schwarze Schleier. Copyright © 1995–2002 Vater Sebastian und Michelle Blaenger, alle Rechte vorbehalten. Nachgedruckt mit der freundlichen Genehmigung von Vater Sebastian Todd*

Sollte beim BDSM jemals die Forderung nach der Einführung von Richtlinien laut werden, wären einige der Regeln des Langen Schwarzen Schleiers ein guter Anfang.

MODERNE VAMPIRE: MYTHEN UND FAKTEN UM DEN VAMPIR DARIUS

Über die Jahre hinweg haben sich die Medien mit Bram Stokers Dracula viel künstlerische Freiheit erlaubt. Mit Nosferatu kam eine neue Gattung von Vampiren auf, die mit dem stattlichen Grafen, der zunächst am Broadway von Frank Langella und später von dem schmerzlich vermissten Raul Julia gespielt wurde, oder mit dem von Gary Oldman dargestellten kraftvoll verführerischen Grafen nicht mehr viel zu tun haben. Den gut aussehenden, hypnotischen Vampir von einst sucht man hier vergebens. An seine Stelle trat ein hässliches, schauerlich aussehendes Etwas, das sein Opfer schon vor dem Blutkuss zu Tode erschreckt hätte. In ihren Büchern bringt Anne Rice es auf den Punkt: Es gibt viele Attribute von Vampirismus, aber die »Dunkle Gabe« kann von Vampir zu Vampir ganz unterschiedlich ausfallen. Einer besitzt die Gabe des Geistes, ein anderer die Gabe des Fliegens, ein dritter die Gabe des Feuers, aber eines ist Rices Vampiren allen gemeinsam, nämlich die Notwendigkeit, sich vor Sonnenlicht zu schützen. Und darum kehren sie jeden Morgen in ihre Särge zurück und erheben sich erst wieder nach Sonnenuntergang. »Blade«, der halb Mensch ist, kann sich bei Tageslicht frei bewegen; Frank Langellas Dracula durfte sein dunkles Versteck tagsüber keinesfalls verlassen, während Gary Oldmans Dracula das Licht des Tages kurzzeitig ertragen konnte. Da jeder Schriftsteller, Regisseur oder Produzent seine eigenen Vorstellungen davon hat, wie der attraktive Graf sein sollte, sind der künstlerischen Freiheit seit der ersten Veröffentlichung von Bram Stokers Meisterwerk keine Grenzen gesetzt, besonders was die Fähigkeiten und Einschränkungen der Vampire anbelangt.

Was sind also Vampirmythen und was sind Vampirfakten? Dienen Aussagen darüber, wie man Vampire abwehrt, oder darüber, dass es gar keine gibt, nur dazu, uns in falsche Sicherheit zu wiegen? Könnte es wirklich einen kleinen Zweig am Stammbaum der Menschheit geben, an dem Vampire, die ich als »Homines nocturni« (Nachtmenschen) bezeichne, sich zu einem Ableger von Homo sapiens entwickelten? Ein Zweig, der im Gegensatz zu den ausgestorbenen Neandertalern überlebte? Die alte Welt war viel spiritueller als unsere heutige Welt, und unsere Vorfahren waren der festen Überzeugung, dass es nichtmenschliche Wesen gab, die auf der Erde wandelten und sich unter ihnen aufhielten. Und bedenken Sie, dass alle Legenden und alle Folklore auf irgendetwas Realem basieren, ganz gleich wie weit sich die heutige Version von der ursprünglichen entfernt haben mag.

Als begeisterter Vampirfan und gelegentliches williges Opfer möchte ich selbst gern wissen, was frei erfunden und was wirklich wahr ist. Mit Unterstützung des gut aussehenden, verführerischen Vampirs Darius will ich mich daranmachen, die Antwort auf die häufigsten Fragen zum Wahrheitsgehalt von Vampirfolklore zu finden.

Knoblauch

Der Knoblauchmythos ist ein Riesenwitz unter modernen Vampiren. Sie lachen sich krumm über uns dumme Menschen, die sich zum Schutz gegen Vampirattacken mit Knoblauch einreiben. Knoblauch wehrt Vampire nicht ab, sondern macht es Vampiren leichter, potenzielle Opfer am Geruch zu erkennen. Und wenn der Vampir gesättigt ist und er den Rest seinen Freunden, den Werwölfen, überlässt, ergibt der Knoblauch als zusätzliches Leckerli eine schöne Marinade für das weiße Menschenfleisch.

Kruzifixe

Ein Kruzifix ist ein christliches Symbol, das ständig als Amulett gegen Vampire missverstanden wird. Für ein Wesen, das nicht im Christentum verwurzelt ist, bedeutet ein Kruzifix nämlich gar nichts. Moderne Vampire sehen in einem Kruzifix nicht mehr als ein Symbol für vergangene Folterungen. Vampire tragen oft selbst ein Kruzifix, um sich ihrer menschlichen Umgebung besser anzupassen oder einfach weil es hübsch aussieht.

Kirchen

Vampire können durchaus Kirchen betreten und wählen sie auch oft als neutrale Orte für ihre Versammlungen. Viele alte Kirchen wurden an Stätten errichtet, wo heidnische Völker einst ihre Rituale und Feiern abhielten. Die vermeintliche »Heiligkeit« einer Kirche, egal welcher Glaubensgemeinschaft sie gehört, hat für einen Vampir keine religiöse Bedeutung. Viele Kirchen sind sehr schön, und Schönheit zieht Vampire magisch an. Außerdem haben viele alte Kirchen darunter liegende Krypten und Gewölbe, die für die Homines nocturni perfekte Verstecke bieten.

Spiegel

Moderne Vampire sind höchst eitle Wesen, denen es das größte Vergnügen bereitet, sich selbst im Spiegel zu bewundern. Die optische Überprüfung seines Aussehens gibt dem Vampir die Sicherheit, dass er/sie auf potenzielle Opfer verlockend wirkt und dass er/sie den Typ von Opfer anzieht, den er/sie am liebsten mag.

Kontrolle über niedrigere Tiere

Bei einigen Vampiren kommt diese Fähigkeit, wenn sie Blut getrunken haben, andere entwickeln sie mit der Zeit, und wieder andere besitzen überhaupt kein Talent dafür. Es lässt sich vergleichen mit dem Verhältnis zwischen Menschen und Haustieren: Manche Menschen wirken auf Hunde unwiderstehlich, andere auf Katzen, und dann gibt es welche, die überhaupt keinen Draht zu Tieren haben. Der Vampir muss eine Menge Geschick und Konzentration mitbringen, wenn er Tieren wie Ratten, Pferden oder Wölfen seinen Willen aufzwingen will. In der heutigen Zeit ist der Wert dieser

Fähigkeit ohnehin nicht mehr so hoch anzusiedeln. Warum sollte der moderne Vampir versuchen, ein Pferd herbeizurufen, wenn er einem Taxi winken kann.

Sich in Rauch verwandeln

Diese Fähigkeit hätten sie wohl gern, und vielleicht nicht nur sie! Aber nein, ein Vampir ist noch nie zu Rauch geworden. Wir haben nur den Eindruck, dass er wie in einer »Rauchwolke« auftaucht und wieder verschwindet, weil es mit einer so übernatürlichen Schnelligkeit passiert.

Hypnosefähigkeit

Wie andere Vampireigenschaften kann auch diese Fähigkeit von Vampir zu Vampir variieren, wenn sie auch bei allen zumindest in Ansätzen vorhanden ist. Menschen verbinden die Hypnosefähigkeit oft nur mit dem Augenkontakt zu einem Vampir. Beim modernen Vampir wird diese Fähigkeit aber verstärkt durch sein Gesamterscheinungsbild und die Aura, die von dem Vampir ausgeht. Zuerst nutzen die Vampire ihre äußere Erscheinung, um den bewussten Verstand des potenziellen Opfers abzulenken. Dadurch öffnet sich das Unterbewusstsein des Opfers für die Suggestion. Dann setzt der Vampir vier seiner Sinne ein – sehen, riechen, hören und berühren –, um Augenkontakt herzustellen. Sobald Augenkontakt besteht, nutzt er ihn, um das Opfer an sich zu ziehen und zu bannen. Erst dann kommt der fünfte Sinn ins Spiel: der Geschmack!

Sklaven des Blutkusses

Der Vampir Darius weiß nicht, ob es eine übernatürliche Macht ist, weil es auch in der Vampirgemeinschaft heftig diskutiert wird. Kommt es durch den Blutkuss zu einer psychologischen Bindung, findet ein energiebasierter Austausch statt oder beides? Manche betrachten das Blutkuss-Ritual als notwendiges Symbol; der Bund wird durch einen Kuss »besiegelt«. Darius und die Vampirgemeinschaft sind sich jedoch einig, dass der Bund durch das auf den Seiten 385–386 beschriebene Bannritual gelöst werden kann.

Pfahl durchs Herz

Darüber wollte der Vampir Darius nicht sprechen und fühlte sich sichtlich unbehaglich, als ich ihn drängte, mir nähere Auskunft zu geben. Ich kann deshalb nur vermuten, dass es sich beim Pfählen tatsächlich um eine bewährte Methode handelt, einen Vampir zu töten.

Silberkugeln

Nee, das ist was für Werwölfe. Jede Kugel kann einen Vampir verletzen. Weil aber ihr Blut unsterblich ist, heilen die Wunden schnell und bereiten ihnen nur geringe Schmerzen.

In der Heimaterde schlafen / kein Wasser überqueren

Auch wenn Bram Stoker es in seinem Buch für notwendig erachtete, hat der moderne Vampir nicht unbedingt das Bedürfnis, in seiner Heimaterde zu schlafen, und fürchtet sich auch nicht, Wasser zu überqueren.

Kontrolle über die Elemente

Darius und ich meinen beide, dass es sich hier um einen Mythos handelt, den die Filmemacher ins Leben gerufen haben, um die dramatische Wirkung ihrer Filme zu erhöhen und den Vampiren noch mehr Anziehungskraft zu verleihen. Als ob ein Vampir nicht schon genug Anziehungskraft besäße!

Tagwandeln

Der moderne Vampir ist tatsächlich ein Tagwandler, aber sein Tagwandeln ist gewissermaßen ein schlafwandlerischer Zustand, etwa so, wie wenn man die ganze Nacht auf oder unterwegs ist und am nächsten Tag direkt zur Arbeit geht. Tagsüber tragen viele Vampire Sonnenbrillen oder Hüte oder beides, um ihre Augen vor dem grellen Sonnenlicht zu schützen. Das fällt nicht weiter auf, weil wir Menschen dasselbe tun.

Über die Schwelle bitten

In der Alten Welt pflegte man höflichere und weniger lässige Manieren als heute. Seinen Gast »über die Schwelle zu bitten« gehörte zu diesen längst abhanden gekommenen, guten Manieren. In unserer jungen, ungestümen und oft ziemlich rüpelhaften Neuen Welt halten es der Vampir der alten Garde und der moderne Vampir nicht mehr für nötig, sich in eine menschliche Behausung hereinbitten zu lassen.

Die Gabe des Fliegens

Wir Menschen meinen, mit der Gabe des Fliegens könne man sich körperlich von einem Ort zum anderen bewegen. Für die Vampire ist diese Gabe aber gleichbedeutend mit dem, was wir Menschen Astralreise nennen würden. Deshalb scheint es, dass ein Vampir gleichzeitig an zwei verschiedenen Orten anwesend sein kann; auch Hexen verstehen sich gut darauf. Diese Fähigkeit bezeichnet man als Bilokation. Wegen seiner übernatürlichen Eigenschaften beherrscht der Vampir diesen Zustand leichter als ein Mensch, aber selbst ein Vampir muss vor dem Abheben das richtige Alpha-Stadium erreicht haben.

Die Gabe des Feuers

Genau wie ein Mensch muss auch ein Vampir ein Streichholzheftchen oder ein Feuerzeug benutzen, wenn er eine Kerze anzünden will.

Die Gabe des Geistes (Telepathie)

Um das richtige Opfer anzulocken, ist die Gabe des Geistes eine sehr mächtige Waffe im Arsenal des Vampirs. Leider besitzen nicht alle Vampire diese Gabe, und zwischen denen, die sie besitzen, gibt es himmelweite Unterschiede, was die Intensität anbelangt. Diejenigen mit einer machtvollen Gabe des Geistes sind tatsächlich in der Lage, ihre Opfer zu sich zu rufen, während diejenigen mit einer schwachen oder gar keiner Gabe des Geistes sich bei der Opfersuche stärker auf ihre Hypnosefähigkeit, ihre Aura oder ihr attraktives Äußeres verlassen müssen.

Der Vampir Darius und ich unterhalten uns oft über das Wesen der Vampire. Eines unserer Lieblingsthemen ist, wie manche Menschen die Gegenwart eines Vampirs und die drohende Gefahr spüren können. Obwohl der Vampir gut gekleidet und gepflegt ist und sogar auf kurze Entfernung praktisch genauso aussieht wie ein Mensch, teilt sich das von Natur aus räuberische Wesen des Vampirs bestimmten Menschen mit. Ältere Damen umklammern ihre Handtaschen fester; die Mutter eines Neugeborenen drückt ihr Kind enger an die Brust und sogar ausgewachsene Männer verriegeln die Tür hinter sich. Aber auf den Sterblichen, der sich von der Gefahr angezogen fühlt, der nach ihr sucht und den Angstschauer liebt, wirkt der Vampir wie ein Magnet, und der Sterbliche ist ein kleines Stück Eisen.

DIE ECKZAHNSTILE DES VAMPIRS D'DRENNAN

Die Vampirzähne sind das einzige erotische Bild, das den meisten von uns einfällt, wenn sie sich vorstellen, von einem Vampir angegriffen zu werden. Zuerst die Eckzähne, dann der Biss in den Hals und schließlich das hilflose Opfer, das in den Armen des Vampirs hängt, während er sich an ihm schadlos hält. Der Vampir setzt seine Reißzähne sehr vorteilhaft als Werkzeug ein, um seinem Opfer Angst einzuflößen. Außerdem sind Eckzähne ein umwerfendes und ungewöhnliches Mittel der sinnlichen Wahrnehmung. Die

»Eckzähne« werden auf die richtigen Zähne aufgesteckt und sind in Wirklichkeit ein herausnehmbarer Satz Kunststoffkronen. Die meisten Reißzahnträger wählen ein 6er-Set, das die ganze Zahnreihe bis zu ihren richtigen Eckzähnen abdeckt. Um sich Vampirzähne anfertigen zu lassen, müssen Sie den Zahnarzt aufsuchen und sich dort einen Abdruck Ihrer echten Zähne machen lassen. Diesen benutzt dann der Eckzahnmacher, um die Eckzahnkronen aus Kunststoff herzustellen. Es gibt unzählige Eckzahn-Stile, zu viele, als dass ich sie hier alle aufzählen könnte. Und natürlich kann Ihr Eckzahnmacher auch eine Sonderanfertigung ganz nach Ihren Wünschen entwerfen.

Aus Gesprächen mit meinen Vampirfreunden weiß ich, dass es unabhängig vom Stil drei Grundtypen von Eckzähnen gibt: einen für leichtes erotisches Knabbern (Nibbling), einen zum Beißen, jedoch ohne Blut zu saugen, und einen für das tatsächliche Durchbohren der Haut. Die Abbildung 42 zeigt Nibbling-Eckzähne, Abbildung 43 Beiß-Eckzähne und Abbildung 44 Saugzähne. Eckzähne erzeugen ein köstlich prickelndes Gefühl, wenn sie an senkrechten Adern und Muskeln am Körper eingesetzt werden, und jagen dem glücklich-hilflosen Opfer wohlige Schauer in Herz und Seele. Zitternd und bebend liegt es in Ihren Armen, während Sie Ihr neues Eckzahn-Spielzeug an ihm ausprobieren und dabei erogene Zonen entdecken, von denen selbst Ihr Opfer nichts wusste!

Nibbling-Eckzähne sind ein Paar von je zwei Zähnen, die rechts und links von den Vorderzähnen aufgesteckt werden. »Nibblers« sind kürzer und nicht so spitz wie Beißer oder Sauger und befinden sich nur an der oberen Zahnleiste. Jeder Nibbler hat die gleiche

Abb. 42

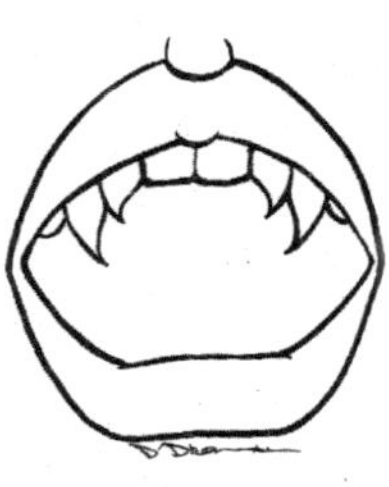

Abb. 43

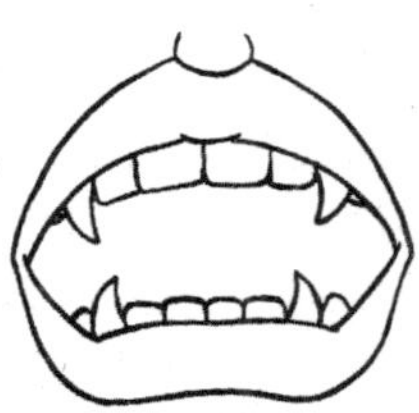

Abb. 44

Länge, was eine größtmögliche Empfindung garantiert. Der Hals des Sub schreit förmlich danach, angeknabbert und gebissen zu werden, ebenso wie die Muskeln an der Rückseite seiner Beine und unter seinen hochgestreckten Armen. Wenn er kitzlig ist, wird ihm ein sanftes Nibbeln an seinen empfindlichen Stellen wahre Lachsalven entlocken, während er in Ihren Armen zittert.

Saug-Eckzähne oder »Sauger« werden auch nur an der oberen Zahnleiste getragen, und zwar zwei auf jeder Seite der Vorderzähne. Sauger sind länger und spitzer als Nibbler. Beißen Sie mit den Saugern an den gleichen Stellen, wo Sie mit den Nibblern geknabbert haben, etwas fester zu. Er wird eine herrliche Mischung aus Lust und Schmerz empfinden, während sein Körper von qualvollen Lachkrämpfen geschüttelt wird und er Sie anfleht, damit aufzuhören.

Beiß-Eckzähne oder »Beißer« sind der gefährlichste Reißzahn-Typ. Einzelne Eckzähne werden an der oberen Zahnleiste auf Ihre richtigen Eckzähne aufgesetzt und unten, von der Mitte der Zahnleiste aus gesehen, beidseitig über den dritten Zahn gestülpt. Beißer sind genauso spitz wie Sauger, nur kürzer. Sie sind eigens dafür konzipiert, Fleisch aufzureißen und Blut zu saugen. Na dann, zum Wohl!

VERFÜHRUNG DURCH VAMPIRE: KEINE DUMMKÖPFE BEI GÖTTIN ROSEMARY

Vampirische Verführung ist nichts für Dummköpfe. Sie erfordert Geschick und Urteilsvermögen, besonders wenn Sie sich am Blutspiel beteiligen (was Sie aber vielleicht nicht wollen). Ersatzweise finden auch andere Flüssigkeiten Verwendung, um sich mit Körper und Seele an einen anderen Menschen zu binden, z. B. Vampirwein, den man auch als »Untot Blutrot« bezeichnet. Es gibt psychische Strömungen, die man anzapfen kann, um jemanden an sein Vampir-Ich zu binden. Die Sexualität des Vampirs liegt in seiner geheimnisvollen Persönlichkeit, seiner Verschwiegenheit und seiner Kraft. Wie in einem uralten Geheimbund, dessen Absichten nur den Eingeweihten bekannt sind, kennt nicht einmal das Opfer das Ausmaß der Wunde und hat keine Ahnung, wie stark es dadurch an den Vampir gebunden wird. Das Opfer weiß nur, dass ihm die Fantasie der Viktimisierung gewährt wird. Die Vorstellungskraft der Beute wird die leeren Stellen ausfüllen, und im Rahmen des passenden Settings spielt sich das Meiste im Kopf der Beute ab. Wenn Sie die optimalen Voraussetzungen geschaffen haben, dürfen Vampir (Top) und Opfer (Bottom) frei improvisieren und die Erfahrung personalisieren. Als Vampirin müssen Sie sich nur der Richtung anpassen, in die das Opfer von seinen Fantasien gelenkt wird.

Wegen der Wandlungsfähigkeit der Fantasie und der Viktimisierung erfordert die vampirische Verführung ein gewisses Maß an Telepathie. Der Vampir muss die Fähigkeit haben, zugleich in die Zukunft und in die Gegenwart eines Menschen zu sehen, ihm in die Augen zu schauen und die Gegenwart zu schaffen, die er jetzt braucht. Ein hypnotisierender Blick wird sein Äußeres durchbohren, aber die von einem Vampir naturgemäß ausgehende Gefahr wird ihn fesseln. Rituelle Settings lassen die Gefahr unmittelbar erscheinen, besonders für Uneingeweihte. Die Initiation ist mehr als ein einfacher erster Austausch; sie legt die Perspektive für jedes zukünftige Treffen fest. Sie entspricht einer psychologischen Analyse, die es Ihnen ermöglicht, Ihren Partner als Ihr williges Opfer nach Ihren Bedürfnissen und Vorgaben umzukrempeln. Es muss Ihnen auch gelingen, dem Sub Ihren Weg klar aufzuzeigen und ihn davon zu überzeugen, dass die Begierde, die Sie in ihm geweckt haben, seine eigene Begierde ist. Kurz gesagt, er sollte glauben, seine Viktimisierung sei seine eigene Idee. Sie sollten immer einen Schritt vorausdenken und die gegenwärtige Handlung so aussehen lassen, als stamme der Plan dazu von ihm.

Die Kontrolle, die ein Vampir ausübt, ist absolut. Der Vampir ist ein gerissener, wilder Räuber und lässt sich durch die moralischen Zwänge der menschlichen Gesellschaft von seinem Tun nicht abhalten. Dieser Gedanke schwingt im Unterbewusstsein des Opfers mit. Ängste und Fantasien aus der Kindheit und jahrelanger Aberglaube und Neugierde haben es in unser kollektives

Unterbewusstsein getrieben. Jeder, der behauptet, ein Vampir zu sein, beansprucht Überlegenheit, verlangt Aufmerksamkeit und inspiriert Angst, Ergebenheit und Wollust. Eine gespannte Erwartung hängt in der Luft, noch bevor das erste Wort ausgesprochen ist und bevor der erste hypnotische Blick ausgetauscht wird. Das Vampirritual verstärkt diese Ängste und verknüpft sie mit den sehr realen Naturkräften, die ihm innewohnen, und dem Aberglauben, den die meisten Uneingeweihten im Innern hegen. Um den unvergesslichen Bela Lugosi zu zitieren: »Ich will dein Blut saugen ...«

Mit seinem Hypnoseblick und seiner Gabe des Geistes hat der Vampir einen klaren psychologischen Vorteil. Nachdem er das Opfer zu sich gerufen und verführt hat, muss der Vampir nur noch das dramatische Ritual vollziehen. Rituale sollten individuell gestaltet werden, lediglich ihre Struktur sollte einheitlich sein. Es ist hilfreich, den Energiestrom mithilfe einer universellen Methode zu lenken, vielleicht durch Meditation.

Als Vampirin müssen Sie die vier Elemente anrufen – Erde, Wind, Feuer und Luft –, aber eine Vampirin sollte auch noch ein fünftes Element mit einbeziehen. Den Körper. Die Vampirin ist die Göttin und die Priesterin und hat Anspruch auf Körper und Geist (und im weiteren Sinn auf die Seele) des Schülers/Opfers. Das Opfer/der Sub muss versuchen, die Göttin zu besänftigen; schließlich unterscheidet er sich nur in der Hinsicht von einer reinen Mahlzeit, dass er die Göttin verehrt. Die Vampirin muss dem Schüler/Opfer ein Ritual an die Hand geben, um seine Aufmerksamkeit auf sich zu lenken und dort zu fixieren. Ob es ihr gelingt, die nächste Stufe zu erreichen, liegt dann ganz in ihrer Verantwortung. Das Opfer muss völliges Vertrauen in die Autorität der Vampirin haben, und die Vampirin muss ihm dieses Vertrauen vermitteln. Nur dann ist das Opfer bereit, sich für die Blutmahlzeit hinzugeben.

Vampire sind bekannt für ihre hypnotischen Fähigkeiten. Wenn Sie einem Opfer unverwandt in die Augen schauen und ein aufreizendes Funkeln in Ihren Blick legen, wird das Opfer sich selbst hypnotisieren. Der nächste wichtige Punkt betrifft die Art, wie der Vampir zubeißt.

Obwohl er sich meisterhaft darauf versteht, seine Opfer zu kontrollieren, kann er beim Blutsaugen eine solche Leidenschaft entwickeln, dass er alles um sich herum vergisst. Ein solcher Verlust der Selbstbeherrschung ist für Vampire legendär. So besteht in den meisten Vampirfilmen die größte Befürchtung darin, dass der Vampir sein Opfer totsaugt. »Trink niemals Blut von einem Toten oder nachdem das Herz aufgehört hat zu schlagen«, lautet die übliche Ermahnung, die als psychologischer Unterton in der Regel ihre Wirkung nicht verfehlt. Aber das Todesspiel ist, wie der Name schon sagt, gefährlich, und der Tod selbst ist ein wahrer Stimmungskiller. Andererseits besitzen die kraftvollen Zähne und der Biss eine umwerfende erotische Wirkung. Die drohende Penetration durch die Eckzähne des Vampirs entspricht der Penetration beim Sex. Der Hals oder ein anderer Körperteil, den die Vampirzähne berühren, verwandelt sich in eine erogene Zone. Dieser Körperteil wird extrem empfindlich und erfährt eine weitere Sensibilisierung durch die mentale Aufmerksamkeit, die der Vampir seiner Opfergabe entgegenbringt.

Pranic-Trinker: Lebenskraft aus der Natur

Ein ungewöhnlicher Typus unter den Vampiren ist der Pranic-Trinker, auch Energievampir genannt. Für den Pranic-Trinker ist alles, was in der Natur vorkommt –, dazu zählen auch, aber nicht ausschließlich Menschen – eine Quelle der Energie und Lebenskraft. Pranic-Trinker können ihre Energiereserven auffüllen, indem sie sich die Energie eines Gewitters, eines wolkenlosen, blauen Himmels, eines starken Regens, eines heftigen Sturms oder auch von herabrieselndem Schnee, Dunst und Nebel, Wäldern mit hohem Baumbestand, Gärten, majestätischen Bergen und sogar Kirchen zunutze machen. Der Pranic-Trinker kann die Schönheit und Wunder der Natur ins sich aufsaugen, ohne menschliches Leben zu nehmen. Auch durch den Genuss von Musik, Kunst und Tanz sind Pranic-Trinker in der Lage, ihren Energievorrat aufzutanken. Langer Rede kurzer Sinn, Pranic-Trinker brauchen als tägliches Brot keine menschliche Beute. Sie haben sich in der Form weiterentwickelt, dass die Nahrungsaufnahme an einem Menschen ein seltenes Vergnügen, aber keine Notwendigkeit für sie ist. Pranic-Trinker fühlen sich tief geehrt, wenn ein menschliches Wesen ihnen seine Lebenskraft anbietet, und organisieren für ihre willigen Opfer wunderschöne Rituale in verschwenderisch-üppigen Settings. Ein Vampir dieser Art saugt niemals alles aus seinem Opfer heraus, sondern zieht kleine Schlucke dem Todestrank vor.

Psychische Vampire: ständig auf der Lauer

Vampire, die Lebensenergie von anderen »anzapfen«, werden als »psychische Vampire« bezeichnet und sind von Pranic-Trinkern oder Blut-Trinkern zu unterscheiden. Wenn er einen psychischen Angriff ausführt, erfährt der psychische Vampir einen Energieschub, während das Opfer in einen Zustand der Müdigkeit und Abgeschlagenheit verfällt. Dieses »Anzapfen« findet regelmäßig statt, wenn die Energiereserven des Vampirs aufgefüllt werden müssen; dann saugt der Vampir die Lebenskraft einer anderen Person in sich auf. Es ist nicht ungewöhnlich, dass ein Vampir, der sich krank, unzulänglich oder emotional ausgelaugt fühlt, die Lebenskraft von besonders energiegeladenen Menschen anzapft oder völlig aufbraucht. Diese »Anzapfer« sind keine bösen Menschen; den meisten ist gar nicht bewusst, was sie tun oder wann sie es tun. Trotzdem können ihre unwissentlichen Handlungen bei jedem, der für diese Art Diebstahl eine energetische Öffnung bietet, verheerenden Schaden anrichten. Potenzielle Opfer müssen sich unbedingt darüber im Klaren sein, dass ihnen möglicherweise die Lebenskraft geraubt wird, und zu ihrem Schutz entsprechende Abwehrmechanismen entwickeln. Das Schädliche an einem psychischen Angriff ist die Tatsache, dass hier kein gerechter Austausch von Energie stattfindet und das Opfer sich genervt und ausgepowert fühlt, während der Vampir vor Energie strotzt.

Ein psychischer Vampir fühlt sich oft verlassen oder abgelehnt und hat deshalb das Bedürfnis, von anderen ständig anerkannt und umsorgt zu werden. Unsicherheit und ein geringes Selbstwertgefühl tragen zusätzlich zu diesen Gefühlen der Verlassenheit und Ablehnung bei. Da der psychische Vampir selbst wenig Energie besitzt und sich ständig müde fühlt, muss er oft Nahrung zu sich nehmen, um seinen Energiehaushalt aufrechtzuerhalten. Viele psychische Vampire sind entweder über- oder untergewichtig.

Nach einem psychischen Angriff leidet das Opfer unter Symptomen wie einer verminderten Ausstrahlung, Benommenheit, Antriebslosigkeit und Muskelverspannungen. Verwirrung, Kopfschmerzen und Schlafstörungen sind ebenfalls Anzeichen für einen psychischen Angriff. Oft kommen auch Reizbarkeit, Depressionen und körperliche Erkrankungen hinzu. Vor einem psychischen Angriff kann man sich schützen, indem man sich darüber klar wird, welche Individuen einem die Energie rauben, und den Kontakt mit ihnen meidet. Durch Visualisierungsverfahren können Sie einen Schutzwall um sich herum aufbauen oder eine Lichtblase erzeugen, um Ihre Aura zu schützen. Für diejenigen, die einen handfesteren Schutz bevorzugen, kommen gläserne Schilde oder Anhänger und spezielle Amuletts infrage.

Vampirrituale

Genau wie BDSM ist auch die Vampirkultur durchdrungen von Ritualen. Bevor man ein Ritual der zeremoniellen Art, wie die unten beschriebenen, durchführen kann, muss man gewisse Voraussetzungen schaffen. Die Schritte zur Vorbereitung der drei Rituale, die ich im Folgenden beschreibe, sind immer die gleichen. Deshalb will ich damit beginnen. Für alle drei Rituale brauchen Sie einen Altar, Kerzen, Öl, Weihrauch und einen feierlichen Sprechgesang. Für das Reinigungsritual wird der Altar nur kurz benötigt; dagegen bleibt er beim Bündnis- und Bannritual sieben Tage lang stehen. Überlegen Sie sich also vorher, ob Sie den Platz nicht für etwas anderes brauchen. Bevor Sie Ihren Altar errichten, stellen Sie Musik an, sorgen Sie für stimmungsvolle, gedämpfte Beleuchtung und schreiben Sie Ihren kleinen Sprechgesang auf.

Für ein Reinigungsritual wählen Sie Worte wie »verlasst diesen Ort/reinige diese Frau/diesen Mann«, »lasst sie/ihn (oder alle im Haus) in Ruhe«, »Ich bin (hier fügen Sie Ihren Namen ein) und ich gebiete über Euch«. Sie brauchen nur vier Zeilen, die sich reimen und klar vermitteln, dass Sie sämtliche ungebetenen Kräfte, die noch im Raum hängen, zum Gehen auffordern. Während Sie die Altarfläche in einer Ost-West-Bewegung abstauben und sie von unnötigen Gegenständen frei räumen, versuchen Sie, sich den Sprechgesang einzuprägen. Wenn Sie einen Schal, ein Schultertuch oder ein anderes Stück Stoff haben, das eine besondere Bedeutung für Sie besitzt, können Sie es ruhig als Altardecke darauf ausbreiten.

Als Nächstes waschen und trocknen Sie die Kerzen und ölen sie ein. Dazu nimmt man Altaröl für die beiden Altarkerzen und zwei Öle eigener Wahl für Ihre persönliche Kerze und die Objektkerzen. Altaröl ist von der Zusammensetzung her ziemlich gleich, aber jedes hat einen etwas anderen Duft. Was das Öl für die persönliche Kerze und die Objektkerze anbelangt, kann man zum Glück frei wählen. Ihr persönliches Öl sollte widerspiegeln, wer Sie sind und was Sie mit dem Ritual erreichen wollen. Das Öl für Ihre Objektkerze ist etwas objektiver: Bestimmte Düfte eignen sich für einen bestimmten Zweck besser als andere.

Sie dürfen im Raum zwar so viele Kerzen anzünden, wie Sie wollen, aber auf dem Altar dürfen nur vier Kerzen stehen. Wenn Sie den Altar vor sich haben, sind die zwei hinteren Eckkerzen die Altarkerzen und die beiden in den vorderen Ecken verkörpern Sie selbst und Ihr Objekt (Ihren Sub, Ihre Katze, Ihr Haus). Wenn Sie den Altar vor sich haben, steht die Kerze vorne links für Sie und die Kerze vorne rechts für das Objekt. Ihr Weihrauchkessel sollte in der Mitte des Altars platziert werden. Da Sie für Musik und Beleuchtung bereits gesorgt haben, besteht nun Ihre erste Handlung darin, den Weihrauch anzustecken. Beginnen Sie mit dem Sprechgesang, sobald Sie das Streichholz entzünden oder das Feuerzeug anknipsen. Übrigens sind Räucherstäbchen, Räucherkegel und aromatisierte Holzkohle allesamt als »Weihrauch« geeignet. Den Duft können Sie frei wählen, aber bitte! Verwenden Sie kein

»einladendes« Öl an Ihrer persönlichen Kerze und auch keinen »Venus«-Weihrauch, wenn Sie jemanden vertreiben wollen!

Zünden Sie immer zuerst den Weihrauch an und dann die Kerzen, und zwar in dieser Reihenfolge: hinten links, hinten rechts, vorne rechts, vorne links. Bevor Sie das Streichholz ausblasen, ziehen Sie es noch einmal durch die Flamme der Kerze hinten links. Danach geht das eigentliche Ritual los. Wenn das Ritual abgeschlossen ist, müssen Sie die Kerzen in der umgekehrten Reihenfolge löschen, wie Sie sie angezündet haben. Der Weihrauch sollte immer brennen, solange die Kerzen an sind. Im Anschluss an die Beschreibung der Rituale habe ich eine kurze Liste mit Weihraucharten, Ölen und Kerzenfarben aufgestellt, die Ihnen bei der Auswahl helfen kann. Viele Okkulta- und Wiccaläden verkaufen Komplettsets für die Smudge-Stick- (Kräuterbündel-)Reinigung, fertig gemischte Öle und Weihrauchsorten und Kerzen in allen Formen, Größen und Farben.

Göttin Rosemary, die Vampirmutter von Vater Todd, ist eine sehr gute Freundin von mir und hat mir dabei geholfen, die Vampirrituale für Reinigung, Bündnis und Verbannung niederzuschreiben.

Mondphasen: Der richtige Zeitpunkt für Ihre Rituale

Um den besten Zeitpunkt für Magick zu bestimmen, kommt der Mondphase eine wichtige Bedeutung zu. Es gibt prinzipiell zwei Mondphasen: zunehmender Mond (ideale Zeit für positives Magick, Komm-zu-mir-Magick und Wachstumsmagick) und abnehmender Mond (ideale Zeit für Bannmagick/negatives Magick, Studium und Meditation). Dazwischen haben Sie den Neumond (die wirkungsvollste Zeit für Bannmagick und negatives Magick) und den Vollmond (die wirkungsvollste Zeit für positives Magick). Die meisten Vampire, Wiccans und Heiden arbeiten mit diesen Mondphasen.

Reinigungsrituale

Wie alle Rituale, die wir in unserer erotischen Vorstellungswelt erschaffen, sind auch diese Rituale subjektiv und lassen sich an Ihre speziellen Bedürfnisse anpassen oder aber so vollziehen, wie ich es hier beschreibe. So kann man mit dem Reinigungsritual nicht nur eine Person reinigen, sondern auch einen Raum. Sie werden feststellen, dass es so ähnlich ist wie ein Wicca-Reinigungsritual. Anscheinend haben alle Riten, die aus der religiösen Zeremonie hervorgegangen sind, einige Dinge gemeinsam: Alle »höheren« Mächte scheinen an Rauch, Musik und Gesang, besonders rhythmischem Sprechgesang, Gefallen zu finden. Deshalb baue ich diese Elemente regelmäßig in meine Rituale ein.

Ich habe vier Reinigungsrituale, die ich als Vierfachreinigung bezeichne. Da es nicht in meiner Absicht liegt, irgendeine Göttin, einen Gott oder einen Geist zu erzürnen, wende ich oft alle vier an. Es hängt ganz davon ab, wie groß die »Verunreinigung« ist und wie stark die andere Gottheit oder der andere Geist am Ritual beteiligt ist.

Das Salbei-Smudge-Stick-Ritual besteht im Wesentlichen darin, dass man zielgerichtet durchs Haus, durch die Wohnung oder durch den Raum geht, das brennende Kräuterbündel nach allen Seiten schwenkt und dabei einen Sprechgesang rezitiert, damit die bösen Mächte vertrieben werden. Das zweite Ritual ist ein Kerzenritual. Dazu braucht man sieben Tage lang einen Altar mit persönlichen Gegenständen, Weihrauch und vier Fünfzig-Stunden-Kerzen, die jeden Tag sieben Stunden brennen. Das dritte Ritual entstammt der alten römisch-katholischen Liturgie: Mit Wasser, das von einem Priester gesegnet wurde (»Weihwasser«), weihe ich die Fenster und Türen der Behausung, indem ich das Weihwasser in den Räumen verspritze und dabei »im Namen des Vaters, des Sohnes …« rezitiere. Das vierte Ritual ist das Vampir-Reinigungsritual, das vom Wesen her personengebunden ist. Ich habe dieses Ritual schon allein bei mir zu Hause, mit anderen Reinigungsbedürftigen und vor einem großen Publikum mit Göttin Rosemary vollzogen. Außerdem kann dieses Ritual zur Eröffnung einer besonderen Rollenspiel-Szene vollzogen werden, zum Beispiel, wenn Sie einen Sklaven für persönlichere oder regelmäßigere Dienste akzeptieren oder einen neuen Sklaven in Ihrem Stall willkommen heißen.

Das Vampir-Reinigungsritual

Was Sie dazu brauchen:

- Einen Sprechgesang
- Eine Tischplatte, wo Gegenstände aufgestellt werden können, oder einen »Altar«
- Weihrauch
- 4 große Kerzen in Kerzengläsern
- 6 bis 12 rote Rosen
- Musik

Richten Sie den Altar ein, indem Sie die Rosen vor das Räuchergefäß/den Räucherstäbchenhalter stellen. Sobald Sie das Streichholz anreißen, um den Weihrauch anzuzünden, sollten Sie und Ihr Partner mit dem Sprechgesang beginnen, und zwar entweder gemeinsam oder abwechselnd. Zünden Sie die Kerzen an, wie ich es zuvor beschrieben habe. Dann setzen sich alle, die am Ritual beteiligt sind, hin und schauen in die Kerzenflammen. Konzentrieren Sie sich ganz auf das bevorstehende Ritual. Nach etwa zehn Minuten steht die Leiterin des Rituals auf und bedeutet dem, der gereinigt werden soll, dass sie nun bereit ist. Genau so angekleidet oder nicht angekleidet, wie die Vampirmutter es wünscht, muss er sich nun hinstellen und den Kopf senken. Wenn die Leiterin des Rituals die Rosen vom Altar nimmt, fahren alle anderen leise mit dem Sprechgesang fort. Sie nimmt die Rosen auf und rezitiert lauter, und während sie ihn umkreist, schwingt sie die Rosen auf und nieder und links und rechts an seinem Körper vorbei. Wenn sie den Kreis vollendet hat, bleibt sie wieder vor ihm stehen und »schlägt« die Luft um seinen Kopf und Körper mit den Rosen, um unerwünschte Kräfte zu vertreiben. Auf dem Höhepunkt des »Schlagens« wird der Sprechgesang von allen drei Mal wiederholt, um das Ritual zu vollenden. Danach werden die Altarkerzen, wie oben beschrieben, gelöscht.

Das Bündnisritual

Das Bündnis- oder Hochzeitsritual ist sehr schön und enthält alle Pracht und Feierlichkeit, die diesem heiligen Bund gebühren. Göttin Rosemary hat so geheiratet und diesen Dienst in ihrer Rolle als Vampirmutter viele Male vollzogen.

Was Sie dazu brauchen:

- Ihren Altar
- Ihre Gelübde
- Eine Blumenlaube (wahlweise aus echten Blumen oder Kunstblumen)
- Ein Foto von Ihnen
- Ein Foto von ihm
- Zwei große weiße Altarkerzen
- Zwei große rote persönliche Kerzen
- Weihrauch
- Öle
- Ein Bündnissymbol (ein Band, Ringe, Lebensschleifen, Trinken aus einem Hochzeitskelch)

Traditionell wird diese Zeremonie durch eine Vampirmutter oder einen hohen Funktionär der Vampirgesellschaft durchgeführt. Die Rolle des Zeremonienvampirs könnte dabei Ihr bester Vampirfreund übernehmen. Bei dieser Zeremonie schreiben Ihr Partner und Sie Ihre eigenen Gelübde wie auch den ganzen Ritus. Sie entscheiden, wann Sie eintreten wollen, ob Sie verraten werden sollen und durch wen, ob jemand um Sie werben soll, ob Sie Symbolträger, Trauzeugen und Diener haben wollen. Machen Sie Ihre Hochzeit zu der magischen Nacht Ihrer Träume! Obwohl die dunkle Hochzeit eigentlich auf einem Friedhof stattfinden sollte, ist das vielleicht nicht ganz praktisch. Ihr Hof, falls es ein privater ist, oder Ihr Wohnzimmer sind ebenso geeignete Plätze und lassen sich vorher viel leichter dekorieren. Das Wichtigste ist natürlich, dass die Zeremonie um Mitternacht abgehalten wird.

Richten Sie Ihren Altar wie beschrieben ein und stellen Sie Ihr Foto unter seine persönliche Kerze und seins unter Ihre. Wenn Sie ein feierliches Entree planen, wäre etwas Musik nicht schlecht. Der Zeremonienvampir sollte Sie genau hinter der Laube erwarten. Sie und der Bräutigam stehen unter der Laube und beginnen die Zeremonie, indem Sie Ihre Gelübde vortragen. In den Gelübden sollte unbedingt der Austausch der Bündnis-Symbole enthalten sein, und wenn der Zeremonienvampir sagt: »Ihr dürft euch küssen...«, können Sie sich gegenseitig in den Hals beißen. Im Anschluss an das vampirische Bündnisritual könnten Sie einen zwanglosen Empfang geben, bei dem Sie Ihren Gästen Vampirwein anbieten. Die Kerzen sollten, wenn möglich, sieben Tage weiter brennen. Falls das nicht geht, können sie am Ende des Ritus oder nach dem Empfang, was auch immer später eintritt, gelöscht werden.

Das Bannritual

Eine praktische Sache ist das Bannritual, das Sie einsetzen können, um einen Sklaven aus Ihrer Gegenwart zu verbannen, sich selbst aus einem Bündnis zu befreien oder um jemanden daran zu hindern, seine Nase in Ihre Angelegenheiten zu stecken, und zwar für den Augenblick oder für immer.

Was Sie dazu brauchen:

- Ihren Altar
- Weihrauch
- Öle
- Zwei schwarze Altarkerzen
- Eine persönliche Kerze in Rot, Gelb oder Blau
- Eine Objektkerze in Schwarz
- Ein Foto von ihm oder ein Stück Pergament, auf dem sein Name mit Drachenbluttinte geschrieben steht

Nachdem Sie den Altar eingerichtet haben, stellen Sie sein Foto unter die schwarze Objektkerze. Machen Sie Ihren Geist frei von allen Dingen mit Ausnahme des Rituals. Wenn Sie einen Sprechgesang verfasst haben, rezitieren Sie ihn jetzt, während Sie in die Flamme der Objektkerze schauen. Wenn Sie keinen Sprechgesang haben, richten Sie den Blick nur auf die Objektkerze und konzentrieren Sie sich auf Gedanken, mit denen Sie ihn wegschicken. Wiederholen Sie dies eine Woche lang jeden Abend für eine Stunde.

Vorschläge für Weihrauch, Öle und Kerzenfarben

Für das Reinigungsritual:

- Weihrauch: Frankincense, Pinie oder Salbei
- Öle: Weihöl oder Altaröl, Mondöl für die persönliche Kerze, Pinien- oder Minzöl für die Objektkerze
- Persönliche Kerze: blau, rosa oder rot
- Objektkerze: blau oder weiß

Für das Bündnisritual:

- Weihrauch: Roter Weihrauch (steht für Leidenschaft) oder eine andere Duftnote, mit der Sie sich selbst identifizieren
- Öle: Weihöl für die Altarkerzen; Venus-, Cleopatra- oder Komm-zu-mir-Öl für die persönliche Kerze und »Mitternachtsöl« (oder was immer »Mitternachtsöl« für Sie bedeutet) für die Objektkerze
- Persönliche Kerze: rot, blau oder purpur
- Objektkerze: blau, rosa oder weiß

Für das Bannritual:

- Weihrauch: Love Breaker, Abschied oder Uncrossing
- Öle: Weihrauchöl für die Altarkerzen, Marsöl für die persönliche Kerze und Trennungsöl für die Objektkerze
- Persönliche Kerze: rot, gelb oder blau
- Objektkerze: schwarz.

18. KAPITEL

Luft, Wasser und Körper

Was haben diese drei Dinge gemeinsam? Eigentlich nichts Besonderes, außer dass die beiden Elemente Wasser und Luft für unseren Körper notwendig sind. Wenn wir daher unsere erotische Vorstellung gebrauchen, können wir diese Elemente in unserer purpurnen Mitternachtswelt als Mittel der Kontrolle bei unseren BDSM-Spielen einsetzen und den Körper selbst zu einem gefälligeren Spielzeug machen.

LUFT: SEXY WÜRGEN

Das hat absolut nichts damit zu tun, dass wir ihm eine Plastiktüte über den Kopf stülpen, ihm die Kehle zuschnüren oder versuchen, ihn am Türrahmen zu erhängen. Was könnte daran schon sexy sein? Was ich aber jetzt beschreiben will, ist in der Tat sexy und kann als Belohnung oder als »Strafe« dienen. Ihr fester Partner wird jedenfalls total darauf abfahren. Allein dieser wonnevolle Aspekt könnte eine ganze Spielzeit ausfüllen. Als Erstes brauchen Sie eine riesige Menge Unterwäsche, vom weißen altjüngferlichen Pagenschlüpfer bis zum erotischsten String-Tanga.

So geht das Spiel: Schlüpfen Sie zuerst in das kleinste Dessous. Dann ziehen Sie die restlichen Slips und Unterhosen der Größe nach übereinander. Über dieser ganzen Unterwäsche können Sie tragen, was Sie wollen, oder auch gar nichts. Die Strafe für Ihren Sub, ob er nun Ihr treu sorgender Diener oder Ihr Folterspielzeug ist, besteht darin, dass Sie sich mit den ganzen Unterhosen auf sein Gesicht setzen und ihn darunter ersticken. Wenn Sie ihm diese Strafe zum ersten Mal ankündigen, sagen Sie ihm auch, dass Sie sitzen bleiben werden, bis Sie auf zwanzig gezählt haben. Im Lauf des Abends fügen Sie jedes Mal, wenn Sie ihn bestrafen, fünf oder zehn Zähler hinzu. Im Durchschnitt kann ein Mensch den Atem für mindestens sechzig Sekunden anhalten, wenn er vorher noch einmal tief einatmet. Und etwas Luft bekommt er ja immer noch. Meist ist die Gefahr eines unabsichtlichen Erstickungstodes sehr gering, es sei denn, Sie haben Übergewicht und drohen wirklich, ihn zu ersticken. Weil Sie aber schon wissen, dass er ein Safesignal braucht, wenn sein Mund anderweitig im Einsatz ist, kann er im Notfall mit seinem Halstuch winken oder mit dem Schlüsselbund rasseln.

Wenn er Ihnen gezeigt hat, dass er Ihre Macht über ihn akzeptiert, können Sie ihn belohnen, indem Sie bei jeder Bestrafung eine Unterhose weglassen. Wenn er seine Pflichten vernachlässigt, ziehen Sie die letzte Unterhose, die Sie ausgezogen haben, wieder an.

Facesitting (Gesichtssitzen)

Auf den ersten Blick scheint es dasselbe zu sein wie das erotische Würgen, aber das hier ist nur für Paare bestimmt, die ein sehr intimes Verhältnis haben, nicht für gelegentliche Spielgefährten. Warum? Weil Sie bei diesem Spiel nicht mit den ganzen Unterhosen anfangen, sondern nur mit einem ganz knappen String-Tanga, vorzugsweise aus Latex, Leder oder PVC. Was Sie darüber anziehen, bleibt ganz Ihnen überlassen. Ich selbst trage bei diesem Spiel gern einen bodenlangen, schwarzen Strickmantel mit Säumen und Ärmelaufschlägen aus Silberschlinge, mit dem ich ihn reize, bis ich bereit bin, ihn abzulegen. Für einen Augenblick lasse ich mein Bein unter dem Mantel hervorlugen, gewähre ihm einen kurzen Blick in den Ausschnitt, lasse die Mantelärmel herunterfallen und den heidnischen Schmuck an meinen Handgelenken aufblitzen – nur damit seine Fantasie in Gang kommt.

Die fehlende Unterbekleidung macht das Spiel sehr intim und setzt vielleicht sehr viel mehr Intimität voraus, als Sie ihm gewähren wollen. Die groben Spielelemente wiegen diese Intimität aber wieder auf und machen das Spiel erregender. Ich bezwinge ihn, schlage ihn nieder, ringe ihn zu Boden, stoße ihn herum, nehme ihn mit den Beinen in den Schwitzkasten und dergleichen mehr. Darin unterscheidet sich Facesitting vom spielerisch-erotischen Würgen, bei dem er durch die ganze Unterwäsche hindurch noch atmen kann. Hier wird ihm die Luftzufuhr stärker abgeschnitten, und manche empfinden dabei Erniedrigung. Auf der anderen Seite hat er das, was er am meisten begehrt, so aufreizend nah vor sich, dass Sie ihm am liebsten den Mund zukleben und nur ein Atemloch freilassen würden, damit seine Zunge sich ohne Ihre Erlaubnis keine Frechheiten herausnimmt.

WASSER: DER EINLAUF = FLÜSSIGE MACHT

Die unmittelbare psychologische Wirkung eines Einlaufs ist gewaltig. Deshalb schwören manche Dominas darauf, dass es kein besseres Mittel gibt, einen Sklaven in seine Schranken zu weisen, als ihn gleich bei seinem Eintreffen nackt auszuziehen, ins Bad zu schleppen und ihm einen Einlauf zu verpassen. Es gibt Dominas, die eine Sitzung grundsätzlich mit einem Einlauf beginnen, weil dieser noch viel mehr bewirkt, als nur Dreck aus seinem Körper zu entfernen. Mit dem Einlauf wird auch unerwünschter Hochmut, den er im Innern gespeichert hat, buchstäblich herausgespült. Manchmal braucht selbst der aufrichtigste Sub einen Einlauf, ob Sie die Sitzung nun regelmäßig damit beginnen oder nicht. Aber ein Einlauf befreit nicht nur von unerwünschtem Stolz und den obligatorischen Körperausscheidungen; er bewirkt beim Sub auch eine Seelenreinigung. Nachdem er alles ausgestoßen hat, überkommt ihn ein leichtes, schwebendes Gefühl, das ihn für den Rest des Abends ziemlich gefügig und empfänglich stimmt. In Gedanken hat er die ganze Zeit das Bild von dem Eingriff vor sich, den Sie mit seinem geheimen Einverständnis an ihm vorgenommen haben.

Eine gründliche Reinigung

Nachdem er sich bei der Inspektion umgedreht, vornüber gebeugt und seine Arschbacken für Sie gespreizt hat, müssen Sie feststellen, dass seine Körperhygiene nicht den Mindestanforderungen entspricht. Und das, nachdem Sie sich so viel Mühe gegeben haben, ihm sein eigenes Vorbereitungsritual ins Hirn zu hämmern!

Sie sind zu Recht empört! Was können Sie nun dagegen unternehmen?

Wenn er schon von außen nicht sauber ist, ist er es von innen erst recht nicht. Wenn Sie entscheiden, dass er sich »selbst ausspülen« soll, lassen Sie ihn die Klistierspritze auspacken, befehlen Sie ihn ins Bad und überwachen Sie ihn dabei, wie er den Klistierbeutel füllt und sich den Stutzen einführt. Setzen Sie sich auf einen Platz, von wo aus Sie ihn im Blick haben, und befehlen Sie ihm, die Augen offen zu halten, damit Sie hineinschauen können, während sein Bauch sich mit Wasser füllt. Statt ihn die Sache erledigen zu lassen, können Sie beim Einspritzen auch selbst Hand anlegen. Wenn er dabei aber »Pause« sagt, gehen Sie darauf ein. Nachdem der Einlauf verabreicht ist, sollten Dominas mit empfindlichen Nasen das Bad verlassen, bevor er sich erleichtert. Wenn Sie keine empfindliche Nase haben, bleiben Sie einfach in der Tür oder direkt im Bad stehen, während er Ihr Geschenk ausstößt. Das verdeutlicht ihm noch mehr, wie sehr Sie ihm überlegen sind. Es ist ziemlich erniedrigend für ihn, dass Sie ihm dabei zusehen, und lässt in seinem Kopf keinen Zweifel darüber, wer hier den Ton angibt. Nachdem er sich erleichtert hat, befehlen Sie ihm, zu duschen und sich gründlich zu schrubben, und kündigen Sie ihm an, dass Sie eine weitere Inspektion durchführen werden. Stellen Sie sich darauf ein, dass etwa eine halbe Stunde lang noch etwas nachsickern kann. Und sorgen Sie für etwas Raumluftspray oder Weihrauch im Bad, damit die Atmosphäre angenehmer wird.

Geschenke von der Göttin

Als ich noch in Florida lebte, hatte ich ein »Schoßhündchen«, das ich hier Josh nennen will. Ich bezeichne Josh als Schoßhündchen und nicht als Sub, Sklaven oder Masochisten, weil Josh all dem nicht entsprach. Josh widmete mir seine Wochenenden: Überall, wo ich hinwollte – an den Strand, zu den Fetischläden, zu den Vizcaya-Gärten in Miami –, überall fuhr Josh mich in seinem großen, alten Cadillac, den wir »Kampfstern Cadillactica« nannten, hin. Josh kaufte mir Outfits, Windspiele, Orchideen, Fetischvideos und Comic-Hefte und lud mich zum Mittag- oder Abendessen ein. Abgesehen davon, dass er ein bisschen zu viel quatschte, war Josh ein sehr lieber und freigiebiger Bursche. Was war also seine Fantasie? War er nur der begeisterte Fan einer Herrin? Keineswegs! Josh war ein großer Natursekt-Fanatiker, bestimmt der fanatischste, dem ich je begegnet bin.

Alles begann, als wir eines Abends nach einer Fetischparty den Clash Club verließen. Wir hatten uns drinnen kennen gelernt und er bot mir an, mich zu meinem Wagen zu begleiten. Klasse, dachte ich, ich muss dringend pinkeln, und jetzt habe ich einen männlichen Beschützer, der dabei Schmiere stehen kann. Gewohnheitsmäßig öffnete ich also beide Türen auf der Fahrerseite, um mir einen kleinen Sichtschutz zu machen. Dann hob ich meinen Rock und hockte mich auf die Kante der Wagentür. Er fragte mich, ob ich etwas dagegen hätte, wenn er zusähe. Ich antwortete, dass es mir nichts ausmachen würde, solange er mich nicht dabei störte. Er kauerte sich hin, um besser sehen zu können und war äußerst höflich. Er holte sogar ein Taschentuch (ja, ein richtiges Baumwolltaschentuch!) aus seiner Hosentasche und reichte es mir. Am nächsten Tag rief er die Frau an, die uns miteinander bekannt gemacht hatte, und bat sie, mich anzurufen und um die Erlaubnis zu bitten, ihm meine Nummer weitergeben zu dürfen. Sehr schön, er hatte sich an die Benimmregeln gehalten, er war humorvoll und kultiviert, und offensichtlich mochte er mich. Also willigte ich ein. Und so wurde Josh zu meinem Schoßhündchen.

Wir hatten eine Menge Spaß, Josh und ich. Über viele Monate hinweg steckten wir jedes Wochenende zusammen, gingen dahin und dorthin, taten dies und jenes, was immer uns einfiel, und besuchten die örtlichen Fetischpartys. Josh war großzügig und spendierte mir alles. Von Josh bekam ich eine Orchideensammlung, die ich innig liebte. Mit Joshs Hilfe gestalteten wir auf meiner Terrasse eine tropische Umgebung, wo sie prächtig gediehen und mir (und Josh) viele vergnügliche Stunden bereiteten. Wenn er an den Wochenenden da war, durfte er mich zur Toilette begleiten und zusehen, wie ich pinkelte. Ich spreizte die Beine, sodass er nahe genug mit dem Kopf herankommen konnte, um das Ereignis zu beobachten. Er spähte durch den schmalen Schlitz zwischen Toilettenschüssel und Toilettensitz. Zu unserer Belustigung pinkelte ich hart und schnell wie ein Rennpferd, dann wieder langsam in einem dünnen Strahl und schließlich stoßweise, was immer uns zum Lachen brachte.

Eines Tages fragte er mich, ob er mich »trockenblasen« dürfe, statt dass ich Toilettenpapier benutzte. Aus ein paar Zentimeter Entfernung blies er gegen meine Schamlippen, bis sie trocken waren. Okay, ich bin bereit mitzumachen! Das Blasen kann beginnen. Nun ja! Zufällig habe ich sehr lange Schamlippen und wenn er im richtigen Winkel dagegen blies, schlugen sie zusammen und machten ein kurzes, aber sehr hörbares klatschendes Geräusch. Als uns das zum ersten Mal passierte, lachten wir wie wahnsinnig, hielten es aber für einen Zufall, eine einmalige Sache. Neugierig und immer auf der Suche nach neuen Belustigungen, pinkelte ich noch etwas mehr, damit er es wieder tun konnte. Ich wollte sehen, ob das bei mir normal war oder ein Einzelfall. Es war kein Einzelfall. Es geschah immer und jedes Mal, wenn er im richtigen Winkel blies, und in kürzester Zeit hatte er den Winkel voll drauf. Wir konnten gar nicht aufhören, uns über den »Beifall« von unten zu amüsieren, wenn er seinen kleinen Dienst verrichtete. Dann fragte er mich, ob es mir etwas ausmachen würde, in ein Glas zu pinkeln und es ihn trinken zu lassen.

Es war mir Jacke wie Hose, wohin ich pinkelte. Ich kann in ein Glas pinkeln, wie ich irgendwo anders hin pinkeln kann. Und Josh war ein großartiger Junge, ein echter Glückstreffer. Deshalb sagte ich ja. Ich betrachtete es als seine Belohnung für den ausgezeichneten, zuvorkommenden Dienst, den er mir erwies. Ich fand ein Plastikglas, auf das ich mit dem Zaubermarker seinen Namen schrieb und das ich extra für ihn im Bad aufbewahrte. Wenn er auf dem Weg zu mir war und ich pinkeln musste, bevor er kam, pinkelte ich in das Glas und stellte es für ihn auf die Seite. Er verdiente diese Gunst. Er war ja so süß! Es dauerte aber nicht lang, da fragte er, ob er mich dabei beobachten dürfe, wenn ich ins Glas pinkelte, und ob ich ihm erlauben würde, es warm zu trinken. Ich habe mit so etwas überhaupt kein Problem, und er tat ja auch immer seine

Schuldigkeit. Deshalb stimmte ich wieder zu. Bei dieser Gelegenheit entdeckte ich eine Grenze, von der ich zuvor nichts geahnt hatte. Obwohl ich überall, immer und vor jedem pinkeln kann, fühlte ich mich plötzlich unbehaglich bei dem Gedanken, ihn dabei zu beobachten, wie er meine Pisse trank. Deshalb sah ich ihm nicht zu. Er schien mein kleines Problem nie zu bemerken, und so wurde unsere Beziehung dadurch nicht im Geringsten belastet.

Anfangs erkannte ich nicht, dass Joshs Begeisterung für den Göttinnentrank an krankhafte Obsession grenzte. Mir dämmerte es erst, als wir eines Nachts von einer anderen Clash-Club-Party kamen und ich wieder pinkeln musste. Na ja, um 4:30 Uhr morgens ist ein Parkplatz wirklich tausendmal sauberer als die Toiletten in einem Nachtclub. Ich wandte also wieder meinen Trick mit dem Sichtschutz an. Dann kam die Überraschung: In der Zeit, die ich brauchte, um mich auf der Kante der Wagentüröffnung zum Pinkeln einzurichten, hatte Josh sich auf den Boden geworfen und sich auf dem Rücken unter die Wagentürkante vorgerobbt. Da lag er jetzt mit offenem Mund und ließ meinen Nektar über sein Gesicht und in seinen Mund spritzen. Ich war belustigt und erschrocken zugleich. Es amüsierte mich, dass er so begeisterungsfähig war, dass es ihm überhaupt nichts ausmachte, sich auf einem Parkplatz auf den Boden zu legen (wie sauber ist das wohl?), nur um meinen Nektar warm direkt aus der Quelle zu trinken. Und aus dem gleichen Grund war ich schockiert. Es lag nicht daran, dass er meinen Nektar geradewegs aus der Quelle trank. Das hatte er schon früher getan, und es war immer ein ganz besonderer Genuss für ihn. Was mich wirklich störte, war, dass er da auf einem ziemlich schmutzigen, um nicht zu sagen total versifften Parkplatz auf dem Boden lag! Von da an fielen mir immer mehr kleine Dinge auf.

Wenn er auf der Terrasse war und ich zum Pinkeln hineinging und ihn nicht rief, damit er mir dabei zusehen konnte, war er gleich beleidigt und eingeschnappt und fing an zu schmollen. Einmal bat er mich, ich solle auf dem Betonboden der Terrasse in die Abflussrinne pinkeln. Es macht mir nichts aus, einen ahnungslosen Busch unter Wasser zu setzen, aber auf meine eigene Terrasse zu pissen, wenn das Klo gleich um die Ecke ist? Nä! Wenn ich gelegentlich vergaß, ein Glas für ihn zu füllen, reagierte er wie ein verwundeter Welpe. Aber jetzt mal ehrlich! Manchmal pressiert es einem halt, und dann muss man sofort rennen und hat keine Zeit zu verlieren! Das mit dem Glas und dem Zuschauen war ein Privileg, das ich ihm gewährte – ein intimes Geschenk –, das aber nach meinen Regeln abzulaufen hatte. Ich allein entschied, ob ich ihn hereinrufen wollte, damit er mich trocken blies oder mich sogar beim Pinkeln beobachtete. Und ich hatte ganz gewiss keine Lust, ihn jedes Mal auf dem Klo dabei zu haben; braune Duschen sind nicht mein Ding und Menstruationsduschen machen mich auch nicht wirklich an. Wir lachten beide, wenn ich beim Pinkeln furzte, aber furzen ist etwas ganz anderes. Wenn er über Nacht blieb, schlief er auf dem Sofa im Wohnzimmer. Er muss beim Schlafen ein Ohr offen gehalten haben, damit ihm das Geräusch von plätscherndem Urin nicht entging und er ja nichts verpasste. Ich bin eine Nachtpinklerin und muss nachts mindestens zweimal raus.

Diejenigen unter Ihnen, die auch Nachtpinklerinnen sind, wissen, wie das normalerweise abgeht: Man schleppt sich im letzten Augenblick aus dem Bett, stützt sich an den Wänden ab, stolpert ins Bad und schmeißt seinen Arsch in Richtung Kloschlüssel in der Hoffnung, ins Schwarze zu treffen. Man schaltet kein Licht an, allenfalls lässt man im Bad eine Kerze brennen, quasi als Leuchtfeuer. Sie wollen nicht zu sehr wach werden, gerade so viel, um zu pinkeln und ins Bett zurück zu wanken. Genau so läuft's bei mir. Jetzt war es aber so, dass er sofort wach wurde, wenn sich meine goldene Dusche mit hellem Geklingel ins Wasser ergoss, ja sogar, wenn sie aus Versehen die Klobrille traf. Dann lag er da auf dem Sofa und schnaubte empört und seufzte, weil ich ihn nicht dazu eingeladen hatte. Mit der Zeit ging mir dieses Verhalten echt auf den Geist. Wie ich schon sagte, es handelte sich um eine besondere Vergünstigung, die ich ihm gewährte. Er aber sah es schon als sein Recht an, und das passte mir nicht. Er hatte kein Recht darauf, jedes Mal dabei zu sein. Und wenn ich nicht einmal im Klo ein Recht auf Privatsphäre habe, wo dann?

Mit dieser Erwartungshaltung verursachte er mir Stress und gab mir das Gefühl, ihm verpflichtet zu sein. Auf beides legte ich keinen Wert. Ich erzählte dann alles der Frau, die uns bekannt gemacht hatte, und sie sagte mir (und jetzt verrate ich Ihnen das große Geheimnis!), dass es mit seiner früheren Freundin genau dasselbe gewesen sei und dass sie aus diesem Grund mit ihm Schluss gemacht habe. Sie konnte es einfach nicht mehr ertragen. Josh und ich hatten weiterhin ein freundschaftliches Verhältnis und trafen uns auf Partys, aber das war's dann auch. Er war und ist ein großer Fan meiner Arbeit und hat mein erstes Buch *Die Kunst der Weiblichen Dominanz* vielen Frauen aus seinem Freundeskreis geschenkt. Wenn es mir nur gelungen wäre, Josh auch für andere Aspekte unserer purpurnen Mitternachtswelt hinter dem Schleier zu interessieren, dann hätte dieses reizende Zwischenspiel sicher kein so abruptes Ende genommen.

Andere Duschen

Natürlich ist der »Golden Shower« die erste und oft auch die einzige Art Dusche, die einem spontan zu dem Thema einfällt, aber hinter dem Schleier verbergen sich noch andere. Ich selbst praktiziere keine dieser anderen Duschen, ich weiß aber, dass es sie gibt, und darum sollen auch Sie Bescheid wissen. (Es könnte ja sein, dass Sie durch eine merkwürdige Fügung des Schicksals einem dieser Menschen begegnen; dann sind Sie wenigstens nicht überrascht oder sprachlos. Mit Ihrem Vorwissen können Sie Ihre geheimnisvolle Aura und Ihre kühle Ausstrahlung beibehalten.) Im Rang nach der »goldenen« Dusche wird am häufigsten die braune Dusche angefragt. Soll ich im Einzelnen auf die braune Dusche eingehen oder können Sie sich selbst einen Reim darauf machen? Die braune Dusche kann natürlich oder induziert sein, was bedeutet, dass die Domina sich selbst einen Einlauf setzt, um ein erfolgreiches Ergebnis zu garantieren. Es gibt Dinge, die halte ich lieber privat, danke!

Die anderen beiden und zugleich weniger gängigen Duschen sind die rote Dusche und die römische Dusche. Um eine rote Dusche verabreichen zu können, muss die Herrin ihre Tage haben. Mit mir brauchen Sie dabei nicht zu rechnen! Es ist schon nicht hygienisch, die Pisse von jemand anders zu trinken; der einzige Urin, den man sicher trinken kann, ist der eigene. Aber Regelblut trinken! Blut ist Blut und kann als solches Krankheiten übertragen, was das Ganze zu einer absolut unsicheren Praktik macht. Außerdem gehört das auch zu den Dingen, die ich lieber im Privaten regle, wenn Sie verstehen, was ich meine. Die letzte Dusche ist die römische. Sie leitet sich von dem alten römischen Ritual ab, das darin bestand, sich zwischen den Mahlzeiten zu übergeben, um Platz für mehr Essen zu schaffen. Wer praktiziert dieses »Ritual« heute? Soweit ich weiß, nur diejenigen, die an Bulimie leiden. Fällt Ihnen jemand anderes ein? Was tut also dieser »Sklave«? Er macht eine bulimische Frau ausfindig und versucht, sie zu seiner Herrin zu machen. Dabei unterstützt er sie in ihrer Bulimie. Ich will ja niemanden verurteilen, aber manchmal kann ich einfach nicht anders. Er ermutigt eine kranke Frau dazu, sich für sein eigenes Vergnügen ihrer Krankheit hinzugeben. So was kann ich gar nicht ab. Aber hören wir jetzt auf mit den Sonntagsreden!

KÖRPER: MARKIERUNG

Sobald sich Ihr Sklave Ihnen mit Leib und Seele verschrieben hat, halten Sie es vielleicht für angebracht, ihn als Ihr Eigentum zu kennzeichnen. Die emotionale Wirkung, die man mit einer solchen Markierung erzielt, ist viel größer, als wenn man dem Sklaven nur ein Halsband anlegt. Sie steht symbolisch für eine enge, dauerhafte Beziehung und darf nicht leichtfertig vorgenommen werden. Er muss der Markierung ausdrücklich zustimmen, und die Entscheidung über die Art der Markierung sollte unbedingt gemeinsam getroffen werden. Die Markierungen, über die wir hier sprechen, sind Piercings oder Tätowierungen. Beide sollten von einem zugelassenen Fachmann in einer sauberen Umgebung vorgenommen werden. Die Lizenz sollte in den Geschäftsräumen sichtbar ausgehängt sein. Die besten Tattoo-Künstler halten eine Auswahl an

Entwürfen und Mustern ihrer Arbeit für Sie zur Ansicht bereit und werden Sie nicht zu einer schnellen Entscheidung drängen.

Es gibt zwar noch andere Methoden, ihn zu kennzeichnen, z.B. durch Brandmarken und Einschnitte in die Haut, aber davon würde ich Ihnen dringend abraten. Es handelt sich dabei um fortgeschrittene Spiele für sehr erfahrene Spieler, und man muss streng darauf achten, das Werkzeug zu sterilisieren und den Abfall richtig zu entsorgen. Die Risiken beim Brandmarken und Schneiden betreffen hauptsächlich die Infektionsgefahr und die Gefahr, dass das Ergebnis nicht dekorativ, sondern entstellend ausfällt. Wenn Sie mit Buttermessern »sicher spielen« und versehentlich seine Haut verletzen, müssen Sie die Stelle gleich desinfizieren. Ziehen Sie sofort einen Arzt zu Rate, falls eine Rötung, Schwellung, Eiter oder Fieber auftritt.

Mein Prinz

Das Prinz-Albert-Piercing wird in Höhe des unteren Eichelrands bis fast zu seinem Schlitz gestochen und meist mit einem Ring getragen. Bestimmt haben Sie schon Bilder davon gesehen, weil es eines der beliebtesten Piercings überhaupt ist. Wenn ich vor der Wahl stünde, meinen Sklaven mit einem Piercing zu markieren, würde ich mich für dieses entscheiden. Ein Genitalpiercing ist für mich die beste Alternative, weil es am kurzzeitigsten ist. Sobald Sie den Ring oder Stecker herausnehmen, wird das Loch wieder zuwachsen und hinterlässt dort, wo das Piercing war, nur minimale Spuren. Als Intimpiercing-Schmuck würde ich einen Ring bevorzugen, an dem ich einen Anhänger mit meinem eingravierten Vornamen befestigen könnte. Der Prinz Albert, auch als »PA« bekannt, eignet sich hervorragend dafür, und der Anhänger kann jederzeit abgenommen werden. Weil der Ring an einer so intimen Körperstelle sitzt, wird er den Sklaven ständig daran erinnern, welche Position er in Ihrem Leben einnimmt. Und wenn er Ihr Geliebter ist und sein Rüstzeug nicht so ganz dem entspricht, was eine Frau sich vorstellt, lässt der PA das Ding ein paar Zentimeter größer erscheinen …

Nippelpiercings

Es heißt, dass jedes Piercing oberhalb der Gürtellinie außer dem Zungenpiercing (das beim Oralsex unheimlich stimulierend wirkt) nur für die Show, den dramatischen Effekt oder als Symbol der Auflehnung getragen wird. Ich denke, die einzige Ausnahme zu dieser Feststellung ist das Nippelpiercing. Brustwarzen sind sehr empfindlich, und es macht Spaß, damit zu spielen. Das Durchstechen seiner Brustwarze ist eine ebenso symbolträchtige Geste wie der Prinz Albert und ganz sicher viel symbolischer als ein Halsband, ein O-Ring oder ein kurzzeitiges Tattoo. Nachdem das Piercing verheilt ist, können Sie mit dem Ring spielen (oder mit dem Barbell-Stecker, der aussieht wie eine kleine Hantel, aber weniger verbreitet ist als der Ring. Stecker sind beliebter für Zungenpiercings.) Man kann einfach daran ziehen oder – besonders geeignet für die Schmerzschlampe – für eine kurze Zeit leichte Gewichte daran hängen. Wenn seine Schmerzgrenze sich erhöht, setzt man sie länger ein oder benutzt schwerere Gewichte. Seien Sie aber vorsichtig mit den Gewichten; Sie wollen ihm den Ring ja nicht herausreißen. Falls die Begeisterung für den Ring oder die Beziehung nicht von Dauer ist, entfernt man einfach den Ring, und die Löcher werden zuwachsen wie bei jedem anderen Piercing auch.

Tätowierungen

Ich habe fünfundzwanzig Jahre lang gewartet, bevor ich mir mein erstes Tattoo stechen ließ. Dabei habe ich davon geträumt, seitdem ich fünfzehn war! Mein Problem bestand darin, dass ich mich nicht entscheiden konnte, wo ich es haben wollte. Und, wie Sie sich vorstellen können, war es zu dieser Zeit überhaupt nicht üblich, dass Mädchen Tattoos trugen. Schon gar nicht Mädchen von da, wo ich herkomme. Weil ich nun aber bin, wer ich bin und was ich bin, war genau das einer der Gründe, warum ich unbedingt eins haben wollte. Dann kamen die tollen Abziehtattoos auf, die etwa fünf Tage hielten und mit denen man, was die richtige

Platzierung anbelangte, wunderbar herumexperimentieren konnte. Darüber wurde ich irgendwann zu faul, das mit dem richtigen Tattoo voranzutreiben. Ich mochte die vorübergehenden Tattoos, weil ich passend zu meinem Outfit immer andere an unterschiedlichen Körperstellen anbringen konnte. Und wenn es mir nicht gefiel, konnte ich es einfach wegschrubben. Das Stacheldraht-Tattoo machte sich auf meinem Oberarm gut zu dem schwarzen Ballkleid, aber wollte ich für immer mit Stacheldraht auf dem Arm herumlaufen? Ich beschloss, mir mein Tattoo an einer Stelle stechen zu lassen, wo niemand es sehen konnte, wenn ich es ihm nicht bewusst zeigte. Nach all den Jahren des Wartens war es für mich zu einer sehr persönlichen Sache geworden, nicht etwas, worüber ich in der Öffentlichkeit sprechen oder diskutieren wollte.

Ich ließ mir das Tattoo machen, als ich am Hinterteil stark sichtbare Bräunungsstreifen von meinem Bikiniunterteil hatte. Es zieht sich von meinem Kreuz bis unter die Taille auf meine Hinterbacken. Ein Teil des Designs zeigt in einem scharfen »V« nach unten auf meine Arschspalte. Es sieht aus wie ein Schnörkel über meinem Allerwertesten. Natürlich hätte gerade ich wissen müssen, wie viele Nervenenden gerade an dieser Stelle zusammenlaufen. Aber vielleicht gehörte ich damals zu den Leuten, die immer denken, dass es ausgerechnet auf sie nicht zutrifft. Kann sein, dass ich es auch einfach vergessen habe. Hinzu kam noch, dass das Motiv, das ich mir ausgesucht hatte, viele lange, geschwungene Linien hatte, die in einem Zug gestochen werden mussten. Interessant war allerdings, dass ich keinen Schmerz an sich empfand. Es fühlte sich eher an wie eine Überdosis Akupunktur, wenn Sie sich das vorstellen können. Ich brach in Schweiß aus, mir wurde schwindlig und schließlich übel. Sie gaben mir Gläser mit Zuckerwasser und stellten einen großen Mülleimer mit einer Plastiktüte unter meinen Kopf, nur für den Fall eines Falles.

Wie man sieht, habe ich die »Prozedur« überlebt. Erst ein paar Jahre später fand ich heraus, dass mein Tattoo einen Namen hatte. Als ich es jemandem zeigte, der das Vergnügen verdiente, schaute er es an und rief aus: »Ein Teufelsschwanz!« Und sowie ich das hörte, wusste ich, dass er Recht hatte. Nachdem ich so viele Motive angeschaut hatte, dass ich erst eine Nacht darüber schlafen musste, bevor ich mich für eines entschied, wusste ich jetzt genau, dass ich das richtige Tattoo für mich ausgesucht hatte. Ich habe das Tattoo gewählt, das ich verdiene.

Was Tattoos für Ihren Sklaven anbelangt, würde ich vorschlagen, wenn er nicht Ihr Lebensgefährte oder fester Partner ist, dass die Kennzeichnung klein und unauffällig sein sollte. Namen und Initialen sollte man tunlichst vermeiden. Als zum Beispiel Johnny Depp mit Winona Ryder ging, ließ er sich »Winona Forever« auf den Arm tätowieren. Dann trennten sie sich, und es gab keine Winona mehr für immer. Da ließ er sich das *n* und das *a* am Ende weglasern, sodass es nur noch hieß »Wino Forever«. Hmmm...

Um Probleme wie dieses zu vermeiden, empfehle ich, dass Sie sich mal unter alten Symbolen der Ägypter, Kelten oder irgendeines anderen Volks nach einem Motiv umsehen, das für Sie beide eine geheime Bedeutung hat. Oder Sie entwerfen Ihr eigenes: das astrologische Symbol Ihres Sternzeichens, das Sie mit seinem verbinden können; Ihr Vorname in Hieroglyphen in einer Kartusche; die Blume, die symbolisch für Ihren Namen oder Ihr Geburtszeichen steht; Ihr chinesisches Tierkreiszeichen; eine Flamme oder ein Symbol oder die Darstellung von etwas, das mit Ihrer Familiengeschichte zu tun hat, wie etwa ein Indianerkopf, der von Ihrer uramerikanischen Herkunft zeugt. Aber wenn Sie selbst nicht zeichnen können, ist das auch nicht weiter schlimm. Als ich nach Anregungen für mein Tattoo suchte, fand ich in dem Musterbuch des Künstlers so viele Möglichkeiten, dass mir fast der Kopf rauchte!

Überhaupt nichts?

Wenn eine bleibende Kennzeichnung überhaupt nicht infrage kommt, gibt es noch andere Möglichkeiten, ihn an Ihre Gegenwart zu erinnern. Dinge wie ein Namensschild als Anhänger für eine Halskette, die er unter den Kleidern tragen kann, ein kleiner

Keuschheitsgürtel, ein Penis- oder Hodenring (vielleicht sogar mit einem kleinen Vorhängeschloss, zu dem Sie den Schlüssel aufbewahren) oder eine Hundemarke unter seinem Hemd sorgen dafür, dass Sie in seinem Gedächtnis an erster Stelle stehen. Wenn Sie künstlerisch begabt sind, können Sie ihm mit einem warmen Chinamarker Ihr eigenes Tattoo aufmalen. Oder Sie schmücken ihn mit nicht dauerhaften Tattoos. Weil Diskretion hier eine große Rolle spielt, ist es sehr praktisch, dass sich sowohl der Chinamarker als auch das Abzieh-Tattoo mit ein wenig Wasser und Seife, Feuchtigkeitslotion oder Babyöl in null Komma nichts entfernen lassen. Außerdem spenden diese Marken und Kennzeichnungen ihm Trost, wenn Sie nicht da sind, und erinnern ihn an seinen Platz in Ihrer Welt.

19. KAPITEL

Spielvorlagen

Manchmal, wenn man viele neue Techniken auf einmal lernt, ist es schwer, den Überblick zu behalten. Alle Ideen wirbeln im Kopf wild durcheinander. Und dann soll man das Spiel vorbereiten und den Bottom in den Headspace gelangen lassen. Die folgenden Mustersitzungen sollen etwas Klarheit in die Verwirrung bringen.

Ich erläutere eine Bondage-Szene, ein Herrin/Sklaven-Szenario mit kurzer Beteiligung einer dritten Person und eine Erniedrigungsszene. Es macht Ihnen hoffentlich nichts aus, dass zwei dieser drei Muster-Sessions aus dem wahren Leben gegriffen sind. Weil diese Checkliste aber in *Die Kunst der Weiblichen Dominanz* ausführlich behandelt worden ist, will ich aus der reinen Güte meines kalten kleinen Herzens heraus zuerst einen kurzen Rückblick auf die Spiele-Checkliste geben: Spielbereich reinigen, Beleuchtung dimmen oder ausschalten, Kerze und Weihrauch anzünden, Musik anstellen, Hund und Katze hinausbringen, Telefon ausschalten, Garderobe richten und Szene im Kopf grob vorplanen. Zuerst die Checkliste, dann kann's losgehen!

Checkliste, verkürzte Version

- Sprechen Sie die Szene so ausführlich durch, wie Sie es für nötig halten. Schließlich ist es nicht Ihre erste Spielzeit!
- Treffen Sie Ihre persönlichen Vorbereitungen und sorgen Sie dafür, dass er dasselbe tut. Dabei stimmen Sie sich beide geistig auf die bevorstehende Szene ein.
- Schaffen Sie das oben beschriebene Ambiente und fügen Sie dem Ganzen noch die Dinge hinzu, die Sie in Ihren vorherigen Sitzungen angenehm fanden.
- Legen Sie das Spielzeug und Ihr Werkzeug für Schmerz, Vergnügen und Folter bereit.
- Schlüpfen Sie in Ihre jeweilige Rolle.
- Vollziehen Sie Ihr Eröffnungs-Ritual.
- Beschäftigen Sie ihn. Sagen Sie ihm, welche Dienste er für Sie verrichten soll, zum Beispiel, Ihnen die Füße massieren, und tun

Sie Dinge mit ihm. Verschaffen Sie ihm zum Beispiel Sinneseindrücke oder erniedrigen Sie ihn verbal.

- Bewerten Sie seine Leistung. Belohnen Sie ihn für gutes Benehmen und bestrafen Sie ihn für Fehlverhalten oder weil Sie einfach Lust darauf haben, ihm Schmerzen zuzufügen.
- Beenden Sie die Session mit Ihrem Schlussritual.
- Hinterher sind Kuscheln, Schmusen und gegenseitige Zärtlichkeiten angesagt. Nehmen Sie einen kräftigen Imbiss ein. Nach einer Szene ist man immer ausgehungert!
- (Optional oder falls nötig) Sprechen Sie über die Szene und darüber, was Ihnen beiden gefallen oder missfallen hat, und zwar in einer neutralen Umgebung, nicht im Schlafzimmer.

DIE MUSTER-SESSIONS

Bondage

Sie möchten Ihre Bondage-Szene vielleicht damit beginnen, dass Sie ihn eines der Seile, mit dem Sie ihn fesseln wollen, zum Zeichen seines Einverständnisses küssen lassen oder ihm die Seile locker ums Handgelenk legen. Geben Sie nicht gleich Ihre ausgefeiltesten Tricks zum Besten. Das lässt Ihnen keinen Spielraum mehr, wenn Sie später eine restriktivere oder kunstvollere Bondageform anwenden wollen. Vergessen Sie nicht, zwischen den einzelnen Seiltricks eine Pause einzulegen, damit er seine Glieder ausschütteln und alle Körperflüssigkeiten wieder in Fluss bringen kann. Es wird Ihnen helfen, die vertrauensvolle Atmosphäre aufrechtzuerhalten, wenn Sie zwischen den Darstellungen zusammen rauchen oder etwas trinken. Machen Sie ihm zunächst eine locker sitzende Basisfesselung oberhalb der Knie, damit er noch laufen kann. Dann lassen Sie sich von ihm etwas servieren oder bringen, vielleicht ein anderes Spielzeug.

Natürlich ist ein Trick dabei, wenn man sich auf diese Weise fortbewegen will: Man hat größere Bewegungsfreiheit, wenn man auf Zehenspitzen geht, aber das brauchen Sie ihm nicht gleich zu sagen. Vielleicht kommt er von selbst darauf, vielleicht auch nicht. Mit so zusammengebundenen Beinen ist er nicht in der Lage niederzuknien. Also befehlen Sie ihn nicht auf die Knie, es sei denn, Sie sind bereit, sein volles Gewicht aufzufangen, wenn er hinfällt. Lassen Sie ihn also stehen und binden Sie ihm mit der Basisfesselung auch die Fußgelenke locker zusammen, und zwar nur mit einer Seilschlinge, nicht mit zwei. Jetzt befehlen Sie ihm, mit gefesselten Knien und Fußgelenken im Zimmer herumzulaufen. Wenn er noch nicht rausgefunden hat, dass er auf den Zehenspitzen gehen muss, sollten Sie es ihm jetzt verraten, bevor er eine Dummheit begeht und vielleicht versucht, in kurzem Galopp loszustürmen. Wenn Sie sich an seinem Anblick sattgesehen haben, binden Sie ihn los.

Gewähren Sie ihm eine Pause, bevor Sie die Origami-Bondage an ihm ausprobieren, wie sie in Kapitel 5, »Bondage«, beschrieben und illustriert ist. Wenn Sie mit dem Diamantmuster fertig sind, werden Sie feststellen, dass seine Genitalien schön zwischen den Seilen hervortreten. Worauf warten Sie noch? Greifen Sie zu, ziehen Sie sie aus dem Diamantmuster heraus und beginnen Sie mit der Gummiseil-Schlinge. Suchen Sie sich einen richtig fest montierten Gegenstand, mit dem Sie das eine Ende des Seils verbinden, und befestigen Sie das andere an der Schlinge. Reizen und necken Sie ihn und stellen Sie ihm in Aussicht, dass er zur Belohnung Ihren Körper küssen darf. Vielleicht lassen Sie ihn sein Ziel ja auch erreichen.

Zeit für eine weitere Pause, bevor Sie mit dem Hogtie weitermachen. Es ist besser, diese Fesselung nicht auf dem Bett, sondern auf dem Boden durchzuführen. Vom Bett könnte er herunterrollen und sich verletzen.

Das alles klingt nicht danach, als ob es lange dauern würde, aber der Schein trügt. Knoten binden, Knoten lösen und neue Knoten binden, das kostet eine Menge Zeit, und wenn Sie nicht gerade kilometerweise Seil zur Verfügung haben, müssen Sie dieselben Seile vielleicht immer wieder benutzen. Die Seile müssen nach jedem Gebrauch aufgeknotet und entwirrt werden, und dazwischen braucht er Zeit für Pausen und Sie ebenso. Waschen können Sie die Seile in einem Wäschebeutel in der Waschmaschine. Anschließend werfen Sie sie in den Trockner oder hängen sie über die Duschstange zum Trocknen.

Herrin/Sklaven-Szenario mit einer dritten Person

Kürzlich rief mich eine angehende Stylistin wegen einer Übungs-Sitzung mit ihrem neuen persönlichen Sklaven an. Der Sklave hatte schon viel Erfahrung, aber sie wollte ihr Selbstvertrauen stärken, indem sie als Ergänzung zu ihrer Lektüre an einem persönlichen und praktischen Training teilnahm. Sie hatte es satt, sich ständig von ihrem Sklaven sagen zu lassen, was sie in einer Session zu tun habe. Sie hatte schon einige Bücher gelesen, darunter auch mein erstes, *Die Kunst der Weiblichen Dominanz*. Und diese Dame war sehr sorgfältig: Sie besaß eine Liste mit Dingen, die ihrem Sklaven gefielen, und eine Liste mit Dingen, die sie lernen wollte. Schon am Telefon verstanden wir uns auf Anhieb so gut, dass mir sofort klar war, dass diese Lady und ich verdammt viel Spaß zusammen haben würden. Nennen wir sie Janesse und ihn Donny. Ich stellte eine Liste mit Dingen auf, die wir brauchen würden, und bat sie, an einem Geschäft anzuhalten und Donny ein Dutzend Rosen holen zu lassen.

Wir kamen alle gleichzeitig am vereinbarten Treffpunkt an und brachten den Sklaven mit den Rosen in eines der privaten Besucherzimmer, wo er warten musste, während wir uns als gute Polizistin und als schlechte Polizistin verkleideten. Ich war die schlechte und sie die gute Polizistin. Aber in unserem Szenario trug das böse Mädchen weiß und das gute Mädchen schwarz! Gemeinsam holten wir den Sklaven aus dem Besucherzimmer und führten ihn in ein prachtvolles Gemach. Mit Kissen überladene, terrassenförmig ansteigende Sitzreihen säumten zwei Wände des Raums, und überall waren Spiegel angebracht. Zwei mächtige Säulen, die ich »Herkulessäulen« nannte und die mit einer mechanischen Aufhängevorrichtung ausgestattet waren (die wir allerdings nicht benutzten), erhoben sich vor dem Thron. Die Hauptattraktion des Gemachs war aber der enorme gepolsterte Steinthron, der auf einem

Podest stand und von orientalischen Löwen »bewacht« wurde. Ich bedeutete Janesse, auf dem Thron Platz zu nehmen, während ich mich auf dem Podest auf einem Kissen niederließ.

Ich beginne alle meine Szenen mit dem rituellen Entkleiden und der optischen und physischen Inspektion, gefolgt von einem Ritual, bei dem er sich damit einverstanden erklärt, mein Sklave zu sein. Dann erweist er mir die Ehrerbietung, die allen Herrinnen in einer privaten Umgebung gebührt. Durch diese Handlungen wird dem Sklaven gleich zu Anfang jeder Szene klargemacht, wer hier das Sagen hat. Dabei spielt es keine Rolle, ob es sich um einen regelmäßigen Sklaven handelt oder nicht. Außerdem habe ich auf diese Weise die Möglichkeit, eventuelle Veränderungen an seinem Körper festzustellen. Hat er zu- oder abgenommen? Hat er blaue Flecken? Wie hat er sich die blauen Flecken zugezogen? Und so weiter. Das gibt mir Zeit, mir meine Pläne für die Spielzeit genau zurechtzulegen, lässt mir aber auch genug Spielraum für spontane Aktionen. Gerade noch für ihn hörbar erklärte ich Janesse in gedämpftem Plauderton, dass alle Sklaven Führung und Stabilität im Leben bräuchten und dass ich ihr deswegen dieses Eröffnungsritual gezeigt hätte. Janesse hatte eine schnelle Auffassungsgabe, und nachdem wir Donny für unseren Dienst akzeptiert und ihm ein Halsband angelegt hatten, brachten wir ihm die »Huldigung« bei, die er begeistert durchführte. Janesse versicherte mir, sie könne seine Küsse sehr deutlich durch das Leder ihres Stiefels hindurch spüren und er sei ein großer Fußfetischist. Bei mir hatte er etwas mehr Glück; meine Schuhe waren vorne offen, sodass er, der glückliche Sklave, meine nackten Zehen küssen durfte.

Nach der Huldigung beschlossen wir, auf den gepolsterten Stufen gemütlich eine zu rauchen und etwas zu trinken. Donny diente uns als Aschenbecher und schluckte mit Hingabe die Asche von ihrer Marlboro und meiner Nelkenzigarette. Zur Belohnung erhielt er nach dem Dienst vier Verschlusskappen voll Wasser. Dann stand Janesse auf und wies Donny an, sich auf allen vieren in die Mitte des Raums zu stellen, sodass wir beide bequem um ihn herumlaufen konnten. Wir gingen um ihn herum, bewunderten seinen süßen Hintern und verweilten uns einige Zeit damit, ihm ein paar Arschtritte zu verpassen. Während wir das taten, sammelten Janesse und ich im Mund Speichel. Da die unteren Stufen der Sitzreihen nahe genug an Donnys Gesicht waren, setzten wir uns und begannen, ihm ins Gesicht zu spucken. Ich zeigte ihr, wie sie die Zunge seitlich einrollen musste, und verriet ihr die Backenbewegung, die ein gutes Spuckergebnis garantierte. Dann bespuckten wir ihn, spuckten und spuckten immer weiter und nahmen nur gelegentlich einen Schluck zu trinken, um den Speichelfluss aufrechtzuerhalten. Ich stand auf, stellte mich hinter ihn und gab ihm jedes Mal, wenn Janesse auf ihn spuckte, einen Tritt in den Hintern.

Donny hatte darum gebeten, dass eine zweite Herrin sich dazu gesellen und an seiner Erniedrigung teilnehmen sollte. Ich hielt es für den richtigen Zeitpunkt, seinen Wunsch zu erfüllen, und verließ den Raum, um Herrin Chiara zu holen, die ich zuvor in ihre Rolle eingewiesen hatte. Als er Chiara erblickte, bekam er vor Angst und Begierde fast einen Kollaps, und Chiara spielte ihre Rolle absolut perfekt. Zu dritt umkreisten wir ihn, traten ihm in den Hintern und rotzten ihm voll ins Gesicht. Er konnte uns gar nicht schnell genug für all die Spucke danken, die er empfing! Chiara befahl ihm, sich auf den Rücken zu legen, die Beine aufzustellen und weit zu spreizen. Donny beeilte sich, der Anweisung nachzukommen. Chiara stellte sich über ihn und keilte seinen Kopf mit ihren Stiefeln ein. Dann spuckte sie auf ihn herunter, während ich seinen Schwanz und seine Eier als Gaspedal und Bremsen benutzte. Janesse sah dabei zu und lachte, was ihn bis aufs Blut demütigte. Dann fing Janesse an, ihm in die Nippel zu kneifen. Mit drei Herrinnen, die ihn gleichzeitig bearbeiteten, war Donny im siebten Schweinehimmel, ahnte aber nicht, dass ihm die »Schweinefesselung« (Hogtie) noch bevorstand!

Der Plan sah vor, dass wir in dem einen Raum beginnen sollten und zur Halbzeit der Szene in die Bondagekammer hinüberwechseln würden. Ich ging hinaus, um den anderen Raum vorzubereiten, während Janesse und Chiara den begeisterten Donny weiter traktierten. Meine Rückkehr war für Chiara das Zeichen, abzugehen. Janesse und ich ließen den splitternackten Donny alle unsere Sachen vom Hauptzimmer in die Bondagekammer tragen. Er musste zweimal nackt über den Flur laufen, was er unheimlich spannend und erregend fand. Was, wenn ihn jemand sah? Was, wenn dieser jemand ein Mann war? Ich weiß bis heute nicht, ob er nun erleichtert oder enttäuscht war, dass niemand ihn ertappte.

Als wir in der Bondagekammer waren, führte ich Janesse und Donny durch den Raum, damit sie sich alles ansehen konnten. Janesse ging neben mir und Donny kroch hinter uns her. Die Ausstattung der Bondagekammer ist sehr beeindruckend und ziemlich einschüchternd. Da gibt es einen hölzernen Bondage-Stuhl, der die Arme auf Schulterhöhe gestreckt hält und die Beine weit spreizt. Lederriemen fesseln ihn an den Stuhl, und ein direkt davor montierter Spiegel sorgt dafür, dass er seine Folter und Erniedrigung mit eigenen Augen mit ansieht. In einer Ecke steht bedrohlich ein stattlicher, lederbezogener Bondagetisch mit seitlichen Ösenhaken und gewaltigen Schiffstauen, die zu beiden Enden über ein Zahnrad laufen. In einer anderen Ecke ist eine ebenfalls lederbezogene Spankingbank aufgestellt. Eine kastenförmige Gefängniszelle teilt den Raum in zwei Bereiche. Der zweite Bereich wird fast ganz von einem prächtigen Thron mit dunkelgrünem Ledersitz und Rückenpolster eingenommen, der ausschließlich der Fußverehrung dient. Die langen Beine des Throns ermöglichen es der Herrin, bequem zu sitzen, aber ihre Füße berühren nicht den Boden. Der zweite Teil des Throns besteht aus einer Pritsche auf Rädern, auf die der Sklave sich legt, um die Füße der Herrin zu verehren. Und in dem rechteckigen Bereich neben dem Thron befindet sich das fantastische Gerät, das ich mit Worten fast nicht beschreiben kann. Ich will es trotzdem versuchen.

Es ist ein Bondagetisch, der sich um 360 Grad drehen lässt, aber nicht mit einem Richtrad zu vergleichen ist. Es dreht sich nämlich nicht vertikal, sondern horizontal. Nachdem man den Sklaven richtig darauf festgeschnallt hat, wird der Tisch mit einer Handkurbel in die Drehbewegung versetzt. Der Sklave kann sowohl mit dem Gesicht nach oben als auch mit dem Gesicht nach unten auf den Tisch gebunden werden. Es kommt ganz darauf an, welche Haltung Sie beim Spielen interessanter finden. Wahrlich ein Gerät, das jedem Sklaven Angst einjagt – und es verfehlte auch bei Donny seine Wirkung nicht. Leider hatten Janesse und ich keine Zeit, es an ihm auszuprobieren, weil Janesse ein paar spezielle Dinge aus erster Hand lernen wollte, zum Beispiel den schon erwähnten Hogtie und einige leichte Caning-Techniken. Und die Rosen mussten ja auch noch zum Einsatz kommen.

Um sicherzustellen, dass Donny kapierte, dass hier noch immer *unser* Vergnügen im Vordergrund stand, gingen wir gleich zum Caning über. Wir legten ihn über die Spankingbank, und ich erklärte Janesse, wie man den süßen Punkt am Rohrstock findet. Dann kamen wir zu den leichten, schwungvollen Schlägen auf Oberschenkel, Hintern und zwischen die Beine (aber nicht auf die Genitalien). Seine Reaktion war äußerst zufrieden stellend, denn er zuckte schon beim leichtesten Hieb ordentlich zusammen! Dann unterwies ich sie darin, wie sie seine Genitalien mit dem Stock schlagen sollte. Wie ich schon sagte, war Janesse ziemlich schnell von Begriff, und nachdem sie sich mit der Stockschwingtechnik vertraut gemacht hatte, versetzte sie ihm zwischen mehreren mittleren Hieben immer wieder einen starken Schlag. Zum Abschluss gab ihm jede von uns drei harte Schläge, bevor wir ihm erlaubten, aufzustehen und zum Bondagetisch hinüberzugehen.

Während wir Donny mit dem Gesicht nach oben darauf festschnallten, sodass er uns mit seinen besten Teilen ungeschützt ausgeliefert war, fragte ich Janesse, ob sie gut mit einer Riemenpeitsche umgehen könne. Nachdem ich hörte »nicht so richtig«, holte ich zwei aus meiner Trickkiste hervor und zeigte ihr den Überkopf-Schlag auf Donnys Brustwarzen und Genitalien. Sein Gejammer und Geschrei waren wie süße Musik in unseren Ohren, aber nach einer Weile mussten wir leider aufhören, weil wir ja noch den Hogtie machen wollten. Ich führte Janesse die Basisfesselung vor und ließ sie das Verfahren an seinen Hand- und Fußgelenken üben, bis sie es geschickt beherrschte. Dann wies ich sie an, mit derselben Fesseltechnik seine Hand- und Fußgelenke zusammenzubinden. Sie brauchte an dieser Stelle keine Demonstration mehr und war zu Recht stolz auf das gelungene Ergebnis. Wir umkreisten den Tisch, spuckten ihm ins Gesicht, kniffen ihm in die Nippel und verpassten ihm Ohrfeigen. Ich stieg auf den Tisch und benutzte seinen Schwanz und seine Eier wieder als Gaspedal und Bremsen. Ich las seine Körpersprache und brach eine Nanosekunde, bevor er sein Safewort benutzte, alles ab.

Ihn loszubinden, war kein Problem. Zu zweit lösten wir im Handumdrehen die Seile, und Donny kam schnell wieder hoch und schüttelte Arme und Beine, um sich zu entkrampfen und die Blutzirkulation wieder in Gang zu bringen. Das große Finale war das Rosenspiel. Beim Rosenspiel verbindet man dem Sklaven die Augen und verstreut alle Rosen bis auf eine über den Fußboden. Dann muss der Sklave herumkriechen und die Rosen suchen. Jedes Mal, wenn er eine findet, muss er sie mit dem Mund aufnehmen und sie seiner Herrin bringen. Dabei obliegt es ihm auch, den Überblick über die Anzahl der Rosen zu behalten. Wir hatten zwei Dutzend, und nachdem Donny 23 Stück erfolgreich apportiert hatte, krabbelte er wie wild im Zimmer herum und suchte fieberhaft nach dieser letzten Rose.

Als Janesse und ich genug über ihn gelacht hatten, nahmen wir ihm die Augenbinde ab und eröffneten ihm, dass ich die 24. Rose in der Hand hielt. Danach verließ ich den Raum, wie ich es immer tue, damit das Paar ungestört sein eigenes Schlussritual vollziehen kann.

Erniedrigungsspiele

Während ich bei meinen Sessions normalerweise in Latex gekleidet bin, trug ich für diese spezielle Sitzung einen schwarzen Minirock und ein eng anliegendes, tailliertes schwarzes Top, das meinen großen Busen und meinen flachen Bauch hervorragend zur Geltung brachte. Aber die Krönung für dieses Outfit waren meine Kampfstiefel: schon ziemlich lädiert, schwere Stollensohlen und bequeme, 5 cm hohe Absätze. Als Alex kam, hatte er eine Einkaufstüte dabei, die alle Besorgungen enthielt, die ich ihm für das Szenario aufgetragen hatte: ein Dutzend große Eier, ein Becher fertig zubereiteten Wackelpudding, ein Glas Apfelmus, ein Glas Traubengelee, eine Dose Tomatensuppe, ein Kilo frisches Hackfleisch, einen Kirschkuchen und ein Weißbrot-Schinkensandwich. Ich ging sorgfältig die Tüte durch und verglich den Inhalt mit meiner Liste, um sicherzugehen, dass er alles Notwendige gekauft hatte. Nach der »Tüteninspektion« eröffnete ich die Sitzung mit dem üblichen Entkleiden und der »optischen und physischen Inspektion« und befand ihn als diensttauglich. Er akzeptierte seine Stellung als mein Sklave, indem er die schäbigen Spitzen meiner Kampfstiefel küsste und mir damit die geschuldete Ehrerbietung erwies. Er bat mich, meine Stiefelsohlen lecken zu dürfen, ein Dienst, den ich selbstverständlich erwartete, den ich aber für später aufheben wollte. Es war Zeit, mit den Spielen zu beginnen!

Ich befahl ihm, auf allen vieren zur Einkaufstüte zu kriechen und mir im Mund das Schinkensandwich zu bringen. Wie ich es von Alex gewohnt war, rannte er in einem Tempo los, um das jeder Hund ihn beneidet hätte, und kehrte mit dem eingepackten Sandwich im Mund an seinen Platz vor meinem Stuhl zurück. Hätte er einen Schwanz gehabt, er hätte bestimmt damit gewedelt. Ich nahm ihm das Sandwich ab, packte es feierlich aus, legte es auf den Boden unter meinen rechten Fuß, stand auf und drückte mein ganzes Gewicht in das weiche, weiße Brot. Alex stöhnte vor schmerzerfülltem Vergnügen. Ich hatte das Spiel zwar noch nie mit ihm gespielt, aber er gehörte zu der vorausschauenden Sorte und ahnte, was die Stunde geschlagen hatte. In diesem Fall übertrug sich die Ahnung durch den »Abdruck meiner Stollensohle in dem weichen, weißen Brot« des Schinkensandwichs. Ich hob meinen rechten Fuß, befahl ihm, das Sandwich mit den Händen zu entfernen, und stellte meinen Fuß zurück auf den Boden. Dann gab ich ihm den Befehl, das Sandwich umzudrehen, hob meinen linken Fuß, wies ihn an, das Sandwich darunter zu legen, und stampfte darauf, so fest ich nur konnte. Selten erlebe ich, dass meine Befehle so prompt und begeistert befolgt werden. Aber was soll ich sagen? Sklave Alex war total verrückt nach seinen manchmal recht unterhaltsamen Erniedrigungsspielen.

Obwohl Alex buchstäblich danach geiferte, das Sandwich mit den Abdrücken der Stollensohlen seiner Domina zu vertilgen, legte ich es auf den Beistelltisch, wo er es verstohlen unter seinen niedergeschlagenen Augen heraus betrachten konnte. Verbale Erniedrigung war ein weiterer wichtiger Aspekt in Alex' Szenario, und um ihm meine Herrschaft über ihn noch weiter zu verdeutlichen, begann ich, mich über ihn lustig zu machen, besonders über seine große Nase, was ihm immer sehr gefiel. »Nun sieh dir mal diesen Zinken an! Ich sollte dich beim internationalen Wettbewerb um die größte Knolle anmelden, und wenn du dann gewinnst, behalt ich den Gewinn für mich!«, rief ich aus und deutete mit einem rot lackierten Fingernagel auf seinen ausladenden Gesichtserker. »Sieht aus, als hätte ein Lkw in deinem Gesicht geparkt! Gehst du zum Arzt oder zum Mechaniker, wenn du Probleme damit hast?« Und: »Du liebe Zeit, sind deine Nasenlöcher vielleicht groß! Sind sie ein Arbeitsplatz für Höhlenforscher oder Garagen für Traktoranhänger? Ich habe in meinem ganzen Leben noch nie so was Großes gesehen wie das Ding in deinem Gesicht. Und ausgerechnet ich muss mir das mit ansehen! Sag mal, wenn du schielst, kannst du dabei deine Nase sehen?«

Dann befahl ich ihm zu schielen, um mir zu beweisen, dass er das Ding sehen konnte, was ich aber sowieso schon wusste. Er müsste blind gewesen sein, um es nicht zu sehen. Als Alex vor Verlegenheit knallrot anlief und sein steifer Pimmel heftig auf und ab wippte, wusste ich, dass die Bemerkungen den gewünschten Effekt erzielt hatten.

»Zur Strafe, dass du es gewagt hast, meiner Herrlichkeit mit diesem Ungetüm im Gesicht unter die Augen zu treten (ja, genau so sagte ich es), befehle ich dir, das hier zu essen«, und ich reichte ihm das Schinkensandwich, das ich wenige Minuten zuvor mit meinen Stiefelsohlen imprägniert hatte. Der gute Alex! Ich glaube, er schlang das Sandwich mit nur vier Bissen hinunter. Ah! Was für ein guter Vorwand für ein wenig körperliche Erniedrigung! Während er am letzten Bissen noch auf beiden Backen kaute, versetzte ich ihm mit Vor- und Rückhand ein paar Ohrfeigen auf beide Gesichtshälften und lachte, als das Sandwich mit jedem Schlag unwillkürlich von einer Mundhälfte in die andere hüpfte. Glücklicherweise entwich während der Backpfeifensalve kein einziger Krümel aus seinem Mund – in der Tat hätte er den ekligen, halbzerkauten Speisebrei wohl auf mich gekotzt, wenn er seinen Mund nicht so fest geschlossen gehalten hätte!

Nachdem er das zertretene und vorgekaute Sandwich hinuntergeschluckt hatte, stand ich auf und begann, im Zimmer herumzuspazieren. Er folgte mir dabei auf allen vieren und sprach mir nach: »Meine Nase ist riesig«, »Meine Nase ist abscheulich groß«, »Sie ist die Mutter aller Nasen«, »Sie hat ihre eigene Postleitzahl«, »Wenn ich morgens aufwache, rieche ich den Kaffee … in Brasilien.« Schließlich musste ich aufhören, weil ich nicht mehr konnte vor Lachen, aber da fing Alex ebenfalls an zu lachen. Ich wirbelte herum, schlug ihm mit dem Handrücken ins Gesicht und herrschte ihn an, dass er zu meinem Vergnügen da sei und nicht umgekehrt und dass ich schon dafür sorgen werde, dass ich auf meine Kosten käme.

Dann zog ich mich auf meinen Stuhl zurück, rauchte eine Zigarette (ja, richtig, eine echte Zigarette aus Tabak, die ich qualmte wie ein Drache und es in vollen Zügen genoss), und zwischen ein paar köstlichen Lungenzügen befahl ich Alex, den restlichen Inhalt der Tüte ins Bad zu bringen und anschließend seine Haltung an meinen Füßen wieder einzunehmen. Er fing meine Asche mit der Zunge auf, wenn ich sie abschnipste, rollte sie leicht ein und zog sie schnell in den Mund zurück, wie ich es ihm bei einem früheren Treffen gezeigt hatte. Die Zigarettenkippe ließ ich ihn nicht essen, hauptsächlich deshalb, weil manche Menschen sich davon erbrechen müssen, und ich wollte nicht, dass ihm bei dem nächsten Vorhaben, das auf meinem Plan stand, schlecht würde. Deshalb drückte ich die Zigarette im Aschenbecher aus, bedachte ihn vorher aber noch mit einer Lunge voll Rauch, den ich ihm direkt ins Gesicht blies. Während ich vom Stuhl aufstand, griff ich in sein schönes, dichtes Haar und schleifte ihn ins Bad, wo die übrig gebliebenen Lebensmittel ihn und mich erwarteten.

Zuerst nahm ich die Eier. Ich schlug sie am Badewannenrand auf und warf sie mit Schale und Inhalt auf seinen Körper mit Ausnahme des Gesichts (das ich für später aufsparte). Bei jedem Ei, das ihn traf, rief er: »Danke, Herrin, kann ich noch eins haben?« Viele der Dotter gingen dabei kaputt, und Alex bot einen hübschen

Anblick mit dem herablaufenden Eigelb und dem klaren, schleimigen Eiweiß dazwischen. Weil ich finde, dass gelb unheimlich gut zu purpur passt, öffnete ich das Glas mit Traubengelee und warf immer eine Handvoll auf ihn. Jedes Mal, wenn ihn eine Ladung traf, seufzte und stöhnte er dankbar. Aber Eier und Gelee neigen dazu, zu verlaufen, und mein schönes purpur-gelbes Bild schwand vor meinen Augen dahin. Jetzt war es an der Zeit für etwas Solideres! Ich griff mir das Hackfleisch, riss die Folie auf und warf die Plastikschale beiseite.

Ich stellte mich neben die Badewanne, formte aus dem Hackfleisch kleine Bällchen und schleuderte sie auf ihn, so fest ich konnte. Die »Fleischbällchen« blieben an seiner Haut kleben und rollten nicht weg. Dann buddelte ich unter ihm nach der Ei-Gelee-Pampe, mischte sie mit dem Hackfleisch und setzte ihm die neuen, verbesserten Fleischbällchen von Hand auf den Körper. Noch mehr Stöhnen und Seufzen, diesmal noch lauter, mit einem gelegentlichen »Bitte, Herrin, bitte« als Zugabe. Aber war ich schon fertig mit ihm? *O nein!* Es blieben noch genug Lebensmittel, mit denen man Spaß haben konnte. Und bedenken Sie, bisher hatte ich sein Gesicht noch völlig ausgespart. Und weiter ging's mit der Tomatensuppe ...!

Ich ließ ihn da in der Badewanne liegen und schlenderte ohne Eile in die Küche, um einen Dosenöffner zu holen. Er sollte das Geräusch des Dosenöffners auf dem Metall hören, damit er sich seelisch auf die nächste bevorstehende Lebensmittel-Erniedrigung einstellen konnte. Natürlich schüttete ich die dicke Tomatensuppe ganz über ihn, bis auf den letzten klebrigen Tropfen, den ich aus der Dose schütteln konnte. Überraschenderweise sah Sklave Alex in Tomatensuppenrot ebenso gut aus wie in Eidottergelb. Aber einen Moment! Ich brauchte ja auch noch eine Beilage! Das Apfelmus! Wunderbar! Wieder beglückte ich Alex damit, dass ich meine Hände benutzte, um ihn mit Apfelmus zu bombardieren. »Feuer frei!«, rief ich bei jeder Handvoll, die ich auf ihn schleuderte. Was für eine hübsche Drecksau er jetzt schon war: Eier, Traubengelee, Fleischbällchen, Tomatensuppe und Apfelmus garnierten seinen Körper von Hals bis Fuß und sammelten sich unter ihm in der

Wanne. Seine Schreie von wegen »Nein, bitte, Herrin, bitte nicht noch mehr, ich flehe Euch an« trafen bei mir auf taube Ohren, und als er dann in sein übliches »Nicht aufhören, bitte nicht aufhören« verfiel, nahm ich ihn beim Wort und machte weiter.

Für den Wackelpudding hatte ich den perfekten Plan. Eins kann ich Ihnen vorab verraten: Ich hasse Wackelpudding. Habe ihn noch nie gemocht und werde ihn nie mögen. Igittigitt! Mal abgesehen von meinem Mund oder einer anderen Öffnung, wo würde ich Wackelpudding wohl am widerlichsten finden? Zwischen meinen Zehen natürlich! Und unter den Nägeln! Emsig wie eine Biene machte ich mich dran, ihm den Wackelpudding zwischen die Zehen zu quetschen, und gab mir die größte Mühe, auch den Nägeln ihren Teil zu verpassen. Sein Flehen war süße Musik in meinen Ohren (auch wenn mich die Berührung mit dem Wackelpudding anekelte). Aber es war trotzdem spaßig und außerdem schnell vorbei. Ich legte eine Pause ein, um mein Werk zu betrachten, und brach in schallendes Gelächter aus. Der gute alte Alex sah absolut lächerlich aus, wie er da in der Badewanne lag. Das Ganze glich einem Trog voll »Kotze« nach einer durchzechten Nacht.

Jetzt musste ich nur noch den Nachtisch servieren, nämlich den lecker aussehenden Kirschkuchen. Ich habe ja gesagt, dass ich peinlich darauf achtete, nichts von der Sauerei auf sein Gesicht gelangen zu lassen ... Können Sie erraten, warum?

Ich befahl Alex, sich aufzusetzen und mir mit geschlossenen Augen und offenem Mund das Gesicht zuzukehren. Als ich ihm erlaubte, die Augen wieder aufzumachen, hielt ich den Kuchen schon in meiner ausgestreckten Hand bereit. Und dann *Baff*, klatschte ihm die ganze Ladung ins Gesicht, und ich drehte sie kräftig hin und her, um sie richtig zu vermanschen und sicherzustellen, dass er eine tüchtige Portion als Nachtisch zu seinem Spezial-Schinkensandwich-Abendessen in den Mund bekam. Als ich den Kuchen losließ, fielen die Überreste einschließlich der Aluminiumschale, in die er verpackt gewesen war, herunter und vollendeten die Schweinerei auf seiner Brust. Wir kringelten uns vor Lachen. Aber die letzten beiden Schritte standen noch aus, und jetzt war es an der Zeit, mit dem ersten zu beginnen.

Warum, denken Sie wohl, trug ich die Kampfstiefel mit den dicken Stollensohlen? Doch nicht nur, um auf ein armseliges, kleines Sandwich zu treten! Da hatte ich schon etwas mehr vor! Ich stand schnell auf und trat über den Badewannenrand direkt auf Alex' Brust. Während ich mich an der wandmontierten Duschvorhangstange festhielt, um das Gleichgewicht nicht zu verlieren, trampelte ich vor und zurück über Alex' ausgestreckten, mit Lebensmittelpampe bedeckten Körper, bis jede Ritze des Sohlenprofils mit Speisebrei gefüllt war! Seine Schreie »Oh, danke, Herrin« hätte man wohl noch am anderen Ende der Stadt gehört, wenn er nicht noch so viel Kirschkuchen im Mund gehabt hätte.

Dann zog ich vorsichtig meine Stiefel aus, und damit auch keine der Leckereien, die sich in den Stollensohlen angesammelt hatten, herausfallen und den Badvorleger verschmutzen konnten, hielt ich die Einkaufstüte darunter. Ich ließ Alex in der Badewanne und gab ihm die Erlaubnis zu duschen. Nachdem er anschließend das Badezimmer sauber gemacht und die Wanne geschrubbt hätte, sollte er auf Händen und Knien zu mir zurückkriechen. Für die Badreinigung versprach ich ihm eine ganz besondere Belohnung, vorausgesetzt natürlich, dass er auch ein angemessenes Tempo dabei vorlegte.

Der liebe Alex musste sich wohl in einen weißen Wirbelwind verwandelt haben: Er duschte und erledigte den Job mit Bad und Badewanne mehr als zufrieden stellend, bevor er zu mir herauskroch, wie ich ihm befohlen hatte. Ich hatte die Stiefel wieder angezogen und saß zurückgelehnt auf dem Stuhl, wobei ich die Stiefel über den Rand des Beistelltischs hängen ließ. Die Einkaufstüte hatte ich vorsichtshalber darunter gelegt, falls etwas von der Pampe nach Süden auf meinen Teppich wandern wollte. Seine Augen leuchteten auf, als er mich erblickte, und der unsichtbare Schwanz begann wieder voll Vorfreude auf die versprochene Belohnung zu wedeln. »Leck meine Schuhsohlen sauber«, befahl ich, »und dass du mir ja alles bis auf den kleinsten Rest aus den Ritzen herausleckst!« Ich hatte kaum zu Ende gesprochen, da war er auch schon mit Leib und Seele bei der Sache. Er packte meinen Stiefel und ließ seine Zunge gierig über die Lebensmittelpampe an der Stollensohle gleiten. Seine Zunge schlängelte sich hinein und hinaus, dahin und dorthin, während er genüsslich den Ekel-Brei aus den Sohlenritzen verschlang. Er war eine ganze Weile damit beschäftigt, da beide Stiefel makellos sauber sein mussten, aber er tat es mit so viel Begeisterung, so viel Genuss, so viel Lebensfreude!

Hinterher saßen wir noch kurz zusammen und lachten und waren einfach nur Claudia und Alex. Dann fuhr er nach Hause.

DER KÖNIG, DAS VERSPRECHEN, DIE HEXE UND IHR LIEBHABER

Der junge König Arthur war von dem älteren und mächtigeren Monarchen eines benachbarten Königreichs überfallen und gefangen genommen worden. Der Monarch hätte ihn töten können, aber er war gerührt von Arthurs Jugend und seinen hohen Idealen. Deshalb stellte er ihm in Aussicht, ihn freizulassen, wenn Arthur ihm eine sehr schwierige Frage beantworten könne. Edelmütig gab der Monarch dem jungen Arthur ein ganzes Jahr Zeit, um sich die Antwort zu überlegen. Wäre das Jahr aber um und Arthur hätte die Antwort immer noch nicht gefunden, so müsste er sterben. Die Frage des Monarchen war: Was wollen Frauen wirklich?

Dieses Problem schien dem jungen Arthur schier unüberwindlich. So eine Frage würde selbst den erfahrensten Mann verwirren! Aber da der Versuch, die Frage zu beantworten, immer noch besser war als der Tod, nahm er das Angebot des Monarchen an und versprach, nach Ablauf eines Jahres die Antwort zu haben. Nach seiner Rückkehr in sein eigenes Königreich stellte Arthur die Frage allen, denen er begegnete: Prinzessinnen, Prostituierten, Priestern, Gelehrten, Männern auf der Straße, Schmieden, Bäckern und sogar dem Hofnarren. Nicht einer von ihnen konnte ihm eine zufrieden stellende Antwort geben. Viele Leute rieten ihm, Rat bei der alten Hexe in den Wäldern einzuholen – nur sie würde die Antwort kennen. Allerdings wäre der Preis dafür hoch, warnten sie; die Hexe sei im ganzen Land bekannt für die maßlosen Preise, die sie forderte.

Der letzte Tag des Jahres kam und Arthur hatte noch immer keine Antwort. Es blieb ihm nichts anderes übrig, als die Hexe zu Rate zu ziehen. So zog er hinaus in die Wälder. Als er bei ihrer Hütte ankam, erklärte sie sich einverstanden, ihm die Frage zu beantworten. Allerdings müsse er vorher ihren Preis akzeptieren: Die alte Hexe wollte Gawain, den edelsten Ritter der Tafelrunde, den stattlichsten und ritterlichsten von allen, und Arthurs engsten Freund zum Ehemann haben!

Der junge Arthur war entsetzt: Die Hexe war wirklich ein Scheusal. Sie hatte einen hässlichen Buckel und nur noch einen Zahn, stank wie eine Mülltonne, machte obszöne Geräusche und so weiter und so fort. Noch nie zuvor war ihm eine so widerwärtige Gestalt begegnet. Um keinen Preis wollte er seinen Freund zwingen, sie zu heiraten und eine solche Bürde auf sich zu nehmen. Doch als der edle Gawain von dem Angebot der Hexe erfuhr, redete er Arthur gut zu. Er sagte ihm, kein Opfer könne zu groß sein, um sein Leben zu retten und die Tafelrunde zu erhalten.

Somit wurde die Hochzeit von Gawain und der alten Hexe verkündet, und die Hexe gab folgende Antwort auf Arthurs Frage: Was eine Frau wirklich will, ist, ihr eigenes Leben selbst in die Hand zu nehmen.

Jedermann erkannte auf Anhieb, dass die Hexe ein wahres Wort gesprochen hatte und dass Arthurs Leben verschont bleiben würde. Und so kam es auch. Der benachbarte Monarch war von der Antwort begeistert und gewährte Arthur völlige Freiheit. Aber was für eine Hochzeit musste der arme Gawain mit der Hexe feiern! Arthur war hin und her gerissen zwischen Erleichterung und Kummer. Gawain verhielt sich tadellos wie immer, liebenswürdig und ritterlich, während die alte Hexe sich von ihrer schlimmsten Seite zeigte und allen Gästen die Feier vergällte.

Die Stunde rückte näher. Gawain nahm allen Mut zusammen und betrat das Schlafgemach. Aber welcher Anblick bot sich ihm! Die schönste Frau, die er je gesehen hatte, lag vor ihm! Der verblüffte Gawain fragte, was geschehen sei. Die Hexe antwortete, weil er so nett zu ihr gewesen sei, als sie sich als hässliche alte Hexe gezeigt habe, würde sie fortan nur die Hälfte der Zeit ihr schreckliches, missgestaltetes Ich zur Schau stellen. Die andere Hälfte der Zeit würde sie ihr schönes, jungfräuliches Ich präsentieren. Für welches Ich würde er sich am Tag und für welches in der Nacht entscheiden?

Welch grausame Frage! Gawain dachte über seine Zwangslage nach. Tagsüber eine schöne Frau, um vor seinen Freunden anzugeben, aber nachts, in der Intimität seines Zuhauses, eine alte Hexe, um ihm das Bett zu wärmen? Oder hätte er lieber tagsüber eine abscheuliche Hexe und nachts eine schöne Frau, mit der er viele intime Momente genießen könnte? Wie würden Sie entscheiden? Gawains Entscheidung steht unten; lesen Sie aber nicht weiter, bevor Sie nicht Ihre eigene Wahl getroffen haben.

Der edle Gawain antwortete, dass er sie für sich selbst entscheiden lassen wolle. Als sie das hörte, erklärte sie, dass sie ab sofort die ganze Zeit über schön sein würde, weil er sie so sehr respektiert hatte, dass er sie ihr eigenes Leben selbst in die Hand nehmen ließ.

Glossar

Da die SM-Sprache sich ständig weiterentwickelt und an Umfang zunimmt, möchte ich das Folgende lieber als Begriffserklärung denn als Glossar bezeichnen. Möglicherweise sind hier auch Begriffe aufgeführt, die in diesem Buch nicht verwendet wurden. Ich möchte aber, dass Sie auf jeden Fall so gut wie möglich Bescheid wissen, falls Sie sie an anderer Stelle hören oder darauf stoßen. Sie werden feststellen, dass dieses Verzeichnis nicht nur eine Liste von Definitionen ist, sondern eher ein Gefühl, ein Ausdruck von SM.

ABRASION: Reiben der Haut zur Erhöhung des Sinnesreizes.

ABTAUCHEN: Der allmähliche Übergang in einen submissiven Bewusstseinszustand; emotionaler Vorgang, bei dem der Sklave vollkommen in einer Fantasie aufgeht (nicht so tief wie Fliegen oder Schweben).

AGEPLAY (ALTERSPIELE): Erotisches Rollenspiel, bei dem ein Partner behandelt wird, als wäre er jünger.

ANAL- (ODER ARSCH-)SPIELE: Sexuelle Praktiken im Zusammenhang mit dem Anus, z. B. Analverkehr, Rimming und Fisting.

ANIMAL PLAY (TIERSPIELE): Praktik, bei der man zu Erziehungszwecken oder zum erotischen Vergnügen die Rolle eines Tieres (z. B. eines Ponys) oder eines verwöhnten Haustieres (z. B. eines Schoßhündchens) annimmt beziehungsweise einen anderen entsprechend behandelt.

ATEMKONTROLLE: Die Behinderung der Atmung des Sub durch die Dom durch Verschließen der Nase, des Mundes oder von beidem, dient der Intensivierung von Empfindungen oder anderen erotischen Zwecken. Eine sehr fortgeschrittene Technik und eine extrem riskante und gefährliche Praktik.

BABYSPIELE: Rollenspiele mit (klein-)kindlichen Verhaltensweisen, z. B. das Tragen von Windeln, häufig mit Entleerung in dieselben, das Essen von Babynahrung usw.

»BADEWANNENFANTASIEN«: Fantasien, die in der Vorstellung extrem scharf sind, aber am besten auch dort bleiben.

BDSM: Bekanntes Akronym für die drei Komponenten »Bondage and Discipline«, »Dominance and Submission« und »Sadomasochismus«.

BESTRAFUNGSSZENE: Fantasie-Szenario, in dem die Top sich anschickt beziehungsweise vorgibt, den Bottom für unziemliches Verhalten zu bestrafen.

Bondage: Jede Art von Fesselung des Körpers, mit der die Bewegungsfreiheit eingeschränkt wird, zum Beispiel mit Seilen, Handschellen, Fußfesseln, Hauben, Knebel, Spreizstangen, Harnessen, Plastikfolien und Aufhängungen.

Bottom: Der submissive oder romantisch masochistische Partner in einer Beziehung.

Braune Dusche: Der Gebrauch von Kot (Fäkalien) zu erotischen Zwecken. Aus Gründen der körperlichen und seelischen Gesundheit ist dieses Spiel nichts für Anfänger.

Brustfolter (auch Tittenfolter): Intensive Stimulierung der Brüste und Nippel.

Brustschlagen: Verabreichen von Schlägen und Klapsen auf die Brüste.

Cock-and-Ball-Torture (CBT) / Hoden- und Schwanzfolter: Folter der Genitalien, bei der unter anderem Techniken und Gegenstände wie Trampling, Stomping, Klammern, Bondage, Gewichte, Wäscheklammern und Käfige zum Einsatz kommen.

Crossdresser: jemand, der vorübergehend Kleider des anderen Geschlechts trägt.

Dienst: Im SM-Kontext: Etwas, das man für den anderen tut, als Ausdruck von Liebe, Hingabe, Gehorsam, Unterwerfung etc.; außerdem: auf Befehl für die Herrin ausgeführte sexuelle Handlungen.

Dienste: Die vielen Dinge, die Ihr Sub für Sie tun kann.

dienstorientierte Top: Eine Top, der es Befriedigung verschafft, wenn sie eine bestimmte Fantasie oder ein Wunschszenario ihres Bottom Wirklichkeit werden lässt; eine Top, die von ihrem Bottom Dienste wie Kochen, Putzen, Waschen, Polieren der Stiefel usw. erwartet, genießt und dankbar entgegennimmt.

Disziplin: Bestrafung oder Züchtigung, bzw. die Erziehung des Sub.

Dom, Domina, Dommse, Dominatrix: Weiblicher Partner, der die Kontrolle hat, Autorität ausübt, herrscht, die Oberhand hat, lieber »oben« ist, in diesem Fall Sie!

Dom, Domus: Männlicher Partner, der die Kontrolle hat, Autorität ausübt, herrscht, die Oberhand hat, lieber »oben« ist.

Dressurhaltungen: Haltungen, die der Sub auf Befehl einzunehmen lernt.

Dunkle Seite: Das Schattenreich des Geistes, in dem SM-Fantasien entstehen.

EIGENTUM: Bottom, der sich als Besitz betrachtet beziehungsweise ganz oder teilweise unter der Kontrolle der Top sieht. Oft werden die Einzelheiten einer solchen Beziehung in einem Vertrag ganz exakt festgeschrieben.

EINLAUF, HOHER: Eine Reihe von Einläufen zur vollständigen Reinigung des Dickdarms; dient der Vorbereitung auf ausgiebige Anal- oder Fisting-Spiele, der Erniedrigung, der Manifestation der Kontrolle der Top über den Bottom oder einfach der erotischen Stimulierung.

ELEKTROFOLTER: Der Einsatz von Strom als Reizmittel zur Herbeiführung einer gewollten körperlichen Empfindung.

EMPFINDUNGSSCHLAMPE: Jemand, der Lust und sexuelle Befriedigung aus verschiedenen Sinnesreizen bezieht.

ENDORPHINE: Eine mit Morphium verwandte Gruppe von Hormonen, die der Körper bei extremem Schmerz ausschüttet. Durch die Produktion von Schmerz- und Beruhigungsmitteln sorgen diese Chemikalien für eine Art Euphorie, einen natürlichen Rausch, eine lustvolle Ekstase.

ERGEBENHEIT: Der emotionale, körperliche und mentale Zustand sinnlicher Unterwerfung; die bereitwillige Abgabe aller Kontrolle und/oder Macht.

ERNIEDRIGUNG / DEMÜTIGUNG: Die Spielerische Erniedrigung des Bottom oder das Lästern über seine sexuellen Wünsche. Das Spektrum reicht von milder und starker Beschämung bis zur Herabsetzung. Das wird zum Beispiel dadurch erreicht, dass man ihren menschlichen Status auf etwas Geringeres wie eine Katze oder eine Öffnung für Sex reduziert. Es geht hier um die gezielte Schrumpfung des Egos, nicht um die Verletzung oder Schmälerung des Selbstwertgefühls.

ERNIEDRIGUNG / DEMÜTIGUNG, VERBALE: Der Gebrauch von abschätziger Sprache oder schmutzigen Worten, um den Bottom zwecks erotischer Stimulierung zu beschimpfen, zu beleidigen, zu tadeln oder zu demütigen.

EXHIBITIONISMUS: Die Entblößung von üblicherweise verhüllten Körperteilen in der Öffentlichkeit, meist mit dem Zweck der sexuellen Stimulierung bzw. Befriedigung.

FANTASIE-DIVERGENZ: Situation, in der die Fantasien beider Partner in verschiedene Richtungen gehen.

FEMINISIERUNG: Handlung, durch die man sich selbst oder einen anderen weiblich macht, z. B. durch das Anlegen von Frauenkleidern.

FETISCH: Bei in der Kindheit oder Jugend entwickelten Fetischen handelt es sich um sexuell stimulierende Bindungen an nicht-sexuelle Objekte oder Handlungen, zum Beispiel den Fuß oder Leder. Bei später entstandenen Fetischen kann sich die Bindung auch auf ein im klassischen Sinn sexuell konnotiertes Körperteil wie die Brust oder den Po richten.

FETISCHISMUS: In der Psychologie bezieht sich der Begriff auf die Zielrichtung des Begehrens. Er beschreibt die Erzeugung sexueller Gefühle durch sexuelle oder nichtsexuelle Objekte, wobei die Objekte allein oder zusammen mit einem Partner direkt in die Praktik mit einbezogen werden.

FETTERATI: SMler aus der Gruppe der Exotik-Gourmets, die selten in der Öffentlichkeit spielen; diese Gruppe findet sich zur Stimulierung zwar auch auf Club- und Szeneparties ein, zieht sich zum Spielen aber lieber in die Privatsphäre zurück.

FEUER UND EIS: Der Einsatz von Hitze (z. B. heißes Wachs) und Kälte (z. B. Eis) zur sexuellen Stimulierung.

FISTING: Auch »Handballing« genannt. Das erotisch lustvolle Einführen der ganzen Hand in den Anus bzw. die Vagina. Für manche bleibt diese Praxis eine heiße Fantasie. Sie zählt auch zu den fortgeschrittenen Techniken, die der Schulung durch erfahrene Spieler bedarf.

FLIEGEN: Auch »Schweben«. Ein Wohlgefühl infolge endorphinbedingter Euphorie. Ein seltener, außergewöhnlicher transzendenter Bewusstseinszustand, den man in einer SM-Szene erlangen kann.

FLOGGER: Jede mehrschwänzige Riemenpeitsche.

FUSSFETISCH: Die sexuelle Fixierung auf Füße oder Schuhe.

GEWICHTE: Angel- oder andere Gewichte, die zur Folter mit Klammern, Riemen oder Seilen am Körper befestigt werden.

»GLITTERATI«: Das Einstiegsniveau für SMler, auf dem SM als modisches Statement betrachtet wird.

GOLDEN SHOWER: Anpinkeln eines Partners zur sexuellen Befriedigung.

GRENZEN: Vom Sub und der Dom im Vorfeld abgesprochene Grenzlinien, die markieren, was in einer Szene getan werden darf und was nicht. Der Punkt, ab dem es aufhört, lustig zu sein.

GRENZSPIEL: Rollenspiel, das sich an den körperlichen und/oder psychischen Grenzen des Sub bzw. der Dom bewegt.

HALSBAND: Ein den Hals des Bottom umschließendes Band aus Leder, Metall, Gummi oder Stoff (Samt, Spitze etc.). Ein gebräuchliches Zeichen eines Bottom, der eine Beziehung mit einer Top führt. Häufig steht das Geschenk eines Halsbandes, das die Top dem Bottom macht, für den Beginn einer exklusiven Beziehung.

Herrin: Die respektvolle Anrede der dominanten Frau in einer SM-Beziehung, z. B. »Herrin Claudia«.

Knebel: Ein zwecks Lautunterdrückung oder -reduzierung in den Mund eingeführtes Objekt.

Körpermodifikation: Praktiken zur Verformung oder Schmückung des Körpers zu erotischen Zwecken oder zur Auszeichnung des Körpers als Besitz der Top. Am verbreitetsten sind Piercing, Tätowierungen und Korsett-Training.

Körperverehrung: (a) Körperliche Anbetung, Liebe oder Fürsorge, bei der die Top das Objekt der Verehrung darstellt; (b) der Bottom darf zur sexuellen Befriedigung, als Ausdruck seiner Unterwerfung oder zur Demütigung Körperteile der Top berühren oder stimulieren.

konditionieren: Herausbilden eines Reflexes oder Handlungsmusters; das Gewöhnen an einen Reiz. Ein großer Teil des Sklaventrainings im SM basiert auf Konditionierungstechniken.

Latex: gummiähnliches Material für enge, mitunter einschränkende Fetischkleidung; ist häufig selbst Fetischobjekt.

Lederherrin: eine Domina mit einer Vorliebe für Lederkleidung.

Ledermeister: Ein Dom mit einer Vorliebe für Lederkleidung.

Machtaustausch: Abgabe der Macht durch den Sub an die dominante Partnerin; die auf die Dauer der Szene beschränkte, einvernehmliche Abgabe der Kontrolle an den Partner.

Manhandling (»grobes Zufassen«): eine Technik, die neben anderen Formen der groben körperlichen Behandlung das Schubsen, Stoßen und Schlagen des Körpers umfasst.

Masochist: Jemand, dem selbst oder durch andere zugefügte psychische oder körperliche Schmerzen Lust bereiten. Jemand, der Schmerzen hinnehmen, erotisch umdeuten und in etwas Lustvolles verwandeln kann.

Meister: Der dominante männliche Part in einer DS-Beziehung.

Mentale Bondage: Das Einnehmen einer Bondage-Haltung auf Befehl und das Verharren in dieser Haltung, als wäre man gefesselt.

Metakonsens: Ein einvernehmlich beschlossenes Szenario, bei dem der Bottom darin eingewilligt hat, dass die Top so tut, als würde sie sich seiner mit Gewalt bemächtigen, z. B. in Form einer Vergewaltigung oder eines Verhörs.

Militärszene: Fantasien, bei denen es um das Tragen von Uniformen, die Annahme von Rängen und die Verwendung eines erfundenen militärischen Settings als Teil des SM-Spiels geht.

Mösenfolter: Handlungen rings um die weiblichen Genitalien, mit dem Ziel, in Klitoris, inneren und äußeren Schamlippen und der Vagina intensive Reize auszulösen.

Es handelt sich um eine ausgesprochen spielerische »Folter«: Da diese Region sehr feinfühlig und empfindlich ist, haben schon sanfte Reize eine große Wirkung.

MUMIFIZIERUNG: Intensive Ganzkörperbondage, bei der der Sub vollkommen mit Mullbinden, Plastikfolie, Stoff, Klebeband oder anderen Materialien eingewickelt wird, worauf er aussieht wie eine Mumie.

NEUNSCHWÄNZIGE KATZE: Jede mehrschwänzige Riemenpeitsche. Ursprünglich wurde dieser Begriff von der englischen Marine verwendet, um eine Peitsche zu bezeichnen.

OTHER WORLD KINGDOM (OWK): In Tschechien gelegenes, autonomes »Königreich der dominanten Frauen«, das von Königin Patricia I. regiert wird und seine eigene Nationalhymne, Währung und Verfassung besitzt. Frauen regieren über männliche Wesen, die sich einer Leibesvisitation unterziehen, sich im IRS (Internationales Sklavenregister) registrieren lassen und eine Verpflichtung unterschreiben müssen, alle Regeln des OWK zu befolgen. Nach diesen Regeln müssen sie während ihres Aufenthalts im OWK den Befehlen aller Herrinnen gehorchen, auf niedrigen Schemeln oder Stühlen ohne Lehne sitzen, damit ihr Kopf niemals höher als der Kopf der Herrinnen ist, und das für einen Gentleman und Sklaven angemessene Benehmen zeigen. Zur Jahrestagsfeier im Mai gibt es Sklavenauktionen, Darbietungen mit Prügelknaben, Ponyrennen und Wettbewerbe.

OTK: Von engl. Over-the-Knee: Übers Knie – klassische Spanking-Haltung.

PADDEL: Ein festes, flaches Instrument aus Holz oder Leder für Klapse auf den Hintern.

PAINSLUT: Engl. für »Schmerzschlampe«; Szeneausdruck für Masochisten, denen körperliche Schmerzen Lust bereiten.

PASSABEL: ein »passabler Crossdresser« ist ein männl. Crossdresser, der seiner Umgebung vortäuschen kann, wirklich eine Frau zu sein.

PERVERATI: Der höchste Rang unter den Exotik-Gourmets. Sie werden von ihrer Sexualität getrieben. Für diese Gruppe von SMlern sind SM-Techniken ein fester und regelmäßiger Bestandteil des Sexlebens, das sie privat und öffentlich pflegen.

PET: Akronym für »prime erotic theme« = erotisches Hauptmotiv, von Dr. Jack Moran ursprünglich als »CET« (core erotic theme) = zentrales erotisches Thema bezeichnet.

PSYCHODRAMA: Sehr intensive Form des Rollenspiels.

PSYCHOSPIELE: Psychische Manipulation des Gegenübers zu erotischen Zwecken. Eine Form der Dominanz, die vor allem auf mentaler Ebene funktioniert, z. B. durch Demütigung oder die Ausübung von Kontrolle mit Hilfe von Furcht, Einschüchterung oder Beschämung. (Es handelt sich um ein wohlwollendes Spiel und ist nicht zu verwechseln mit einem »Hirnfick«.)

PVC: Polyvinylchlorid – glänzender Kunststoff, aus dem Fetischkleidung gemacht wird. Gartenmöbel bestehen oft aus Hart-PVC, und wenn er handwerklich geschickt ist, könnte er eine hübsche Bondage-Ausstattung daraus machen.

RIMMING: Auch »Rim-Job«. Szeneausdruck für anal-oralen Sex.

RING DER O: Eine Schmuckstück, das durch die Geschichte der O als Geschenk des Meisters an seine Sklavin bekannt wurde. Der Ring hat die Form eines einfachen Bandes, an dem – ähnlich wie bei den Ringen, mit denen die Sklaven in Roissy gefesselt wurden – ein kleinerer Ring befestigt ist. Wie im Fall des Halsbandes kann der Schenkende den Ring zurückfordern, wenn die Beziehung zu Ende ist.

RITUAL: Eine Zeremonie der Zustimmung wie das Küssen des Halsbands oder der Leine oder andere Handlungen mit zeremoniellem Charakter.

ROHRSTOCK: Zur Disziplinierung und körperlichen Züchtigung eingesetztes Schlaginstrument aus Rattan.

ROLLENSPIEL: Das Ausagieren einer zuvor arrangierten Szene, in dem die beiden Spieler in eine Rolle schlüpfen, um die Fantasie besser ausleben zu können.

SADIST: Jemand, dem es Lust bereitet, andere schlecht zu behandeln oder ihnen psychische oder körperliche Schmerzen zuzufügen; jemand, der in der Lage ist, ein an sich unangenehmes Erlebnis erotisch umzudeuten.

SADO-MASO: Eher von der Öffentlichkeit gebrauchte Abkürzung für sadomasochistische Begriffe, die wegen ihrer Konnotation mit Missbrauch, Pornografie und Serienkillern an Popularität verliert.

SAFEWORD, SAFESIGNAL: Ein verbales oder anderes Zeichen, mit dem der Sub das Geschehen abbricht bzw. abbremst.

SANGUINARIANS: Ein von modernen Vampiren benutzter Begriff, um sich selbst als Gemeinschaft zu beschreiben.

SANGUINARISCH: 1623 zum ersten Mal dokumentierter Begriff vom Lateinischen sanguinarius, was wörtlich blutrünstig, begleitet von Blutvergießen, blutig und blutdürstig bedeutet.

SCHATTENLAND: Ein von Carl Jung geprägter Begriff, der die dunkle Seite der Psyche beschreibt.

SCHWARZER RAUM: Althergebrachte Bezeichnung für einen Kerker.

SCHWARZES LOCH: Auch »Do-Me-Queen« genannt. Ein Bottom, der der Top nichts zurück gibt und erwartet, dass man sich nur mit ihm beschäftigt.

SINNESENTZUG: Technik, mit welcher der Sub eines oder mehrerer Sinne beraubt wird, um die verbleibenden Sinne zu schärfen.

SKLAVE: Jemand, der in einer Fantasieszene Eigentum eines anderen ist und sich dessen Willen unterwirft; jemand, der von einem äußeren Umstand, einer Gewohnheit oder einer anderen Person völlig beherrscht wird. Früher ein Oberbegriff für »Bottom«. Heute gilt es jedoch als unhöflich, jemanden als Sklaven zu betrachten, nur weil er oder sie submissiv oder masochistisch ist.

SKLAVEN DER EMPFINDUNG: Sklaven, die Lust und sexuelle Befriedigung aus verschiedenen Sinnesreizen beziehen, z. B. von heißem Wachs, Eiswürfeln, kitzelnden Federn oder Wartenbergrädern.

SKLAVENERZIEHUNG / SKLAVENTRAINING: Der Vorgang, bei dem einem Sub beigebracht wird, einer Dom zu dienen.

SM: Abkürzung für den New-Age-Begriff »Sexuelle Magie« oder »Sinnliche Magie«. Es gibt hier und in Übersee Bestrebungen, SM als Oberbegriff für unsere erotischen Techniken zu etablieren.

SM-ORGASMUS: Eine den ganzen Körper erfassende Freisetzung emotionaler, körperlicher und spiritueller Energie, oft begleitet von Beben, Schauern, Zittern und Zuckungen. Die Genitalien sind an diesem körperlich-geistigen Erdbeben nicht unbedingt beteiligt.

SPANKING: Das gute alte Verhauen mit der Hand, Ziel ist der submissive Hintern.

SPEKULUM: Ein aus der Medizin stammendes Instrument, mit dem die Vagina bzw. der Anus zur Untersuchung offen gehalten wird. Im SM dient es dazu, den Bottom vorzuzeigen oder offen zu halten, während man eine Öffnung verstopft.

SPIELEN: Das Ausführen einer Szene oder Tätigkeit im SM-Kontext.

SPIELER: Jemand, der an einer Szene oder Tätigkeit im SM-Kontext teilnimmt.

SPIKE-HANDSCHUH: Lederhandschuh mit in die Handinnenfläche eingearbeiteten scharfen Stiften oder Zacken.

SPREIZSTANGE: Stabile Stange aus Holz, Metall oder anderem Material mit Ringen und Schellen, mit der Arme und/oder Beine des Sub auseinandergehalten werden.

SUB: Jemand, der in einer arrangierten Szene alle Kontrolle an den dominanten Partner abtritt.

SUBMISSIV: Mit der Neigung ausgestattet, sich auch ohne Widerstand zu unterwerfen; fügsam, nachgiebig.

SWITCH: Jemand, der in einer Szene die Rollen tauschen oder mal Top und mal Bottom sein kann.

SWITCHEN: Das Tauschen der Rollen während einer SM-Szene.

TECHNIKEN, FORTGESCHRITTENE: Techniken, deren Ausübung die spezielle Schulung durch einen erfahrenen Lehrer voraussetzt.

Temperaturspiele: Die Reizung der Sinne durch Hitze oder Kälte (oder beides).

Tier: Ein Bottom, der jede körperliche und mentale Kontrolle abgibt und in seiner Unterwerfung und Dienstbarkeit von der Herrin wie ein geschätztes Objekt behandelt wird.

Topping from the Bottom: Wenn der submissive Partner mehr Erfahrung hat als der dominierende, lenkt er – mit dessen Erlaubnis – das Geschehen. Andernfalls handelt es sich um die Kontrolle der Szene durch den submissiven Partner ohne Wahrung des Scheins, dass der dominante Partner den Ton angibt.

Transsexuelle: Menschen, die sich anlagebedingt mit dem anderen Geschlecht identifizieren bzw. sich einer Geschlechtsumwandlung unterzogen haben.

Transvestiten: Menschen, denen es Lust bereitet, Kleider des anderen Geschlechts zu tragen.

Umschlagen: Das Herumschnalzen der Peitsche auf einen Teil des Körpers, der nicht getroffen werden sollte.

Vanille-Sex: Begriff, mit dem Spieler die sexuellen Praktiken von Leuten bez., die kein SM praktizieren.

Verhör: Einvernehmliche, verspielte Widerstands-Spiele, in denen die Top den Bottom unter »Folter« geheime Informationen abpresst und seine Grenzen testet. Bei der Information kann es sich um das Safewort, den zweiten Vornamen des Bottom usw. handeln.

Viktorianisches Szenario: Eine in der viktorianischen Zeit angesiedelte Fantasie, die z. B. in einer Schule oder einem Bordell spielt. Neben anderen Requisiten, Spielen und Leidenschaften bieten sich z. B. Korsetts, Schläge mit dem Rohrstock und Rollenspiele als Herr und Dienstmagd an.

Voyeur: Jemand, der – bemerkt oder unbemerkt – sexuelle Objekte oder Handlungen beobachtet, um sexuell erregt zu werden.

Wasserspiele: Sexspiele mit Einläufen und Golden Showers.

Züchtigung, körperliche: Strafe, die sich direkt auf den Körper richtet, z. B. Auspeitschen, Caning oder Spanking

Die Autorin

Claudia Varrin ist seit vielen Jahren in der Bondage- und SM-Szene tätig. Sie arbeitet als professionelle Dominatrix und hält sich oft in London, Amsterdam, Paris und Prag auf. Im Schwarzkopf & Schwarzkopf Verlag sind von ihr bereits »Die Kunst der weiblichen Dominanz«, »Die Kunst der weiblichen Unterwerfung« und »Das Tagebuch der Madeleine« erschienen. Claudia Varrin lebt in New York.

Claudia Varrin
DIE LUST AUF WEIBLICHE DOMINANZ
Erotische Rituale und sinnliche Erfahrungen –
eine Anleitung für Fortgeschrittene

2. Auflage 2013
Genehmigte Lizenzausgabe © der deutschen Ausgabe, 2009
Schwarzkopf & Schwarzkopf Verlag GmbH, Berlin
ISBN 978-3-89602-940-9

Dieses Buch erscheint in der Reihe EXPLIZIT – EXPLIZIT ist ein Label des Schwarzkopf & Schwarzkopf Verlages. | Übersetzung: Nadine Bunske | Titelfoto: Russ Jennings/tx_fetish_photopg@yahoo.com | Fotos im Innenteil: © Elisanth/shutterstock.com: S. 13, 76-77, 148/149, 215, 260/261, 323, 411; © Maksim Shmeljov/shutterstock.com: S. 55, 125, 188/189, 236/237, 300/301, 342/343, 395; © alersandr hunta/shutterstock.com: S. 37, 91, 169, 285, 365

Erstmals in englischer Sprache veröffentlicht unter dem Titel: »Female Dominance: Rituals and Practices«. Copyright © 2004 by Claudia Varrin. Publishing by arrangement with Kensington Pub. Corp. All rights reserved. Dieses Werk wurde durch die Literarische Agentur Thomas Schlück GmbH, 30827 Garbsen, vermittelt.

Katalog

Wir senden Ihnen gern kostenlos unseren Katalog.
Schwarzkopf & Schwarzkopf Verlag GmbH / Abt. Service
Kastanienallee 32, 10435 Berlin
Telefon: 030 – 44 33 63 00
Fax: 030 – 44 33 63 044

Internet / E-Mail

www.schwarzkopf-schwarzkopf.de
info@schwarzkopf-schwarzkopf.de